원본

초한지

3

원본 초한지

西漢演義

견위 지음 · 김영문 옮김

3

교유서가

연燕
장도臧荼
無終
무종
代대
薊계
제齊
鉅鹿
거록
襄國
양국
邯鄲
한단
博陽
박양
臨淄
임치
卽墨
즉묵
한신韓信
高奴
고노
平陽
평양
朝歌
조가
魯郡
노군
安邑
안읍
팽월彭越
睢陽
수양
彭城
팽성
下相
하상
廢丘
폐구
咸陽
함양
雒陽
낙양
한韓
陽翟
양적
서초西楚
항우項羽
櫟陽
역양
垓下
해하
南鄭
남정
영포英布
廣陵
광릉
成都
성도
한중漢中
六
육
東城
동성
烏江
오강
吳縣
오현
임강臨江
공오共敖
江陵
강릉
회남
淮南
錢塘
전당
한漢
유방劉邦
巴
파
邾주
會稽
회계
鄱陽
파양
장사長沙
오예吳芮
臨湘
임상
(구강九江)
臨沅
임원
(형산衡山)
민월
閩越
郴
침
남월南越
桂林
계림
番禺
번우

초한 쟁패 말기 형세도

원본
초한지 3

차례

원본
초한지 1

차례

원본
초한지 2

차례

제67회

어린아이의 유세

초 패왕이 다시
외황을 빼앗다
楚霸王復取外黃

한왕이 다시 형양을 탈취하고 한신이 조나라 땅에 주둔한 일은 여기서 잠시 접어두겠다. 한편, 패왕은 성고를 떠나 팽성으로 갔다. 그런데 뜻밖에도 왕릉이 팽성을 10여 일이나 포위한 채 비밀리에 사람을 보내 소식을 탐문했다. 왕릉은 패왕이 이미 성고를 떠났다는 소식을 듣고 기민하게 군사를 물리고 북쪽 길을 따라 형양으로 통하는 오솔길로 돌아왔다. 패왕은 궁궐 식구들을 위로하고 신료들에게 잔치를 베풀었다. 그때 갑자기 팽월이 양(梁)나라 17성을 빼앗고 외황에 주둔하여 주민을 약탈하고 있으며, 인근 군현(郡縣)이 바람에 휩쓸리듯 항복하고 있고, 이 때문에 대량(大梁)지역이 혼란에 빠졌다는 보고가 올라왔다. 패왕이 말했다.

"짐은 전에 형양에 주둔했다가 팽월에게 군량 보급로를 끊겼소. 그때를 생각하면 아직까지도 원한이 사무치오. 그런데 지금 또 양나라 땅을 침략했소. 한스럽게도 외황 수령(守令)은 성과 해자를 지키지 못하고 결국 팽월에게 항복했소. 전에 형양의 기신, 주가, 종공은 굳센 의리로 성을 지켰고 차라리 죽을지언정 굴복하지 않았소. 어찌하여 짐이 기른 관리들은 짐을 위해 절개를 지키는 자가 하나도 없소? 짐이 다시 외황을 탈취한다면 결단코 성안 사람을 모두 죽여 이 원한을 풀 것이오!"

그러자 항백과 종리매가 간언을 올렸다.

"폐하께서는 밖에서 오래 원정을 다니시느라 옥체에 피로가 쌓였습니다. 차라리 잠시 용 장군에게 폐하를 대신하여 서쪽으로 가게 하고 폐하께서는 군사를 주둔한 채 쉬시는 것이 좋겠습니다. 생각건대 팽월은 용맹한 필부에 불과하므로 큰일을 이룰 수 없을 겁니다."

패왕이 말했다.

"그렇지 않소! 영포는 한나라를 도와 반란을 일으켰고, 한신은 제나라를 심하게 공격하고 있으며, 팽월은 양나라 땅을 뒤흔들고 있는 것이 더욱 뼈아픈 현실이오. 지금 제나라 전광(田廣)[1]이 누차 구원을 요청해오고 있소. 짐은 용저를 보내 제나라를 구하여 우리 입술을 보호할 작정이오. 팽월의 반란은 짐이 아니면 섬멸할 수 없소."

그리고 마침내 삼군을 점호하고 다음날 출병했다.

팽월은 정탐병을 보내 패왕의 군사가 어느 길로 오는지, 또 누가 선

1_ 당시 제왕은 전광(田廣)인데, 그의 조카 이름도 전광(田光)이다. 한자가 다르므로 주의해야 한다. 또 전광(田廣)의 부친은 전영(田榮)이고 전영의 동생이 전횡이므로, 전횡은 제왕에게 숙부가 된다. 당시 제나라 실권은 전횡이 장악하고 있었다.

봉장인지 탐문하고 정확한 탐문이 이루어지면 바로 돌아와 보고하라고 했다. 그들이 며칠 만에 돌아와 아뢰었다.

"패왕이 동쪽 길로 바로 진격해오고 있는데, 인근 군현은 이미 성문을 열고 다시 항복했고 외황의 여섯 군현만 아직 성문을 닫아건 채 항거하고 있습니다. 장군께서 급히 군사를 보내 적을 맞아 싸우십시오. 적의 선봉대엔 선봉장이 없고 패왕이 직접 대군을 통솔하여 달려오고 있습니다. 군대의 규모가 너무 커서 대적할 수 없습니다."

팽월은 소식을 듣고 서둘러 난포(欒布) 등 장수들을 불러 대책을 논의했다.

"항왕이 직접 온다니 그 예봉을 감당할 수 없습니다. 차라리 북쪽 곡성으로 가서 다시 창읍(昌邑, 산둥성 쥐예현巨野縣 동남)을 취하고 초나라 군사가 물러가기를 기다려 양나라 땅을 수복하는 것이 상책입니다. 우리 역량이 고립되어 이기지 못할까 두려우니 오로지 한나라에 복속할 마음을 먹고 한나라와 연합하여 초나라에 항거하는 것이 중책입니다. 만약 무용만 믿고 초나라와 전투를 벌여 자웅을 겨루다가 패배하면 외로운 성을 지킬 수 없게 되어 초나라에게 함락될 것이니 이것은 하책입니다."

팽월이 말했다.

"장군들의 의견에 따라 북쪽 곡성으로 가는 것이 상책일 듯하오. 부장 주거(周苣), 외황 현령 구명(仇明)은 성을 지키시오. 거짓으로 깃발을 꽂고 사방 성문을 굳게 닫아 패왕이 우리가 먼 곳으로 가는 걸 알지 못하게 하시오. 나는 힘을 다해 창읍을 빼앗는 걸 근본 임무로 삼겠소. 그렇지 않으면 초나라 군사가 우리 뒤를 뒤흔들 테니, 그러면 창읍도 얻을 수 없을 뿐 아니라 우리 군사도 다시 동원하지 못할 정도로 지칠 것이오."

난포가 말했다.

"장군의 견해가 아주 훌륭합니다! 더더욱 초나라 군사가 당도하지 않은 틈에 오늘밤 가벼운 기병으로 성밖으로 나가면 인근 군현에서도 알지 못할 것이니 비밀을 유지할 수도 있을 것입니다."

구명이 말했다.

"장군께서야 먼 곳으로 가면 스스로 편하겠지만 이 외로운 성이 함락되면 외황 백성은 틀림없이 도륙되고 학살당할 것입니다."

그 곁에 서 있던 어린아이 하나가 앞으로 나서며 말했다.

"걱정할 것 없습니다. 만약 성이 함락되면 제가 유세하여 패왕이 창을 거꾸로 들고 전쟁을 그치도록 하겠습니다. 그럼 온 성에 아무 피해가 없을 것입니다."

팽월은 깜짝 놀랐다.

"이 아이가 누구요?"

구명이 말했다.

"이놈은 제 맏아들 구숙(仇叔)인데, 올해 나이가 열셋입니다. 출산에 임박하여 아이 어미가 금성이 뱃속으로 들어오는 꿈을 꾸었습니다. 다섯 살 때 시를 지었고, 일곱 살 때 책을 읽으며 눈에 스치기만 해도 모두 암송하여 사람들이 기동(奇童)이라 부릅니다. 저의 집에 손님이 가득 차면 문답을 주고받는데, 시나 문(文)을 막론하고 입에서 나오는 대로 아름다운 문장이 되어 한 글자도 틀리지 않습니다. 평소에도 간담이 커서 오늘 패왕을 만나보겠다고 했지만 헛소리임이 분명합니다."

팽월이 아이에게 물었다.

"패왕을 만나면 무슨 말을 하겠느냐?"

아이가 귓속말로 속삭였다.

"이렇게 이렇게 하겠습니다."

팽월이 기쁨을 감추지 못하고 말했다.

"너는 어리지만 한 성의 백성을 구할 만하다. 장래에 복과 덕이 무한할 것이다!"

팽월은 저녁이 되어 삼군을 정비하고 각각 함매한 채 북문으로 나가 곡성으로 바로 진격하자 성안 사람들이 성문을 열고 투항했다. 그는 다시 창읍과 그 곁의 20여 성을 탈취하여 모두 곡식 20여만 곡을 얻었다. 그리고 형양과 성고로 계속 사람을 보내 한나라 군사의 식량을 공급했다. 한왕은 이 식량으로 조용히 군사를 모으고 군수품을 부족하지 않게 쓸 수 있었다.

팽월이 외황을 떠나고 나서 10여 일 만에 패왕이 도착했다. 성 위의 깃발은 엄정했고 사방 성문은 굳게 닫혀 대답하는 사람이 아무도 없었다. 패왕이 말했다.

"삼군의 군영을 세우고 성안에서 무슨 소식이 있는지 살펴보자."

사흘이 지나도록 아무 움직임이 없었다. 항백이 말했다.

"팽월이 성안에 없는 것이 분명합니다. 거짓으로 깃발만 세워두고 기세를 과장하는 것입니다. 삼군을 재촉하여 들이치고 어떤 반응이 있는지 살펴보시지요."

패왕이 말했다.

"좋소!"

마침내 삼군에 힘을 다해 공격하라고 명령을 내렸다. 북소리, 징소리가 마구 울렸고 하늘 가득 화포가 날았다. 성안 백성이 그 광경을 보고 일제히 울며불며 현령 구명 앞으로 달려와 호소했다.

"패왕이 진노하면 천리가 불바다가 된다고 합니다. 눈앞의 이 성은 금방 함락될 것이고, 우리 백성은 모두 죽은 목숨입니다. 여러 대인께선 무고한 백성을 가엾게 여기고 이 전쟁의 고통을 살펴 일찌감치 성문을 열고 항복하시기 바라옵니다. 패왕이 마음을 돌리면 우리 성의 생명은 다시 살아날 수 있습니다."

주거와 구명 등은 대책을 상의하여 사방 성문에 각각 항복 깃발을 꽂고 길 양쪽에 향불을 피운 탁자를 설치하라고 했다. 마침내 성문이 열리자 성안 백성이 고함을 질렀다.

"우리 외황은 본래 초나라 땅입니다. 어찌 감히 천병에 항거하겠습니까? 어가를 성으로 들이시길 바라옵니다."

패왕은 소식을 듣고 삼군을 휘몰아 성안으로 들어갔다. 그리고 항백 등과 대책을 논의했다.

"외황은 여러 날 포위된 뒤에야 이제 겨우 투항했다. 짐은 남자 가운데 열다섯 살 이상 장정을 성문 동쪽으로 몰아내고 모두 생매장하여 이 원한을 갚겠다."

성안 백성들이 그 소식을 듣고 모두 대성통곡했다. 그때 구숙이 서둘러 백성들을 제지하며 말했다.

"여러분! 통곡하지 마시오. 패왕을 자극하여 도리어 분노를 불러일으킬까 두렵소. 내가 가서 설득해보겠소."

구숙은 초나라 군영으로 가서 패왕 뵙기를 청했다. 보초병이 그 사

소년 구숙이 패왕에게 유세하다

실을 중군에 보고했다. 패왕이 말했다.

"안으로 들여라!"

그런데 미목이 수려한 어린아이가 밖에서 조용히 걸어들어왔다. 패왕이 말했다.

"열두세 살밖에 안 되는 어린아이가 감히 군대의 위세를 두려워하지 않고 나를 만나려 하느냐?"

아이가 말했다.

"신은 폐하의 자식[赤子]2이니 폐하께선 제 부모이십니다. 자식이 부모를 만날 때는 늘 가까이 다가가지 못할까 걱정하는데, 어찌 군대의 위세를 두려워하겠습니까?"

패왕이 매우 기뻐하며 말했다.

"어린아이가 군대의 위세를 두려워하지 않고 나를 만나러 왔으니 무슨 할말이 있느냐?"

"신은 폐하의 덕을 탕왕에 비견하고 폐하의 공을 요·순과 같다고 여깁니다. 폐하께선 천지의 마음을 몸에 지니셨고 산 것을 좋아하는 덕을 드리우셨습니다. 사해 사람들이 모두 한 가족처럼 여기고 수많은 나라가 그 경사를 칭송합니다. 그러니 어찌 감히 폐하 앞에서 입술을 함부로 놀리며 유세객 행세를 할 수 있겠습니까?"

"내게 유세할 말이 없다면 우리 군대에 군영을 설치하라 하고 장정들을 성 동쪽에 생매장할 것이다. 무슨 할말이 있느냐?"

"신은 듣건대 천하를 사랑하는 사람은 천하 사람들도 그를 사랑하

2_ 『시경(詩經)·대아(大雅)』「형작(泂酌)」에 "점잖은 군자는 백성의 부모로다(豈弟君子, 民之父母)"라는 말이 있다.

고, 천하를 미워하는 사람은 천하 사람도 그를 미워하고, 천하를 이롭게 하는 사람은 천하 사람도 그를 이롭게 하고, 천하에 해악을 끼치는 사람은 천하 사람도 그에게 해악을 끼친다고 합니다. 사랑, 미움, 이익, 해악은 모두 윗사람에게서 말미암고 아랫사람은 그런 감정에 휘둘립니다. 지난번 팽월의 갑사들은 도착하자마자 백성들을 강탈했습니다. 백성들은 주살될까 두려워 부득이 항복했지만 온종일 고개를 빳빳하게 들고 눈을 치켜뜬 채 오로지 대왕마마의 천병이 당도하여 자신들의 곤경을 풀어주기를 바랐습니다. 그것은 어린아이가 부모를 바라보는 마음과 같습니다. 그런데 이제 소문을 들으니 폐하께서 이 성안의 장정들을 모두 생매장하여 죽인다고 합니다. 이전의 백성은 팽월이 두려워 항복했지만 오늘의 백성은 폐하께서 구조해주기를 바라고 있습니다. 그런데 폐하께서 또다시 사람을 생매장해 죽인다면 우리 백성은 장차 어디에 귀의해야 합니까? 이것은 폐하께서 백성을 사랑하지 않는 조치입니다. 외황의 백성이 폐하의 은혜를 입지 못할 뿐 아니라 이 대량 동쪽의 수많은 군읍(郡邑)도 폐하께서 외황에서 사람을 생매장해 죽였다는 소문을 들으면 모두 성문을 닫고 굳게 지키거나 도주할 것입니다. 이로부터 천하는 폐하를 사랑하지 않게 됩니다. 백성을 모두 파묻고 나면 누가 폐하와 천하를 지키겠습니까?"

패왕은 아이의 말을 듣고 매우 기뻐하며 군대에 칙지를 내려 백성의 생명을 털끝만큼도 건드리지 말고 모든 죄를 용서하라고 했다. 잠시 뒤 주거와 구명 등이 죄를 자복하며 패왕을 알현했다. 패왕은 그들도 모두 용서했다. 온 성안 백성은 환성을 지르고 거리를 가득 메우면서 아이의 덕망에 깊이 감사했다.

패왕은 외황에서 닷새만 주둔하고 바로 몸을 일으켰다. 팽월이 탈취한 17성은 다시 초나라에 귀속되었다.[3] 패왕은 양나라 땅을 모두 평정하고 신료들과 상의한 뒤 팽월을 추격하려고 했다. 그러자 종리매와 계포가 아뢰었다.

"팽월은 피부의 부스럼 같으므로 걱정하실 게 없습니다. 지금 유방이 다시 형양을 빼앗아갔고 성고를 탈취하려 합니다. 대사마 조구가 지키지 못할까 두렵습니다. 승세를 타고 성고의 위기를 해결한 다음 다시 관동을 수복하여 한나라 군사가 원정에 나설 수 없게 하고 한신이 갑자기 구원에 나서기 어렵게 하면 완전한 승리를 거둘 수 있을 것입니다. 만약 조금이라도 늦으면 한왕이 근본을 안정시키게 되므로 더욱 도모하기 어렵게 됩니다."

패왕이 말했다.

"성고에는 성을 굳게 지키는 조구가 있으므로 아직 나가서 싸우지 말고 짐이 직접 그곳에 도착하기를 기다리라고 분부하시오. 그런 뒤에 성문을 열고 안팎에서 협공하면 한나라는 반드시 달아날 것이오."

종리매가 말했다.

3_ 원본에는 이 구절 뒤에 다음과 같은 '역사 논평'이 달려 있다. "일찍이 이르기를 항왕이 옛날에 신안(新安)에서 항복한 병졸 20만을 생매장할 때 지극하게 간언을 올리는 사람이 없었다고 한다. 만약 당시에 외황의 아이처럼 극구 고언을 올리는 사람이 있었다면 어찌 항왕의 마음이 움직이지 않았겠는가? 애석하게도 범증은 온종일 항우에게 패공을 죽이라고 부추겼을 뿐이다. 그러나 패공을 끝내 죽일 수 없었고 범증이 먼저 팽성에서 죽었다. 어찌하여 70세의 노인이 외황의 아이보다 못하단 말인가? 대체로 올바른 도를 살피는 일은 아침부터 저녁까지 구애됨이 없어야 하지만 그의 심술은 기실 은밀한 곳에 감추어져 있었기 때문인 듯하다. 범증은 단지 전국시대 인사일 뿐 인의에 관한 탕왕과 무왕의 논설을 듣지 못했다. 따라서 그의 소견이 패공을 죽이려는 데 그친 것도 당연한 일이다. 이 얼마나 비루한 언행인가?"

"신이 먼저 군사 한 부대를 이끌고 가서 형양을 공격하고, 폐하께서는 친히 대군을 통솔하여 성고를 구원하시지요. 이 두 곳을 다시 찾고 관동을 평정한 뒤 팽성으로 귀환하시면 천하대사는 완성됩니다."

"좋소!"

이에 패왕은 종리매에게 군사 1만을 주어 형양을 다시 찾게 하고 자신은 대군을 이끌고 성고를 구하러 갔다.

한편, 한왕의 군대는 성고로 가서 먼저 왕릉에게 성을 공격하게 했다. 그러나 조구는 성을 굳게 지키며 밖으로 나오지 않았다. 사흘이 지나도록 전혀 움직임이 없었다. 한왕이 말했다.

"보아하니 항왕이 조구에게 성고를 굳게 지키라고 한 것이 틀림없소. 자신이 양나라 땅을 평정하고 돌아와 포위를 풀어주고 우리 군사와 싸우겠다고 말이오. 소문을 들으니 조구는 초나라 대사마인데, 성격이 강하고 참을성이 매우 부족하다고 하오."

그리고 서둘러 삼군 군사들에게 성 밑으로 가서 온갖 욕설과 불량한 짓을 하게 했다. 더러는 땅바닥에 앉기도 하고, 더러는 발가벗고 서 있기도 했다. 또 백지에 조구의 이름을 써서 들고 대엿새 계속해서 욕을 퍼붓기도 했다. 조구는 그 소식을 듣고 참을 수가 없어서 마침내 1만 병력을 이끌고 성문을 열었다. 그리고 해자에 조교를 내려놓고 살기등등하게 쏟아져나왔다. 한나라 군사는 갑옷을 모두 내버리거나 깃발과 북까지 팽개치고 범수(氾水, 허난성 싱양시 쓰수이강)를 건너가기 시작했다. 조구도 분노하여 군사를 재촉하여 범수를 건넜다. 군사가 절반 정도 건넜을 때 강물 양쪽 연안에서 무수한 한나라 군사가 깃발을 흔들며 고함을 질렀다. 그들은 대열을 나누어 공격해왔다. 선두에 선 네 장수 주발, 주창, 여마통, 관영은 초나라 군사를 사방에서 포위했다. 초나라 군사 절반은 죽고 절반은 범수에 단절되었다. 조구는 좌충우돌하며 공격했지만 탈출할 수 없었다. 한나라 네 장수는 각각 무기를 들고 조구와 싸웠다. 조구는 몇 합도 겨루지 못하고 그들을 막아낼 수 없어서 말고삐를 당기며 달아나려 했다. 그러나 네 장수의 포위에서 어떻게 벗어날 수 있겠는가. 초나라 진영이 이미 무너진 상황에서 앞에는 한나라 장수들이 길을 끊었고 뒤에는 범수가 세차게 흘러 건너갈 수 없었다. 조구는 진퇴양난의 지경에 빠져 마침내 범수 가에서 스스로 칼로 목을 찌르고 죽었다. 한왕은 급히 징을 울려 군사를 수습한 뒤 서둘러 성안으로 들어갔다. 성고의 백성은 한왕이 성안으로 들어서는 것을 보자 모두 기쁨의 환성을 질렀다. 한왕은 다시 성고를 찾았고 초나라의 보화를 얻어 마침내 대소 장수들을 불러 잔치를 열었다.

그때 갑자기 보고가 올라왔다.

"영포가 진류에서 태수 진동(陳同)과 연합하여 3만 군사를 이끌고 한나라와 함께 성고를 공격하려 합니다."

한왕은 크게 기뻐하며 말했다.

"나는 다시 형양을 탈환하고 싶어도 성고를 지켜줄 사람이 없었소. 지금 영포가 온 것이 내 마음과 딱 맞아떨어지오."

그리고 바로 영포를 불러들여 만났다. 영포는 진동과 함께 들어와 한왕을 뵈었다. 인사가 끝나자 한왕이 두 사람을 위무하며 말했다.

"내가 이전에 진류를 지날 때 태수에게서 양식을 얻은 적이 있는데, 지금 또 영 장군과 연합하여 성고로 오셨구려. 두 분의 공로는 뒷날 기신 태상(太常)에 비견될 것이오. 지금 내게 성고를 지켜줄 대장이 없었는데, 마침 두 분이 오니 내 마음과 부합하오."

한왕은 마침내 영포와 진동에게 성고를 지키라 하고 대군을 통솔하여 다시 형양을 탈환하러 갔다. 뒷일이 어떻게 될지는 다음 회에서 이야기하겠다.

제68회

역이기의 활약

역이기가 제나라에 유세하여
한나라에 투항하게 하다
酈食其說齊降漢

한왕은 대군을 이끌고 형양에 이르러 먼저 왕릉에게 성안 소식을 탐문하게 했다. 성안에는 관리들이 지키고 있었지만 군사는 없었다. 한나라 군사가 성에 이르자 수령 오단(吳丹)이 노인들을 불러서 말했다.

"한왕은 덕이 있는 분이니 이런 분을 놓쳐서는 안 됩니다. 성문을 열고 투항해야지, 무기를 들어서는 안 됩니다. 자칫 하릴없이 저들의 칼을 맞게 됩니다."

"명령에 따르겠습니다."

이에 수령 오단은 노인들을 이끌고 성을 나가 한나라 군사를 영접했다. 한왕은 대군을 이끌고 성안으로 들어갔다. 백성을 위무하는 일이 끝나자 초나라 종리매의 군사가 당도했다. 정탐병이 한왕에게 보고했다.

"종리매가 군사 1만을 이끌고 형양에서 30리 떨어진 곳에 진채를 세우고 있습니다."

한왕이 일렀다.

"종리매는 먼길을 달려왔으므로 저들의 군사는 지쳤다. 우리 병력으로 척살할 좋은 기회다. 저들이 편안하게 군영을 세우도록 내버려두어서는 안 된다. 그랬다간 일시에 공격하기 어려워질 것이다."

이에 왕릉, 주발, 관영, 주창에게 각각 군사 3000을 이끌고 대열을 나누어 달려나가 종리매를 단단히 포위하게 했다. 종리매는 아직 군영을 다 세우기도 전에 사방에서 한나라 군대가 돌격해오는 것을 보고 황급히 적을 맞아 싸우러 달려나갔다. 왼쪽에는 왕릉이, 오른쪽에는 주발이, 앞에는 관영이, 뒤에는 주창이 사방을 에워싸고 협공해왔다. 종리매 혼자서 어떻게 감당할 수 있겠는가. 그가 군영을 버리고 달아나자 네 장수가 군사를 이끌고 추격했다. 초나라 군사들은 장수가 사라지자 모두 혼란에 빠져 사방으로 도망치기에 바빴다. 한나라 군사들은 힘을 다해 추격에 나서 적을 죽이고 생포했다. 그 수를 이루 다 헤아릴 수 없었다. 저들의 병마와 무기를 모두 노획하여 장수들이 각각 나누어 가졌다. 종리매는 패잔병을 모아 큰길로 달아났다. 장수들이 돌아와 한왕을 뵙고 승리를 보고하자 한왕은 크게 기뻐하며 네 장수에게 후한 상을 내렸다.

한편, 패왕은 대군을 거느리고 성고로 달려갔다. 그러나 조구가 자살했고 한나라가 벌써 성고를 점령하여 영포와 진동이 지키고 있었으며 종리매는 형양을 공격하다 한나라에 패배했다는 소식이 들려왔다. 두 곳에서 모두 패배하자 패왕은 결국 광무(廣武)에 주둔했다. 이로써 쌍방은 서로 대치하며 잠시 전투를 벌이지 않았다.

이즈음 한신은 조나라 땅에 주둔하고 있었다. 그는 패왕이 한꺼번에 군사를 일으켜 성고와 형양을 구원하러 가는 것을 보았지만 아직 제나라를 공격하지는 않았다. 제왕 전광은 한신이 대군을 동원하여 제나라를 공격하려 한다는 소문을 듣고 걱정에 휩싸였다. 제나라 백성은 하루에도 10여 차례씩 깜짝깜짝 놀랐다. 그 소식은 형양으로 전해졌다. 역생은 이런 상황을 알고 몰래 생각에 잠겼다.

'제왕이 이처럼 당황하고 있다니 내가 가서 이해관계를 설파하면 틀림없이 한나라에 투항할 것이다. 떠들썩하게 일을 벌이지 않고 제나라의 70여 성을 빼앗는다면 내 공이 적지 않을 것이다.'

그는 마침내 한왕을 뵙고 비밀리에 아뢰었다.

"지금 연나라와 조나라는 이미 평정되었지만 제나라만 아직 빼앗지 못했습니다. 제나라 전씨(田氏)의 잔존 세력은 여전히 강대한 힘을 자랑하고 그 곁의 초나라도 속임수를 많이 씁니다. 그러므로 우리가 군사 수만 명을 보낸다 해도 짧은 시간에 함락시킬 수 없습니다. 신이 대왕마마의 밝은 조칙을 받들어 세 치 혀로 이해관계를 설파하고 제나라의 항복을 받아 한나라의 동쪽 울타리로 만들겠습니다. 궁시(弓矢)를 수고롭게 하지 않고도 적을 굴복시키는 것이 가장 좋은 계책입니다."

한왕이 말했다.

"선생께서 제나라가 우리 한나라에 귀의하도록 유세하여 무기를 들지 않게 할 수 있다면 이는 우리 창생의 복일 뿐 아니라 백세토록 무궁하게 이어질 이익일 것이오. 지금은 한신의 군사가 움직이기 전이니 선생께서 서둘러 제나라로 가서 유세를 펼칠 딱 좋은 기회요."

이에 역생은 시종을 데리고 제나라로 달려갔다. 그는 제나라에 도착하여 관사에 들어가지도 않고 바로 궁궐로 길을 잡았다. 그는 사람을 보내 한나라 사신 역생이 특별히 제왕을 뵌 뒤 현상황의 이해관계를 말하고 나라의 생령(生靈)을 구하려 한다고 했다. 문지기가 역생의 도착을 알리자 제왕은 역생을 맞아들이라고 했다. 역생은 중문을 통해 천천히 안으로 들어서며 눈앞에 아무것도 뵈지 않는 양 거만하게 행동했다. 제왕이 화를 내며 말했다.

"그대는 우리나라에 와서 유세를 한다 해놓고 어찌 감히 짐과 대등한 예를 행하며 우리나라에 바늘만한 무기도 없는 것처럼 무시하는가?"

역생이 말했다.

"한왕은 지금 갑사 100만을 거느리고 나라 안팎까지 위세를 떨치고 있습니다. 한신도 조나라 땅에 주둔한 채 금방이라도 땅을 휩쓸며 달려오려 합니다. 이에 제나라 백성들은 끓는 가마솥 속의 물고기와 같아서 조만간 위기에 직면할 것이고 대왕께서도 그 자리를 보전하기 어려울 것입니다. 제가 여기에 온 목적의 하나는 만민의 목숨을 구하기 위해서이고, 다른 하나는 대왕께서 근심하지 않도록 보호해드리기 위해서입니다. 한나라는 제나라의 맹주이고 저는 상국의 사신으로 대왕에게 (벼슬이나 재물 등을) 아무것도 구할 것이 없는데, 어찌 제가 예를 낮춰서 대왕을 뵐 수 있겠습니까? 대왕께서 제나라를 보전하지 않으려면 저를 죽여 신하로서 갖춰야 할 예의를 바로잡으십시오. 만약 백성을 위해 계책을 찾으려면 제가 말씀드리는 좋은 계책을 따르지 않을 수 없을 것입니다."

제왕이 말했다.

"우리 제나라는 땅이 수천 리로 나라는 부유하고 군대는 강하오. 남쪽으로는 초나라 회수(淮水)의 세력을 저지하면서 북쪽으로는 연나라 변경의 강한 군대를 진압하고 있소. 서쪽으로는 위나라, 조나라와 이어져 있으며 동쪽으로는 바닷가와 맞닿아 있소. 또 안으로는 문신이 치세를 이루었고 밖으로는 무장이 변방을 안정시켰소. 갑사를 눌러두고 병력을 주둔한 채 앉아서 천하의 승패를 관망하고 있는데, 어떻게 위기가 조석에 달려 있단 말이오?"

역생이 탄식했다.

"대왕께서는 어떻게 사람을 그렇게 심하게 속입니까? 대왕께서 스스로 헤아려보건대 패왕과 비교하여 제나라의 무용이 어떠하다고 봅니까? 패왕은 관중을 얻고도 지킬 수 없어서 팽성으로 도망가 한나라와 대적하지 못하고 있습니다. 다섯 나라가 모두 배반했고 관중 땅을 모두 잃었습니다. 지금 제나라는 천리의 땅에 의지하여 전승의 한나라와 대항하려고 하는데, 이는 잘못된 일이 아니겠습니까?"

제왕은 낮게 신음하며 아무 말도 하지 못했다. 역생이 또 말했다.

"대왕께선 신음할 필요가 없습니다. 먼저 천하가 누구에게 돌아갈지 잘 관찰해야 그 이후에 나라의 흥망이 어떻게 결정될지 알 수 있습니다. 대왕께서는 과연 천하가 누구에게 돌아갈지 아는지 모르겠습니다."

제왕이 말했다.

"나는 모르오!"

"대왕께서 만약 천하가 누구에게 귀의할지 모른다면 제가 대왕과 대등한 예를 행하는 것이 마땅한 일입니다. 지금의 형세를 보면 초나라는 강한 듯하지만 기실 약하고, 한나라는 약한 듯하지만 기실 강합니다.

역생이 제왕에게 유세하다

천하의 강역 중에서 한나라가 7, 8할을 차지했고 초나라는 겨우 2, 3할만 갖고 있을 뿐입니다. 그런데도 덕을 닦을 줄 모르고 아직도 망령된 행동을 일삼으며 물러나 반성하지 않고 있습니다. 지금 한왕께선 소복을 입으시고 의제를 위해 장례를 치르며 은혜와 위엄을 천하에 펼치시니 천하에 그분을 믿고 따르지 않는 사람이 없습니다. 그 밝음은 해와 달과 나란하고, 그 덕은 요·순과 같습니다. 지금 그분은 오창의 식량에 의지하고, 성고의 험준한 땅에 요새를 설치하고, 비호구를 지키고, 태항 길을 막고, 백마진을 지키면서 백성을 위무하고 호랑이처럼 천하를 노리시는데, 이 때문에 천하 여러 나라가 귀의할 곳을 알게 되었습니다. 따라서 천명은 진실로 한나라에 있지, 초나라에 있지 않습니다. 대왕께선 서둘러 창을 거꾸로 잡고 갑옷을 풀고 한나라에 복속하여 성문을 여십시오. 그렇게 투항하여 한 성의 온 백성을 온전히 지키는 것이 만세토록 이어질 좋은 대책입니다. 신이 여기에 온 것은 진실로 제나라를 위해서지, 한나라를 위해서가 아닙니다. 대왕께선 깊이 생각해야 합니다!"

제왕은 역생의 말을 듣고 일어나 감사를 표했다.

"선생이 이번에 온 것은 실로 짐을 위한 행차인데, 짐이 험한 말로 모독했으니 용서해주기 바라오. 어떻게 투항해야 좋겠소?"

"대왕께서 먼저 항복문서를 지닌 사람을 파견하십시오. 신은 여기에서 한왕이 오기를 기다려 대왕과 함께 뵙겠습니다."

그러자 제왕 전광 곁에 앉은 사람이 물었다.

"한신이 지금 조성에 주둔하고 있다가 일시에 들이닥칠까 걱정입니다. 대왕마마께서 일찍 준비하지 않고 어떻게 방어하시렵니까?"

역생이 말했다.

"아무개가 이곳에 온 것은 사사로운 발걸음이 아니라 한왕의 밝은 조칙을 받은 행차입니다. 그런데 한신이 어찌 감히 한왕에 항거할 수 있겠습니까?"

제왕이 말했다.

"선생께서 한신에게 서찰 한 통을 보내 군대를 뒤로 물리겠다고 약속하면 믿을 수 있겠소만."

"그럼 신이 서찰을 써서 한신에게 알리겠습니다."

역생은 곧 서찰 한 통을 써서 시종에게 주어 제나라 사신과 함께 조나라로 가게 했다. 한신의 진격을 막기 위한 조처였다.

한편, 한신은 조나라에 주둔한 지 오래되어 마침 제나라 정벌을 논의하려던 참이었다. 그때 보고가 올라왔다.

"역 대부가 사람을 보내 서찰을 전해왔습니다."

한신은 장막 아래로 데려오라고 했다. 그 사람이 말했다.

"역 대부는 한왕의 조칙을 받들고 제왕에게 현실의 이해관계를 설파했으며, 제왕은 군사행동을 중지하고 투항하기로 했습니다. 지금 이미 항복문서를 지닌 사신이 성고에 도착했을 겁니다. 제나라 70여 성이 모두 한나라에 귀속되었습니다. 여기 서찰이 있으니 대원수께서 살펴보십시오."

한신은 서찰을 받아 개봉했다.

한나라 대부 역이기는 머리를 조아리며 한 대원수의 휘하에 서찰을 받들어 올립니다. 저는 칙지를 받들고 제나라에 사신으로 가서 제나라의 군사행동과 전쟁을 중지하게 했고, 마음을 다 기울여 우리에게 복속하게 했고, 천명을 따르게 했는데, 이는 우리 대왕마마의 교화로 이룩한 일이라 하겠습니다. 이 모두는 대왕마마의 성명에 우러러 의지한 결과이고 진실로 대원수의 위엄과 덕망에 기댄 열매입니다. 이제 떠들썩하게 일을 벌이지 않고 제나라 70여 성을 빼앗아 삼군의 노고를 덜어주었고 일국 백성의 생명을 구했습니다. 이에 아랫사람을 보내 이 서찰을 올리오니 제나라와의 전쟁을 중지하고 어서 성고로 군사를 돌리십시오. 잠시 군대를 쉬게 했다가 거병하여 초나라를 정벌하면 육국이 그림자처럼 뒤를 따르며 대업을 넓혀줄 것입니다. 대원수의 공훈은 쇠솥에 새겨질 것이지만 아무개는 감히 그 큰 공을 제 소유라고 탐하지 않겠습니다. 역이기가 재배합니다.

한신은 서찰을 다 읽고 매우 기뻐하며 사자에게 말했다.

"역 대부께서 이미 제나라의 항복을 받았다니 나는 즉시 군사를 돌려 성고로 가서 대왕마마와 군사를 합친 뒤 초나라를 정벌하겠다. 제왕은 우리 한나라 군사가 팽성 일대에 당도했다는 소식을 들으면 바로 군사를 보내 협조하라고 전하라. 함께 힘을 합쳐 초나라를 격파할 것이다."

한신은 답장을 써서 사자에게 제나라로 갖고 가서 역생에게 보고하게 했다. 역생은 답장을 갖고 제왕을 만났다. 제왕은 매우 기뻐했다. 그는 이후 역생과 온종일 음주가무를 즐기며 국사를 돌보지 않았다.

한신은 역생의 서찰을 받은 뒤 장이와 조나라 군사를 이끌고 성고에서 한왕과 연합하여 초나라를 정벌할 계획을 논의하려 했다. 바야흐로 삼군을 동원하려 할 때 계단 아래에서 어떤 사람이 소리를 질렀다.

"불가하오! 불가합니다! 만약 역생의 말을 들으면 대원수의 일이 잘못되고 맙니다. 제게 제나라 70성을 식은 죽 먹기로 얻어 그 공을 전부 대원수께 돌릴 수 있는 한 가지 계책이 있습니다."

이 사람이 누군가? 그는 바로 연나라 책사 괴철로 자(字)는 문통(文通)이었다. 한신이 말했다.

"그대는 무슨 소견이 있기에 우리 군대가 성고로 되돌아가면 안 된다고 하시오?"

괴철이 말했다.

"장군은 갑사 수만 명을 거느리고 거의 1년여의 세월을 들여 겨우 조나라 50여 성만 함락시켰습니다. 그런데 역생은 일개 유생일 뿐인데도 세 치 혀와 글 한 편에 의지하여 제나라 70여 성을 빼앗았습니다. 이제 장군의 위력은 오히려 일개 유생보다 못하게 되었습니다. 그런데 무슨 면목으로 군사를 되돌려 한왕을 만나겠습니까? 차라리 신의 어리석은 소견에 따르는 것이 좋을 겁니다. 즉 제나라가 대비하지 않는 틈에 삼군을 정돈하여 곧바로 그 경계로 쳐들어가십시오. 무기를 한 번 드는 것만으로도 제나라는 반드시 와해될 것입니다."

한신이 말했다.

"역생이 이번에 제나라로 간 것은 사사로운 행차가 아니라 어명을 받들고 간 것이오. 만약 내가 다시 거병하여 동쪽으로 가면 어명을 어길까 두렵소. 또 역생에게도 불리할 것이오."

"한왕은 애초에 장군에게 제나라를 빼앗으라 했으므로 그 뜻이 이미 정해진 것입니다. 지금 또 역생을 파견하여 제나라에 유세하라 한 것은 틀림없이 역생이 장군의 공을 탈취하려고 벌이는 일입니다. 즉 이

번 일은 역생이 입을 놀려 한왕을 부추겨 일어난 일이지, 한왕의 본래 뜻은 아닙니다. 지금 장군이 군사를 성고로 되돌리면 장수들은 장군의 무능함을 탄식할 것이고, 이후 한왕께서도 장군을 경시하고 유생을 중시하실 것입니다. 그럼 초나라를 격파했다 해도 아무 빛도 나지 않게 됩니다. 장군은 깊이 생각해야 합니다!"

장이가 말했다.

"문통의 말이 매우 일리가 있습니다. 장군은 조정 밖의 모든 권한을 갖고 있는데, 어찌 왕명에 구애될 필요가 있겠습니까?"

한신은 괴철의 말을 듣고 즉시 군사를 정비하여 장이 등과 함께 성고로 가지 않고 동쪽 제나라를 향해 진격했다. 후세에 사관이 이 일을 시로 읊었다.

군대를 움직이지 않고 좋은 계교 얻어서,	不動干戈獲上猷,
한마디 말로 성 뺏으니 뛰어난 책략이었네.	一言城下實良謀.
문통은 언변으로 적국을 기울게 했으나,	文通利口傾邦國,
역이기가 팽살당하니 원망이 그치지 않네.	高士遭烹怨未休.[1]

역생의 목숨이 어떻게 될지는 다음 회를 들으시라.

1_ 원본에는 이 시 뒤에 다음과 같은 '역사 논평'이 달려 있다. "반고는 말한다. '공자는 말 잘하는 사람이 나라를 뒤엎는 것을 미워한다고 했다.' 괴통의 이 한 가지 논설에는 세 가지 폐해가 있다. 전횡이 역생을 삶아 죽이고 한신을 바로잡으려 하자 제나라 백성은 편안하게 살 수 없게 되었다. 소위 한마디 말로 나라를 망친다는 것이 바로 이런 경우를 가리키는 것이리라."

제69회

역생, 기름솥에 삶기다

한신의 약속 위반으로
역생이 솥에 삶기다
烹酈生韓信背約

한신의 군사는 조나라를 출발하여 북쪽으로[1] 황하를 지났다. 그들이 큰길을 따라 진격하는 동안 인근 군현들은 바람에 휩쓸리듯 피하기에 급급했다. 제나라 국경으로 다가가자 일찌감치 경계병이 제나라 도성 임치(臨淄, 산둥성 쯔보시淄博市 린쯔구臨淄區)에 보고를 올렸다. 이날 제왕은 역생과 음주가무를 즐기다가 급보를 받았다. 그는 깜짝 놀라 황급히 전횡 등을 불러 사태를 논의했다. 전횡이 말했다.

"한신의 대군 30만이 멀리서 쳐들어오는데, 그 기세가 맹렬하다고 합니다. 우리가 출전하면 틀림없이 저들의 힘에 깨질 것이므로 차라리

1_ 고대의 황하는 지금의 물길보다 북쪽으로 흘렀다. 조나라에서 제나라 도성 임치로 가기 위해서는 동북 방향으로 황하를 건너야 한다.

해자를 깊이 파고 보루를 높이 쌓아 저항은 하되, 싸우지 않는 편이 좋을 듯합니다. 그리고 서둘러 사람을 초나라로 보내 구원을 요청하고 초나라 군사가 당도한 뒤 우리 군사를 내보내 협공하면 한신의 군대도 격파할 수 있을 겁니다."

"역생은 어떻게 처리해야 하오?"

"아직 해치지는 마시고 한나라 군대가 성 아래까지 오기를 기다려 역생에게 다시 한신과 이야기를 나누게 하십시오. 그렇게 해서 한신의 군대가 물러가면 역생의 처음 의도가 틀림이 없는 것으로 봐야 합니다. 그런데 한신이 물러가지 않으면 그때 역생을 죽여도 늦지 않을 것입니다."

"내 생각에는 역생이 나를 설득하여 한나라에 투항하게 했는데도 한신이 이제 또 군사를 일으켜 달려오는 것을 보면 틀림없이 우리에게 전투 준비를 하지 못하게 해놓고 한신에게는 그 틈을 타 공격하게 한 것이오. 아주 가증스러운 계략이오."

"한신이 달려오고 있지만 아직 이 일의 허실을 알 수 없으므로 그가 성 아래에 당도했을 때 역생이 무슨 말을 하는지 봐야겠습니다."

제나라 군신이 대책을 논의하고 있을 때 좌우 근신들이 한신의 대군이 당도했음을 보고했다. 그들은 성밖 30리 되는 곳에 군영을 세웠는데, 기치가 엄정하고 징소리, 북소리가 크게 울려 그 예봉을 감당할 수 없다는 보고였다. 제왕은 황급히 역생을 불러 일렀다.

"선생은 전날 한신에게 서찰을 보내 성고로 돌아가게 했다고 했는데, 오늘 어찌하여 한신이 우리 제나라를 빼앗으러 왔소? 말이 뒤바뀐 것을 보니 서로 내통하고 모의하여 짐을 속인 게 분명하오. 내가 대비를 하지 못하게 해놓고 우리 제나라를 빼앗으려는 수작임이 분명하오."

"신이 이곳에 온 것은 사사로운 행동이 아니라 한왕의 분명한 조칙을 받들고 왔습니다. 지금 한신이 약속을 위반하고 다시 군사를 일으켜 제나라를 공격하는 것은 신을 팔아먹는 일일 뿐 아니라 기실 한나라까지 속이는 일입니다."

"선생이 나를 한나라에 투항하게 해놓고 지금 또 한신의 대군이 성 아래로 밀려드는 걸 보면 선생은 속임수가 아니라고 하지만 그 행적은 매우 의심스럽소. 번거롭더라도 즉시 서찰 한 통을 써서 한신에게 보내시오. 한신의 군대가 물러가면 선생이 속임수를 쓰지 않은 게 증명되지만 물러가지 않으면 한신과 힘을 합쳐 나를 속인 것이 되므로 용서받기 어려울 것이오."

"서찰을 보내는 건 적당하지 않을 수도 있으니 신이 제나라 사신과 함께 가서 설득하면 한신은 틀림없이 돌아갈 것입니다."

제왕이 웃으며 말했다.

"선생이 이번에 가서 설득할 때 한신이 선생의 말에 따르면 다시 돌아올 가망이 있지만 따르지 않으면 호랑이를 산으로 풀어주는 격이 되오. 그럼 어찌 다시 돌아올 리가 있겠소? 선생은 여기 남아 인질이 되어야 하오."

"대왕마마께서 신을 그렇게 의심하시니 서찰을 써서 보내겠습니다. 생사존망의 갈림길이 실로 여기에 달렸습니다."

역생은 서찰을 써서 심부름꾼에게 주고 거듭 간절하게 다음과 같은 말을 전해달라고 분부했다.

"비록 대원수께서는 저를 소중하게 여기지 않겠지만 한왕께서 어명으로 저를 제나라에 보내 유세하게 했습니다. 그러니 어찌 저를 소중하게 여기지 않을 수 있겠습니까?"

심부름꾼은 성을 나가 곧바로 한나라 군영으로 달려갔다. 순라군 장수가 그 소식을 중군에 보고했다. 한신이 대장 장막에 들자 사자가 서찰을 바쳤다. 한신은 서찰을 개봉하여 읽었다.

역이기는 한 원수 휘하에 머리를 조아리며 재배 올립니다. 전에 서찰을 보내시어 성고로 회군한다고 했습니다. 제왕은 그 서찰을 받고 몹시 기뻐하며 바로 항복문서를 써서 대왕마마께 보냈습니다. 그런데 지금 장군께서 다시 군사를 통솔하여 제나라를 빼앗으려 하는 것은 이전 서찰 내용과 맞지 않는 듯합니다. 또 제나라 군신이 저를 사기꾼으로 여기고 제 목을 베어 원한을 갚도록 만들 것입니다. 제가 죽는 건 아깝지 않으나 어명으로 사신이 파견되었고 제나라의 항복문서도 이미 시행되고 있는 마당에 지금 또 이렇게 원칙 없이 결정을 변경하면 사신은 이제 주살을 당하게 될 것입니다. 이러고서야 어명이 천하에서 믿음을 얻을 수 있겠습니까? 또 원수께서는 마음에 편안함을 느끼십니까? 제 목숨은 조석에 달려 있으니 오직 원수께서 구원할 수 있습니다! 역이기가 머리를 조아리며 피눈물로 재배 올립니다.

한신은 역생의 서찰을 읽고 나서 낮게 신음하며 아무 말도 하지 못했다. 괴철이 말했다.

"장군께서 결정을 내리지 못하는 것은 역생의 말에 따르려는 마음 때문입니까?"

한신이 대답했다.

"역생은 어명을 받들고 제나라에 유세하러 갔소. 그런데 내가 지금 제나라를 공격하면 제나라는 반드시 역생을 죽일 것이오. 아마 어명도 어기게 될 듯하오."

"어명으로는 먼저 장군을 파견하여 제나라를 정벌하게 했고 장군에게 그만두라는 조칙을 내리지 않았습니다. 지금 장군께서 제나라를 정벌하는 건 대왕마마의 첫 어명을 받드는 것입니다. 이미 장군을 파견하고도 다시 또 역생을 파견했다면 그 실수는 대왕마마께 있지, 장군에게 있지 않습니다. 장군! 무엇을 의심합니까?"

"제나라가 역생을 죽이면 그건 기실 내가 죽인 것이니 그건 차마 하지 못할 일이오!"

"한 사람의 목숨을 버려 일국을 평정하는 공로는 다시 얻기 어렵습니다! 일의 경중과 대소의 구분은 분명하게 드러나 있는데, 어찌하여 구구하게 나약한 태도를 보입니까?"

"그대의 말대로 역생의 간청을 들어줘서는 안 되겠소."

그리고 마침내 답장을 써서 사자에게 주고 이렇게 말했다.

"역 대부는 앞서 제나라를 투항하게 만들 때 먼저 대왕마마의 조칙을 구하여 내게 조나라 경내에 잠시 주둔하다가 다시 제나라로 진격하게 해야 했다. 그런데 제왕이 이미 우리 한나라에 투항한 뒤에야 사자를 조나라에 보내 우리 군대를 성고로 돌아가게 만들고 그것이 장기 대책이라고 했다. 그리고 역 대부는 내게 알리지도 않고 사사롭게 제나라에 유세하여 자기 혼자만 공을 세우려는 탐욕을 부렸다. 제나라는 기실 우리 대군이 조나라에 있음을 두려워하여 어쩔 수 없이 투항한 것이지, 본심은 이와 다르다. 오늘 비록 항복했지만 오래지 않아 틀림없이 다시 배반할 것이다. 그때 다시 군대를 피곤하게 하며 원정에 나서면 왕복 경비를 마련하는 것도 매우 불편할 것이다. 차라리 오늘 북소리 한 번으로 제나라를 멸망시키고 후환을 없애는 편이 더 낫다. 비록 역 대부의 목숨은 상하겠지만 일국을 평정하는 공은 세울 수 있다. 뒷날 논공행상을 할 때 역 대부의 자손도 봉토를 받을 수 있을 테니 오늘 나를 너무 원망하지 말라."

사자는 성으로 들어가 한신의 말을 자세히 이야기했다. 역생은 욕설을 퍼부었다.

"남의 가랑이 사이나 기던 놈이 나를 팔아먹었다!"

제왕은 그 소식을 듣고 분노했다.

"보잘것없는 유생 놈이 한신에게 속아서 감히 제나라를 훔치고 짐을 능멸했다!"

그는 급히 좌우 근신을 불러 기름을 가득 채운 가마솥을 준비하라 했다. 그리고 역생을 잡아서 자루로 머리를 감싼 뒤 기름이 펄펄 끓는 가마솥에 집어넣어 삶아 죽였다. 후세에 호증이 이 일을 시로 읊었다.

고양[2]으로 접어드니 역생이 생각나네,	路入高陽感酈生,
시절 만나 길게 읍하며 병법을 논했지.	逢時長揖便論兵.
가련하다 수레 타고 동쪽으로 유세 가서,	最憐伏軾東游日,

2_ 일찍이 역생은 고양(高陽)에서 술에 취해 미치광이처럼 자유롭게 살았다. 『원본 초한지』 1 제18회 참조.

제나라 칠십 성을 맨손으로 빼앗았네.　徒下齊王七十城.[3]

초·한이 쟁패할 때 칼날이 피로 물들어,　楚漢爭鋒血刃汚,
뛰어난 선비 책략으로 큰일을 도모했네.　高才挾策欲洪圖.
기름솥에 삶길 줄 그 누가 알았으리?　誰知鼎鑊遭烹日,
고양 땅 주정뱅이와 어찌 비길 수 있으랴?　何似高陽作酒徒.[4]

초와 한이 어지럽게 백 번 넘게 싸울 때,　楚漢紛紛百戰餘,
역생이 유세하러 제나라로 들어갔네.　酈生游說入齊墟.
이어진 성 칠십 곳을 순식간에 뺏었으나,　連城七十須臾下,
한신이 쓴 서찰 한 통이 오히려 한스럽네.　却恨韓侯一紙書.

제왕이 역생을 삶아 죽였다는 소식이 한나라 군영으로 전해지자 한신은 대로했다. 그는 삼군을 재촉하여 제나라 성을 매우 급하게 공격했다. 제왕은 경악하며 전횡을 불러 대책을 논의했다.

"지금 팽성에서 구원병이 금방 도착하기도 어렵고 조만간 성은 함락될 터인데, 어찌하면 좋겠소?"

전횡이 말했다.

"앉아서 포로가 되기를 기다리기보다 오늘밤 성문을 열고 결사항전

3_ 당나라 호증의 영사시 「고양(高陽)」이다. 통용본에는 넷째 구 도하(徒下)가 하진(下盡)으로 되어 있다. 아래 2수는 호증의 영사시 현행본에 실려 있지 않다.

4_ 고양주도(高陽酒徒): 역생이 고양 땅의 술주정뱅이라는 뜻이다. 술을 좋아하며 자유분방하게 행동하는 사람을 비유한다.(『사기』「역생가의열전(酈生賈誼列傳)」)

역생이 제왕에게 팽살당하다

을 벌이는 편이 낫겠습니다. 그럼 승패가 어찌될지 모릅니다."

제왕은 그의 말에 따라 바로 군사를 점검했다. 저녁 무렵 먼저 하급 장수들을 성 위로 올려보내 상황을 살펴보게 했다. 한나라 군영은 활활 타오르는 횃불로 대낮처럼 밝았다. 경계 태세도 일사분란했고 군사들의 대열도 질서정연했다. 그들은 성을 내려와 상황을 보고했다. 전횡이 말했다.

"또 그렇게 겁만 먹는다면 어떻게 적을 무찌를 수 있겠느냐?"

그는 즉시 대군을 인솔하여 동문을 열고 성밖으로 달려나갔다. 그곳에는 마침 조참이 순찰을 돌고 있었다. 조참은 중군에 급보를 전하는 한편, 자신은 휘하 군사를 정비하여 전횡과 맞섰다. 전횡은 긴 창을 든 채 혼자서 말을 타고 선두에 나서서 욕설을 마구 퍼부었다.

"남의 가랑이 사이나 기던 놈이 좀 출세했다고 감히 사람을 속이다니! 어서 나와서 나와 죽을 때까지 겨루어보자!"

조참이 분노를 터뜨리며 칼로 전횡을 곧바로 내리쳤다. 전횡은 창으로 가로막으며 응전했다. 두 사람은 한 곳에서 치열하게 싸웠다. 20합을 겨루어도 승부가 나지 않았다. 이때 한신이 대군을 휘몰아 제나라 군사를 덮쳤다. 전횡은 감당하지 못하고 제왕을 보호하며 탈출로를 뚫었다. 그들은 한데 몰려 도망쳤다. 날이 어두워지자 한신은 복병이 있을지도 모르고 깃발과 북소리도 구분할 수 없으므로 끝까지 추격하지 말라고 명령했다. 이로써 전횡은 제왕과 삼군의 군사를 보호하며 고밀현(高密縣, 산둥성 가오미시高密市)으로 들어갔다.

한신은 다음날 성안으로 들어가 백성을 위무하고 병졸들에게 휴식을 주면서 다시 제나라 군대를 추격하는 일에 대해 논의했다. 한편, 제왕은 고밀현에 당도하여 초나라로 연이어 사자를 세 차례나 보냈다. 그는 사자들에게 밤낮을 구분하지 말고 팽성으로 달려가 초나라 구원병을 독촉하라고 분부했다. 그들은 팽성에 도착하여 패왕을 만나 제왕이 한신에게 포위되어 매우 위급한 상황에 빠졌음을 자세히 전했다. 그리고 서찰을 올렸다.

제왕 전광은 머리를 조아리며 글을 올립니다. 나라는 혼자 다스릴 수 없고 세력은 고립되어 존재할 수 없습니다. 혼자 다스리면 널리 교화를 펼칠 수 없고 고립되어 존재하면 외적의 침략을 막을 수 없습니다. 우러러 생각하옵건대 폐하께서 위엄과 덕망을 펼치자 해내가 모두 귀의하여 통일의 기반을 금방 이룰 수 있으리라 기대했습니다. 그런데 유방이 못된 짓을 하며 폐하의 강토를 뒤흔들 줄 어찌 생각이나 했겠습니까? 한신도 군사를 일으켜 여러 제후국을 침략했습니다. 삼진을 이미 잃었고 이위(二魏)도 패망했으며 연나라와 조나라도 새로 무너져 다섯 제후가 모두 와해되었습니다. 지금 오직 제나라만 폐하의 외로운 우방이고 초나라의 중요한 요충지로 존재하고 있습니다. 만약 제나라도 한나라의 차지가 된다면 폐하께서는 고립된 세력으로 홀로 천하를 다스리실 수밖에 없습니다. 천하의 대통을 이어받아 사해를 널리 구제하고 제왕의 대계(大計)를 회복하시려 해도 그 세월을 기약할 수 없을 것입니다. 엎드려 간청하옵건대 서둘러 정예병을 거느린 대장을 파견하여 물에 빠진 나라를 건지고 불에 타는 백성을 구제하여 이 긴급한 위기를 해결해주십시오. 제나라 강역이 깨지면 연도의 군현들도 적의 칼을 맞고 함락될 것이니 팽성까지 흔들릴까 두렵습니다. 폐하께 천

번 만 번 바라옵니다. 조속히 군주의 권위를 발휘하시고 서둘러 밝은 판단을 내려주십시오. 그럼 제나라에도 큰 행운이고 백성에게도 큰 행운일 것입니다!

항왕은 서찰을 다 읽고 급히 용저와 주란을 불렀다.

"두 장군은 정예병 3만을 이끌고 임치와 고밀로 진격하여 한나라를 격파하고 제나라를 구원하시오. 밤낮없이 달려가 일찌감치 승리를 보고하시오. 절대 늦어서는 안 되오! 만약 사태의 완급이 생기면 사자를 보내 알리시오. 짐이 직접 대군을 이끌고 구원에 나서겠소!"

용저가 말했다.

"폐하! 마음 놓으십시오. 신이 이번에 가서 반드시 한신의 수급을 잘라 폐하의 장막 아래 바치겠습니다."

패왕은 매우 기뻐하며 자신이 갖고 있던 여우가죽 옷을 용저에게 하사하고 두 장수에게 각각 어주(御酒) 석 잔을 따라주었다. 용저와 주란은 패왕에게 감사 인사를 하고 팽성을 떠나 제나라를 구하기 위해 임치로 달려갔다. 용저가 어떻게 한신과 대적하는지는 다음 회를 들으시라.

제70회

초나라 맹장 용저가 전사하다

한신이 모래주머니로
용저를 죽이다
韓信囊沙斬龍且

용저는 대군을 이끌고 고밀에 당도하여 성에서 30리 되는 곳에 군영을 세웠다. 제나라 군사가 한나라 군사와 대치하고 있었지만 고밀성은 이미 파괴되어 위급한 상황에 처해 있었다. 한신은 용저의 군사가 도착했다는 소식을 듣고 잠시 5리 뒤로 후퇴하여 휘하 장수들을 불렀다.

"용저는 초나라 명장이오. 지혜로 잡아야지 힘으로 대적해서는 안 되오. 여러분은 마땅히 여차여차하게 준비해야 하오. 그럼 용저의 군사를 격파할 수 있을 것이오."

장수들은 각각 한신의 명령에 따라 차례대로 대책을 준비했다.

한편, 용저는 군막에 올라 주란과 대책을 논의했다.

"나는 평소에 한신을 대수롭지 않은 놈으로 봐왔소. 빨래하는 아낙

네에게 밥을 빌어먹었으니 자신의 생계도 꾸릴 줄 모르는 놈이오. 남의 가랑이 사이를 기어나가는 치욕을 당했으니 별 용기도 없는 놈이오. 아무것도 겁낼 게 없소."

주란이 말했다.

"그렇지 않소! 한신은 목하 삼진을 무너뜨리고 달려왔소. 가는 곳마다 바람에 휩쓸리듯 함락되지 않은 성이 없소. 패왕께서도 일찍이 그자의 병거전에 패주하여 팽성으로 후퇴하셨소. 그자는 기지가 넘치고 꾀가 많아 변화막측의 속임수에 능하오. 장군은 세밀하게 대비해야지, 적을 가볍게 여겨서는 안 되오. 남에게 밥을 빌어먹거나 치욕을 당하면서도 한신은 오늘이 있을 줄 알고 조무래기들과 다투려 하지 않았을 뿐이오. 그자가 무능하다고 생각해서는 안 되오."

그러자 용저가 맞받았다.

"한신은 가는 곳마다 승리하기는 했지만 아직 강적을 만나지 못했소. 만약 지혜와 용기를 함께 갖춘 사람을 만나면 그자가 어찌 자신의 꾀를 함부로 쓸 수 있겠소?"

그리고 바로 사람을 보내 전서를 전했다. 사자는 한나라 군영으로 가서 한신을 만나 전서를 올렸다.

초나라 대장군 용저가 한나라 장수들에게 알린다. 한신은 군사를 부리며 아직 강적을 만나지 못했다. 위표는 주숙의 간언을 듣지 않았다가 군사를 잃었다. 진여는 이좌거의 대책을 쓰지 않았다가 지수에서 참수되었다. 연왕은 기세를 두려워하여 잠시 항복했지만 마음으로 굴복한 것은 아니다. 삼진은 땅의 이점을 잃어서 패배한 것이지, 전투에서 진 것이 아니다. 나는 지금 어명을 받들고 제나라를 구하러 와서 한신과 결전을 벌이고자 한다. 그런즉 앞의 여러 나라와 비교할 수 없다. 너희는 서둘러 목을 길게 늘이고 기다려라. 스스로 물러나 후회하지 말고!

한신은 전서를 다 읽고 나서 불같이 화를 내며 사자를 참수하려 했다. 장수들이 강력하게 만류하자 곤장 30대를 치고 마침내 사자의 얼굴에 붉은 글씨로 '내일결전(來日決戰)'이란 네 글자를 써서 돌려보냈다. 사자는 초나라 군영으로 돌아와 울면서 자신이 당한 일을 용저에게 고했다.

"한신이 온갖 욕설을 퍼부으며 저를 참수하려 했습니다. 장수들이 말리자 곤장 30대를 치고 제 얼굴에 이 네 글자를 써서 풀어주었습니다."

용저는 대로하여 바로 출전하려 했으나 주란이 거듭 그를 가로막았다.

하룻밤이 지나고 다음날 아침 삼군이 아침식사를 마치자 용저는 위엄 있게 군장을 꾸리고 위풍당당하게 진영 앞으로 나서서 홀로 한신의 출전을 부추겼다. 한신도 필마단기로 맨 앞으로 달려와서 용저와 설전을 주고받았다. 용저가 고함을 질렀다.

"네놈은 본래 초나라 신하였다. 그런데 초나라를 배신하고 한나라에 투항하여 마음대로 위세를 부리며 이미 관중의 여러 큰 군을 침탈했다. 그런데도 스스로 멈출 줄 모르고 감히 천병에 항거한단 말이냐? 어서 말에서 내려 투항하면 목숨만은 살려주겠다!"

한신은 껄껄 웃으며 말했다.

"네놈을 장사 지내러 왔는데 아직도 분수를 모르고 감히 혓바닥을 놀려대느냐?"

용저는 대로하여 칼을 들고 한신을 죽이려 했다. 한신도 창을 내지르며 싸움에 나섰다. 두 말이 일진일퇴를 거듭하자 두 사람도 계속 무기의 칼날을 부딪쳤다. 20합을 겨루었는데도 용저의 정신은 더욱 맑아졌고 한신은 패배한 척 동남쪽을 향해 달아났다. 용저가 비웃으며 소리쳤다.

"내가 본래 네놈이 겁쟁이임을 알고 있었다!"

그는 온 힘을 다해 한신을 추격했다. 주란도 말을 박차며 용저의 뒤를 따라 유수(濰水)1를 향해 치달렸다. 강변에 도착해보니 유수는 거의 말라 있었고 한신은 바로 물을 건너갔다. 주란은 크게 의심이 들어 황급히 용저의 말 머리를 막아서며 제지했다.

"유수는 본래 강물이 넘치는 큰 강인데 오늘은 물이 없습니다. 이는 틀림없이 상류를 막아 물을 흐르지 못하게 해놓고 우리 군사가 강을 건널 때 물을 터뜨리려는 수작입니다. (강물이 쏟아져 내려오면) 장군은 어떻게 방어하겠습니까?"

용저가 말했다.

"한신은 대패하여 도망칠 겨를도 없는데 어찌 깊은 계략을 쓸 수 있겠소? 게다가 강물은 가뭄과 홍수에 따라 수량이 결정되오. 지금은 12월 엄동설한이라 강물이 말라붙을 때요. 겨울 강바닥에 물이 없는 것이 뭐가 이상하단 말이오?"

그가 한나라 군사가 진격해오는 것을 살피고 있는데, 또 어떤 군사가

1_ 지금의 웨이허강이다. 산둥성 쥐현(莒縣) 지우산(箕屋山)에서 발원하여 북쪽으로 우롄(五蓮), 주청(諸城), 가오미, 안추(安丘) 웨이팡(濰坊) 등지를 거쳐 보하이(渤)해로 유입된다.

한신이 멀지 않은 저 앞쪽에 있다고 보고했다. 용저는 한신이 가까이 있다는 말을 듣고 군사를 휘몰아 강을 건너 있는 힘을 다해 추격에 나섰다. 강 중간에 이르러 바라보니 저멀리 강변의 조금 높은 곳에 한 말 크기의 등롱(燈籠) 하나가 달려 있는 것이 보였다. 용저는 서둘러 등롱 곁으로 달려갔다. 거기에는 나무 팻말 하나가 서 있었고 그 위에 크게 여섯 글자가 쓰여 있었다.

吊燈球斬龍且(등롱을 매달고 용저를 참하리라).

주란 등 군사들이 모두 달려와 나무 팻말을 둘러싸고 구경했다. 용저가 말했다.

"이것은 틀림없이 우리 대군이 급하게 추격하자 한신이 나의 진격을 방해하고 군사를 물러나게 하기 위해 여기에 팻말을 세우고 우리 군사들의 마음을 현혹시키려는 수작이다."

주란이 말했다.

"야심한 시각인데 어찌 순식간에 이런 팻말을 만들어 세울 수 있겠소? 이것은 한신이 우리 군사를 이곳으로 유인하려는 계략임이 분명하오. 매복이 있을 듯하오. 이 때문에 이곳에 등롱을 달고 이런 기록을 남겼소. 이제 한나라 군사는 이 등롱을 보고 공격해올 것이오. 차라리 등롱을 부수어버리면 저들이 스스로 혼란에 빠질 것이오."

용저가 칼을 들고 등롱을 내리치자 길 양쪽에서 무수한 한나라 군사가 고함을 질렀다. 유수 상류에서는 도도한 강물이 사납게 쏟아져 내려왔다. 파도가 솟구치고 물결이 몰아쳤다. 마치 화살이 쏟아지듯 삽시간에 강물이 밀어닥쳤다. 유수 강바닥에 있던 초나라 군사들이 그 사나운 강물을 어떻게 감당할 수 있겠는가. 초나라 군사들은 모두 강물에 휩쓸려 사라졌다. 용저는 사나운 물소리가 가까이 들려오자 다급하게 말에 채찍을 가해 앞으로 치달렸다. 용저의 말은 천리마여서 순식간에 북쪽 연안에 도착했다. 겨우 위기를 벗어나는가 싶었는데 앞에서 한줄기 화포 소리가 울리더니 조참과 하후영이 번개처럼 달려나왔고 이어서 여러 장수가 그를 에워쌌다. 용저는 중간에 포위되어 빠져나올 수 없었다. 때는 한밤중이라 피아를 구분하기도 어려웠다. 용저는 무기를 들고 포위망을 돌파하려 했지만 창칼을 들고 한꺼번에 몰려드는 한나라 장수들을 어떻게 감당할 수 있겠는가. 용저가 손을 쓰지 못하는 사이에 조참이 칼을 들어 그의 목을 베었다. 초나라 용장 용저는 그렇게 유수 북쪽 연안에서 죽었다. 한신은 용저가 매우 용맹하지만 성질이 불같다는 점을 이용하여 먼저 시무에게 모래주머니 1만여 개를 만들어 모래를 가득 채우게 한 뒤 유수 상류를 단단히 막게 했다. 또 중간에 등롱을 달아 여섯 글자를 써놓고 용저의 눈에 띄게 하여 그의 분노를 유발했다. 그리고 등롱을 칼로 내리쳐 땅바닥에 떨어뜨리면 즉시 강물을 막은 모래주머니를 터뜨려 거대한 강물이 상류에서 쏟아지게 했다. 마침내 강물은 화살처럼 빠르게 쏟아져 내려가 초나라 군사들을 수장시켰다. 용저는 강 연안에 매복한 장수들에게 포위되어 탈출하지 못하고 그곳에서 죽었다. 주란은 칠흑 같은 한밤중 난전 속에서 도주하여 종적을 알 수 없게 되었다.[2] 사관이 이 일을 시로 읊었다.

2_ 이후 주란은 『원본 초한지』 3 제73회 광무산 대전부터 다시 등장한다.

한신의 기이한 계책 신과 같이 절묘하여,	韓信奇謀妙若神,
모래주머니 높이 쌓아 앞 나루를 가로막았네.	囊沙高壘阻前津.
손자 오자 병법을 용저는 알지 못해,	龍且不識孫吳策,
용기만 믿다 죽었으니 말할 가치도 없구나.	恃勇亡身不足論.

한신은 용저를 죽이고 주란을 내쫓아 세력을 크게 떨쳤다. 제왕은 고밀에 있었지만 바늘방석에 앉아 있는 것처럼 불안했다. 그는 다급하게 조카 전광3과 숙부 전횡을 불러 대책을 상의했다.

"용저 같은 용장도 한신에게 죽임을 당했소. 우리 군사는 고립되어 있는데, 어떻게 성을 지킬 수 있겠소? 차라리 한나라 군사가 아직 성을 포위하지 않은 틈에 군사를 이끌고 바다 섬으로 들어가 피난하며 태평한 시대를 기다리다 초나라와 한나라 양가의 승부가 나는 걸 보고 다시 대처하는 것이 좋겠소. 지금 투항한다 해도 한왕이 꼭 믿어주지 않을 테니 말이오."

제나라 군신은 밤새도록 상의하여 대책을 정했다. 다음날 아침 그들은 군사를 통솔하여 동문을 열고 한꺼번에 몰려나왔다. 그 소식이 한신의 중군에 보고되자 한신은 서둘러 대군을 이끌고 추격에 나섰다. 20리를 행진했을 때 뜻밖에도 하후영을 만났다. 그는 주란을 추격하다 실패하여 돌아오는 도중 제나라 군사와 맞닥뜨렸고 마침내 그들의 앞길을 가로막고 제왕 전광을 사로잡았다. 전광이 포박되자 전횡은 감히 싸울 마음을 먹지 못했다. 그는 탈출로를 뚫고 곧바로 바다 가운데 섬으로

3_『원본 초한지』 3 제67회 각주 1 참조.

조참이 유수 가에서 용저의 목을 베다

들어가 난을 피했다. 하후영은 전광을 압송하고 돌아오다 한신의 대군을 만난 것이다. 그는 전광을 잡고 전횡을 놓친 소식을 자세히 설명했다. 한신이 말했다.

"애석하게도 전횡은 달아났구려!"

대군은 고밀로 돌아와 백성을 위무한 뒤 각 군현으로 문서를 보냈다. 각 군현은 한나라의 위세를 보고 바람에 휩쓸리듯 투항했고 제나라 땅은 모두 평정되었다.

한신은 군사를 임치로 옮겨 주둔하게 했다. 그는 화려한 제나라 궁궐을 보고 매우 기뻐했다. 괴철이 한신의 곁에 있다가 한신의 뜻을 짐작하고 앞으로 다가와 말했다.

"제나라 땅은 오악(五嶽) 동쪽에 해당하며 산과 바다를 의지하고 있습니다. 동쪽에는 낭야(琅琊, 산둥성 린이시臨沂市)가 있고 서쪽에는 흐린 황하가 있습니다. 바다와 태산 사이는 모두 사람들이 많이 모여 사는 땅이고, 사방 요새 중 견고한 곳이며, 동쪽 지역의 웅자입니다. 장군께서 지금 이 땅을 모두 평정하여 군대의 위엄을 크게 떨치자 군현들이 모두 두려워 항복하고 있습니다. 이런 때에 사람을 보내 상소문을 올리고 가제왕(假齊王)[4]의 옥새를 청하여 이곳이 장군을 떠받치는 발판이 되도록 하는 것이 좋겠습니다. 때마침 기회가 찾아왔으니 놓쳐서는 안 됩니다."

이렇게 상의하는 사이에 갑자기 한왕의 사자가 당도했다는 보고가 올라왔다. 한신은 서둘러 사자를 맞아 안으로 인도했다. 서로 인사가

4_ 제나라의 임시 왕이란 뜻이다.

끝나자 사자가 말했다.

"여기 대왕마마의 친서가 있습니다."

한신은 서둘러 친서를 개봉하여 읽었다. 친서의 내용이 무엇인지는 다음 회를 보시라.

제71회

괴철의 삼분지계

괴철이 한신에게
한나라를 배반하라고 유세하다
蒯徹說韓信背漢

한신은 괴철과 상의하여 한왕에게 제왕 옥새를 요청하고 그것으로 가왕(假王, 임시 임금)이 되어 그 땅을 진무하려고 했다. 괴철은 제나라 땅을 점령하여 한신의 발판으로 삼으려고 의도했다. 그때 갑자기 한왕의 사자가 조서를 가지고 왔다는 보고가 올라왔다. 한신은 대소 장수를 이끌고 멀리까지 나가 사자를 영접하여 성으로 돌아왔다. 서로 인사를 끝내고 좌우 측근이 조서를 개봉하여 읽었다.

과인은 장군의 계책을 써서 초나라의 큰 고을〔大郡〕 10여 곳을 얻어 세력을 조금 떨쳤소. 그러나 패왕은 태공을 오래 잡아두고도 아직 뉘우치지 않고 우리 부자를 이간하고 있으니 과인의 마음이 날마다 어지럽소. 근래에 또 초나라 군사를 성고에 모아놓고 나와 격렬하게 싸워 자웅을 겨루려 하고 있소. 그러나 쌍방의 대치가 오래되니 군사와 군마가 더욱 피곤해하는데, 갑자기 전쟁을 하려니 이기기 어려울까 두렵소. 과인과 장군의 두 곳 세력의 위엄에 기대지 않고 어떻게 만전의 대책을 세울 수 있겠소? 이 때문에 사자를 시켜 밤새도록 달려가 장군을 서둘러 초청해와 대책을 논의하고 힘을 합쳐 초나라를 격파하려는 것이오. 생각건대 장군은 제나라에 승리한 군대로 오래 곤궁에 처한 초나라를 이길 수 있을 것이오. 또 기이한 꾀와 신묘한 계책으로 즉시 공적을 세울 수 있으리라 기대하오. 장군은 서둘러 달려와 과인의 간절한 마음을 위로해주시오.

한신은 조서를 다 읽고 나서 사자를 융숭히 대접하고 서둘러 삼군을 점검한 뒤 바로 출병하려 했다. 그러자 괴철이 말했다.

"장군! 바로 이 기회에 사람을 사자와 함께 보내 가제왕 옥새를 요청하고 서둘러 제나라 왕 보위에 오르십시오. 그런 뒤에 군사를 일으켜 한왕과 힘을 합쳐 초나라를 정벌하십시오. 이것이 바로 이곳 제나라 땅을 바탕으로 압박을 가해 그 지위를 얻는 방법입니다. 이때를 놓치면 아마 다시 이런 기회를 얻기 어려울 것입니다."

한신이 말했다.

"내 마음과 딱 맞소."

다음날 한신은 사자를 중군으로 청하여 자세히 설명했다.

"제나라 백성은 사기에 능하고 변덕이 심하니 가제왕의 옥새를 보내주면 먼저 이곳을 진무하고 평정하겠소. 그런 뒤에 군사를 일으켜 초나라를 정벌해도 늦지 않을 것이오. 사자는 나의 심부름꾼과 함께 형양으로 가주었으면 좋겠소. 사자의 뜻은 어떠하오?"

사자가 말했다.

"함께 가겠습니다."

한신은 매우 기뻐하며 사자에게 황금과 비단을 후하게 하사하고 상소문을 주숙에게 주어 함께 형양으로 가게 했다. 사자와 주숙은 얼마 지나지 않아 형양에 도착하여 한왕을 알현하고 상소문을 바쳤다. 한왕이 상소문을 개봉하여 읽었다.

한나라 대상국 한신은 머리를 조아리며 이 글을 올립니다. 나라에 주인이 없으면 백성을 교화하기 어렵고 백성을 권세로 통합하지 않으면 어떻게 복종시킬 수 있겠습니까? 신은 우러러 하늘의 위엄에 기대 가는 곳마다 승첩을 아뢰었습니다. 유수에서는 용저를 참수했고, 성양(城陽)[1]에서는 전광을 사로잡았습니다. 군대의 위엄으로 백성을 진압했지만 민심은 아직 진정되지 않고 있습니다. 옛날부터 제나라 땅은 변화와 속임수가 많은 곳이라 일컬어왔습니다. 민심에 변덕이 심하므로 혹시라도 난리가 일어날까 두렵습니다. 바라옵건대 제왕을 나타내는 옥새를 하사해주십시오. 잠시 가왕의 지위로 저들을 진무하겠습니다. 민심이 안정되면 바로 군사를 이끌고 어가 뒤를 따라 초나라를 정벌하겠습니다. 그럼 모든 강역이 안정을 찾고 사해의 변방도 신복(臣服)하여 대대로 한나라 땅이 되고 천하가 태평해질 것입니다. 신은 감히 마음

1_ 원본에는 성고(成皐)로 되어 있지만 고밀로 도주한 전광이 성고에서 잡힐 수 없다. 성양으로 보는 것이 합리적이다.

대로 할 수 없는 일이므로 상소문을 올려 결정을 요청합니다. 나머지는 다 말씀드리지 못합니다.

한왕은 한신의 상소문을 읽고 화를 내며 욕했다.

"이놈이 감히 짐을 이처럼 속이다니! 내가 이곳에서 오랫동안 곤욕을 당하면서 아침부터 저녁까지 도움만 기다리고 있는데, 도리어 자립하여 왕이 되려 한단 말이냐?"

그때 장량과 진평이 황급히 앞으로 다가가 한왕의 발을 살짝 밟으며 귓속말로 속삭였다.

"대왕마마께서 초나라의 큰 고을 수십 곳을 얻으셨지만 지금 형세를 보면 초나라 군사가 광무에 주둔하여 한나라를 공격하려 하고 있습니다. 지금 한나라가 불리한데 어찌 한신의 자립을 금지할 수 있겠습니까? 차라리 이참에 그를 자립시켜 스스로를 보호하게 만들고 마침내 대왕마마를 위해 능력을 쓰도록 하는 것이 좋겠습니다. 그렇게 하지 않았다가 혹시라도 한신이 변심하면 또다른 큰 화근이 될 것입니다."

한왕도 바로 깨닫고 내친김에 또 욕설을 퍼부었다.

"대장부가 천하를 평정하고 제후를 제압할 때는 바로 진왕(眞王, 진짜 임금)이 되어야지, 무슨 얼어죽을 놈의 가왕이란 말이냐?"

그리고 주숙을 앞으로 불러 한신이 어떻게 제나라를 얻었고 역생은 어떻게 삶겨 죽었는지 물었다. 주숙은 한신과 역생 간에 오고간 두 차례 서찰과 등롱을 달고 용저를 참수한 일, 전광을 사로잡은 일을 하나하나 처음부터 끝까지 자세히 이야기했다. 한왕은 발을 구르며 길게 탄식했다.

"과인은 역생과 고양에서 만난 이후 줄곧 함께 생활하며 모든 일을 그에게 도움을 받았지만 아직 보답을 하지 못했다. 그러다가 어느 날 갑자기 전광에게 삶겨 목숨을 잃다니 참으로 가련하고 애석하다."

한왕은 즉시 기록관을 불러 국가의 공식 기록으로 역생의 업적을 등록하게 하고 뒷날 논공행상을 할 때 역생의 아들에게 공적에 따라 봉작을 수여하겠다고 했다. 한왕은 즉시 친필로 칙서를 써서 한신을 동제왕(東齊王)에 봉하고 장량에게 제왕 옥새를 주어 임치로 달려가 한신에게 전하게 했다.

장량은 제나라에 도착하여 한신과 상봉의 예를 끝내고 이렇게 말했다.

"장군은 제왕의 옥새를 청하며 가왕이 되겠다고 했지만 대왕마마께선 조나라를 격파하고 제나라를 빼앗은 장군의 공로가 작지 않은데, 진왕으로 책봉해야지 무슨 가왕이냐라고 하셨소. 그리하여 나에게 부절을 갖고 가서 장군을 제왕에 봉하여 제나라 땅을 진무하고 제후들을 제어하게 하셨소. 그리고 바로 장군을 불러 군사와 군마를 정비하고 성고의 곤경을 서둘러 풀고, 군사를 되돌려 초나라를 정벌하고 일찌감치 천하를 평정하려 하실 것이오. 그렇게 되면 장군도 앉아서 태평성대를 누릴 수 있을 것이오."

한신은 마침내 옥새와 부절을 받고 한왕의 칙서를 받들어 읽었다.

나라를 세워 제후와 친하게 지내는 것은 천하를 복속시켜 치세를 완성하는 방법으로 삼대(三代)의 제도다. 상국 한신은 여러 번 뛰어난 공을 세워 나라의 강역을 안정시켰으니 그 불세출의 공훈은 마땅히 쇠솥에 새겨 전해야 한다. 이제 새로 제나라를 격파했으니 그들을 복종시키기가 매우 어려울 것이다. 높은 봉작과 강한 권력이 없다면 어떻게 신료와 제후에게 명령을 내릴 수 있겠는가? 이제 바로 한신을 제왕에 봉하고 제나라를 다스려 동쪽 땅을 안정시키려 한다. 이후 휘하의 군사를 이끌고 조만간 약속을 정하고 힘을 합쳐 초나라를 정벌해야 할 것이다. 그대는 어명에 삼가 따르라! 이에 알리노라.

한신은 한왕의 친필 칙서를 다 읽고 한왕이 있는 곳을 향해 사은의 예를 올렸다. 그리고 연일 잔치를 열어 장량을 환대했다. 나머지 장수들도 모두 절을 올리며 축하했다. 장량은 한신에게 작별 인사를 하며 말했다.

"대왕마마께선 형양에 주둔한 뒤 밤낮으로 부친이신 태공이 귀환하지 못함을 염려하시오. 또 소문을 들으니 항왕이 성고를 공격하려 한다고 하오. 지금 대왕마마께선 군사를 일으켜 초나라와 대회전을 치르고 태공을 구출하려 하시오. 장군께서도 서둘러 군사를 일으켜야 하오. 늦출 수 없는 일이오."

한신이 말했다.

"각 군현에 두루 알리고 열흘 내에 출병하도록 하겠소. 선생께서도 대왕마마 앞에서 잘 말씀드려주시오."

그리고 바로 주숙을 보내 먼저 사은의 예를 드리고 이후 군사를 계속 출발시키겠다고 했다. 한신은 길일을 택하여 제나라 궁전에 올라 면류관을 쓰고 대소 백관의 하례를 받았다. 후세에 사관이 이 일을 시로 읊었다.

단을 쌓고 대장 임명한 일 은혜 얕지 않았지만, 築壇拜將恩非淺,
발을 밟고 왕작 봉하니 원한 이미 깊었네. 躡足封王怨已深.
한왕의 입은 새 부리임[2]을 일찌감치 깨닫고, 隆準早知同鳥喙,
한 장군은 강호로 갈 마음먹었어야 마땅했네. 將軍應起五湖心.

단번에 티끌 없애니 만 리 고을 항복했는데, 一激風塵萬里降,
무슨 일에 마음 쓰여 다시 또 방황했나? 委心何事更彷徨.
초나라를 버리고 참된 주군 찾았으면서, 旣能棄楚歸眞主,
어찌하여 제나라에서 가왕 노릇 하려 했나? 何必居齊作假王.

발 밟히고 분봉하며 의심을 드러낼 때, 躡足封王已見疑,
장군의 신묘함으로도 그 기미를 몰랐던가? 將軍神算罔知機.
십 년 동안 고생한 일 도로 아미타불 되어, 空勞十載慇懃苦,
어부와 나무꾼이 시빗거리로 삼고 있네. 反作漁樵問是非.

한편, 용저가 이끌던 패잔병은 팽성으로 돌아와 패왕에게 급보를 전하며 한신이 용저를 참수한 일, 주란을 추격한 일, 초나라 군사를 대파한 일, 제왕 전광을 사로잡은 일, 전횡을 핍박하여 간 곳을 알 수 없게 만든 일, 제나라 70여 성을 함락시킨 일 등을 모두 자세히 보고했다.

2_『사기』「월왕구천세가」에 의하면 춘추시대 월나라 재상 범려는 오나라를 멸망시킨 뒤 오호(五湖)로 은거하면서 "월왕은 목이 길고 입이 새부리 같아서 환난은 함께할 수 있지만 즐거움은 함께할 수 없다(越王爲人長頸鳥喙, 可與共患難, 不可共樂)"라고 했다. 여기서는 한왕 유방을 월왕 구천에 비견하고 있다.

그리고 지금은 임치에 주둔하고 있지만 조만간 한왕과 군사를 합하여 초나라와 결전을 벌이러 올 것이라는 말도 덧붙였다. 패왕은 용저가 참수되었다는 말을 듣고 깜짝 놀라 종리매와 항백을 불렀다.

"한신이 진정 이처럼 용병에 능할 줄 생각지도 못했소. 지금 한왕은 형양과 성고 사이에 대군을 주둔했소. 단기간에 이 두 곳을 대적하기는 어렵소. 짐은 언변에 능한 선비 하나를 파견하여 한신을 우리 초나라로 다시 돌아오게 만들고 싶소. 허나 짐을 위해 사신의 역할을 수행할 유능한 선비가 없구려."

종리매와 항백이 아뢰었다.

"폐하께서 이 거사에 성공하신다면 사직의 홍복일 것입니다. 신도 줄곧 이런 뜻을 갖고 있었지만 감히 말씀드리지 못했습니다. 게다가 한신은 본래 초나라 신하이므로 다시 초나라에 귀의하는 건 순리에 따르는 일입니다. 지금 대부 무섭(武燮)은 지혜가 소진을 능가하고 변론은 자공(子貢)3과 같습니다. 폐하! 이 사람을 보내 한신에게 유세하십시오. 한신이 머리를 숙이고 투항해오면 폐하의 근심은 사라질 것입니다."

패왕은 서둘러 무섭을 부른 뒤 그에게 황금과 비단 등의 예물을 갖추어주고 임치로 가서 한신을 설득하게 했다. 무섭은 시종을 대동하고 임치로 갔다. 좌우 신하들이 그 사실을 한신에게 보고했다. 한신이 말했다.

3_ 자공(子貢, 기원전 520 ~ 기원전 456). 공자의 뛰어난 제자다. 본래 위(衛)나라 사람으로 이름은 단목사(端木賜)이고, 자가 자공이다. 공문십철의 한 사람이며 특히 언어에 뛰어나 노나라 외교 사절로 명성을 날렸다. 또 이재(理財)에도 밝아 중국 민간에서는 재신(財神)으로 받들어진다.

"그는 평소 변설에 능했다. 틀림없이 이번에 유세하러 왔을 것이다."

그리고 무섭을 불러들여 만났다.

무섭은 한신을 보고 예를 행한 뒤 항왕이 마련해준 황금과 비단 등의 예물을 바치고 축하 인사를 했다. 한신이 말했다.

"옛날에는 대부와 힘을 합쳐 초나라를 섬기며 같은 나라의 신하로 일을 했소. 지금은 각자 자기 주인을 섬기며 서로 적국 사람이 되었는데, 이런 예물을 바치고 무엇을 하려는 것이오?"

무섭이 대답했다.

"대왕께서는 군사 100만을 거느리고 일국의 왕이 되었습니다. 그 위엄과 덕망이 미치는 곳에는 원근을 막론하고 모든 나라가 두려워 복종하고 있습니다. 대왕께서 옛날 초나라에서 신하 노릇을 했다고 감히 말씀드릴 수 없습니다. 지금 이 예물을 보낸 것은 패왕께서 대왕의 명성을 추앙하여 옛날의 죄를 씻고 대왕과 함께 무궁한 부귀를 함께 누리기 위해서입니다. 먼저 이 예물을 드리고 두 나라 간의 우호를 다지려는 것입니다."

"지극히 귀한 자리로는 왕위만한 것이 없소. 나는 지금 제왕이 되었으니 그 지위가 가장 높이 올라갔소. 그런데 내가 또다른 무엇을 바라겠소?"

무섭이 웃으면서 말했다.

"대왕께서 신의 말에 따르시면 제왕의 지위를 보전할 수 있지만 그렇지 않으면 오늘 초나라를 멸하더라도 내일 그 지위를 보전할 수 없을 것입니다!"

"무슨 말을 하려는 게요?"

무섭이 한신에게 유세하다

"패왕께서 신을 보내 대왕께 유세하려는 목적은 대왕과 연대하여 천하를 삼분하고 솥발처럼 서로 정립한 뒤 각각 자신의 강역을 지키기 위한 것입니다. 대왕의 기이한 지모와 신묘한 계책은 한왕과 패왕보다 훨씬 뛰어납니다. 대왕께서 제 말씀에 따르시면 언제나 부귀를 보전할 수 있을 것입니다. 대왕마마의 고견은 어떠하신지요?"

"대부의 말씀에도 일리는 있소. 허나 나는 이렇게 생각하오. 옛날 내가 초나라에서 항왕을 섬길 때는 품계가 낭중(郎中)에 불과했고, 직위는 집극에 불과했소. 항왕은 내 말을 듣지 않았을뿐더러 내 계책에도 따르지 않았소. 그 때문에 초나라를 등지고 한나라로 갔던 것이오. 한왕은 내게 대장군 인수를 내려주었고 수만의 군사를 주었소. 자신의 옷을 벗어 내게 입혀주었고 자신의 밥을 밀어 내게 먹게 했소.[4] 내 말에 따르고 내 계획을 써주었소. 이 때문에 내가 여기에까지 이르러 제왕이 된 것이오. 한왕이 나를 신임함이 이와 같은데, 내가 그분을 배반하고 다시 초나라로 간다는 건 상서롭지 못한 일이오. 나는 죽어도 이 마음이 변치 않을 것이오! 번거롭더라도 대부가 나 대신 항왕에게 깊이 감사 인사를 전해주면 다행이겠소."

그리고 황금과 비단을 무섭에게 주었다. 무섭은 언변으로 한신을 움직일 수 없자 마침내 그에게 작별 인사를 하고 초나라로 돌아갔다.

괴철은 천하의 대권이 이미 한신에게 있다는 것을 알고 유세했다.

"신은 지난날 한 이인(異人)을 만나 관상법을 배웠습니다. 이제 족하의 관상을 봐드리고 싶습니다. 날마다 족하의 얼굴을 보았으나 제후로

4_ 해의추식(解衣推食): 옷을 벗어 입혀주고 밥을 밀어주어 먹게 하다. 어떤 사람을 지극하게 보살피면서 관심을 갖고 사랑을 쏟는 것을 비유한다.(『사기』「회음후열전」)

분봉되는 관상에 불과했지만 족하의 등을 보니 그 고귀함을 말로 다 표현할 수 없습니다."

한신이 말했다.

"선생께서는 어찌 그런 말을 하시오?"

괴철이 말했다.

"지난날 천하에 처음 봉기가 일어날 때 가장 어려웠던 것은 진나라를 멸망시키는 일일 뿐이었습니다. 지금은 초나라와 한나라가 분쟁하는 시기라 천하 사람들 중에는 붉은 간담을 땅에 뿌리고 마른 해골이 되어 들판을 구르는 이가 이루 다 헤아릴 수 없이 많습니다. 초나라 사람들은 힘에 의지하여 다섯 나라를 석권하고는 마침내 위력을 천하에 떨쳤습니다. 그러니 이미 서산에 지는 해와 같은 신세가 되어 앞으로 나아가지 못한 지 3년이나 되었습니다. 한왕은 지금 낙양에서도 멀리 떨어져 산하에 가로막혀 있으며 하루에도 여러 번 전투를 치르지만 작은 공도 세우지 못하고 있습니다. 이제 저 두 왕은 지혜와 용기가 모두 고갈된 때입니다. 두 왕의 목숨은 모두 족하에게 달려 있습니다. 양쪽의 이득을 모두 취하고 천하를 삼분하여 솥발처럼 정립하면 누구의 세력도 감히 먼저 움직일 수 없습니다. 족하께서 강력한 제나라를 근거지로 삼고 연나라와 제나라를 복종시켜 백성이 바라는 바에 따라 서쪽으로 나아가 백성을 위해 그들의 목숨을 보호해주면 천하가 바람에 휩쓸리듯 호응할 것입니다. 대체로 듣건대 하늘이 주는 것을 받지 않으면 오히려 죗값을 받는다 하고, 때가 이르렀는데도 행하지 않으면 오히려 재앙을 당한다 합니다. 족하께서는 깊이 생각하십시오!"

"한왕께서 나를 매우 융숭하게 대접해주셨는데, 내가 어찌 이익을 좇아 대의를 배반할 수 있겠소?"

"처음에 장이와 진여는 서로 문경지교를 맺었습니다. 그런데 장염(張黶)과 진택(陳澤)의 일로 다툼이 생겨 장이는 결국 지수의 남쪽에서 진여를 죽이고 머리와 발을 각각 다른 곳에 묻었습니다.[5] 지금 족하와 한왕의 사귐도 틀림없이 저 두 사람이 처음 사귈 때보다 견고하지 않고 어긋난 일도 장염이나 진택보다 훨씬 많고 클 것입니다. 이 때문에 신은 한왕이 족하를 위태롭게 하지 않을 거라 생각하는 건 잘못이라고 여깁니다. 들짐승을 다 잡고 나면 사냥개는 삶아먹는 법이니 족하께서 깊이 생각해주십시오! 또 용기와 지략으로 임금을 떨게 한 자는 그 몸이 위태롭고 공훈이 천하를 덮는 자는 상을 받지 못합니다. 지금 족하께서는 임금을 떨게 할 만한 위력을 지녔고 상으로 보상받지 못할 만한 공적을 세웠는데, 이 길을 버리고 어디로 가겠습니까?"

"선생께서는 잠시 쉬시오! 내가 생각해보겠소!"

며칠 지나서 괴철은 다시 와서 한신에게 말했다.

"대저 듣는 것은 일의 조짐을 파악하는 것이고 계획하는 것은 일의 기틀을 마련하는 것입니다. 듣기를 잘못하고 계획에 실패하고도 오랫동안 안정을 누리는 사람은 드뭅니다. 이 때문에 지혜는 사태를 결단하는 능력이고 의심은 일의 진전을 방해하는 단서입니다. 털끝만한 작은

5_『사기』「장이진여열전(張耳陳餘列傳)」에 나온다. 장이와 진여는 본래 막역한 사이로 진여는 장이를 아버지처럼 여겼다. 진나라 말기 장이와 진여는 진승의 진영에 투신하여 진나라에 반기를 들었다. 우여곡절 끝에 장이는 거록(鉅鹿)성에 갇혀 진나라 군대에 포위되었고 진여는 거록성 북쪽에 주둔하고 있었다. 이때 장이는 장염과 진택을 진여에게 보내 구원을 요청했지만 진여는 두 사람에게 군사 5000만 주었다. 두 사람은 5000군사를 이끌고 진나라 장수 장함을 공격하다 모두 몰살당하고 말았다. 이 때문에 장이와 진여의 막역한 사귐은 결국 원수가 되었다.

계획에 집착하면 천하의 큰 운수를 놓치게 됩니다. 지혜로는 진실로 그것을 알면서도 결단하여 과감하게 행하지 못하면 만사가 재앙으로 귀착됩니다. 무릇 공적은 이루기 어렵고 실패하기는 쉽습니다. 시기는 얻기 어렵고 잃기는 쉽습니다. 좋은 시기는 다시 오지 않습니다!"

한신은 주저하며 차마 한나라를 배반하지 못했다. 또 한신 스스로 여러 번 큰 공을 세웠으므로 한왕이 끝까지 자신을 저버리지 않을 것이고 제나라 땅도 보전할 수 있으리라 생각했을 것이다. 괴철이 말을 마치자 한신 휘하의 한 사람이 고함을 질렀다.

"대왕마마! 괴철의 말을 듣고 신하의 절개를 잃어서는 안 됩니다. 제가 괴철과 함께 한왕을 만나러 가서 분명한 진상을 살펴보겠습니다."

괴철의 간담을 서늘하게 한 그 사람이 누구인지는 다음 회를 들으시라.

제72회

화살에 맞은 한왕

패왕이 궁노수를 매복하여
한왕을 쏘다
霸王伏弩射漢王

그 사람이 누구였나? 바로 태중대부 육가였다. 육가가 말했다.

"대개 일을 논하는 자는 먼저 그 기세를 살피고 그다음에 겉모습을 살핍니다. 만약 기세는 강한데 겉모습이 약해 보이면 약한 것이 아닙니다. 겉모습은 성대해 보이는데 기세가 쇠미해 보이면 진실로 쇠미한 것입니다. 지금의 상황으로 말씀드리면 초나라는 강한 것 같지만 겉모습만 강한 것입니다. 한나라는 약한 것 같지만 겉모습만 약한 것입니다. 대왕마마께서는 강약과 성쇠 사이에서 아직 태도를 결정하지 못하고 있습니다. 지금 한왕은 잠시 불리한 것처럼 보이지만 천하의 대세를 이미 8, 9할이나 장악했고, 민심도 그분에게 귀의하고 있으며, 천명도 그분을 묵묵히 돕고 있습니다. 소하는 재상의 재능으로 충성을 바치며 두 마음을 먹지 않고 있고, 장량과 진평은 손자와 오자의 지혜로 임기응변과 변화막측의 대책을 내놓고 있습니다. 아울러 영포, 팽월, 번쾌의 용맹과 주발, 왕릉, 관영 등 여러 장수의 강함까지 두루 포용했으므로 복과 덕이 끝없이 이어지는 가운데 만세토록 흔들리지 않을 기틀이 이미 정해진 것입니다. 그런데 그대는 형세를 보지 못하고 잠깐의 혓바닥 놀림에 의지하여 대왕마마에게 반드시 한나라를 배반해야 한다고 부추기고 있습니다. 만약 대왕마마께서 잠시 그 말을 듣고 호랑이를 그리다가 오히려 개를 그린다면 이 또한 일을 그르치는 행동이 아니겠습니까?"

괴철은 육가의 일장 유세에 논파를 당하자 마치 바보나 술 취한 사람처럼 한동안 아무 말도 하지 못했다. 잠시 생각에 잠겼다가 이윽고 이렇게 말했다.

"만약 내가 한신 장군과 함께 초나라를 정벌하여 공을 세우더라도 누군가 나를 가리켜 한신 장군에게 한나라를 배신하라고 부추긴 자라고 비난하고, 그 말이 한왕의 귀에 들어가면 역생이 삶겨 죽은 일이 조만간 나에게 닥칠 것이다."

이때부터 괴철은 시장통에서 미치광이 짓을 하며 혼자서 노래를 부르거나 실없이 웃고 떠들었다. 그는 더이상 옛날의 괴철이 아니었다. 한신도 그의 숨은 뜻을 알고 문제삼지 않았다. 그리고 곧바로 대소 장수들에게 길일을 받아 대군을 거느리고 형양으로 가서 제후들과 회동하고 초나라를 정벌하겠다고 알렸다.

한편, 한왕은 온종일 태공을 생각했지만 구해낼 방법이 없었다. 그리하여 장량과 진평에게 말했다.

"태공과 가족이 팽성에 오래 구금된 채 귀국하지 못하고 있어 내 마음이 우울하오. 설령 내가 천하를 가진다 하더라도 하루아침도 거기에 살고 싶지 않소. 경들에게 무슨 대책이 있소? 태공을 모셔올 수 있다면 이는 불세출의 공적이 될 것이오."

장량이 대답했다.

"패왕이 태공을 인질로 잡고 있는데, 어찌 쉽게 풀어주겠습니까? 틀림없이 격전을 한바탕 치른 뒤에야 마음을 누그러뜨릴 것입니다. 그때 사람을 보내 강화를 청하면 태공께서 귀국할 희망이 있을 겁니다."

이런 논의를 하고 있을 때 문득 보고가 올라왔다. 소하가 북쪽 지역의 군사와 그곳 장수를 이끌고 관중으로 들어와 초나라 정벌을 도우려 한다는 소식이었다. 한왕이 말했다.

"북쪽 군사들이 멀리서 왔으니 초나라를 틀림없이 무너뜨릴 수 있을 것이오."

한왕은 급히 그들을 불러들여 만났다. 소하는 북쪽 이민족 장수들을 인도하여 대전으로 들어섰다. 인사가 끝나자 한왕이 물었다.

"이 장수는 어디서 왔소?"

소하가 대답했다.

"이 장수는 성이 누(婁)이고 이름은 번(煩)[1]으로 북맥(北貉) 연나라 사람입니다. 대왕마마의 성덕을 흠모하여 변경을 따라 함양으로 투항했습니다. 함께 힘을 합쳐 초나라 정벌에 나서기를 원합니다. 신이 이 사람의 실상을 자세히 조사하여 식량 운송 감독을 맡겼다가 이번에 함께

1_ 누번(婁煩)은 당시에 중국 북방에 거주하던 유목 민족 명칭이기도 하다.

대왕마마를 뵈러 왔습니다. 이 사람은 말을 타고 활을 쏘는 능력이 뛰어나고, 보통 군사 1만 명이 나서도 대적할 수 없는 용맹을 갖추고 있습니다."

한왕이 살펴보니 1장이나 되는 키에 눈매가 매우 사나웠다. 한왕은 몹시 기뻐하며 의복 일습(一襲)과 황금 100량을 하사하고 장막 아래에서 일을 하게 했다.

이때 패왕은 용저가 한신에게 죽임을 당한 뒤라 울분에 젖어 서둘러 군사를 점검하고 형양으로 진격했다. 그 소식은 일찌감치 한왕에게 전해졌다. 정탐병은 패왕이 용저의 원수를 갚으려고 10만 대군을 일으켜 한나라와 승부를 보려 한다고 보고했다. 한왕은 깜짝 놀라 신료들을 불러 대책을 논의했다. 소하가 말했다.

"새로 온 누번은 초나라와 대적할 때 왕릉 등 장수들의 협조하에 출전시키는 것이 좋겠습니다. 한신 장군도 곧 당도하므로 함께 협공을 펼치면 초나라를 격파할 수 있을 것입니다."

한왕은 마침내 왕릉 등 네 장수를 뽑아 누번을 돕게 했다.

패왕의 군대는 형양에 도착하여 성밖 30리 되는 곳에 군영을 세웠다. 그는 먼저 사람을 보내 한왕에게 이렇게 말했다.

"지금 천하가 흉흉한 것은 우리 두 사람이 거리를 두고 다투기 때문이오. 나 항우는 한왕과 자웅을 한 번 겨루어보고 싶소![2] 더이상 천하 사람들을 피곤하게 하지 말고."

한왕은 웃으면서 사신에게 감사를 표하며 사양하는 말을 했다.

2_ 일결자웅(一決雌雄): 한 번 자웅을 겨루다. 단 한 번의 대결로 상대편과 승패나 우열을 겨루는 것을 비유한다.(『사기』「항우본기」)

"나는 지혜로 싸우지 힘으로는 싸우지 않소."[3]

패왕은 그 말을 듣고 크게 화를 내며 즉시 정공, 옹치, 환초, 우자기 등 장수들에게 나가서 한나라와 싸우라고 명령을 내렸다. 한나라에서는 누번을 출전시켰다. 초나라 장수들은 시끄럽게 북을 치고 진격하면서 한나라의 욕설에 아무 답변도 하지 않았다. 그들은 각각 무기를 들고 일제히 누번을 공격했다. 누번은 큰 칼을 들고 반격했다. 왼쪽으로 몸을 돌려 오른쪽을 공격하기도 하고 앞을 막으면서 뒤를 치기도 했다. 5, 60합을 겨루었는데도 누번의 칼솜씨는 더욱 치밀했고 기력도 배가 되는 듯했다. 초나라 장수들은 감당하지 못하고 일찌감치 자기 진영으로 후퇴했다. 그러자 초나라 군영에서 어가를 호위하는 네 장수 계포, 이번(李蕃), 장월(張月), 항앙(項昂)이 각각 무기를 들고 나와 누번을 내리쳤다. 그러나 누번은 아무런 두려움도 없이 칼을 들고 네 장수와 대적했다. 한나라 군영에서는 왕릉, 주발 등이 누번이 적과 오래 전투를 벌이는 것을 보고 혹시 한 번이라도 실수를 할까 걱정하며 서둘러 말을 몰아 전장으로 달려나갔다. 초나라 장수들은 한나라 장수들에게 공격을 받고 말고삐를 당겨 달아났다. 누번은 칼을 내려놓고 전통(箭筒)에서 화살을 뽑아 연거푸 네 발을 날렸다. 이번과 장월이 화살을 맞고 말에서 떨어졌다. 계포는 두 장수가 화살에 맞는 것을 보고 안장에 납작 엎

3_ 앞의 묘사가 『사기』 「항우본기」에는 유방과 항우가 직접 대화한 것처럼 나온다. 그런데 이 소설 원문에서는 항우의 사신이 양측을 오가며 두 사람의 대화를 전하는 것으로 되어 있다. 그러나 최근 리카이위안(李開元)의 현지 답사에 의하면 당시 유방과 항우가 대치한 광무산(廣武澗, 허난성 동북쪽 황허강 연안)은 중간에 계곡을 사이에 둔 산언덕인데, 양쪽에서 소리를 지르면 충분히 대화가 가능한 지형이라고 한다. 『사기』 「항우본기」의 기록이 비교적 정확한 셈이다.(李開元, 『楚亡』, 三聯書店, 2015, 185~191쪽 참조)

한나라와 초나라가 격전을 벌이다

드린 채 본영으로 되돌아갔다. 항앙은 두 장수가 말에서 떨어지자 말을 되돌려 구원에 나섰지만 자신의 얼굴 정면으로 날아오는 화살은 피하지 못했다. 그는 황급히 화살을 뽑으려 하다 가까이 다가온 왕릉의 칼을 맞았다. 왕릉은 달려가 말굽 아래로 떨어진 항앙의 목을 벴다. 살상을 견디지 못한 초나라 군사들은 사방으로 흩어지며 달아났다.

패왕은 그 보고를 듣고 대로하여 스스로 갑옷을 입고 창을 든 채 누번과 싸우러 달려나갔다. 누번은 바야흐로 화살을 날리려는 참이었다. 패왕은 눈을 부릅뜨고 벽력같이 고함을 지르며 창으로 누번을 찔렀다. 깜짝 놀란 누번의 말이 10여 보나 뒷걸음쳤다. 누번은 패왕을 정면으로 바라보지도 못했고 활도 쏘지 못한 채 결국 한나라 군영으로 도망쳐 돌아왔다. 패왕이 서둘러 그를 추격하자 한나라 군사들이 추풍낙엽처럼 흩어지며 달아났다. 이때 한왕이 좌우에 물었다.

"누번을 추격하는 자가 누구요?"

"패왕입니다. 곧 우리 군영으로 들이닥치겠습니다!"

한왕은 대경실색하며 황급히 후군으로 후퇴했고 한나라 장수들은 목숨을 걸고 패왕을 막았다. 패왕이 말고삐를 당겨 잡고 고함을 질렀다.

"한왕은 어서 출전하여 내 말에 대답하라!"

이에 한왕도 갑옷을 입고 말을 탄 채 진영 앞으로 나섰다. 좌우와 전후에서 많은 장수가 한왕을 호위했다. 패왕이 소리쳤다.

"네놈과 여러 해 전투를 치렀지만 아직 직접 싸워본 적은 없다. 오늘 승부를 내자. 네놈과 내가 대적하여 자웅이 결정되면 온종일 서로 대치하며 삼군을 괴롭히지 말자."

한왕이 대답했다.

"나도 네놈과 대치하는 걸 좋아하지 않는다. 네놈의 죄악은 차고도 넘쳐서 신령과 사람이 모두 분노한다. 이 때문에 내가 천하의 제후들과 함께 무도한 네놈을 토벌하고 백성을 위해 그 피해를 없애려 한다. 이제 네놈의 죄목을 대략 손꼽아서 삼군에게 알리고자 한다. 너는 회왕과 했던 약속을 어기고 나를 한중으로 좌천시켰다. 이것이 첫번째 죄다. 너는 경자관군 송의를 마음대로 살해했다. 이것이 두번째 죄다. 조나라를 구원한 뒤 회왕에게 보고도 하지 않고 마음대로 제후를 겁박하여 관중으로 진입했다. 이것이 세번째 죄다. 진나라 궁궐을 불태우고 진시황의 무덤을 도굴하여 사사롭게 재물을 취했다. 이것이 네번째 죄다. 항복한 진삼세 자영을 죽였다. 이것이 다섯번째 죄다. 신안에서 항복한 진나라 군사 20만을 속여 생매장하여 죽였다. 이것이 여섯번째 죄다. 자신의 장수들은 좋은 땅에 제후왕으로 봉하면서도 그 땅의 옛 임금은 쫓아냈다. 이것이 일곱번째 죄다. 의제를 추방하고 팽성에 도읍한 뒤 한(韓)나라와 양나라 땅을 탈취하여 스스로 왕위에 올랐다. 이것이 여덟번째 죄다. 사람을 보내 강남에서 몰래 의제를 시해했다. 이것이 아홉번째 죄다. 정치를 주관하면서 공평하게 하지 않았고 약속을 주재하면서 신의를 지키지 않았으니 천하가 용납하지 않는다. 이는 대역무도한 만행이다. 이것이 열번째 죄다. 나는 의군으로 제후들을 복종시키고 잔적을 주살한 뒤 형벌을 받은 죄인들을 시켜 네놈 같은 필부를 격살하게 할 것이다. 내가 어찌 네놈과 직접 싸움을 벌이겠느냐?"

패왕은 더욱 분노하며 창을 들어 한왕을 찔렀다. 한왕이 몸을 피하며 달아나자 한나라 장수들이 각각 무기를 들고 한왕을 호위했다. 그때 종리매가 궁노수 2000을 매복시켰다가 한줄기 포성이 울리자 일제히 화살을 쏘았다. 그중 한 발이 한왕의 앞가슴에 명중했다. 다행히 엄심갑을 차고 있어서 심장까지 뚫고 들어가지는 않았다. 한왕은 참을 수 없는 고통이 밀려오는데도 놀란 모습을 보이면 군사들까지 놀랄까 두려워 손으로 발을 가리키며 말했다.

"초나라 도적의 화살에 내 발가락을 다쳤지만 다행히 큰 부상은 아니다."

장수들은 한왕이 부상당하는 모습을 보자 싸울 마음이 사라져서 각각 자신의 진영으로 물러났다. 패왕은 삼군을 휘몰아 한나라 군사를 마구 죽이면서 서둘러 한나라 군영으로 쳐들어갔다. 위급한 순간에 동남쪽에서 한 기병이 달려와 급보를 전했다. 한신의 군사가 이미 성고에 도착했고 팽월은 초나라 군량 보급로를 끊었다는 소식이었다. 초나라 장수들은 그 소식을 듣고 싸우지도 않고 혼란에 빠졌다.

한왕은 마침내 군사를 거두어 군영으로 회군하라고 명령을 전했다. 장량과 진평, 장수들은 한왕의 장막으로 들어가서 부상을 살폈다.

한왕은 심장 깊숙한 곳까지는 부상을 입지 않았지만 피부는 찢어져 있었다. 한왕은 결국 병상에 누워 일어나지 못했다. 장량이 말했다.

"초나라의 기세가 꺾였고 한신의 대군이 성고에 당도했습니다. 대왕마마! 억지로라도 일어나셔서 병졸을 안심시키고 성고로 들어가야 합니다. 한신과 약속한 한나라와 초나라 간의 큰일이 여기에서 결정됩니다!"

한왕은 그의 말에 따라 서둘러 일어나 삼군을 위무했다. 이때 장량이 장수들에게 명령했다.

"초나라 군대는 팽월에게 군량 보급로를 차단당하여 삼군에 양식이 없으니 여기에 머물기 어려워서 하루이틀이 지나면 떠나갈 것이오. 여러분은 그 뒤를 천천히 따라가다 성고에 이르러 한신과 군사를 합쳐서 초나라를 격파하시오."

장수들은 각각 명령을 받고 군장을 꾸려 출발 준비를 했다.

한편, 패왕은 장수들과 대책을 논의했다.

"지금 우리 초나라 군대는 양식이 부족한데, 한신의 군대가 성고에 도착했소. 형양을 짧은 시간에 함락할 수 없으니 차라리 광무에 주둔하여 사람을 보내 군량을 빠뜨리지 말라고 재촉하는 것이 좋겠소."

종리매가 아뢰었다.

"폐하의 견해가 지당하십니다. 오늘밤 바로 출발하겠습니다. 폐하께서는 친히 군사 한 부대를 통솔하여 뒤를 지키며 적의 추격을 방비해 주십시오. 저는 먼저 장수들에게 대군을 이끌고 앞서가라 하겠습니다. 산 남쪽 궁벽한 산길을 따라 진격해야 한신의 간계에 대비할 수 있을 것입니다. 이렇게 하지 않으면 앞길을 가로막는 적이 있을 때 전군과 후군이 서로 호응하기 어렵습니다."

패왕은 각각 차질 없이 준비하라고 지시했다. 저녁 무렵 장수들은 대군을 이끌고 앞서가고 패왕은 그 뒤를 지켰다. 하룻밤 사이에 초나라 군사가 모두 퇴각했다.

한나라 순찰병이 군영으로 달려와 보고했다.

"초나라 군사가 하룻밤 사이에 모두 사라졌습니다."

장량이 말했다.

"내 예상을 벗어나지 않는구나."

그는 마침내 한나라 장수들에게 먼저 출발하라 명령을 전했고 한왕은 군영에 누워 있다가 천천히 출발했다. 하루이틀도 지나지 않아 한신이 하후영과 주숙에게 군사 1만을 주어 형양으로 달려가 한왕을 성고로 모셔오게 했다. 그곳에서 군사를 합쳐 초나라를 정벌할 계획이었다. 행군 도중 한왕을 만나자 하후영과 주숙은 황급히 말에서 내려 어가 앞으로 다가가 아뢰었다.

"한신 장군이 신 두 사람에게 대왕마마의 어가를 성고로 호위해오라고 했습니다. 그곳에서 군사를 합쳐 초나라를 정벌하겠다고 합니다."

한왕은 매우 기뻐하며 하후영 등에게 한 곳에 모여 군사를 합치라고 명령을 내렸다. 얼마 지나지 않아 한왕이 성고에 도착하자 한신은 대소 장수들을 인솔하고 멀리 성밖까지 나가 한왕을 영접하여 성안으로 안내했다. 한왕이 행궁으로 올라가자 한신 등 문무백관은 모두 알현의 예를 마쳤다. 한왕이 말했다.

"대원수는 밖에서 원정을 다니며 여러 번 큰 공을 세웠으니 정말 노고가 컸소. 지금 항왕에게 여러 번 침략을 당해 이미 70여 성의 백성들이 안정된 생활을 못하고 있으며 장졸들도 편히 쉬지 못하고 있소. 이제 대원수의 대군이 멀리서 달려와 도와주니 이번에는 틀림없이 초나라에 승리할 수 있을 것이오. 하나 태공께서 귀국하지 못하시어 온종일 밥이 목으로 넘어가지 않소. 대원수가 태공을 구하여 우리 부자를 만나게 해주면 만세의 공을 세우는 것이오."

한신이 말했다.

"항왕은 대전을 한바탕 치르지 않으면 끝까지 복종하지 않을 것입니다. 그런데 어찌 태공을 풀어주겠습니까? 신은 지금 대왕마마와 병력을 합쳐 패왕과 자웅을 겨루는 데 힘쓰겠습니다. 태공께서는 금방 귀국하실 테니 마음을 놓으십시오."

한왕이 말했다.

"과인은 오로지 대원수께서 일찍 개선가를 울려 과인의 근심을 위로 해주기 바라오."

한신은 한왕과 작별한 뒤 대군을 이끌고 성밖으로 나가 드넓은 평지에 군영을 세웠다. 그는 군사를 조련하고 길일을 받아 초나라와 전쟁을 하기 위해 광무로 갔다. 초나라와 한나라의 승부가 어떻게 될지는 다음 회를 보시라.

제73회

광무산 대전

광무산에서 초나라와 한나라가
대회전을 벌이다
廣武山楚漢會兵

한신은 군사를 조련하고 길일을 받아 초나라 격파에 나섰다. 한편, 패왕은 광무에 주둔하고 항백, 종리매 등 장수들과 대책을 논의했다.

"지금 한나라는 각 지방의 제후를 모으고 군사를 결집하여 짐과 결전을 벌이려 하오. 그런데 우리 초나라는 지금 군량이 부족하여 지구전을 펼치기 어렵소. 여러분에게 무슨 좋은 대책이 있소?"

항백이 말했다.

"태공이 여기에 구금되어 돌아가지 못하고 있으니 어찌 찾으러 오지 않겠습니까? 이제 태공에게 서찰 한 통을 쓰게 하여 한왕에게 보내 군사를 물리라 하십시오. 그런 뒤에 태공을 성고로 돌려보내면 됩니다. 그러나 여전히 우리 초나라와 대항하려 하면 반드시 태공을 주살하여 유방을 만고의 죄인으로 만들어야 합니다. 폐하께서 이 계획에 따르시면 100만 대군과도 맞설 수 있습니다."

패왕 항우는 항백의 말에 따라 사람을 팽성으로 보내 태공을 데려오게 했다. 얼마 지나지 않아 태공이 광무에 도착하여 패왕을 만났다. 패왕은 태공을 장막 아래로 불러 위로했다.

"당신의 아들 유방이 온종일 짐과 대결하고 있는 걸 보면 아마도 당신을 염려하지 않는 것 같소. 짐이 지금 당신을 데려온 건 편지 한 통을 써서 당신 아들에게 보내 전쟁을 그치게 하기 위해서요. 그럼 짐은 당신과 당신 며느리 여씨를 성고로 보내 부자와 부부가 만날 수 있게 해주겠소. 어떻소?"

태공이 말했다.

"유방은 어릴 때부터 재물을 탐하고 색을 밝히며 부모를 안중에도 두지 않았습니다. 이제는 부귀를 귀중하게 여기며 나를 길가다 만난 사람처럼 내팽개쳤습니다. 아마 서찰을 보내도 일에 도움이 되지 않을 듯한데 어찌하면 좋습니까?"

"당신이 서찰 한 통을 써서 보낸 뒤 그가 어떻게 하는지 보고 다시 대책을 마련하겠소."

이에 태공은 서찰을 써서 패왕에게 바쳤다. 패왕이 서찰을 보고 말했다.

"유방이 이 서찰을 읽고도 군사를 물리지 않는다면 소위 금수에게 사람 옷을 입혀놓은 것과 마찬가지요."

그리고 바로 중대부 송자련(宋子連)에게 서찰을 주어 성고로 가져가게 했다. 송자련이 성고에 도착하자 담당 관리가 한왕에게 보고했다.

"초나라에서 대부를 보내 태공의 서찰을 전해왔습니다."

한왕이 보고를 받고 있는 사이에 태공의 서찰이 들어왔다. 그는 즉시 장량과 진평을 불렀다.

"초나라에서 대부 송자련을 통해 태공의 서찰을 보냈소. 이게 무슨 의도요?"

장량이 말했다.

"이것은 패왕이 우리 군사를 물리치려는 계책입니다. 이 때문에 태공에게 서찰을 쓰게 하여 대왕마마로 하여금 군사를 뒤로 물리게 하려는 것이지요. 대왕마마! 서찰을 보시고 절대 슬피 울지 마시고 여차여차하게 대답하십시오. 그럼 열흘 안에 태공께서 돌아오실 것이고, 태공께서 초나라에 계시더라도 해를 당하지 않으실 겁니다."

한왕은 장량의 말에 따라 마침내 송자련을 불러들여 만났다. 송자련이 태공의 서찰을 바치자 한왕이 개봉하여 읽었다. 고의로 거의 막말에 가까운 내용을 쓴 듯했다.

> 태공이 한왕 유방에게 이 서찰을 보낸다. 일찍이 큰 효자로 일컬어진 순임금은 천하를 해진 짚신처럼 버렸다. 그런데 너는 부귀를 귀중하게 여기며 나를 길가다 만난 사람처럼 여긴다. 나는 수수에서 포로가 된 지 오늘 벌써 3년이 되었다. 다행히 살리기를 좋아하는 초왕의 덕을 입어 즉시 처형은 되지 않고 공관에 구금되어 날마다 공급해주는 음식으로 생명을 연장하고 있다. 왕후(여씨)는 태자를 생각하느라 눈물이 마를 새가 없다. 너는 천하를 마음대로 종횡하면서 걱정도 하지 않는 것 같구나. 정말 쇠나 돌 같은 심장이요, 흙이나 나무 같은 몸뚱이로

구나! 지금 패왕이 나를 광무로 데려와서 누차 나를 죽여 성고성 앞에 효수하고 네 불효 죄를 밝히려 했다. 나는 거듭 이런 사실을 슬프게 알리기 위해 특별히 이 서찰을 써서 네게 보낸다. 너는 그 몸이 어디서 나왔는지, 세상 만물 중에서 무엇을 귀중하게 여겨야 하는지 생각해야 한다. 만약 이 이치를 안다면 순임금처럼 천하를 해진 짚신짝처럼 여겨야 한다. 그리하여 조속히 전쟁을 그쳐 내가 귀국할 수 있게 해다오. 부자와 부부가 단란하게 만날 수 있게 된다면 이 어찌 아름다운 일이 아니겠느냐. 만약 여전히 군사를 주둔시킨 채 대치를 계속한다면 내 목숨을 보장하기 어렵다. 그러면 너는 설령 천하를 갖게 되더라도 아버지의 목숨을 내팽개친 채 부귀를 도모했다고 만세토록 욕을 먹을 것이다. 그럼 네 마음이 어찌 편안하겠느냐? 죽간을 앞에 두고 눈물로 이 글을 쓴다. 너는 자신을 잘 살펴야 할 것이다!

한왕은 어젯밤 술이 덜 깬 채로 태공의 서찰을 읽었다. 또 그는 취기가 몽롱한 눈으로 별 관심도 없다는 듯이 빈정거렸다.

"나와 패왕은 함께 회왕을 섬기며 결의형제를 맺었다. 그러니 내 아버지는 바로 패왕의 아버지이기도 하고 내 아버지가 초나라에 계신 것은 한나라 군영에 계신 것과 똑같다. 하필 피아를 비교할 필요가 있겠느냐? 만약 패왕이 내 아버지를 죽인다면 어찌 천하 사람들이 나만 욕하겠느냐? 당연히 패왕도 욕할 것이다. 전에 패왕은 몰래 영포[1]를 보내 의제를 시해하여 천하 제후들이 지금까지도 이를 갈고 있다. 지금 내

1_ 원본에는 계포(季布)로 되어 있으나 영포가 되어야 옳다.

아버지를 살해한다면 천하 사람들의 욕설을 들어야 하지 않겠느냐? 옛날에 맹자는 '남의 아버지를 죽이면 남도 나의 아버지를 죽여도 된다'[2] 라고 말한 적이 있다. 이 경우와 한 칸의 차이일 뿐이다. 그대는 돌아가서 태공에게 전하라. 한나라 군영에 계시는 것처럼 좀 넉넉한 마음으로 초나라 군영에 계시라고 말이다."

더더욱 전쟁 중지에 관한 말은 한마디도 하지 않고 혼란스럽게 잡소리를 한바탕 늘어놓은 뒤 두 여자의 부축을 받으며 휴식하기 위해 장막 뒤로 들어갔다. 초나라 대부 송자련은 돌아가려 해도 아직 답장을 받지 못했고, 가지 않으려 해도 한왕이 벌써 안으로 들어가서 나오지 않아 어떻게 해야 할지 몰랐다. 장량, 진평 등 한나라 신하들은 술자리를 마련하여 송자련을 융숭히 대접하면서 광무로 돌아가라고 재촉했다.

한편, 패왕은 오로지 송자련이 답장을 갖고 돌아오기를 기다리고 있었다. 그때 문득 좌우에서 송자련이 돌아왔다고 보고했다. 패왕은 그를 불러들였고 송자련은 한왕이 한 말을 처음부터 끝까지 자세히 이야기했다. 항백이 곁에서 말했다.

"한왕의 소행을 보아하니 끝내 큰일을 이룰 수는 없겠습니다. 폐하께서 그와 싸울 준비만 해도 한나라가 승리할 수는 없겠습니다."

패왕이 말했다.

"유방은 주색에 절어 사는 놈이오. 부모와 처자를 지푸라기처럼 여기는데, 어찌 그런 놈과 시비를 다툴 수 있겠소?"

송자련이 거들었다.

2_『맹자』「진심(盡心)」 하(下)에 나온다. "殺人之父, 人亦殺其父."

"신이 들어가서 한왕을 만날 때 한왕은 아직도 어젯밤 술이 깨지 않았고, 서찰을 읽고도 전혀 태공을 걱정하지 않았습니다."

패왕이 말했다.

"태공을 우리 군영에 대기시켰다가 상황의 완급에 따라 적절히 쓰도록 하겠소."

그리고 즉시 장수들을 불러 정예병 20만을 선발하여 각각 진채를 세우고 한나라 군사가 도착하기를 기다리라고 했다.

이때 한신은 군사 조련을 모두 마쳤다. 한왕은 화살에 맞은 상처를 벌써 회복하고 한신을 불러 초나라 정벌 대책을 논의했다. 한신이 아뢰었다.

"패왕이 광무에 주둔한 지 오래되어 군사들의 태도가 해이해졌을 것입니다. 지금이 바로 서둘러 공격에 나설 좋은 기회입니다. 신도 벌써 군사 조련을 마쳤으므로 대왕마마께서 출병을 명하십시오."

한왕이 말했다.

"이번 공격은 전부 대원수의 배치에 따르겠소."

이에 한신은 대군을 이끌고 선두에 섰고 한왕의 군사가 계속해서 뒤를 따라 전진했다. 이윽고 광무에 도착하여 초나라 군영에서 30리 떨어진 곳에 진채를 세웠다. 한신은 장수들에게 원정을 왔기 때문에 적의 기습이 있을지 모른다고 하면서 장수들에게 각각의 진영을 방어하는데 마음을 쓰라고 지시했다. 그리고 바로 뒤를 이어 한왕의 군사도 당도하여 한신의 맞은편에 진채를 세웠다. 저녁이 되자 한왕은 장량, 소하, 진평 등과 공수 대책을 논의하면서 한신도 함께 참여하게 하려고 사람을 보내 한신을 불렀다. 사자가 돌아와 보고하기를 한신이 군영에 없다고 했다. 한신의 좌우 측근이 전하는 말에 따르면 한신은 오늘 저녁에 가벼운 기병 수십 명을 대동하고 동남쪽으로 달려갔는데, 어디로 갔는지 모른다고 했다. 한왕은 대경실색하며 말했다.

"초·한 쌍방이 대치하여 수십만 갑사가 주둔한 상황에서 주장이 밤에 도망가서 소재를 모르다니! 초나라 군대의 강성함이 무서워 멀리 도망친 것이오? 아니면 이곳에 우리만 남겨두고 패왕과 화의를 도모하려는 것이오?"

한왕은 깊은 의심을 풀지 못했다. 장량 등도 논의를 거듭했지만 어떻게 해야 할지 몰랐다. 한왕은 말단 장수를 시켜 한신 군영의 동정을 살피게 했다. 하급 장수가 돌아와 보고하기를 시간을 알리는 북이 매우 분명히 울리는 가운데 방어가 매우 엄정했지만 한신이 어디로 갔는지는 모르겠다고 했다. 한왕이 말했다.

"너는 군영 가까이 다가가서 몰래 살피다가 다른 소식이 있으면 돌아와 보고하라!"

한왕은 등불을 잡고 앉은 채로 자리를 지켰다. 오경을 알리는 북소리가 울리고 달은 벌써 서쪽으로 떨어지고 있었다. 그때 정탐병이 다급하게 달려와 보고했다.

"대원수가 돌아왔습니다!"

한왕은 한참 동안 머뭇거리다가 소하를 보내 상황을 파악하게 했다. 소하는 시종 몇 명을 데리고 천천히 걸어갔다. 도중에 그는 군영을 순찰하는 관영을 만났다.

"승상께서는 어디 가십니까?"

"대원수를 만나러 가오."

"대원수께서는 아직도 촛불을 잡고 앉아 계십니다."

그리고 두 사람은 함께 중군으로 가서 한신을 만났다. 한신이 말했다.

"승상께서 이 깊은 밤에 이곳을 방문하다니 무슨 궁금한 점이라도 있소?"

소하가 말했다.

"대원수께서는 오늘밤 멀리까지 나갔다가 밤이 깊어서야 돌아왔는데, 어디를 다녀왔소?"

"드넓은 평지에서 적과 싸우려면 야전을 벌여야 하오. 그런데 항왕은 무용이 뛰어나 야전으로는 우리가 이기기 어렵소. 이 때문에 항왕을 죽일 곳을 직접 찾으러 갔다 왔소. 내일 장수들에게 임무를 맡기고 각각 방향을 알려준 뒤 약정한 시간이 되면 임기응변으로 대처하면서 스스로 묘책을 찾아야 하오. 이런 일은 군신과 부자 간이라 해도 먼저 이야기할 수 없소. 대왕마마와 승상 등 여러 공께서는 이 한신이 내일 초나라를 격파하고 항왕을 사로잡는 것을 보면 비로소 내 방략을 알게 될 것이오."

소하는 그 말을 듣고 매우 기뻐했다. 그가 돌아가 한왕에게 자세한 사정을 이야기하자 한왕도 기쁨을 금치 못했다.

다음날 한신은 장수들을 불러 군령을 하달했다. 번쾌와 관영은 제1진, 주발과 주창은 제2진, 근흡과 노관은 제3진, 여마통과 양희는 제4진, 장이와 장창은 제5진, 누번은 제6진, 하후영과 왕릉은 제7진, 조참과 시무는 제8진, 영포는 제9진, 한왕과 다른 장수들은 제10진으로 구성했다. 각 장수들은 앞으로 나가 비밀리에 의견을 나누고 대비를 철저히 했다. 각 진의 장수들은 정예병 5000을 이끌고 정해놓은 곳에 가서 진채를 세우고, 포성이 울리면 서둘러 공격에 나서서 항왕을 광무로 끌어들여 탈출로를 차단하고, 열 개 진영이 한 곳에 모여 광무산을 에워싼 뒤 항왕을 사로잡는다는 계획이었다. 한신은 군사 배치를 완료했다.

패왕은 장수들을 거느리고 벌떼처럼 몰려왔다. 그리고 계포를 시켜 한왕의 답변을 요구했다. 한나라 진영에서는 한신이 출전하여 패왕을 만났다. 패왕은 단기필마로 군영 앞으로 우뚝 나서서 고함을 질렀다.

"한신! 네놈은 본래 우리 초나라 신하였다. 이전에 무섭을 보내 다시 초나라에 귀의하라고 불렀건만 네놈은 어찌 그리 멍청하게도 말을 듣지 않느냐? 오늘은 더이상 속임수를 쓰지 말고 직접 대결을 벌여 승부를 내자!"

한신이 맞받았다.

"폐하께서는 이 시대의 제왕이십니다. 손을 모으고 단정히 앉아 장수와 병졸을 보내 외적을 막으면 될 터인데, 어찌하여 친히 창과 방패를 잡고 신하와 승부를 논하며 스스로 굴욕을 당하려 하십니까?"

"말 한번 잘하는구나! 이제 나와 10합을 겨룰 수 있다면 내가 창을 거꾸로 잡고 전쟁을 중지한 뒤 천하를 한왕에게 양보하겠다."

"용기는 믿을 수 없는 것이고 강함은 오래 지속될 수 없습니다. 만약 폐하께서 오늘 신의 손에 패배하시면 일세 영웅의 명성에 먹칠을 하게 됩니다. 후회해도 소용없습니다. 부디 좋은 장수 하나를 내보내 신과 결전을 벌이게 하고 폐하께서는 진영으로 되돌아가 위엄을 잃지 마시기 바랍니다."

패왕은 한신의 말을 듣고 진노하여 창을 들고 한신을 곧장 찔렀다. 한신은 패왕의 창을 막는 체하며 자신의 창을 허공에 한 번 휘두르고

패왕과 한신이 전투를 벌이다

는 동남쪽을 향해 달아났다. 패왕은 삼군을 재촉하며 소리를 질렀다.

"오늘 반드시 저 겁쟁이를 잡아서 나의 무한한 원한을 풀리라!"

종리매, 항백, 항장, 주란, 우자기, 환초, 정공, 옹치, 주은 등도 대열을 나누어 패왕을 따라 한신을 추격했다. 한신은 패왕을 유인하여 점점 광무산으로 들어섰다. 그때 종리매가 황급히 패왕 앞으로 달려와 아뢰었다.

"광무산에는 입구로 다시 돌아나가는 길밖에 없습니다. 만약 적이 험준한 길목을 지키며 군사를 동원하여 산 입구를 막으면 우리 군사는 곤경에 빠지게 됩니다! 폐하! 추격에 힘을 다 빼지 마시고 후군이 올 때까지 기다리십시오. 잠시 이곳에 진채를 세우고 사태를 관망하는 것이 어떻겠습니까?"

말을 다 마치지도 않았는데 갑자기 전군에서 보고가 올라왔다.

"한신이 간 곳을 모르겠습니다. 앞은 모두 토산(土山)인데 더이상 다른 길이 없습니다."

패왕이 명령했다.

"앞에 나가는 길이 없다니 잠시 여기에 주둔했다가 후군이 안전하게 도착한 이후에 천천히 후퇴하도록 하라."

그때 갑자기 후군에서 보고가 올라왔다.

"후군 군사들이 적장 번쾌와 관영에게 절반이 잘려서 진격하지 못하고 있습니다."

사방팔방에서는 북소리와 징소리가 온통 하늘을 뒤흔들었다. 사방에는 한나라 군사들이 빽빽이 포위망을 펼치며 산 입구를 틀어막고 있었다. 종리매가 말했다.

"앞에는 큰 산이 가로막았고, 뒤에는 한나라 군사가 포위하고 있습니다. 폐하! 이곳에 주둔해서는 안 됩니다. 적의 포위망을 뚫고 후군을 구해야 합니다. 그렇지 않으면 머리와 꼬리가 서로 호응하지 못해 우리 군사가 한 번 흩어지면 폐하께서도 이 곤경을 수습할 수 없게 됩니다."

패왕이 말했다.

"산 입구가 봉쇄되었으니 틀림없이 중무장 병력이 겹겹이 포위하고 있을 것이다. 일시에 포위망을 탈출할 수 없으면 오히려 저들에게 완전히 에워싸여 심한 피해를 입게 된다. 차라리 한신이 달아난 길을 따라가서 서둘러 산을 넘으면 출구가 있을 것이다. 계속 전진하여 이 포위망을 탈출해야 한다."

항백이 말했다.

"산길이 험해 대군이 진격할 수 없을 듯합니다. 어찌하면 좋습니까?"

그때 아직 논의를 마치지도 않았는데 사방에서 화포가 터지며 수를 알 수 없는 한나라 군사들이 땅을 휩쓸며 몰려왔다. 북쪽에서는 번쾌·관영·주발·주창, 서쪽에서는 근흡·노관·여마통·양희, 왼쪽에서는 장이와 장창, 오른쪽에서는 하후영과 왕릉, 가운데 중군에서는 한왕과 다른 장수들이 한꺼번에 몰려들었다. 초나라 군사들은 싸우지도 않고 자중지란에 빠져 장수들도 그들을 안정시킬 수 없었다. 패왕이 대로하여 고함을 질렀다.

"나는 진나라 군사를 격파할 때 솥을 깨뜨리고 배를 침몰시켜 패배하지 않았다. 그런데 지금 한나라 군사를 만나 너희는 어찌하여 이처럼 겁을 먹느냐?"

패왕은 군사를 휘몰아 혈로를 뚫기 위해 치달리다 구강왕 영포를 만났다. 그가 길을 막자 패왕이 욕설을 퍼부었다.

"나라를 배반한 역적 놈아! 무슨 낯짝으로 여기에 나타났느냐?"

영포도 고함을 질렀다.

"의제를 추방하여 시해한 것은 네놈이 한 짓인데, 천하 제후가 나를 욕하게 만들었다. 내가 지금 패역질을 한 네놈을 죽여 이 일을 분명하게 밝히겠다!"

영포는 도끼를 들어 패왕을 내리쳤다. 패왕은 창을 들고 응전했다. 패왕과 영포는 50합 이상을 겨루었다. 그때 누번의 군사들이 휩쓸며 달려오자 초나라 군사는 마침내 혼란에 빠졌다. 계포와 환초가 무기를 들고 말을 치달리며 부르짖었다.

"폐하! 잠시 쉬십시오. 신들이 저 역적을 죽이겠습니다!"

패왕은 잠시 창을 멈추고 말 머리를 돌려 언덕으로 올라갔다. 초나라에서 두 장수가 달려가자 한나라에서도 영포와 누번이 달려나와 두 장수와 전투를 벌였다.

싸움이 무르익는 중에 한나라의 조참과 시무의 군사가 들이닥쳤다. 사방에서 한나라 군사가 포위망을 좁혀오기 시작했다. 종리매는 앞으로 나가 패왕에게 앞쪽 산을 넘어갈 것을 청했다. 길은 좁지만 그곳까지는 대비하지 않은 듯 적군이 드물었다. 패왕은 서둘러 말 머리를 돌려 옛길을 따라 광무산으로 치달려갔다. 하늘이 점점 어두워지는 순간 가까운 산꼭대기에 한신의 모습이 보였다. 그는 진채에 높이 앉아서 양편에서 울리는 피리 소리를 들으며 즐겁게 술을 마시고 있었다. 패왕은 그 모습을 보고 불같이 화가 솟았다.

"남의 가랑이 사이나 기던 놈이 이처럼 나를 기만한단 말이냐?"

패왕은 좌우 장수들에게 군사를 재촉하여 산 위로 올라가 한신을 사로잡으라고 다급히 명령을 내렸다. 장수들이 명령을 받고 북을 울리며 산 위로 올라가려 하자 갑자기 산 위에서 통나무와 바위가 쏟아져 내렸다. 초나라 군사는 도저히 올라갈 수 없었다. 패왕은 이를 갈고 눈을 부릅뜬 채 직접 산 위로 올라가려 했다. 그러자 계포가 옆에서 간언을 올렸다.

"안 됩니다! 한신이 펼쳐놓은 간계입니다. 폐하의 분노를 자극하여 산으로 올라오게 하려는 수작입니다. 캄캄한 밤중이므로 산 위에서 날아오는 돌멩이와 화살에 대비하지 않으면 안 됩니다. 차라리 잠시 이곳에서 멈추었다가 내일 날이 밝으면 적의 수가 드문 길을 살펴 혈로를 뚫고 나가는 것이 좋겠습니다."

패왕은 말고삐를 당겨 잡고 잠시 휴식했다. 한나라 군사는 강물이 뒤집히듯, 파도가 몰아치듯 끝없이 밀려들었다. 산비탈 언덕의 나무는 모두 화포를 맞아 불타고 있었다. 캄캄한 밤 이글이글 타오르는 불꽃은 밝은 햇빛처럼 사방을 환히 비추었다. 초나라 군사는 혼란에 빠졌고 모두 비명을 지르며 도망가기에 바빴다. 한나라 군사는 그들을 죽이기도 하고 사로잡기도 했다. 패왕과 장수 100여 기(騎)만 남아 중간에 포위되었다. 패왕은 한나라 군사의 기세가 사나운 것을 보고 다시 용기를 내어 겹겹의 포위망을 뚫다 누번과 마주쳤다. 누번이 창을 들고 패왕을 가로막자 패왕도 창으로 그와 싸움을 벌였다. 그러나 10합도 겨루지 못하고 누번은 패왕의 창에 찔려 말발굽 아래로 떨어져 죽었다. 초나라 장수들은 한 곳에 모여 죽을힘을 다해 포위망을 뚫었다. 탈출에 성공하는가 싶었지만 패왕은 또다시 시무와 왕릉을 만났다. 그들은 각각 무기를 치켜들고 앞길을 가로막았다. 패왕은 있는 힘을 다해 두 장수와 싸우면서 산발치 아래로 밀고 내려갔다. 칠흑 같은 밤에 앞쪽에서 졸졸 시냇물 소리가 들리고 말은 더이상 앞으로 나아가지 못했다. 그때 또 한나라 군사가 포위망을 좁히며 진격해왔다. 패왕은 생각했다.

'앞은 시냇물에 가로막혔고 뒤는 한나라 군사가 포위하고 있다. 또 달도 뜨지 않은 캄캄한 밤이라 동서도 구분하지 못한다. 위험하다!'

급박한 위기가 눈앞에 닥쳤는데 뒤쪽에서는 군사들이 어지럽게 흩어지며 도망치는 소리만 들렸다. 그때 두 장수가 포위망을 헤집으며 달려왔다. 횃불 아래 비치는 얼굴을 보니 그들은 초나라 장수 주은과 환초였다. 두 사람은 5000군사를 흩어지지 않게 잘 거느리고 있다가 패왕이 산 남쪽에서 곤경에 처했다는 소식을 듣고 휘하의 병력을 휘몰아 구원에 나섰다. 그러던 중 과연 이곳에서 포위된 패왕을 만났다. 패왕은 주은과 환초의 구원에 힘입어 또다시 힘을 다해 포위망을 뚫었다. 동녘 하늘이 점점 밝아오고 있었다. 고개를 들어 사방을 둘러보니 한나라 군사들만 사방을 뒤덮고 있었다. 들판에는 전사한 초나라 군사들의 시체가 가득했으며 그 사이로 피가 흘러 시뻘건 도랑을 이루고 있었다. 징소리와 북소리는 여전히 하늘을 뒤흔들었고 깃발은 산길을 따라 끝도 없이 이어져 있었다. 패왕과 주은은 몇 마디 말을 주고받았다.

"짐이 회계에서 봉기한 이래 제후들과 벌인 싸움이 어찌 300여 차례에 그쳤겠나? 그러나 한신처럼 교묘하게 군사를 부리는 자는 아직 보지 못했다!"

주은이 말했다.

"폐하의 명성이 오래 널리 퍼져 있으니 한신이 이런 전법을 준비하고 우리를 산속으로 유인하여 사방에서 포위한 것입니다. 우리는 그놈의 간계에 빠졌습니다. 폐하! 신들과 위험을 무릅쓰고 포위망을 뚫으셔야 이 곤경에서 벗어나실 수 있습니다. 만약 조금이라도 시간을 늦추면 저놈들이 다시 공격해올 것입니다. 저놈들은 편히 쉬면서 지친 우리를 상대하고 있습니다. 지친 우리 군사들이 어떻게 저놈들을 감당할 수 있겠습니까?"

패왕이 대답했다.

"내가 선두에서 혈로를 열 테니 자네는 뒤를 맡으라."

패왕은 마침내 용기를 내서 앞으로 달려나갔다. 한나라 군사들은 그를 보고 사방으로 흩어졌다. 주은과 환초도 그 뒤를 바짝 따르며 적을 마구 벴다. 약 5리를 치달려가자 산 계곡 아래에서 북소리가 일제히 울리며 온 산천을 울리는 함성이 일었다. 그곳에서 한 무리의 부대가 모습을 드러냈고 한나라 장수 주발과 주창이 맨 앞에서 달려오고 있었다. 두 장수는 기병을 휘몰아 앞을 가로막으며 소리쳤다.

"대왕! 이 기회에 말에서 내려 투항하시오. 굴욕당하지 말고!"

패왕은 진노하여 말을 박차며 창을 들고 두 장수를 맞았다. 그러나 몇 합도 겨루지 못하고 두 장수는 패배하여 달아났다. 패왕은 감히 그들을 추격하지 못하고 산 북쪽 큰길을 바라보며 포위망을 뚫었다. 그곳에서도 북소리가 한차례 울리며 사방에 매복해 있던 군사들이 들고 일어났다. 초나라 군사는 이어진 싸움에서 절반이나 죽거나 다쳤다. 5리에서 7리도 못 가 앞쪽에서 또다시 전투가 벌어지는 소리가 들려왔다. 대열 맨 앞에는 한나라 장수 근흡과 노관이 초나라 군사를 가로막고 있었다. 패왕은 다시 두 장수와 전투를 벌였다. 이번에는 창을 쓰지 않고 채찍으로 두 장수를 내리쳤다. 노관은 제대로 막을 수가 없어서 왼팔에 채찍을 맞고 말에서 굴러떨어졌다. 군사들이 달려와 그를 구했다. 근흡은 그 광경을 보고 대열 뒤쪽으로 달아났다. 패왕은 또 5리에서 7리를 치달려가다 앞쪽에 매복해 있는 궁노수를 발견했다. 초나라 군사 5000명은 궁노수가 쏜 화살을 맞고 7, 8할이 쓰러졌다. 주은과 환초는 목숨을 걸고 패왕을 따라 빠르게 포위망을 뚫었다. 패왕의 채찍 무예는 신출귀몰하여 매복해 있는 궁노수들이 쏜 화살도 몸 가까이 오지 못하게 모두 쳐냈다. 그들은 마침내 겹겹의 포위망을 뚫고 탈출에 성공했다. 주은과 환초는 여러 군데 부상을 입었다. 연도에 흩어진 패잔병과 계포, 종리매 등은 큰길을 따라 계속 패왕의 종적을 찾았다. 그들은 마침내 패왕을 만나 한 곳에서 군사를 합친 뒤 곧바로 초나라 군영으로 돌아갔다. 한나라 군사는 그들을 20리나 추격하다 돌아갔고 한신은 완전한 승리를 거두었다.

한왕은 군영으로 돌아와 한신을 불러 회의를 열었다. 한신은 의관을 단정히 하고 서둘러 달려와 한왕을 알현했다. 한왕은 몸을 일으키며 감사 인사를 했다.

"과인은 한 원수의 용병술에 힘입어 초나라 군사를 대파하고 거의 항왕을 사로잡을 뻔했소. 이제 저들이 나중에 우리 군사를 만나면 싸우지도 않고 간담이 서늘해질 것이오!"

한신이 말했다.

"하늘의 위엄에 기대 완전한 승리를 거두었지만 항왕을 아직 사로잡지 못했습니다. 서둘러 추격하여 놓치지 말아야 합니다. 그자를 다시 팽성으로 돌려보내서는 안 됩니다."

"대원수께서 유의해주시오. 서둘러 공격하여 사로잡아야 하오. 과인은 여기서 개선가를 기다리겠소. 삼군이 일찌감치 소식을 전해주면 서로 마음이 편할 것이오."

이에 한신은 다시 삼군을 정비하여 초나라 군영을 공격하기 위해 나섰다. 뒷일이 어떻게 될지는 다음 회를 들으시라.

제74회

국 한 그릇을 나누어다오

태공을 데려와
한나라에 군사를 물리라고 위협하다
置太公挾漢退兵

패왕은 장수들과 초나라 군영으로 돌아와 중군에 좌정했다. 부상을 당하고 전사한 군사를 조사해보니 모두 3만에 달했다. 주은, 환초, 계포, 우자기가 모두 부상을 입고 장막 뒤에서 치료를 받았다. 항왕은 장수들에게 며칠 휴식하면서 출전에 대비하라고 했다. 명령을 내리고 이틀이 지났을 때 뜻밖에도 세작이 한나라 군영 소식을 탐문하여 보고했다.

"한신이 군사를 정비하여 하루이틀 내로 전투에 나서겠다고 합니다. 각 지역 제후들의 군사도 계속해서 모여들고 있습니다. 지금 한나라 군사는 모두 50여만이라 합니다. 소하가 군량을 운송하여 형양에 쌓아두었습니다. 성고에서 이어지는 500리 길은 모두 한나라 군사로 가득합니다."

패왕은 그 말을 듣고 종리매와 항백을 불러 논의했다.

"한나라 군사의 세력이 강대하고 한신도 용병술에 능하오. 우리 군사가 이곳에 오래 머무를 수 없겠소. 게다가 양식도 떨어졌으니 저들과 싸우기 어려울 듯하오. 두 분에게 무슨 좋은 대책이 있소?"

종리매가 대답했다.

"태공이 우리 군영에 있습니다. 내일 폐하께서 출전하시어 태공을 큰 나무판 위에 올려두십시오. 한왕에게 부자의 정을 부추겨 저절로 슬퍼하게 해야 합니다. 한왕이 군사를 물리면 태공을 살려주십시오. 그러나 군사를 물리지 않으면 태공을 가마솥에 넣으십시오. 한왕은 그것을 보고 틀림없이 아버지를 살려달라고 애원할 것입니다. 혹시 다른 의견도 있겠지만 이것이 가장 좋은 대책입니다. 용맹과 무예에만 의지했다가는 다시 광무산의 곤경을 반복할까 두렵습니다. 폐하! 부디 이 대책을 윤허해주십시오!"

"태공을 삶아 죽이는 건 어렵지 않소. 다만 사람들이 나를 비웃을까 걱정이오."

"적을 물리칠 수 있다면 사람들이 비웃는 게 뭐 그리 대수겠습니까?"

그렇게 의견이 결정되었다. 다음날 패왕은 군사를 인솔하고 태공을 말 위에 포박하여 한나라 군영 앞으로 끌고 갔다. 그 소식은 금방 한나라에 보고되었다.

"패왕이 태공을 말 위에 묶어놓았는데, 뭘 하려는지 모르겠습니다."

한왕은 그 소식을 듣고 통곡했다.

"나는 생전에 우리 부모님을 봉양할 수 없겠구나. 내가 천하를 다투느라 아버지께서 저와 같은 고초를 겪고 계신다. 차라리 일찌감치 초나라에 항복하여 아버지를 구조하는 것이 좋겠다."

그러자 장량과 진평이 황급히 제지하며 말했다.

"대왕마마! 어찌하여 그와 같은 생각만 고집하십니까? 이것은 패왕이 우리 군사의 포위를 보고 태공을 모셔와서 대왕마마의 철군을 강요하려는 계략입니다. 게다가 지금 이미 천하대사는 결정되었는데, 어찌 갑자기 항복하려 하십니까? 급한 마음을 먹지 말고 지혜로 승리하셔야 합니다."

"태공께서 말 위에 묶여 있다는 소식을 들으니 나도 모르게 애통한 마음이 들었소. 천하를 얻고 말고가 뭐 그리 중요한 일이겠소? 태공을 구출하는 일이 나에겐 진실로 가장 중요한 일이오!"

"이제 패왕이 진영 앞으로 와서 틀림없이 태공을 기름솥에 넣겠다고 협박하며 대왕마마에게 군사를 물리라고 압박할 것입니다. 대왕마마께서 여차여차하게 대처하시면 패왕이 감히 태공을 삶을 수 없을 겁니다."

말을 다 마치지도 않았는데 패왕이 진영 앞으로 와서 한왕의 답변을 요구한다는 보고가 올라왔다.

한신은 패왕이 왔다는 보고가 올라오자 넓은 평지에 진채를 세우고 주위에 병거를 배치했다. 진채 양쪽에는 엄정하게 기치를 세워 조용하고 숙연한 분위기를 만들었다. 까마귀와 까치도 울지 않았고 딱따기 소리도 내지 않아 매우 위엄이 있고 삼엄했다. 초나라 군사들은 그 모습만 보고도 지레 겁을 먹었다. 패왕은 군사들을 단속하며 움직이지 않았다. 그때 한왕이 대열 앞으로 달려나가 소리쳤다.

"패왕은 들어라! 너의 군사는 이미 곤경에 처했다. 어서 항복하라. 그러면 땅을 나누어 대대로 초왕에 봉해주겠다. 눈앞의 살육에서 벗어나라."

패왕은 크게 화를 내며 한왕을 꾸짖었다.

"유방! 이 머저리 같은 놈아! 감히 큰소리치며 나를 욕되게 하느냐?"

패왕은 재빨리 창을 들어 한왕을 찔렀다. 그때 한왕 등뒤에서 번쾌, 관영, 주발, 왕릉 네 장수가 돌진하여 패왕을 가로막았다. 패왕은 힘으로 네 장수와 대적했다. 싸움이 무르익을 무렵 갑자기 한나라 진영에서 한줄기 포성이 울리더니 중군 위에 황색 깃발이 펄럭였다. 그러자 사방팔방에서 군사들이 모여들어 패왕을 단단히 포위했고 네 장수도 자신이 맡은 방향으로 진격했다. 패왕은 좌충우돌했지만 포위망을 벗어날 수 없었다. 초나라 군사들은 패왕을 따랐지만 역시 탈출로를 찾지 못했다. 패왕은 시선을 고정하고 그 진(陣)을 살펴보았다. 사방이 마치 성곽을 이어놓은 것 같아서 동서를 구분할 수 없었고 출입구도 찾아내기 어려웠다. 가을 구름처럼 막막했고 짙은 안개처럼 아득했다. 패왕은 깊은 생각에 잠겼다.

'또 한신의 계략에 빠졌구나! 전투를 하다 저런 진영에 잘못 빠져들면 밖에서 호응하여 깨뜨려야 한다. 그렇지 않고 잠시라도 함부로 행동하면 바로 사로잡히게 된다. 우리 진영의 장졸들 중에도 틀림없이 저 진법에 대해 아는 사람이 있을 것이다. 밖에서 공격해 들어올 때 그 틈을 타서 안에서 치고 나가야 탈출할 가망이 있을 것이다.'

이런 생각을 하는 사이 계포, 주란, 주은, 종리매가 한신이 펼쳐놓은 진영의 동쪽 입구로 공격을 시작했다. 패왕도 즉시 호응하여 밖으로 치고 나갔다. 초나라 군신 다섯 명은 온 힘을 다해 전투를 벌여 간신히 혈로를 열고 한나라 군사를 쓰러뜨린 뒤 한꺼번에 탈출했다. 한신도 감히 추격하지 못했다.

패왕은 군영으로 돌아와 장수들을 불러놓고 물었다.

"저 진법을 아는 사람이 있소?"

주란이 앞으로 다가와 아뢰었다.

"한신이 펼친 저 진은 태을진(太乙陣)입니다. 생문(生門), 사문(死文), 음진(陰陣), 양진(陽陣)이 있습니다. 각 진이 서로 등지고 있는 듯하고, 사방이 하나로 합쳐져 팔괘진(八卦陣)처럼 보입니다만 기실 팔괘진은 아닙니다. 생문으로 들어가 양진으로 진입하면 활로를 얻을 수 있습니다. 그런 방법을 모르고 함부로 진입하면 반드시 사로잡히게 됩니다. 신은 어릴 때 화산(華山)의 이소선(李少仙)에게 도를 배우면서 태을진에 대해 들은 적 있습니다. 신은 이 방법으로 장수들을 이끌고 생문으로 들어갔고 폐하의 공격에 호응하여 마침내 이 포위진을 탈출할 수 있었습니다."

패왕은 주란의 말을 듣고 매우 기뻐했다. 종리매가 말했다.

"폐하! 태공을 군영으로 돌려보내십시오. 오늘 꼭 한나라와 교전하실 필요는 없습니다. 다시 날을 잡아 태공을 수레 앞에 태우고 호령하며 한나라 군사를 물러나게 하는 편이 좋겠습니다. 그런 뒤 팽성으로 돌아가 새 군사를 모집하고 지금 군사를 쉬게 하여 다시 거병하시는 것이 좋은 대책입니다."

이에 패왕은 마침내 군영으로 되돌아갔다.

한편, 장량과 진평은 태공을 구할 대책을 논의했다. 이때 장량이 문득 초나라에서 항복한 장졸 중에서 영리해 보이는 말단 장수 하나를 뽑아 장막으로 불러 위로하며 말했다.

"내가 네 관상을 보니 장래에 공명을 이룰 상이다. 허나 너는 지금 군졸들 틈에 섞여 있으니 언제 재능을 드러낼 수 있겠느냐? 내가 지금 네게 중요한 일을 하나 맡기겠다. 성공하면 벼슬과 상금을 받아 귀한 신분이 될 수 있다."

"군사께서 무슨 분부를 하시려는지요?"

장량이 말했다.

"내가 서찰 한 통을 써줄 테니 너는 세작 노릇을 하면 된다. 즉 초나라 군영으로 가서 내가 써준 서찰을 대사마 항백에게 전하거라. 너는 본래 초나라 군사이므로 틀림없이 아는 사람이 있을 것이다. 그걸 이용하여 이 서찰을 비밀리에 항백에게 전하고 내가 보냈다고 말해라. 그가 내게 무슨 말을 전하라고 하면 돌아와서 자세히 알려주면 된다."

말단 장수가 말했다.

"아주 쉬운 일입니다. 군사께서는 어서 서찰을 써주십시오. 제가 초나라 군영으로 가서 항백 대사마를 만나뵙고 회답을 받아오겠습니다."

장량은 매우 기뻐하며 그에게 상금을 주고 서찰을 몸 깊숙한 곳에 감추게 했다. 말단 장수는 여전히 초나라 군사 복장을 하고 초나라 군영으로 갔다. 순찰 장수가 그를 보았지만 그는 본래 초나라 군인이었으므로 이렇게 물었다.

"어떻게 돌아오게 되었는가?"

"전날 한나라 군사에게 사로잡혀갔다가 잠시 항복했네. 그러나 부모님과 처자식이 모두 팽성에 있는데 어떻게 계속 그곳에 항복해 있을 수 있겠는가? 그래서 도망쳐왔네. 귀찮더라도 내일 나를 항백 장군에게 데려다주게. 이름을 보고하고 다시 귀대하게 말일세."

다음날 항백이 삼군 점호를 끝낼 무렵 순찰 장수가 어떤 사람을 데리고 와서 아뢰었다.

"이 군사가 전날 한나라에 포로로 잡혀갔다가 오늘 도망쳐왔습니다. 감히 숨길 수가 없어서 장군께 데리고 왔습니다. 또다시 귀대하고 싶다는데 마음대로 처리할 수 없어서 장군의 재가를 받고자 합니다."

항백은 말단 장수를 앞으로 오게 하여 물었다.

"네가 한나라 군영에 있었다면 장량을 본 적이 있느냐?"

"저는 줄곧 장 군사 옆에서 시중을 들었습니다. 그분은 늘 항백 장군님에 대해 말씀하시며 저를 잘 보살펴주셨습니다. 다만 저의 부모님과 처자식이 팽성에 있는지라 온종일 그리워하다 이번에 도망쳐왔습니다."

"장량이 나에 대해 늘 무슨 말을 하더냐?"

그는 항백이 중요한 질문을 하자 마침 주위에 아무도 없는 것을 확인하고 앞으로 나가 품에서 서찰을 꺼내 비밀리에 항백에게 전했다.

"제가 떠날 때 장 군사께서 이 서찰을 장군께 전하라고 하셨습니다."

항백은 서찰을 받아 읽었다.

옛날에 친밀하게 교분을 나누던 장량은 대사마 항 노장군 휘하에 글을 올립니다. 지난날 재워주시고 먹여주신 은혜를 입었고, 그뒤 구름처럼 물처럼 떠돌며 부귀에 마음을 두지 않고 공명심도 모두 끊었습니다. 그런데 뜻밖에도 제 뜻에 차질이 생겨 평소 소원을 이루지 못하고 이곳에 매인 몸이 되었습니다. 하지만 세월만 그럭저럭 보내고자 할 뿐 다른 희망은 없습니다. 다만 한왕께서는 어질고 후덕한 장자시라 마침내 대업을 이룰 분이므로 차마 떠나지 못하고 마치 조롱 속 새가 사람에게 의지하듯 그 좌우에 연연하고 있습니다. 사람이 스스로 좋아하면 어찌 뻣뻣하게 앉아 한 가지 계책도 내지 않을 수 있겠습니까? 이 때문에 저는 어제 패왕이 태공을 삶아 죽이려 할 때 진실로 한나라 군사를 뒤로 물러나게 했습니다. 한왕께서는 이곳으로 군사를 몰고 왔지만 실로 돌아갈 곳이 없습니다. 한나라 군사가 물러나지 않으면 항왕은 반드시 태공을 삶아 죽일 것입니다. 태공이 피해를 당하여 다시 살아날 수 없으면 뒷날 한왕과 장군이 사돈을 맺고 자식의 혼례를 치를 때 어떻게 얼굴을 볼 수 있겠습니까?[1] 이 때문에 이 장량이 인편으로 이 편지를 올립니다. 만약 태공이 삶기는 일을 당하면 한마디 말씀이라도 하여 막아주시기 바랍니다. 구원의 은혜를 받아 태공께서 다시 살아날 수 있으면 한왕은 불효자라는 이름을 면할 수 있을 것입니다. 은혜와 대의를 함께 베풀어주시면 인덕(仁德)이 무궁할 것입니다. 만약 제 부탁을 들어주신다면 회답주시기 바랍니다. 한왕께서 태공의 구조를 간절히 바라는 마음에도 위안을 받을 수 있을 것입니다. 모자라는 사람이 간절하게 부탁드립니다.

항백은 장량의 서찰을 읽고 말단 장수에게 말했다.

1_ 원문에는 "藍田之約, 秦晉之好"로 되어 있다. 모두 두 집안의 혼사를 가리킨다. 일찍이 패상에서 유방과 항백이 서로의 자식을 혼인시켜 사돈이 되자고 약속한 바 있다. 『원본 초한지』 1 제22회 참조.

"네가 장자방의 서찰을 전할 정도라면 막하의 심복으로 짐작되는구나."

"감히 노장군을 속이지 않겠습니다. 저는 장 군사의 사자입니다. 도망을 온 것이 아니라 오로지 서찰을 전하러 왔습니다. 장군께서 회답하실 내용이 있으면 제가 돌아가 전하겠습니다."

항백은 그에게 음식과 상금을 내려주고 역시 몇 글자 서찰을 써서 비밀리에 몸에 감추게 하고 좌우 심복을 시켜 군영 밖으로 내보냈다. 그는 곧바로 한나라 군영으로 돌아가 장량을 만났다. 그리고 초나라 군영으로 들어가 항백을 만난 일을 자세히 이야기한 뒤 지시한 일을 모두 잘 처리했다 보고하고 항백의 답장을 바쳤다. 장량은 답장을 개봉하여 읽었다.

평소에 친했던 족하를 오래 만나지 못해 보고 싶은 마음 간절하오. 보내준 서찰에서 제시한 가르침은 감히 따를 수 없소. 전쟁을 중지하고 강화를 하는 것은 모두 국가를 이롭게 하기 위한 일이오. 태공이 이곳에 오래 머무는 동안 아무개는 아침저녁으로 계속해서 일상용품과 음식을 부족하지 않게 제공했다고 생각하오. 모두 전쟁 중지에 마음을 쓰지 않으니 태공이 어찌 돌아갈 수 있겠소? 아무개가 구원에 나서기는 하겠지만 한때의 계책에 불과하오. 근래에 패왕의 좌우 측근이 늘 태공을 죽이려 하니 패왕이 한번 분노하여 돌이키지 않으면 오래 보호하기도 어려울 듯하오. 족하께서도 잘 헤아리길 바라오.

장량은 답장을 다 읽고 매우 기뻐하며 심부름한 말단 장수에게 후한 상을 내렸다. 아울러 군정사(軍政司)에게 이름과 공적도 기록하여 보훈을 위한 자료로 삼게 했다. 나중에 논공행상을 할 때 이름을 조사하여 중용하기 위한 조처였다.

한편, 패왕은 친히 대군을 거느리고 다시 한나라 군영으로 다가가 진을 펼쳤다. 그는 군사에게 기름솥을 들고 와 군영 앞에 걸게 하고 태공을 큰 도마 위에 올려놓았다. 그리고 군사들에게 큰 소리로 외치게 했다.

"한나라 군사가 일찍 물러가면 태공을 삶지 않겠지만 물러가지 않으면 태공을 삶겠다!"

한왕도 황급히 진영 앞으로 달려나와 고함을 질렀다.

"나와 패왕은 모두 북쪽을 향해 회왕을 섬기며 결의형제를 맺었다. 내 아버지는 바로 너의 아버지다. 만약 너의 아버지를 삶는다면 내게도 국 한 그릇을 나눠다오!"[2]

한왕은 말을 마치고 웃고 떠들며 태연자약한 모습을 보였다. 전혀 슬픈 마음이 없는 듯했다. 패왕은 크게 화를 내며 태공을 삶으려 했다. 이때 항백이 급하게 패왕 앞으로 달려가 제지하며 말했다.

"무릇 천하대사를 위해 집을 돌보지 않은 사람은 그 옛날 성군 우임금입니다. 그의 부친 곤(鯀)은 치수에 공을 세우지 못해 요임금에게 주살되었습니다. 우임금은 3년 동안 치수에 전념하며 세 번이나 자신의

2_ 분아배갱(分我杯羹): 나에게 국 한 그릇을 나누어달라는 뜻이다. 본래 패왕 항우가 한왕 유방의 부친인 태공을 삶아 죽이려 하자 유방이 항우의 행동에 전혀 개의치 않음을 보여주는 말이었다. 그러나 지금은 다른 사람의 이익을 조금이라도 함께 향유하자는 의미로 쓰인다.(『사기』「항우본기」)

패왕이 태공을 삶아 죽이려 하다

집 문 앞을 지나갔지만 돌아보지 않았습니다. 지금 한왕과 폐하는 천하를 다투고 있는데, 전에 태공이 우리에게 3년 동안 구금되었을 때 한왕은 태공을 거의 돌아보지 않았습니다. 이는 천하를 더욱 중시하기 때문입니다. 지금 폐하께서 태공을 죽이면 승패에 아무 관계도 없고, 오히려 천하 사람들이 폐하를 비난하며 남의 부친을 죽인 사람이라고 할 것입니다. 이는 폐하의 성덕에 누가 되는 일입니다. 차라리 군사를 수습하고 군영으로 돌아가 다른 계획을 세우는 것이 좋겠습니다. 어찌 태공을 죽일 필요까지 있겠습니까? 폐하의 위엄이 천하를 뒤흔들고 있는데 어찌 이런 방법으로 남에게 겁을 주십니까?"

패왕은 서둘러 태공을 용서하라 하고 군사를 거두어 본영으로 돌아갔다. 이날 양측은 전투를 벌이지 않았다.

한왕은 군영 앞으로 가서 통곡했다.

"태공께서 잠시 사면을 받았지만 아직도 돌아오지 못하시니 나는 진실로 천하의 죄인이다!"

후세에 사관이 이 일을 시로 읊었다.

초와 한이 교전하며 사람 삶는 솥을 걸 때,	楚漢交兵置鼎烹,
태공이 위급한데도 국을 나누어달라 했네.	太公危急尙分羹.
다행히도 항백이 군영 앞에서 간언하여,	幸遲項伯軍前諫,
터무니없이 죽는 일을 면할 수 있었네.	幾免空桑逼死生.[3]

한왕은 장량, 진평 등을 불러 태공을 구해올 방법을 논의했다.

장량이 말했다.

"태공을 모셔오려면 반드시 사람을 보내 초나라와 강화 논의를 해야 합니다. 초나라는 지금 양식이 부족하고 세력이 약화되었기 때문에 반드시 강화 제의에 따를 것입니다. 다만 초나라로 가서 사신 역할을 수행할 말 잘하는 선비가 없습니다."

말을 다 마치지도 않았는데 어떤 사람이 장막으로 올라서며 큰 소리로 말했다.

"신이 초나라로 가서 강화를 요청하겠습니다."

한왕은 그 사람을 보고 매우 기뻐하며 초나라로 가서 강화 요청을 하고 태공을 모셔오라고 부탁했다. 일이 어떻게 될지는 다음 회를 들으시라.

3_ 원본에는 이 시 뒤에 다음과 같은 '역사 논평'이 달려 있다. "사관은 일찍이 이렇게 논평했다. '국을 나누어달라고 한 한 고조의 말은 장량과 진평의 계책이다. 그런데 당시에 항백이 한마디 말로 구해주지 않았다면 태공은 도마 위의 고기 신세가 되었을 것이다. 그러면 이후 한 고조는 천하를 얻었다 해도 사람들에게 효도를 내세울 수 없었을 것이고, 이로부터 부모에게 패역질을 하는 패거리가 계속 발걸음을 이었을 것이며, 천하에 부자 관계가 있다는 사실도 모르게 되었을 것이다. 한나라 내내 임금을 순후하게 대하지 않은 현상 뒤에 이런 까닭이 있는 것이다.'"

제75회

한왕의 약속 위반

홍구를 경계로
땅을 나누고 강화하다
指鴻溝割地講和

강화 제의를 위해 초나라에 가겠다고 자원한 사람은 바로 낙양의 후공(侯公)이었다. 후공은 대대로 낙양에 살았고, 진나라의 혼란한 세상에서는 벼슬을 하지 않았지만, 씩씩한 협객의 기상을 지니고 있었다. 어느 날 이웃집 형제가 재산 다툼을 하며 서로 불화했고 몇 년간 소송을 벌이면서도 문제를 해결하지 못했다. 이에 후공이 가서 화해를 시키고 한바탕 변설로 두 형제를 설득하자 두 사람은 눈물을 흘리며 서로 다투지 않고 양보했다. 이때부터 그 고을 사람들은 후공을 좋아하며 존경했다. 이후 한왕이 동쪽으로 정벌을 나가면서 낙양에 들렀을 때 후공은 동삼로(董三老)와 함께 지팡이를 짚고 와서 한왕을 뵙고 국정 의견을 진술했는데, 당시 폐단에 대한 지적이 지극히 절실했다. 한왕은 매우 기뻐하며 마침내 후공을 막하에 머물게 하고 그의 의견을 들었다. 그런데 이제 한왕이 초나라로 보낼 사람을 찾자 장막으로 올라와 사신 역할을 자원한 것이었다. 장량과 진평이 말했다.

"패왕은 성격이 포악하고 강경하여 경솔하게 그의 기분을 자극해서는 안 되오. 현공이 유세할 때도 말을 한 마디라도 잘못하여 그의 분노를 사면 태공은 다시 돌아오실 수 없을 뿐 아니라 현공도 틀림없이 해를 입게 되고 대왕마마의 명령도 욕되게 할 것이오! 현공은 거듭 잘 생각해보시오. 가볍게 결정하지 말고."

후공이 대답했다.

"선생의 말씀에 따르면 패왕에게는 끝내 가까이 갈 수 없고 태공도 절대 돌아올 수 없다는 것이로군요. 또 나를 매달아놓은 조롱박처럼 아무 쓸모도 없는 인간으로 여기는 것입니다. 그럼 대왕마마께선 무엇에 쓰려고 우리를 기르시겠소?"

한왕이 말했다.

"현공이 감히 가겠다고 나섰으니 꼭 내 일을 해결해주시오."

그리고 마침내 서찰을 써서 후공에게 주었다. 후공은 한왕과 작별하고 패왕을 만나러 초나라 군영으로 갔다.

패왕은 후공이 왔다는 소식을 듣고 한왕이 강화 사절을 보냈음을 금방 알아차렸다. 그는 도부수(刀斧手)를 군막 양쪽에 벌려 세운 뒤 자신은 칼을 들고 군막 위에 앉아 눈을 치켜뜨고 밖을 노려보았다. 후공은 밖에서 조용히 걸어들어오다 터져나오는 웃음을 참지 못했다. 그러자 패왕이 크게 화를 내며 소리쳤다.

"유세를 하러 온 한나라 사신이 어찌 감히 끝도 없이 웃어대는가? 죽

후공이 패왕에게 유세하다

고 싶은 것이냐?"

후공이 여전히 웃으면서 대답했다.

"폐하께서는 만승(萬乘)의 군주이시고 천하의 주인으로 위엄을 만방에 떨치며 호령을 사방에 내리는 분입니다. 그러니 누가 두려워하지 않겠습니까? 그런데 지금 생긴 것은 중간에도 들지 못하고 재주는 관중(管仲)과 악의(樂毅)에 미치지 못하는 이 빈한한 서생을 보시고 좌우에 도부수를 세워놓고 칼을 짚고 앉아 위엄을 과시하는 모습으로 적국을 제압하려 하십니다. 저는 잘 모르겠습니다만 폐하께선 이렇게 위엄을 과시하지 않아도 어느 누가 두려워하지 않겠습니까? 마치 이런 위엄을 일부러 준비하신 것처럼 의심이 들어서 신이 껄껄 웃었습니다."

그제야 패왕은 칼을 바닥에 내려놓고 도부수에게 물러가라고 소리를 질렀다. 그리고 바로 후공에게 물었다.

"그대는 무엇 하러 왔는가?"

후공이 대답했다.

"신은 이번에 폐하께서 두 나라의 군사 활동을 중지하시고, 초나라와 한나라의 우호를 이루어 병졸들을 쉬게 하시고, 나라를 보호하시고, 백성을 편안히 다스리시는 것을 도와드리려고 왔지, 아무 일 없이 폐하를 만나 뵈러 온 것이 아닙니다. 지금 한왕의 서찰을 폐하께 올리겠습니다."

패왕은 분노를 누그러뜨리고 기쁜 표정을 지으며 서찰을 개봉하여 읽었다.

한왕이 항왕 휘하에 글을 올립니다. 제가 듣기로 하늘이 임금을 세우는 것은 백성을 위해서라고 합니다. 그런데 민생을 잘 돌보지 못하고 한갓 무기로 땅을 혼란에 빠뜨려 천하 사람으로 하여금 날마다 칼날을 밟게 하고 삶을 편안하게 영위하지 못하게 한다면 어찌 임금이라 할 수 있으며, 어찌 백성을 위한다 할 수 있겠습니까? 저는 폐하와 여러 해 동안 다투며 70여 차례 전쟁을 치렀습니다. 백골이 들판에 널렸고 시체가 산처럼 쌓였습니다. 부모의 마음을 가진 사람이라면 어떻게 참을 수 있겠습니까? 이제 후공을 보내 폐하와 강화하고 홍구(鴻溝)[1]를 경계로 그 서쪽은 한나라에, 그 동쪽은 초나라에 속하게 하고 싶습니다. 각각 강역을 정하고 전쟁을 중지하여 영원히 부귀를 보장받았으면 합니다. 이렇게 하면 결의형제의 정을 잃지 않고 회왕과의 약속도 지킬 수 있으니 백성은 잠자리에서 편안히 잠을 잘 수 있을 것입니다. 또 우리 두 사람도 잔치를 즐길 수 있고 장졸들도 다소 휴식을 즐기면서 처자식을 편히 부양할 수 있습니다. 이제 억조창생을 고통에 빠뜨려서는 안 됩니다. 폐하께서는 깊이 생각하십시오. 이만 줄입니다.

패왕은 한왕의 서찰을 읽고 지금까지 한나라와 벌인 전쟁을 생각해 보았다.

'전쟁 결과 군사는 지쳤고, 식량은 떨어졌으며, 오랫동안 이곳에서 곤경에 처해 결국 승리를 얻기도 어렵게 되었다. 차라리 저들의 말에 따라 팽성으로 회군하여 날마다 옥으로 장식한 누각에서 술에 취하는 것이 또한 즐겁지 않을까?'

1_ 전국시대 위나라가 완공한 운하다. 지금의 허난성 싱양시 북쪽 황허강에서 시작하여 동남쪽으로 잉수이(穎水)강을 거쳐 화이허강까지 이어진다.

패왕은 마침내 후공을 불렀다.

“본래 한왕과 결전을 벌인 것은 서로 자웅을 가리기 위한 싸움이었소. 이제 한왕이 보낸 편지를 읽어보니 자못 일리가 있는 듯하오. 지금 사람을 보내 강화를 약속하고, 각각 경계를 정하려 하오. 그리고 한왕과 서로의 진영 앞에서 문서에 서명하고 각각 한 부씩 받아 영원한 증명서로 삼고 싶소. 그대는 잠시 돌아가시오. 짐이 내일 한왕과 만나겠소.”

후세에 호증이 이 일을 시로 읊었다.

수많은 전쟁에 범과 용이 몹시 지쳐서, 虎倦龍疲百刃秋,
천하를 양분하고 홍구를 가리키네. 兩分天下指鴻溝.
영웅 대업 꺾이는 줄 항왕은 깨닫지 못하고, 項王不覺英雄挫,
팽성의 옥루에서 취할 날만 기다리네. 欲向彭城醉玉樓.[2]

후공은 항왕과 작별하고 한나라 군영으로 돌아와 한왕을 뵙고 앞의 일을 자세히 아뢰었다. 한왕은 매우 기뻐했다. 뒤이어 초나라 사신이 도착했다. 양국은 양식에 맞게 강화 약속 문서를 각각 한 통씩 써서 각 군주가 만날 때 서로 전해주기로 했다. 한왕이 말했다.

“내일 내가 패왕과 만나 이전에 맺었던 의형제의 우호를 회복할 테니 서로 대군을 벌여 세울 필요도 없고 갑옷을 입을 필요도 없소. 수고스럽더라도 사신께서 다시 후공과 함께 패왕께 가서 내 뜻을 전해주시오.

2_ 당나라 호증의 영사시 「홍구(鴻溝)」다. 통용본에는 넷째 구 팽성(彭城)이 팽문(彭門)으로 되어 있다.

이번에 반드시 태공과 우리 가족을 보내주어야 진정으로 강화의 뜻을 보여주는 것이오. 태공께서 여전히 초나라 군영에 머무신다면 나중에 패왕의 마음이 다시 바뀔 수도 있으므로 이는 우호의 맹약이 아닌 듯하오."

"신이 후공과 함께 가서 다시 패왕께 아뢰겠습니다. 태공을 잡아두실 뜻은 없을 것이라 생각합니다."

한왕은 사신에게 후한 상을 내리고 후공을 다시 초나라 군영으로 보내 패왕을 만나게 했다. 패왕이 말했다.

"후공은 어찌하여 다시 오셨소? 무슨 할말이 남았소?"

후공이 대답했다.

"한왕이 폐하께서 강화를 윤허했으므로 그 성덕에 깊이 감사한다고, 그 뜻을 거듭해서 전하라고 했습니다. 내일 강화 문서를 교환할 때도 폐하께서 갑옷을 입을 필요가 없고 군사도 벌여 세울 필요가 없다고 했습니다. 게다가 강화를 맺는 것은 이전 형제의 우호를 회복하는 일이기도 하므로 화목하게 양보하며 예로써 서로를 맞이해야 할 것입니다. 이제 또 얼마 전처럼 용과 호랑이가 싸우던 시절로 돌아가서는 안 되리라 생각합니다. 또 폐하께 아뢸 일이 있습니다. 태공과 여후가 초나라에 오래 인질로 잡혀 있습니다. 이제 강화가 성립되었으므로 마땅히 귀국시켜 한왕 부자를 더욱 친하게 만들고 한왕 부부를 다시 결합하게 해주십시오. 이것은 폐하께서 어짊과 사랑을 베푸시는 일이 될 것입니다. 천하의 제후들도 이 소식을 듣고 모두 폐하께서 다른 사람의 아버지를 죽이지 않았다고 생각할 것이니, 이것이 바로 효도를 널리 시행하는 방법입니다. 또 다른 사람의 아내를 더럽히지 않았다고 여길 것이니, 이것이 바로 순결을 밝게 알리는 방법입니다. 아울러 오래 구금했던 사람을 다시 풀어주는 것이니, 이것이 대의를 밝히는 방법이기도 합니다. 이 세 가지가 모두 이루어지면 폐하의 명성이 온 중원에 가득 흘러넘칠 것입니다."

패왕은 후공의 말을 듣고 매우 기뻐하며 말했다.

"내일 강화할 때 태공과 여후를 돌려보내겠소. 가서 한왕에게 잘 전하시오."

"신의 목숨은 진실로 폐하의 한 마디에 달려 있습니다. 신은 이제 돌아가 폐하의 옥음(玉音)을 한왕에게 전하겠습니다. 한왕은 틀림없이 폐하의 말씀을 진실하게 여기고 금석처럼 변하지 않을 것이라고 생각할 것입니다. 만약 다시 바뀌면 신의 목숨은 바로 사라지게 됩니다. 바라옵건대 폐하께서 가엾게 여겨주십시오!"

"대장부가 한 마디로 허락했으면 만 자루의 칼을 세워놓았다 해도 어찌 신의를 잃을 수 있겠소? 어서 돌아가시오. 더 말할 필요도 없소."

후공은 패왕에게 작별 인사를 하고 한나라 군영으로 돌아갔다.[3]

3_ 초·한 전쟁의 중요한 변곡점에 해당하는 이 강화 회담의 구체적인 경과와 내용이 무엇인지는 중국 정사에 자세한 기록이 남아 있지 않다. 홍구를 경계로 초나라와 한나라가 동서로 영토를 나누면 이미 한신이 점령한 조나라, 연나라, 제나라 땅을 어떻게 처리하는지는 정사의 기록에 빠져 있다. 마찬가지로 이 회담을 성사시킨 후공에 대해서도 거의 알려진 바 없다. 특히 후공이 어떻게 항우를 설득하여 태공을 귀환시킬 수 있었는지는 아무 기록도 전하지 않는다. 『사기』「항우본기」의 기록은 이렇다. "한왕은 다시 후공을 보내 항왕에게 유세했다. 후공은 이에 항왕에게 한나라와 조약을 맺고 천하를 반으로 나누어 홍구 서쪽은 한나라에 속하게 하고, 홍구 동쪽은 초나라에 속하게 하자고 했다. 항왕이 허락하고 한왕의 부모와 처자를 돌려보냈다. 군사들이 모두 만세를 불렀다(漢王復使侯公往說項王, 項王乃與漢約, 中分天下, 割鴻溝以西者爲漢, 鴻溝而東者爲楚. 項王許之, 卽歸漢王父母妻子. 軍皆呼萬歲.)."

이때 종리매와 계포가 간언을 올렸다.

"폐하! 한나라와 강화하는 건 당연하지만 태공을 귀국시켜서는 안 됩니다. 한왕은 변덕이 심하고 신의가 없는 사람입니다. 혹시라도 마음이 바뀌면 폐하께서 그자를 단속하실 수 없게 됩니다."

"태공을 이곳에 너무 오래 잡아두었소. 제후들이 소문을 들으면 나에게 한나라를 격파할 대책이 없어서 태공만 인질로 잡아두었다고 여기며 비겁하다고 쑥덕거릴 것이오. 게다가 이미 내뱉은 말을 어찌 다시 쓸어 담을 수 있겠소?"

항백이 말했다.

"폐하께서 태공을 우리 초나라에 오래 구금하고도 죽이지 않았으니 이런 점에서도 폐하의 어진 마음을 충분히 알 수 있습니다. 지금 그를 석방하면 한왕은 폐하의 은혜에 깊이 감사하며 절대 마음을 바꾸지 않을 것입니다."

"경의 말씀이 옳소!"

다음날 패왕은 문무 장사들에게 각각 평상복을 입고 길 양쪽에 도열하라고 명령을 내렸다. 태공과 여후를 태운 수레는 그 뒤를 따랐다. 한왕도 갑사 없이 문무 장사만 수행하게 했다. 한왕과 패왕은 각각 얼굴을 마주보고 예를 행한 뒤 강화문서를 서로 교환했다. 패왕이 말했다.

"지금부터 대왕과 더불어 각각 강역의 경계를 나누고 서로 다투지 않을 것이오. 짐은 이제 갑옷을 풀고 동쪽으로 돌아가겠소."

그리고 바로 좌우에 명령을 내려 태공과 여후를 데려와 한왕에게 인계하라고 했다. 한왕은 태공과 여후가 다가오자 앞으로 달려나가 맞아 한나라 군영으로 보냈다. 한왕은 패왕에게 절을 올리며 감사 인사를 했다.

"태공께서 폐하의 휘하에서 오래 부양의 은혜를 입었습니다. 그 지극한 덕에 깊이 감사드립니다. 이는 진정 죽었던 사람이 다시 살아나고 앙상한 뼈에 살이 다시 붙는 일입니다."

한왕과 패왕은 각각 작별 인사를 하고 군영으로 돌아갔다.

패왕은 군사를 거두어 동쪽으로 돌아갔다.[4] 한왕도 군사를 거두어 서쪽으로 돌아가려 하자 장량이 서둘러 간언을 올렸다.

"대왕마마께서는 여러 해 동안 악전고투하셨고 장졸들도 오래 밖에서 살았습니다. 그러면서도 대왕마마를 따르는 것은 모두 동쪽으로 돌아가 고향을 빛낼 날을 손꼽아 기다리기 때문입니다. 지금 대왕마마께

4_ 초·한 정전 회담이 성사된 뒤 항우가 팽성으로 돌아갔느냐에 대해서는 여러 견해가 있다. 『사기』「항우본기」와 「고조본기」에는 항우가 "갑옷을 벗고 동쪽으로 돌아갔다(解而東歸)"고 기록했다. 이 소설 『서한연의』도 『사기』의 기록을 따랐음을 알 수 있다. 그러나 "동귀(東歸)"가 동쪽으로 귀환중임을 말하는지, 동쪽 팽성으로 완전히 돌아갔음을 의미하는지는 명확하지 않다. 다만 『사기』의 이 기록 바로 뒤에 유방이 항우의 군사를 추격했다는 구절이 이어지는 것을 보면 항우가 아직 귀환중이었음을 짐작할 수 있다. 또 『사기』「관영열전(灌嬰列傳)」의 기록에 근거하여 당시 팽성은 이미 관영에게 함락된 뒤이므로 항우가 팽성으로 돌아갈 수 없었다는 주장도 있으나 이 역시 근거가 확실하지 않은 추측에 불과하다. 실제로 당시 상황을 시간별로 추적해보면 관영이 팽성을 함락한 때는 정전 회담이 열리기 전이 아니라, 한신이 다시 한왕 유방의 영토 분할 약속을 받고 해하로 진격하던 시기였던 것으로 보인다. 즉 한신이 해하로 오는 과정에서 관영을 시켜 팽성을 친 것으로 보는 것이 합리적이다. 따라서 해하 전투 뒤에 항우가 팽성으로 돌아가는 것은 불가능했지만 정전 회담 바로 뒤에는 팽성으로 돌아가는 것이 가능했다. 이 때문에 『사기』에서 "解而東歸"라고 기록한 것으로 보인다. 만에 하나 정전 회담 전에 관영이 팽성을 함락했더라도 초·한 정전 회담의 가장 중요한 합의가 홍구를 경계로 동쪽 땅은 초나라가, 서쪽 땅은 한나라가 장악한다는 것이므로 동쪽에 속하는 초나라 도성 팽성은 당연히 초나라에 반환된 것으로 보아야 한다. 항우가 유방의 부친 태공과 그의 가족을 귀환시키면서 팽성도 돌려받지 않았을까? 그럴 리는 없을 것이다. 따라서 『사기』에서 "東歸"라고 적은 것도 동쪽 팽성으로 돌아갔거나 돌아가는 중이었음을 의미하는 기록으로 보아야 한다.

서 초왕과 강화를 했다고 다시 서쪽으로 가면 사람들이 모두 부모와 처자를 그리워하며 도주하여 고향으로 돌아갈 것입니다. 그럼 대왕마마께서는 이곳에 혼자 서 계실 텐데 누구와 함께 천하를 지키겠습니까? 게다가 지금은 태공과 왕후께서 모두 귀국하시어 군사들의 사기가 천지를 뒤흔들고 사방 제후국도 이 거센 바람을 따르고 있습니다. 성패와 승부의 기회가 진실로 대왕마마에게 귀속되어 있습니다. 지금 천하를 양분하여 각각 권력을 나누어 갖게 되면 누가 임금이고 누가 신하인지 모르게 됩니다. 이로써 천하의 제후들도 섬길 주인이 없어지고 예악과 정벌도 한 사람이 통솔할 수 없게 됩니다. 이것을 어찌 제왕이 천하를 통합하여 다스리는 일이라 할 수 있겠습니까? 신이 옛사람의 말을 듣건대 '하늘에는 두 태양이 없고, 백성에게는 두 임금이 없다고 합니다.'[5] 지금 우리 한나라는 이미 천하의 7, 8할을 얻었습니다. 이런 상황에서 초나라를 즉시 없애지 않아 항왕이 동쪽으로 돌아가 날카로운 기세를 기르고 병마를 다시 양성한다면 대왕마마께선 서쪽 땅에서 편안히 지낼 수 있겠습니까? 이는 소위 호랑이를 길러 후환을 남기는 일이니[6] 끝내 한나라에 큰 피해를 입힐 것입니다. 대왕마마! 깊이 생각하시어 이 기회를 잃지 마십시오."

한왕이 대답했다.

"홍구를 경계로 땅을 나누자는 약속을 했고 이미 맹약문도 교환했소. 지금 약속을 변경하면 천하에 믿음을 줄 수 없소."

5_ 『맹자』「만장」 상에 나온다. "天無二日, 民無二王."

6_ 양호유환(養虎遺患): 호랑이를 길러 후환을 남긴다. 적을 섬멸하지 않거나 화근의 단서를 남겨 나중에 막대한 손실을 입는 상황을 비유한다.(『사기』「항우본기」)

"현명하고 지혜로운 사람은 작은 믿음에 구애되어 대의를 잃지 않습니다. 옛날 탕왕과 무왕이 천하를 얻을 때 군신 간의 의리에 구애되었다면 걸왕과 주왕을 주살하지 못했고 천하도 끝내 얻을 수 없었을 것입니다. 대왕마마께서 맹약문에 구애되어 천하 대업을 항왕이 얻은 것으로 여긴다면 대왕마마께서는 반생을 헛되이 고생만 하신 것이고 신도 부질없이 힘만 썼을 뿐 아무것도 얻은 것이 없게 될 것입니다!"

진평, 육가, 수하 등 모사들도 모두 아뢰었다.

"자방의 말이 매우 일리가 있습니다. 신들이 대왕마마를 수행하며 고생을 마다하지 않고 여러 해 동안 분주히 힘을 쏟은 이유는 대왕마마께서 천하를 통일하여 사해의 주인이 되시고, 이후 천하 제후들이 북쪽을 바라보며 대왕마마께 조공을 바치는 걸 보고 싶었기 때문입니다. 그럼 신들도 통일된 치세를 우러러보며 태평성대의 신하가 될 수 있을 터이니 이 어찌 아름다운 일이 아니겠습니까?"

그리하여 한왕은 그들의 말을 듣고 마침내 초나라와 맺은 약속을 깼다. 그는 다시 병마를 정비하며 초나라와의 결전에 대비했다. 후세에 사관이 이 일을 시로 읊었다.

홍구로 땅을 나누고 분쟁이 끝나서,	鴻溝割地罷紛爭,
초와 한의 동과 서가 대략 정해졌다네.	楚漢東西約已成.
범 기른다는 한마디로 덕망을 해쳤으니,	養虎一言終累德,
장량은 무슨 일로 그렇게 무정했던가?	張良何事太無情.[7]

한왕이 초나라와 맺은 약속을 어기고 다시 군사를 정비한 일은 잠시

거론하지 않기로 한다. 한편, 패왕은 팽성으로 귀환하여 문무백관에게 잔치를 베풀고 온종일 우희와 누각에 올라 즐거운 시간을 보냈다. 또 장수들에게도 각각 집으로 돌아가 편히 쉬라고 지시했다. 마침내 나라가 안정을 찾아 무사한 날들이 이어질 것으로 여겨졌다. 이때 주란이 상소문으로 간언을 올렸다.

옛날부터 성스럽고 현명한 제왕은 편안할 때 위기를 잊지 않고 치세에 난세를 잊지 않습니다. 무사태평할 때도 군사 준비를 소홀히 하지 않습니다. 게다가 지금 한왕 유방은 우리와 새로 우호의 맹약을 맺었지만 마음에 안정을 찾지 못하고 모사들도 속임수를 꾸미고 있으므로 천하대사가 바뀔 가능성이 매우 많습니다. 그러므로 폐하께서는 병마를 정비하고 갑사를 조련하는 일에 더욱 힘쓰셔야 합니다. 날마다 문덕(文德)을 닦고 사이사이 무사(武事)를 익히며 지혜롭고 용감한 선비와 밝고 숙련된 인재를 가려 뽑아 장수와 그를 보좌하는 자리에 임명하십시오. 그리하여 와신상담하며 항상 회계에서 처음 봉기할 때와 같이 조심스럽고 두려운 마음으로 불의의 사태를 경계하시면 설령 나라

7_ 원본에는 이 시 뒤에 다음과 같은 '역사 논평'이 달려 있다. "또 일찍이 이렇게 논평했다. '장량은 시종일관 한(韓)나라의 복수를 하기 위해 다른 일은 따지지 않았지만, 뜻밖에도 한(漢)나라가 마침내 천하를 소유할 줄은 몰랐던 듯하다. 만약 당시에 초나라와 강화하지 않았다면 몇 달 뒤 해하에서 한나라가 초나라에게 패배했을지도 모른다. 그러나 이미 강화 회맹이 결정되었는데도 어찌 그것을 변경할 수 있단 말인가? 모름지기 초나라가 스스로 몰락하기를 기다려 한나라가 초나라를 취했다면 대의를 잃지 않았을 것이다. 장량은 유학자의 기상은 갖고 있었지만 이 같은 계책을 낸 것을 보면 시종일관 전국시대 종횡가의 습성에 물들어 있었음을 알 수 있다. 이것이 송나라 정자(程子)가 그의 언행을 취하지 않은 까닭이다.'"

밖에서 변란이 일어나더라도 폐하의 한 번 호령으로 공격해서 승리하지 못할 경우가 없을 것이며 싸워서 이기지 못할 경우가 없을 것입니다. 폐하의 위엄으로 천하를 얻을 수 있을 것인데 어찌 나라 밖 환란을 걱정할 필요가 있겠습니까? 그러나 만약 지금처럼 구차하게 동쪽 한구석에서 편안한 세월이나 보내며 만사를 생략하고 대비하지 않다가 유방이 모사들의 바뀐 의견을 듣고 다시 북을 울려 동쪽으로 진격해오면 폐하께선 어떻게 방어하시겠습니까? 신의 외람된 소견은 진실로 어리석은 충성심에 바탕을 두고 있습니다. 다만 신의 의견을 받아들여주시기 바랄 뿐입니다. 신은 두렵고 송구한 마음 이길 수 없습니다.

패왕은 상소문을 읽고 한참 동안 낮게 신음하다 주란을 앞으로 불렀다.

"유방은 이미 맹약을 맺었는데 어떻게 마음을 바꾸겠소? 경의 근심이 너무 지나친 듯하오!"

또 종리매 등을 불러서 일렀다.

"주란이 상소문을 올려 짐에게 군사훈련을 폐지하지 말라고 하며 한왕이 변심할까 두렵다고 했소. 여러 장군께서도 상규에 따라 삼군을 조련하여 한나라 군사에 대비하도록 하시오."

종리매는 칙지를 받들고 다시 군사를 조련하기 시작했다. 채 반달도 되지 않아 형양 사람들이 소문을 전했다. 한왕이 고릉(固陵, 허난성 화이양淮陽 북쪽)에 주둔하고 각 지방의 병마를 옮겨와 초나라와 결전을 준비하며 맹약을 준수하지 않는다는 내용이었다. 또 이전에 초나라와 강화한 의도는 태공과 여후를 찾아오기 위한 유인책이었을 뿐 진정으로 초나라와 천하를 나누려는 뜻은 아니라고 했다. 패왕은 소문을 듣고 불같이 화를 냈다.

"유방 이 촌놈이 감히 짐을 이처럼 속이다니! 앞서 주란이 한 말이 진실로 정확하다!"

패왕은 바로 장수들을 불러 군사를 일으켜 다시 한나라와 결전을 벌이겠다고 선언했다.

계포가 간언을 올렸다.

"안 됩니다! 전해오는 소문이 모두 사실은 아닙니다. 다만 폐하께서는 삼군을 점검하여 전쟁에 대비만 하시면 됩니다. 먼저 움직여서는 안 됩니다. 폐하께서 먼저 군사를 동원하면 우리가 먼저 약속을 위반한 것이 되어 모든 원망을 우리가 덮어쓰게 됩니다. 반드시 한왕이 군사를 움직일 때까지 기다리십시오. 그럼 한왕이 약속을 위반하고 초나라를 배반한 것이 되어 원망을 한나라가 덮어쓰게 됩니다. 그때 폐하께서 저들의 죄를 성토하며 정벌에 나서면 출병 명분이 뚜렷하므로 싸워서 이기지 못할 경우가 없을 것입니다."

패왕은 그의 말에 따라 군사를 점검하며 한나라 공격에 대비했다.

한편, 한왕은 장량과 진평 등 모사들과 계책을 논의했다.

"지금 우리는 맹약을 지키지 않으려 하지만 전날 강화 이후에 한신 등 각 지역 군사들은 모두 자신의 땅으로 돌아갔소. 이제 다시 그들을 이곳으로 오라고 하면 결정을 번복하며 경솔하게 행동하는 것처럼 보일 것이오. 그럼 제후들의 믿음을 얻기 어려울 텐데 어찌하면 좋소?"

장량이 말했다.

"대왕마마! 사신에게 전서를 갖고 초나라로 가서 우리가 맹약을 지킬 수 없다는 사실을 알리십시오. 동시에 각 지역 제후에게 사람을 보내 군사를 보내달라고 요청하십시오. 초나라가 우리의 맹약 위반 사실을 알고 군사를 보내면 각 지역 군사도 이곳으로 계속 달려올 것입니다. 전날의 강화는 기실 태공과 여후를 구출하기 위한 계책이었습니다. 이제는 태공과 여후께서 이미 귀국하셨는데 어찌 초왕 마음대로 동쪽 땅을 향유하며 우리의 천하 통일에 방해가 되도록 내버려둘 수 있겠습니까? 대왕마마의 방문이 도착하면 틀림없이 제후들도 달려올 것이고 초나라와 대회전이 벌어지면 그 한 번의 전투로 초나라를 무너뜨릴 수 있을 것입니다."

한왕은 그의 말에 따라 육가에게 초나라로 보내는 전서를 쓰게 하고 팽성으로 사신을 보내 초나라와 싸워 승부를 내겠다고 선전포고를 했다. 앞으로의 일이 어떻게 될지는 다음 회를 보시라.

제76회

한신, 영포, 팽월이 움직이지 않다

고릉에서 초나라와 한나라가
교전을 벌이다
會固陵楚漢交兵

육가는 전서를 다 쓰고 나서 직접 초나라로 가려 했다. 그러자 한왕이 말렸다.

"불가하오! 항왕은 성질이 포악하오. 내가 맹약을 위반한 사실을 알고도 어찌 부드러운 태도를 유지하겠소? 육 대부가 갔다가는 틀림없이 해를 당할 것이오."

육가가 대답했다.

"신이 세 치 혀를 놀리면 항왕이 신의 말 한 마디에 군사를 일으켜 공격해올 것입니다. 그러나 신은 무사할 것입니다."

장량과 진평도 말했다.

"육 대부를 보내지 않으면 안 됩니다."

한왕은 마침내 육가를 사신으로 보냈다.

육가는 한왕과 작별하고 팽성으로 갔다. 한나라 사신이 패왕을 뵈러 왔다는 소식이 전해지자 패왕이 육가를 불러 물었다.

"육 대부께서 하고 싶은 말이 무엇이오?"

육가가 대답했다.

"전날 한왕은 꾀를 내어 태공을 귀국시키기 위해 속임수로 폐하와 강화를 했습니다. 지금은 또 변심하여 여전히 폐하와 고릉에서 싸우려 합니다. 신하들이 간절하게 간언을 올렸습니다만 듣지 않고 신을 사신으로 보냈습니다. 신이 생각하기에 폐하의 위엄이 천하를 뒤흔드는데 누가 두려워하지 않겠습니까? 지금 동서로 경계를 나누었으면 한나라는 만족해야 할 것입니다. 그런데도 한왕은 만족할 줄 모르고 또다시 마음을 바꿔 폐하와 싸우기 위해 신을 사신으로 파견했습니다. 신은 지척에 있는 폐하의 천안을 감히 범할 수 없으나 부득이하게 전서를 올립니다."

패왕이 말했다.

"짐은 유방이 맹약을 위반한 사실을 벌써부터 알고 있었다. 그대가 오지 않았다 해도 내가 그자와 싸울 생각이었다."

육가는 전서를 올렸다. 패왕이 전서를 읽어보니 내용은 다음과 같았다.

> 한왕 유방은 패왕 휘하에 글을 올립니다. 전에 태공과 여후가 초나라에 있을 때 좋은 대우를 받았습니다. 그러나 오래 억류하고 돌려보내지 않았으며 진채 앞에서 태공을 도마 위에 올려놓기도 하여 원한이

쌓이고 분노가 쌓인 지 하루이틀이 아닙니다. 당시에 군사를 일으켜 힘을 다해 토벌하려고 해도 쥐를 잡다 그릇을 깰까 두려웠고, 앞뒤를 모두 재다보니 이러지도 못하고 저러지도 못하는 난관에 봉착했습니다. 이에 부득이하게 강화를 하고 땅의 경계를 나누었는데 이는 기실 태공과 여후를 구출하기 위한 계책이었습니다. 대체로 사람의 자식으로 어버이를 위할 때는 하지 못할 일이 없습니다. 몸을 바치는 일도 아까워하지 않는데 속임수를 쓰는 일이 무슨 대수겠습니까? 이른바 이익으로 어리석은 자를 유혹하고 속임수로 탐욕에 젖은 자를 끌어내어 물고기가 낚시를 물고 사냥감이 그물에 빠져드는 계책을 쓴 것입니다. 그런데도 폐하는 진상을 깨닫지 못하고 마침내 그렇게 하겠다고 했습니다. 이제 태공과 여후가 모두 귀국했으니 거리낄 것이 없습니다. 깃발을 크게 펼치고 북을 세게 치며 폐하와 고릉에서 대회전을 벌이고자 합니다. 폐하께서 두렵지 않다면 조속히 군사를 일으켜 결전의 땅으로 달려오십시오. 어기지 마십시오!

패왕은 전서를 다 읽고 크게 화를 냈다. 그는 전서를 갈기갈기 찢어 던지며 욕설을 퍼부었다.

"유방, 변덕이 죽 끓듯 하는 이 소인배가 태공을 귀국시키기 위해 나를 유혹하고 지금은 맹약을 뒤집으며 나와 결전을 벌이겠다고 한다. 나는 회계에서 봉기한 이래 몸소 300여 차례 전투를 했고 가는 곳마다 적수가 없었다. 천하의 제후들도 머리를 숙이고 짐에게 귀의하지 않는 자가 없었다. 그런데 지금 이 유방이란 놈이 잠시 뜻을 얻었다고 감히 이처럼 나를 기만한단 말이냐? 너는 조속히 돌아가 유방에게 목을 깨끗이 씻고 나와 싸울 준비를 하라고 일러라. 내 저 보잘것없는 놈을 죽이지 않고는 결코 군사를 물리지 않으리라!"

육가는 패왕에게 절을 올리고 나와 고릉으로 돌아갔다. 그는 한왕을 뵙고 패왕이 분노하여 틀림없이 군사를 일으켜 달려올 것이라고 자세히 보고했다. 또 금방 고릉에 도착할 것이므로 한신, 영포, 팽월을 조속히 불러와 병력을 합쳐 전투에 대비해야 한다고 건의했다. 한왕은 육가의 말을 듣고 근심에 젖어 장량과 진평을 불렀다.

"전서를 보냈으니 패왕이 공격해올 텐데 한신은 또 보이지 않소. 어찌하면 좋소?"

장량과 진평이 대답했다.

"대왕마마! 우리의 병마가 꽤 많습니다. 장수들에게 임무를 나누어주고 초나라와의 교전에 대비하십시오. 또 사람을 보내 한신 등 장수들에게 조속히 달려와 호응하도록 재촉하면 무사할 것입니다."

며칠 뒤 정탐병이 급보를 전했다. 패왕이 30만 대군을 거느리고 팽성에서 달려오고 있는데 도로 곁 군현의 관리들은 모두 도피했고, 백성들은 전쟁의 고통에 괴로워하고 있으며, 군대가 논밭의 곡식을 밟아 농민들이 편안하게 살아갈 수 없다는 보고였다. 후세에 사관이 이 일을 시로 읊었다.

태평한 시절에는 소리 높여 노래 부르고,	太平時節醉高歌,
바람과 햇볕 따뜻하여 수레 왕래도 빈번하리.	風日晴和車馬多.
버들 푸르고 안개 낀 곳 피리 소리 왁자하고,	綠柳浮烟笙管沸,
이슬 맺힌 밝은 꽃에 제비 꾀꼬리 날아오겠네.	明花凝露燕鶯過.

들판 밖에는 딱따기 소리 들리지도 않을 테고, 不聞野外將刁斗,
누각 앞에는 비단옷이 줄지어 늘어서겠네. 祗見樓前列綺羅.
초·한 싸움 벌이는 이 세상을 돌아보면, 回視交兵當楚漢,
눈앞에서 어느 날에 전쟁이 그치겠나? 眼前何日不干戈.

패왕의 군대는 차례로 고릉에 도착하여 성밖 30리 지점에 진채를 세웠다. 한왕이 말했다.

"패왕의 군대가 이제 막 도착하여 기세가 참으로 날카롭소. 아직 싸워서는 안 되겠소. 며칠 기다렸다가 저들의 기세가 어떤지 살펴보고 출전해도 늦지 않을 듯하오."

진평이 거들었다.

"대왕마마의 의견이 참으로 옳습니다. 녹채(鹿砦)[1]를 많이 세우고 봉화를 계속 올리면서 사방으로 순찰을 돌아야 합니다."

이후 계속해서 열흘이 넘도록 전투는 벌어지지 않았다. 패왕이 투덜거렸다.

"한왕이 전서를 보내서 고릉에 왔는데, 성벽을 지키며 나오지 않는 건 무슨 심보요?"

계포와 종리매가 말했다.

"틀림없이 한왕은 우리 군사의 예봉이 꺾이기를 기다리는 계책을 쓰고 있습니다. 폐하의 군대가 지치면 그때 싸우려는 수작입니다."

주란이 말했다.

1_ 적의 공격을 방어하기 위해 성문 앞이나 군영 앞에 세우는 방어 시설. 나무를 날카롭게 깎아 사슴뿔 모양으로 엮어 촘촘하게 세우므로 녹채 또는 녹각(鹿角)이라고 한다.

“그렇게 하도록 내버려두면 안됩니다. 폐하께서는 멀리서 오셨으므로 조속히 싸우는 것이 유리합니다. 한나라 군사는 여기에 주둔해 있었으므로 관망을 하는 것이 유리합니다. 게다가 한신의 군사가 아직 도착하지 않았으므로 이렇게 시간을 끌며 우리 군사의 예봉이 꺾이기를 기다리고 있습니다. 폐하! 내일 북을 울려 한나라와 싸워야 합니다. 더이상 저들의 연기 작전에 말려들어서는 안 됩니다.”

패왕이 동의했다.

“주란의 말이 옳다!”

다음날 패왕은 대오를 엄하게 유지하면서 많은 깃발을 펼쳐 들고 북소리를 크게 울리며 한나라 진영으로 세차게 달려들어갔다. 한왕은 황급히 왕릉, 번쾌, 관영, 노관 네 장수를 내보내 초나라와 싸우게 했다. 패왕은 친히 진영 앞으로 나가 한왕에게 출전을 요구했다. 네 장수가 명령을 받고 소리쳤다.

“한왕께서 우리 네 장수를 보내 패왕을 사로잡아 도마 위에 올리라 하셨다. 이전에 태공을 삶으려는 만행에 대한 복수다.”

패왕은 대로하여 창을 들고 바로 네 장수를 찔렀다. 네 장수도 각각 무기를 들고 패왕과 무공을 겨루었다. 10여 합을 겨루자 네 장수는 패왕을 막지 못하고 후퇴하기 시작했다. 패왕의 추격을 허용하지 않고 한나라 진영에서는 근흡, 주창, 고기, 여마통 등 10여 명의 장수가 일제히 달려나와 패왕과 전투를 벌였다. 초나라 진영에서도 종리매, 계포, 환초, 우자기 등이 각각 무기를 들고 패왕을 도와 공격에 나섰다. 양쪽에서 울리는 징소리, 북소리가 하늘을 뒤흔드는 가운데 해가 서쪽으로 기울 때까지 공방전은 계속되었다. 그때 초나라 진영에서 한줄기 포성

패왕과 한왕이 고릉에서 싸우다

이 울리더니 주란이 군사 한 부대를 이끌고 나와 한나라 진영으로 돌격해 들어갔다. 한나라 진영의 여러 장수가 주란 군사의 공격에 사방으로 흩어져 달아났다. 패왕은 더욱 기운이 나서 있는 힘을 다해 한나라 군사를 추격하며 죽였다. 한왕은 진채를 지킬 수 없어서 황급히 장수들과 함께 서쪽으로 달아났다. 초나라 군사들은 그들을 고릉성 아래까지 뒤쫓으며 공격했다. 한나라 군사는 성으로 쫓겨들어가 사방 성문을 굳게 닫았다.

패왕이 명령했다.

"이번에는 놓치지 마라. 고릉을 무너뜨려 한왕을 사로잡고 이 무한한 원한을 갚아야 한다!"

장수들이 말했다.

"폐하! 오늘 아침부터 하루종일 싸웠습니다. 게다가 날이 저물었으니 잠시 군영으로 회군하여 군사들에게 하룻밤 휴식을 주고 내일 심신의 힘을 다해 성을 공격하게 하십시오. 이곳은 외로운 성이라 성고나 형양과는 다릅니다. 사흘이면 성문을 열 수 있습니다."

패왕이 말했다.

"오늘밤 군영 안에서 쉬더라도 각각 정신을 차리고 있어야 한다. 적이 진채를 급습할지 모른다."

장수들이 말했다.

"폐하의 견해가 참으로 지당하십니다!"

장수들은 군영을 단단히 방비했다.

한편, 한왕은 성안으로 쫓겨가 장량과 진평, 여러 장수와 대책을 논의했다.

"고릉은 성이 좁아서 오래 버티기 어렵소. 초나라 군사의 기세가 사나우므로 일시에 성을 공격하면 옥석을 구분할 수 없이 모두 파괴되오. 경들에게 무슨 좋은 대책이 있소?"

장량과 진평이 말했다.

"이 성은 외롭고 좁아서 지키기 어렵습니다. 오늘밤 초나라 군영이 아직 안정을 찾지 못한 상황을 노려야 합니다. 게다가 저들은 온종일 고전해서 삼군이 모두 지쳤습니다. 사람을 성 위로 보내 사방을 살펴보고 어떤 성문에 군사가 적은지 파악하여 먼저 건장한 장수 몇 명을 보내 탈출로를 열게 하십시오. 그다음에는 대장 몇 명을 시켜 아군의 뒤를 지키게 하고 대왕마마께서는 성고로 들어가 저들의 예봉을 피하십시오. 초나라 군사들이 오늘밤에는 감히 추격하지 못할 것입니다."

한왕이 분부했다.

"사태가 위급하니 늦춰서는 안 되오."

그리고 바로 장수들에게 명령을 내려 삼군을 이끌고 성을 나갈 준비를 하라고 했다. 이에 앞서 정탐병에게 초나라의 병력이 어느 성문에 적게 배치되었는지 살펴보게 했다. 정탐꾼이 적정을 살펴보고 와서 보고했다.

"북문에 군사가 적고 길도 넓어서 탈출할 수 있을 것 같습니다."

한왕은 시무, 주발, 근흡 세 장수에게 정예병을 이끌고 북문을 열고 나가 먼저 적과 부딪치게 했다. 그 뒤를 따라서 한왕은 대소 장수와 함께 성밖으로 달려나갔다. 초나라 진영에서는 환초가 순찰을 돌고 있었다. 칠흑 같은 밤에 삼군이 하루종일 전투에 지쳐 준비도 부족하고 군사도 많지 않은 상황에서 쏟아져나오는 한나라 군사에 어떻게 맞설 수 있겠는가. 각 성문을 지키는 군사들이 급히 방향을 돌려 구원에 나섰지만 한나라 군사는 이미 성밖으로 달려나온 뒤였다. 종리매는 서둘러 패왕에게 아뢰었다.

"캄캄한 밤이라 매복이 있을까 두렵습니다. 사방으로 추격해서는 안 됩니다. 차라리 우리 진채를 안정시키고 저들이 도망치도록 내버려두십시오. 날이 밝은 뒤 다시 대처해야 합니다."

패왕은 사방으로 흩어져 추격하지 말라고 명령을 내렸다. 이 때문에 한나라 군사들은 있는 힘을 다해 멀리까지 달아날 수 있었다. 80리를 행진하자 하늘이 밝아왔다. 장량과 진평이 말했다.

"삼군이 고생이 많지만 멈추지 말고 있는 힘을 다해 전진해야 합니다."

한왕이 근심을 드러냈다.

"초나라 대군이 다시 성고까지 뒤따라와서 사방을 포위하면 짧은 시간에 구원병이 도착하지 못하는 상황에서 어떻게 적을 방어해야 하오?"

장량이 대답했다.

"대왕마마가 성고에 도착해서 사흘이 지나지 않아 초나라 군사는 틀림없이 물러갈 것입니다."

"선생께서 무슨 묘책이 있기에 초나라 군사가 싸우지도 않고 스스로 물러난단 말이오?"

"초나라 군사가 싸울 때마다 오래 버틸 수 없었던 것은 군량 수송이 불편했기 때문입니다. 또 팽월이 항상 저들의 보급로를 끊고 있기에 저들은 우리를 이길 수 없습니다. 신이 보기에 초나라 군사가 고릉을 오래 포위하면 틀림없이 우리가 패배할 것 같았습니다. 그래서 앞서 초나라와 전투를 벌일 때 장창(張倉)과 장도(臧荼)에게 비밀리에 정예병 5000을 이끌고 혼전이 벌어진 틈에 오솔길로 앞쪽을 돌아 초나라 식량 저장지로 가게 명령을 내렸습니다. 신은 그들에게 한밤중에 그곳을 급습하여 쌓아놓은 식량 모두를 불태우고 초나라 군량을 모두 끊게 했습니다. 신은 초나라 군사가 성고에 오더라도 후군에서 군량을 대주지 못하면 틀림없이 회군할 것이라 생각합니다. 그러니 대왕마마께서는 지금 서둘러 행진하여 적의 추격에서 벗어나야 합니다."

이에 한왕은 삼군에 명령을 내려 하루 밤낮에 300리를 행진하게 했고 며칠도 되지 않아 성고에 당도했다.

다음날 패왕은 장수들에게 한왕이 패주한 틈에 있는 힘을 다해 추격하라고 명령했다. 설령 그가 성고에 도착했더라도 충분히 격파할 수 있는 자신감이 있었다. 장수들은 패왕의 명령을 받고 삼군을 통솔하여 한나라 군사를 추격했다.

한왕은 성고에 도착하여 대군을 거느리고 성안으로 들어갔다. 다음날 초나라 군사도 들이닥쳐 성고를 포위하고 삼군을 재촉하여 성을 매우 급하게 공격했다. 그때 계포와 종리매가 황급히 달려와 패왕에게 아뢰었다.

"군중에 식량이 부족합니다. 오늘 아침에 어떤 사람이 급보를 전하기를 유촌(柳村)에 군량을 많이 쌓아놓았는데, 한나라 군사가 공격하여 모두 불태웠다고 합니다. 또 들리는 소문에는 한신의 군대가 곧 도착할 것이라 합니다. 폐하! 지금 이 기회에 회군하지 않았다가 한신이 도착하여 밖에서 공격하고 한왕이 안에서 호응하면 우리는 군량도 부족한 상황이라 오래 버티기 어려울 것입니다."

패왕이 말했다.

"짐은 늘 군량이 부족할까 우려해왔소. 그런데 지금 군량이 불타서 군대에 식량이 부족하다면 어찌 오래 버틸 수 있겠소? 차라리 잠시 회군하라고 명령을 내리는 게 좋겠소. 환초 장군과 우자기 장군은 뒤를 지키면서 적의 추격을 막으시오!"

그날 삼군의 장수들도 식량이 떨어질까 근심하고 있었다. 그들은 회군 명령이 떨어지자 즉시 바람과 구름이 사라지듯 군사를 물렸다. 한나절도 되지 않아 초나라 대군은 모두 물러갔다. 환초와 우자기는 뒤를 지키면서 절차에 따라 천천히 동쪽으로 진군했다. 대오는 전혀 흔들리지 않았다. 한나라 군사들은 성 위에서 순찰을 돌다가 초나라 군사가 물러가는 것을 보고 황급히 달려와 한왕에게 보고했다. 한왕이 말했다.

"자방의 견해에서 벗어나지 않고 초나라가 과연 물러갔구나. 장창 등이 초나라 군량을 불태우고 그 보급로를 끊었기에 저들이 물러갔음에 틀림없다."

한왕은 이때 장수들에게 추격 명령을 내리려 했다. 그러자 진평이 말렸다.

"안 됩니다! 초나라 대군은 물러가고 있지만 반드시 강한 장수가 뒤를 지킬 것입니다. 우리가 저들을 추격하면 저들의 계략에 말려들어 퇴로를 끊길 수도 있습니다. 게다가 초나라 군사는 전투에 패배하여 돌아가는 것이 아니라 식량이 부족하여 천천히 물러가고 있습니다. 삼군 또한 아무 두려운 모습을 보이지 않는데 어찌 추격할 수 있겠습니까?"

한왕이 고개를 끄덕였다.

"경의 말이 옳소."

이에 초나라 군사는 퇴각했고 한나라 군사도 더이상 추격하지 않았다.

패왕의 대군은 팽성으로 돌아왔다. 패왕은 군량을 지키던 수비병들을 찾아 방어에 주의하지 않고 한나라 군사에게 군량을 소각당한 죄를 물어 그 우두머리의 목을 베어 효수했다. 이때부터 병마를 다시 정비하며 출전에 대비했다.

한편, 한왕은 성고에 군사를 주둔하고 장량과 진평을 불러 대책을 논의했다.

"한신, 영포, 팽월 세 장수가 여러 번 불러도 오지 않는데 무슨 까닭이오?"

장량이 아뢰었다.

"한신은 제왕으로 책봉되었지만 아직 땅을 분배받지 못했습니다. 팽월은 여러 번 큰 공을 세웠지만 제후로 봉작받지 못했습니다. 영포는 초나라를 배반하고 한나라에 투항한 이래 좋은 예우를 받지 못했습니다. 게다가 세 사람은 이익을 보면 대의를 잊고 그것을 탐하며 스스로 자랑합니다. 만약 높은 봉작과 특별한 은혜를 베풀고 땅을 분할하여 상을 주고 각자가 관장할 고을을 갖게 하면 저들은 모두 다투어 힘을 쓰며 자신을 위해 전투에 나설 것입니다. 그럼 어명을 내리기만 하면 바로 군사를 이끌고 달려올 것입니다. 누가 명령을 받들지 않겠습니까?"

한왕이 말했다.

"선생의 말씀은 세 사람의 폐부를 환히 들여다보았다고 할 수 있소. 번거롭더라도 선생이 제후의 부절과 격문을 갖고 세 곳으로 달려가시오. 한신은 삼제왕(三齊王)[2]에 봉하고 인근 일대 고을을 모두 통치하게 하시오. 또 모든 조세와 식량 등도 삼제왕에게 제공하여 쓰게 하시오. 이것은 이른바 땅을 나누어 제도를 정하고 각각 경계로 삼는 방법이오. 영포는 회남왕(淮南王)에 봉하고 회남 땅의 모든 생산물을 모두 그의 경비로 제공하시오. 팽월은 대량왕(大梁王)으로 봉하고 양나라 땅에서 나는 모든 생산물을 그가 관할하여 쓰도록 하시오."

한왕은 격문을 완성해서 장량에게 주고 길을 떠나게 했다. 장량은 한왕과 작별하고 곧바로 분봉을 위해 세 곳으로 달려갔다. 앞으로의 일이 어떻게 될지는 다음 회를 보시라.

2_ 전국시대 제나라 전체 영역을 포괄하는 지역이다. 보통 이 지역을 진나라 말 이후 교동(膠東), 제(齊), 제북(濟北)으로 나누어 삼제라고 불렀다.

제77회

땅을 분봉하여 세 장수를 부르다

장량이 초나라를 정벌하기 위해
제후를 모으다
張良會諸侯伐楚

장량은 한왕의 부절과 격문을 가지고 먼저 제나라로 가서 한신에게 소식을 알렸다. 한신은 장량을 안으로 들게 했다. 서로 인사가 끝나자 한신은 장량을 다시 편전으로 안내하여 주객의 예로 대등하게 영접했다. 장량이 말했다.

"지금은 이전과 달리 대원수께선 한 제후국의 주인이 되어 70여 성을 진무하고 계시오. 그런데 어찌 제가 주객의 예를 받을 수 있겠소?"

한신이 웃으며 말했다.

"선생이 아니었다면 이 한신이 어찌 이런 경지에 이를 수 있었겠소? 게다가 선생께선 빈객으로서 스승의 지위에 계셔야 마땅하므로 이 한신이 스승의 예로 섬기는 것이 옳을 것이오. 제가 어찌 감히 왕작(王爵)

의 품계만 숭상할 수 있겠소?"

장량은 마침내 한왕의 부절과 격문을 한신에게 수여하며 낭독했다. 한신은 사은숙배를 마치고 잔치를 열어 장량을 융숭히 대접했다. 장량이 말했다.

"지금 패왕을 살펴보면 세력은 외롭고 힘은 약하오. 주상께서도 이미 홍구의 맹약을 후회하시면서 초나라 군사의 군량을 불태우고 보급로를 끊으셨소. 그러자 항왕은 팽성으로 도주했소. 이에 주상께서는 이 장량을 시켜 대원수에게 땅을 나누어주라는 명령을 내리셨소. 이제 대원수는 서둘러 군사를 모아 초나라를 무너뜨리고 전쟁을 끝내야 할 것이오. 그러면 대원수도 제후왕으로서 봉작을 누리면서 만세의 공을 세워 자손 대대로 물려줄 대업을 이루고 국가의 묘당(廟堂)에 그려질 개국 원훈이 될 것이니 이 어찌 아름다운 일이 아니겠소? 만약 초나라 군사를 평정하지 못하면 대원수도 스스로 안정을 누릴 수 없을 것이오. 비록 제나라 땅에 거주하더라도 두 제왕 사이에서 끝내 머물 곳이 없게 되오. 대원수는 견해가 고명하니 밝게 보리라 생각하오."

한신이 대답했다.

"앞서 광무에서 군사를 모았을 때 거의 초나라를 격파할 수 있었소. 그런데 주상께서 태공을 귀국시키기 위해 마침내 초나라와 강화하고 천하를 둘로 나눈 뒤 이 한신 등에게는 땅을 나누어주지 않으셨소. 이 때문에 우울하고 불쾌한 생각에 젖어 있었던 것이오. 지금 선생의 말씀을 들으니 진실로 내 마음속 생각과 딱 들어맞소. 조만간 군사를 일으켜 초나라를 멸하고 통일 대업을 이루는 데 힘쓰겠소. 그럼 주상께서는 중원에 앉아 사방 오랑캐를 위무하시며 천자의 보위에 올라 제후의

한왕의 명령으로 장량이 한신을 제왕에 봉하다

조공을 받으실 수 있을 것이오. 이것이 한신의 평소 뜻인데, 나는 이 뜻을 말로만 그치지 않을 것이오."

장량은 일어나 감사의 말을 했다.

"대원수가 그런 마음을 갖고 있다면 이는 사직의 홍복이오. 이 기회에 서둘러 군사를 일으켜 주상과 회동 약속을 하고 초나라 정벌에 나서주기 바라오. 이 장량은 대원수와 작별하고 영포, 팽월 두 장군에게 가서 군사를 옮겨 대원수를 돕도록 하겠소."

한신이 기뻐하며 말했다.

"나는 지금 거병하여 성고로 갈 것이오. 선생께서 돌아올 때쯤이면 군사훈련을 이미 다 끝냈을 것이오."

장량은 한신과 작별하고 회남으로 가서 영포를 만났다. 영포는 장량을 안으로 안내하여 인사를 나누며 매우 기뻐했다. 장량은 한왕의 부절과 격문을 낭독하여 영포를 회남왕에 봉하고 구강에서 이어지는 남쪽 일대를 모두 영포가 관할하게 했다. 영포는 한왕이 있는 서쪽을 향해 군신의 예를 행했다. 사은숙배가 끝나자 장량을 융숭히 대접했다. 장량이 말했다.

"장군은 땅을 분봉받아 왕이 되었으니 신하로서 지위가 극에 달했소. 그러나 항왕을 아직 멸하지 못한 상황이라 장군의 마음은 끝내 편안하지 못할 것이오. 항왕은 기실 장군의 원수요. 원수가 아직 살아 있는데 이 보위를 걱정 없이 보장받을 수 있겠소? 지금 한 대원수의 대군이 이미 성고를 향해 가고 있소. 장군도 서둘러 삼군을 이끌고 협력하여 일찌감치 공적을 세워야 할 것이오. 장군도 한신 대원수와 똑같은 부귀를 누려야 진정한 대장부라 할 수 있겠지요."

영포는 매우 기뻐하며 군사를 점검하여 성고로 출발하라고 명령을 내렸다.

또 장량은 시종과 함께 팽월을 만나러 대량으로 갔다. 팽월은 빈객과 술을 마시다 장량이 왔다는 보고를 받고 서둘러 의관을 정제하고 마중을 나갔다. 안으로 맞아들여 인사를 끝내자 장량이 한왕의 격문과 팽월을 양왕에 봉하는 조서를 팽월에게 주었다. 팽월은 조서를 받아 좌우 근신에게 향안에 놓고 개봉하여 읽게 했다.

> 땅을 분봉하는 것은 건국의 전례(典禮)를 행하는 방법이요, 좋은 말을 하사하는 것은 공신의 공로에 보답하는 예법이다. 위나라 상국 팽월은 여러 번 초나라의 배후를 교란하며 저들의 식량 수송로를 끊었다. 화살과 돌멩이를 피하지 않고 한나라를 위해 공을 세우며 오래 양나라 땅에 있었지만 아직 땅을 분봉받지 못했다. 이에 경을 대량왕에 봉하노니 그곳 50군(郡)을 모두 경이 관리하라. 경을 왕으로 높이고 많은 녹봉을 주어 존중하노라. 자손 대대로 세습하여 만년토록 영원히 기억하리라. 경은 더욱 초심에 힘써서 어명을 어기지 말라!

팽월은 근신이 조서를 다 읽자 머리를 조아리며 사은숙배했다. 그리고 기쁨을 감추지 못하고 마침내 연회를 열라고 분부하여 장량을 극진히 대접했다. 장량이 말했다.

"장군은 여러 번 큰 공을 세웠지만 주상께서 오랫동안 보답하지 못했소. 이에 다른 사람을 시켜 조서를 보낼 수도 있었지만 확실하게 처리하지 못할까 염려하시며 특별히 나를 보내 직접 장군을 대량왕에 봉하게 하셨소. 그리고 서둘러 휘하 군사를 정비하여 성고로 달려오라는 명령을 내리셨소. 그곳에서 한 대원수와 힘을 합쳐 초나라를 격파할 것이니 늦어서는 안 되오. 아무개도 감히 오래 머물 수 없어서 바로 돌아가야 하오."

팽월이 거듭 간절하게 만류하여 장량은 며칠 더 묵었다. 내친김에 장량은 성을 나와 발길 닿는 대로 대량 땅 풍경을 감상했다. 그곳은 천지의 중앙에 자리잡고 사방의 변방을 통제하는 땅이었다. 산언덕은 겹겹이 휘감아 돌며 용이 똬리를 튼 듯, 호랑이가 엎드린 듯했다. 흐린 황하는 북쪽을 막았고 맑은 낙수는 안쪽 땅을 꿰뚫었다. 민가는 만호에 이르고 도회는 사통팔달이었다. 진실로 구주의 요충지요, 중화의 터전이었다. 수많은 거리와 시장에는 사람과 수레가 구름처럼 북적였다. 장량의 유람은 끝이 없었다. 대량을 돌아보며 장량은 항왕이 함양에 도읍하지 않고 팽성에 도읍한 일, 대량을 지키지 않고 팽성을 지킨 일, 오창의 곡식을 취하지 않아 초나라 군사의 식량을 부족하게 만든 일을 상기하며 탄식했다. 이것이 그가 천하를 잃은 까닭이라 할 만했다. 후세 사람이 이 일을 시로 읊었다.

진나라와 위나라는 제왕 터에 도읍 정해,	西秦梁魏帝王都,
천 리나 되는 옥토가 그림처럼 펼쳐졌네.	沃野千封入畵圖.
안타깝게도 항왕은 지식이 부족하여,	堪歎項王知識淺,
초나라의 기름진 땅에만 연연하고 말았다네.	祇於楚地戀膏腴.

장량은 며칠 머물다 팽월과 작별하고 성고로 돌아갔다.

한편, 한신은 한왕의 격문을 받은 뒤 길일을 택해 군사를 일으켜 성고로 간다고 각 군현에 통지했다. 이때 괴철은 줄곧 미치광이 짓을 하면서 한 번도 한신을 만나러 오지 않았다. 그런 중에 마침 한신이 군사를 일으켜 성고로 간다는 소식을 듣고 황급히 궁궐 앞으로 달려와 좌우 시종에게 빨리 한신에게 기별해달라고 부탁했다. 한신이 바로 그를 불러들였다.

"선생! 오랜만이오. 앞서 내가 선생의 가르침을 듣지 않았다고 발걸음을 딱 끊었소? 오늘 이렇게 다시 왔으니 틀림없이 고상한 의견을 주겠지요?"

괴철이 말했다.

"아무개는 족하께서 알아주신 은혜를 입었으므로 이제 족하께서 끝도 없는 참화의 길로 가는 것을 참지 못하겠습니다. 이 때문에 부끄러움을 무릅쓰고 다시 찾아왔습니다. 족하께서 나무라지는 않겠지요?"

"끝도 없는 참화의 길이란 게 무엇이오?"

"한왕이 초나라에게 고릉에서 포위되어 고통받을 때 족하를 여러 번 불렀으나 족하께서는 이곳에 군사를 주둔한 채 구하러 가지 않았습니다. 한왕은 족하를 부릴 방법이 없자 어쩔 수 없이 장량에게 부절과 격문을 주어 족하를 삼제왕에 봉하고 이곳 땅을 나누어주었습니다. 이것은 이익으로 족하의 마음을 유혹하여 전쟁에 나서게 한 것이지, 족하께서 큰 공을 세웠다고 격식을 뛰어넘는 상을 내린 것이 아닙니다. 이는 진실로 족하로 하여금 초나라를 격파하게 하고 천하를 도모하려는 의도입니다. 천하가 태평해지면 어찌 족하가 왕위에 높이 앉아 편안하게 태평시대의 즐거움을 누리도록 용납하겠습니까? 틀림없이 여러 번 명령에 항거한 족하의 행동을 고깝게 생각할 것이며, 또 족하께서 다시 왕업을 도모할 뜻을 품을까 두려워할 것입니다. 그럼 한왕은 반드시 계략을 짜서 족하를 해치고 뱃속 종기를 제거한 뒤 자기 자손의 무궁한 터전을 위한 대책을 마련할 것입니다. 차라리 지금이라도 항왕이 곤궁에 처한 때를 틈타 족하께서 혼자 제나라 강역을 점유하고 천하를 삼분하여 솥발처럼 자립하는 것이 좋겠습니다. 그럼 영원히 무사태평한 나날을 보장받을 수 있을 것입니다. 만약 이전처럼 신의 말을 듣지 않으면 초나라를 격파한 다음 틀림없이 무고한 참화를 당할 것입니다. 족하께서는 깊이 생각해야 합니다."

"장량이 직접 나를 부르러 왔고 나는 그의 면전에서 군사를 일으켜 초나라를 격파하겠다고 약속했소. 지금 가지 않으면 첫째, 임금의 명령을 어기게 되고 둘째, 식언으로 벗을 팔게 되고 셋째, 은혜를 받고도 그 덕을 배반하게 되오. 그럼 설령 제나라를 얻는다 해도 천하의 제후들이 비난할 것인데, 뒷날 무슨 면목으로 한왕을 만날 수 있겠소? 비록 선생은 나를 위해 맹세의 말씀을 하지만 나의 마음은 진실로 한나라를 차마 배신할 수 없소."

"족하께서 신의 말씀을 듣지 않으면 뒷날 참화를 당할 때 반드시 후회할 것입니다."

한신은 소매를 떨치며 안으로 들어가면서 사람을 시켜 괴철을 밖으로 부축하여 나가게 했다. 괴철은 다시 미치광이 짓을 하며 거리를 떠돌았다. 그는 노래를 지어 이렇게 탄식했다.

콧날 우뚝한 사람(한왕)[1] 곤궁할 때 구하지 않다가, 隆準遭困兮公罔救,

높은 봉작 내리자 군사를 일으키네.	加以厚封兮乃出師.
초나라가 존재하면 기세가 높겠지만,	楚若存兮公勢重,
항우가 죽으면 반드시 주살을 당하리.	羽若亡兮公必夷.
이사는 동문의 황견을 생각했고,[2]	東門兮思黃犬,
역생은 삶기면서 한 잔 술을 생각했네.	酈生被烹兮念酒巵.
위기 맞아 편안함 생각해도 이미 늦은 후회인데,	臨危思安兮悔已晩,
환난을 당해 후회해도 벌써 늦은 생각이네.	遇難始悔兮意已遲.
어찌하여 제나라 땅에 의지해 살며,	何如據齊土,
높은 곳에 앉아서 낮은 곳 보나?	登高而視卑?
성패의 이치는 금방 볼 수 있나니,	成敗可立見,
어부처럼 두 가지 이익 거둘 수 있네.	漁人收兩持.
공을 이루는 일 손바닥 뒤집기 같은데,	功成一翻手,
어찌하여 스스로 하지 못하나?	何乃不自爲?
이곳의 만세 대업 내버려두고,	舍此萬世業,
저곳의 위험을 무릅쓰려 하네.	冒彼湯火危?
내 말은 본래 금석과 같은데,	吾言本金石,
어찌하여 반복해서 생각하지 않나?	奈何不三思?
미치광이로 살며 자신을 버리는 것은,	佯狂以自廢,
더러운 물에 오염될까 두렵기 때문.	恐爲涅所緇.
내 노래를 그대는 들어야 하건만,	我歌君且聽,
듣지 않으니 내 어찌하리오?	不聽吾何之?

1_『원본 초한지』1 제10회 각주 4 참조.
2_『원본 초한지』1 제16회 각주 3 참조.

남해 가를 자유롭게 떠도는 것은, 放蕩南海上,
참화를 멀리하고 수염과 눈썹이나 온전히 하려는 뜻. 遠害全鬚眉.

괴철이 저잣거리에서 이런 노래를 부르며 다니자 사람들이 그 노래를 듣고 한신에게 알렸다. 한신은 웃으며 말했다.

"전에 늘 나누던 이야기다. 내가 어찌 그런 말을 듣겠는가?"

그리고 마침내 군사를 일으키라 명령을 내리고 얼마 지나지 않아 성고로 가서 한왕을 알현했다. 한신은 봉작과 봉토를 내려준 은혜에 감사의 배례를 한 뒤 바로 군영을 세우고 군사를 조련했으며 여전히 대원수의 인수를 유지했다. 한편, 장량은 팽월과 헤어져 출발할 때 여러 번 당부했다.

"장군! 조속히 군사를 일으켜 한 대원수와 함께 초나라를 격파해야 합니다. 늦어서는 안 됩니다!"

팽월은 씩씩하게 그리하겠다고 대답했다. 장량은 마침내 성고로 돌아와 한왕을 만나 앞서의 일을 자세히 이야기했다. 한왕이 말했다.

"선생께서 이번에 가지 않았다면 아마 세 장수를 복종시키기 어려웠을 것이오."

"신의 힘이 아니라 대왕마마의 위엄과 덕망이 멀리까지 미쳐서 저들이 저절로 순종한 것입니다."

또 장량은 한신이 도착한 지가 벌써 열흘이 넘었다는 말을 듣고 기쁨을 감추지 못했다. 그리고 다시 열흘도 되지 않아 영포와 팽월도 속속 도착했다. 한왕을 뵙고 사은의 예를 마치자 한왕은 좋은 말로 그들을 위로하고 장소를 골라 각각 군영을 세운 뒤 한신의 통제를 받으라고 명령을 내렸다. 이때 각 지역 제후들도 모두 기한에 맞추어 성고로 모여들었다. 성고와 형양에서 이어지는 수백 리 길에는 모두 한나라 군사들로 가득찼다. 한신은 군사를 점검했다. 연왕의 군사 15만, 영포의 군사 5만, 양위(兩魏)의 군사 20만, 소하의 군사 15만, 장도의 군사 3만, 한왕의 군사 3만, 낙양의 군사 5만, 삼진의 군사 6만, 한왕이 본래 인솔한 대군 20만, 한신이 원래 인솔한 제나라 군사 15만 등 모두 합쳐 100만이 넘었다. 명장만 해도 영포, 팽월, 번쾌, 주발, 왕릉 등 800명이 넘었고 좌우에서 보필하는 대신과 모사도 50여 명이나 되었다. 한신은 각 지역 제후와 문무 장사 및 대소 삼군의 이름을 모두 조사하여 문서 한 권으로 만들어 한왕에게 아뢰었다. 한왕은 그 목록을 보고 너무나 기뻐서 마침내 소하, 진평, 하후영에게 명하여 오창의 곡식과 삼진에서 운송해온 군량미를 모두 삼군에 공급하게 했다. 그중 군영에서 병이 들어 사망한 자에게는 상금과 관재(棺材)를 하사하여 매장하게 했고 그 자손들에게도 벼슬과 상을 내렸다. 삼군은 이런 은택을 받고 기뻐서 환호하지 않은 사람이 없었다. 후세에 사관이 이 일을 시로 읊었다.

용맹한 백만 군사 범 같고 이리 같은데,	百萬貔貅似虎狼,
한 고조는 일념으로 봄볕 비추길 소원했네.	漢高一念布春陽.
생존 대책 장례 행사에 은택이 넉넉하니,	養生送死存餘澤,
국운도 영원하고 제업도 길어졌네.	國祚綿延帝業長.

한왕은 대군 점검을 모두 끝내고 한신을 불러 대책을 논의했다.

"이제 군사와 병마 준비를 모두 마쳤는데 대원수는 무슨 방략을 갖고 있소?"

"군사는 엄정하게 조련되었으나 아직 임무를 분담하지 않았습니다. 장수들은 자신들의 군사를 이끌고 각각 자신이 맡은 방향을 방어해야 합니다. 신은 장수들에게 부여한 임무에 따라 얼마의 군사를 나누어줄지, 어떤 방향을 맡길지, 어떻게 적을 맞아 싸울지 일일이 조정해줄 것입니다. 그때 주상께서도 어가를 출발시키실 수 있습니다."

"또 사신에게 서찰을 갖고 가서 항왕을 유인해오는 것이 좋을 듯하오. 우리는 편히 앉아서 피로한 적을 맞아 싸우게 되니 완전한 승리를 거둘 수 있을 것이오."

"항왕은 여러 번 원정을 왔지만 군량이 부족하여 패했습니다. 그런데 지금 제후들의 대군이 이곳에 있다는 소문을 들었을 텐데, 어찌 직접 오겠습니까? 차라리 주상 전하께서 친히 출전하시어 팽성에서 5리 떨어진 곳에 군영을 세우고 진을 치시는 것이 좋겠습니다. 항왕을 그곳으로 유인해오면 다시 돌아갈 수 없을 것입니다."

한왕은 한신의 말을 듣고 매우 기뻐했다. 한신은 마침내 장수들과 대소 삼군 군사를 이끌고 상황에 맞추어 공격을 준비했다. 어떻게 포진할지는 다음 회를 들으시라.

제78회

하늘이 낸 전장

한왕의 대군이
성고를 나서다
漢王大兵出成皋

한나라 100만 대군은 각 제후들이 이끌고 있었지만 모두 한신의 통솔에 따라 대오가 일사불란했고 기치도 엄정했다. 앉고 서고 나아가고 물러나는 행동에 각각 질서정연한 법칙이 있었다. 한왕은 장량에게 상과 양고기, 술을 가지고 가서 한신을 위로하게 했다. 한신은 절을 올리며 한왕의 하사품을 받았다. 장량이 물었다.

"대원수는 모든 준비를 마쳤으니 오늘 바로 거병하면 될 듯한데 아직 출발하지 않는 건 무슨 까닭이오?"

"행군하려면 반드시 길지를 살펴야 하오. 그런 뒤에야 그곳으로 가서 주둔할 수 있소. 오늘 사람을 시켜 양무(陽武)[1] 일대에서 팽성 근처의 땅을 답사했으나 좋은 땅이 없었소. 다만 구리산(九里山) 남쪽 해하(垓

下)[2]만이 언덕이 높고 고개가 험준하여 앞에 매복할 곳이 있고 뒤에 은폐할 곳이 있었소. 거기가 바로 한왕이 살아날 땅이고, 패왕이 패망할 장소이니 우리 군사가 주둔해야 할 최상의 길지요. 그 땅을 자세히 살펴보러 간 사람들이 아직 돌아오지 않았소. 정확한 보고를 기다렸다가 바로 출발하도록 하겠소."

"아무개가 어젯밤 천문을 보았더니 한나라의 기운이 흥성하여 오성이 두 배나 밝고 자미성(紫微星)[3]과 여러 별자리가 더욱 찬란했소. 이는 주상께서 대업을 성취하고 나라의 기틀을 길이 이어가신다는 징조요. 근래에 이에 비견할 만한 현상은 없었소. 대원수도 일찌감치 위대한 공을 세우고 천하를 안정시켜 백성의 극심한 고통을 해결해줄 것이오. 아무개 등도 용이나 봉황에 붙어가는 파리처럼 행운을 잡을 기회요."

"대군이 이곳에 어찌 오래 머물 수 있겠소. 파견한 사람들이 돌아오면 그들의 보고를 듣고 주상께 출전을 요청하도록 합시다."

한편, 패왕은 세작이 팽성으로 보내온 보고를 들었다.

"한왕은 천하의 제후들을 모아 정예병 100만을 결집했습니다. 형양에서 성고에 이르는 800리 길[4] 전후에 군사 주둔지가 200곳입니다. 밤

1_『원본 초한지』 1 제8회 각주 1 참조.

2_ 해하의 정확한 위치가 어딘지 지금도 논란이 많지만 현재 학자들은 대체로 지금의 안후이성 링비(靈璧)와 구전(固鎭) 사이로 추정한다.

3_ 북두칠성의 동북 방향에 있는 별자리다. 15개의 별이 좌우 두 열로 나뉘어 북극성을 호위하는 모양이다. 이 때문에 북극성을 자미성이라고도 한다. 모든 별이 북극성을 중심으로 돌고 있으므로 흔히 천제(天帝)의 거처를 상징한다. 따라서 자미성으로 인간 세상의 임금이나 임금의 거처를 비유한다.

4_ 서한 시기의 형양(滎陽)은 지금의 허난성 중무현과 신정시(新鄭市) 동쪽까지 포괄했으나 성고에서 형양까지 거리가 800리에 이른다는 묘사는 과장된 것으로 보아야 한다.

한신이 패왕과의 전투를 준비하다

에는 환한 불빛이 하늘을 밝히고 낮에는 빽빽한 깃발이 해를 가립니다. 저들의 기세가 이전과는 완전히 다릅니다. 한신은 온종일 군사 배치와 훈련에 전념하면서 진류와 오창 일대의 식량을 끊임없이 운반해 오고 있습니다. 소문을 들으니 조만간 진격하여 양무대로를 따라 팽성 근처에 주둔한 뒤 폐하와 대결한다고 합니다."

패왕은 보고를 받고 지난날 범증이 한 말을 깊이 생각하게 되었다. 범증은 한왕의 뜻이 작지 않아 뒷날 반드시 대업을 성취할 것이므로 홍문에서 그를 죽여 후환을 없애야 한다고 했다. 하지만 오늘 정말 이런 심각한 우환을 일으킬 줄은 생각지도 못했다. 그는 급히 항백, 항장, 계포, 종리매, 주란 등을 불러 대책을 논의했다.

"한왕이 대군을 일으켜 짐과 맞서려 하고 있소. 우리 초나라 군사는 30만에 불과하고 각처의 군사도 아직 다 도착하지 않았으니 어쩌면 좋소. 이런 상황에서 전투가 벌어지면 이길 수 없을 것 같소."

장수들이 말했다.

"강동은 폐하께서 군사를 일으키신 곳으로 민심을 교화한 지 오래되었습니다. 사람을 보내면 회계 동쪽에서 정예병 수만을 동원할 수 있습니다. 서륙(舒六)[5] 등지는 지금 주은(周恩)이 지키고 있는데, 폐하께서 친히 정벌을 나가실 때도 여러 번 협조하지 않았습니다. 사람을 보내 문책하시어 그곳 군사를 거느리고 한나라 격파에 나서 죄를 씻으라고

5_ '서(舒)'는 지금의 안후이성 창장(長江)강 북쪽 일대 지역을 가리킨다. 중국 고대 고요(皐陶) 후예들의 제후국인 서국(舒國) 영역이다. 도성은 지금의 안후이성 루장현(廬江縣) 성지(城池)로 알려져 있다. '육(六)'도 서국 북부에 위치해 있던 고대 국가다. 역시 고요의 후예들이 봉해진 나라로 알려져 있으며 도성은 지금의 안후이성 류안시(六安市) 일대다. 서륙은 지금의 안후이성 화이허강 남쪽에서 창장강 북쪽 지역이다.

명령을 내리십시오. 인근 군현에 급히 격문을 보내 민병을 모집하면 수만은 모을 수 있습니다."

"주은은 서륙에 오래 머무는 동안 영포와 매우 친하게 되었다는 소문이 있소. 지금 영포는 한나라에 항복했고 주은만 독불장군이 되어 이리와 같은 야심을 품고 있으니 결코 호락호락한 놈이 아니오. 차라리 속임수를 써서라도 이곳으로 오게 하여 목전의 우환을 없애는 것이 좋겠소."

항백이 말했다.

"폐하의 말씀이 지당하십니다."

그리하여 천호(千戶)[6] 이녕(李寧)에게 격문 두 통을 주고 조속히 주은을 잡아오는 동시에 민병을 모집하게 했다. 이녕은 서륙으로 가서 주은을 만나 격문을 전했다. 주은이 격문을 개봉하여 읽었다.

> 주은은 서륙을 오래 지켰으므로 병마를 잘 조련했을 것으로 생각한다. 지금 한나라와 초나라 사이에 대회전이 벌어질 참이다. 이제 천호 이녕을 보내 격문을 전하니 너는 밤새 달려와 함께 한나라와 싸워야 할 것이다. 이전처럼 오지 않았다가는 방풍씨(防風氏)[7]의 전철을 밟게 되리라. 진실로 죗값을 치를 터이니 이것이 빈말이 아님을 알라. 이에 격문을 보낸다.

6_ 세습 무관직의 하나다. 대체로 군사 1000명 내외를 거느렸고 품계는 4품에서 5품이었다. 그러나 천호는 금(金)나라 때 처음 설치하여 원나라 시대와 명나라 시대까지 지속된 관직이다.

7_ 중국 전설에 나오는 하나라 우임금의 신하다. 우임금이 치수에 성공한 뒤 회계(會稽)에서 제후들을 모아 논공행상을 할 때 방풍씨가 늦게 오자 그를 참수하여 본보기를 보였다.

주은은 격문을 읽고 생각에 잠겼다.

'패왕의 세력은 이미 고립되었고 성격도 포악하므로 내가 지금 갔다가는 틀림없이 주살될 것이다. 차라리 이 기회에 군사를 일으켜 서륙을 전부 점령하고 저들의 승패를 관망하는 것이 좋겠다. 한왕이 초나라를 격파한 뒤 영포와 약속하고 한나라에 항복하면 제후의 봉작을 잃지는 않으리라.'

주은은 이녕을 보며 말했다.

"서륙 땅은 도적이 많은지라 내가 지금 이곳을 지키면서 잠시도 떠날 수 없소. 그대는 돌아가시오. 도적을 평정한 이후에야 움직일 수 있소."

이녕이 말했다.

"일에는 완급이 있는 법이오. 서륙에 도적이 많더라도 그것은 한때의 우환에 불과하오. 지금은 한나라와 초나라가 교전중이라 사태가 위급하오. 장군은 서둘러 달려가 구원하지 않고 어찌 서륙을 중요하다고 하시오?"

"그대는 저쪽이 중요하겠지만 나는 오직 이 땅을 급하게 생각하오. 패왕은 범 아보의 말씀을 듣지 않고 경솔하게 반간계를 믿으며 온갖 의심을 하다 나를 이곳에 방치했소. 나는 이곳에 기대 노후 대책이나 세우려 할 뿐이오. 그러니 어떻게 잠시라도 떠날 수 있겠소?"

이녕은 주은의 마음이 이미 돌아선 것을 알고 다시 이야기하지 않았다. 그는 주은과 작별하고 장강을 건너 회계로 갔다. 회계 태수 오단(吳丹)은 격문을 받아 읽고 패왕이 민병을 모아 한나라와 싸우고 싶어한다는 사실을 알았다. 이에 좌우 근신들을 불러 대책을 논의했다. 그는 오하(吳下)[8]의 제후들을 찾아다니며 군사를 모집하여 열흘 동안 모두

8만 명을 모았다. 그는 부장 정형(鄭亨)에게 군사를 통솔하게 하고 천호 이녕과 함께 팽성으로 보내 패왕을 만나게 했다. 이녕은 패왕에게 주은이 항거하며 거병하지 않은 사실, 그래서 회계 및 각 군현으로 가서 모두 8만 군사를 모은 사실을 자세히 이야기하며 자신의 임무를 보고했다. 패왕은 주은의 무례한 행동에 대한 보고를 듣고 분노하며 바로 군사를 이끌고 가서 먼저 주은을 죽이고 한신을 성토한 뒤 한나라를 격파하자고 했다. 그러자 항백이 말했다.

"주은은 피부의 부스럼일 뿐인데 걱정할 게 무엇입니까? 한왕이 바로 뱃속의 큰 종기이니 폐하께서 조속히 군사를 일으켜 정벌해야 합니다. 어찌 늦출 수 있겠습니까?"

패왕은 항백의 말에 따라 삼군과 인근 고을의 군사를 점검했다. 도착한 병력을 세어보니 모두 50만 대군이었고 한나라와 교전을 준비하고 있었다.

한편, 한신은 사람을 보내 구리산의 산세를 직접 답사하게 했다. 그는 그곳 산세를 그림으로 그려와서 한신에게 보여주었다. 한신은 그림을 보고 기뻐하며 이좌거를 불러 대책을 상의했다.

"구리산은 하늘이 낸 전장이오. 왼쪽은 구릉이고 오른쪽은 하천이오. 앞쪽으로는 호응할 곳이 있고 뒤쪽으로는 매복을 펼칠 곳이 있소. 군사와 장수를 보내 진을 칠 만한 가장 좋은 장소요. 다만 어떻게 패왕을 그곳까지 유인해야 할지 모르겠소. 선생이 틀림없이 묘책을 갖고 있을 터이니 계획을 말씀해주시오."

8_ 지금의 창장강 하류 장쑤성 난징, 창저우(常州), 우시(無錫), 쑤저우, 상하이(上海) 등 춘추시대 오나라 지역을 가리킨다.

이좌거가 말했다.

"패왕이 성을 나와 진격하려 해도 좌우의 모사 중에 저지하는 사람이 있을 것입니다. 저들이 만약 해자를 깊이 파고 성루를 높이 쌓아 성을 고수하며 싸우려 하지 않는다 해도 우리 군사의 세력이 막강하고 보급품도 막대하므로 어찌 오래 버틸 수 있겠습니까? 저들이 오히려 우리의 약한 지점을 파고들어 전투를 벌이면 우리 군사가 반드시 패배할 것입니다. 지금의 계책을 말씀드리면 어떤 사람을 거짓으로 항복하게 하여 초나라 군영에 투입해야 합니다. 그가 가짜 길잡이가 되어 저들의 마음을 미혹하게 하고 이익으로 유인하면 참소를 쉽게 믿고 보좌진을 가볍게 여기는 위인인 패왕이 군사를 몰고 와서 틀림없이 함정에 빠질 것입니다. 패왕이 이곳으로 오기만 하면 틀림없이 대원수의 계책에서 벗어나지 못할 것이고, 그럼 초나라 격파의 전공을 이곳에서 세울 수 있을 것입니다."

한신이 크게 기뻐하며 말했다.

"거짓으로 항복할 사람은 선생이 아니면 안 될 듯하오. 선생은 본래 조나라 신하로 평소에 명망이 있었으니 좋은 말 한마디만 하면 저들이 틀림없이 믿을 것이오. 패왕이 우리 계책에 걸려 이곳으로 오면 내 반드시 승리할 수 있소. 그럼 선생의 공로도 적지 않을 것이오."

"저는 대원수 막하에서 오랫동안 대원수께서 제 능력을 알아주는 은혜를 입었는데도 아무 보답도 하지 못했습니다. 이번에 보내준다면 명령에 따라 임무를 수행하겠습니다. 다만 대원수께선 일찌감치 대군을 출발시켜야 합니다. 저는 저들에게 가서 몇 마디 말로 오직 패왕을 구리산으로 나오게 하여 대원수께서 초나라를 격파하는 전공에 작은 도움이라도 드리고자 합니다."

마침내 이좌거는 한신에게 작별 인사를 하고 옛날 조나라 사람 몇 명을 데리고 곧바로 팽성으로 가서 먼저 객점에 투숙했다. 객점에서 편히 쉰 뒤 다음날 아침 사마부(司馬府)9로 가서 항백의 문지기를 만났다.

"아무개는 옛날 조나라 광무군 이좌거라 하오. 노대왕 항공을 한 번 만나고 싶소."

문지기가 안으로 들어가 항백에게 알렸다. 항백이 몰래 생각했다.

'이좌거는 조나라 모사인데 오늘 이곳에 와서 무슨 말을 하려는 것인가?'

그는 좌우에게 이좌거를 들여보내라고 했다. 이좌거와 항백은 서로 인사를 나누었다. 항백이 말했다.

"소문을 들으니 현공께서는 제나라에서 한신의 막료로 있다던데, 오늘 무슨 일로 이곳에 오셨소?"

"조왕이 신의 말을 듣지 않고 진여에게 한신과 싸우라고 명령하여 결국 한신의 배수진에 의해 조나라가 망하고 말았습니다. 진여는 지수가에서 참수되었고 신은 몸을 둘 곳이 없어서 줄곧 한신의 막하에서 모사 일을 했습니다. 그런데 한신이 제왕으로 책봉된 뒤 자존망대하며 모든 계책을 혼자 결정할 줄 어떻게 생각이나 했겠습니까? 막하에 있는 사람의 말과 계책은 아무것도 듣지 않는지라 그를 떠나 은둔한 사람이 열에 여덟아홉이나 됩니다. 신은 패왕께서 이제 군사를 일으켜 한나라와 전투를 벌인다는 소문을 들었습니다. 신도 패왕의 휘하에 투신

9_ 옛날 병부(兵府), 즉 나라의 군사 업무를 관리하던 관공서다.

하여 조만간 무슨 대책을 세울 때가 있으면 큰 재주는 없지만 견마지로(犬馬之勞)를 다하겠습니다. 한신의 꾀는 신의 생각에서 벗어나지 못할 것입니다."

"지금은 양국이 교전을 앞두고 있는 시점이라 속임수가 많이 나돌고 있소. 선생의 이번 행차도 거짓으로 항복하여 우리 초나라의 허실을 염탐하려는 행동이 아닐까 의심스럽소. 감히 믿을 수가 없소."

"노대왕! 그렇지 않습니다. 신은 일개 모사에 불과합니다. 견고한 방패나 날카로운 무기를 들고 돌격하여 적을 죽일 능력도 없습니다. 오직 좌우에서 노대왕의 계획을 힘껏 도울 수 있을 뿐입니다. 신의 의견을 듣고 안 듣고는 노대왕께 달려 있습니다. 초나라의 허실은 한신이 늘 사람을 보내 염탐하므로 신의 보고를 기다릴 필요가 없습니다. 노대왕께서 저를 의심한다면 신이 주인을 잘못 찾은 것이므로 제 안목이 밝지 못한 탓입니다. 제 한 몸이 온 세상을 떠돌며 의지할 데가 없는 것은 제 생각이 지혜롭지 못한 탓입니다. 차라리 노대왕 앞에서 앞날의 희망을 끊고자 합니다!"

그는 마침내 좌우에 차고 있던 검을 빼들고 자신의 목을 찌르려 했다. 그러자 항백이 황급히 달려와 그를 끌어안고 자신의 잘못을 인정했다.

"이처럼 혼란한 때 선생께서 한나라에서 오셨으니 아무개가 어찌 의심하지 않을 수 있겠소? 선생께서도 너무 괴이하게 생각하지 마시오. 다만 내 말이 거칠고 경솔한 점은 현인을 대하는 예법이 아닌 듯하오. 부디 내 죄를 용서해주시오."

그리고 바로 이좌거를 안으로 맞아들여 부드럽게 대화를 나누며 술을 대접했다. 이좌거는 그곳에서 하룻밤을 묵었다. 다음날 항백은 이좌거를 인도하여 패왕을 알현하게 하면서 그가 투항해온 뜻을 자세히 설명했다. 패왕이 말했다.

"짐의 좌우에 모사가 부족한 참인데, 이좌거가 투항해왔다니 짐의 마음이 흡족하오."

그리고 바로 이좌거를 들여보내라고 분부했다. 이좌거가 들어오자 패왕이 말했다.

"짐은 평소에 광무군의 명성을 익히 들었소. 지난날에도 조나라에서 모셔와 짐을 위한 계책을 마련하도록 할 마음이 있었는데, 오늘 이렇게 짐의 면전에 서 계시니 이제 많은 도움을 받을 수 있겠소."

이좌거가 아뢰었다.

"신이 조나라에 있을 때 조왕이 신을 중용하지 않아서 결국 한신의 모사가 되었습니다. 그런데 한신이 또 신을 중용하지 않는지라 신은 섬길 주인이 없고 사해에 기댈 집이 없게 되었습니다. 이에 특별히 폐하께 투신하고 보니 마치 어린아이가 부모를 뵙는 듯합니다. 폐하께서 신을 이곳에 머물게 하면 신은 비루먹은 말의 능력이라도 다 발휘하며 폐하에게 목숨을 바치겠습니다. 만약 폐하께서 신을 의심하고 등용하지 않으시면 신은 동해를 밟고 들어가 죽고 말지, 천하에서 버림받은 사람은 되지 않을 것입니다."

"그대는 진실한 마음으로 짐에게 귀의했으니 아침저녁으로 짐의 좌우에서 보좌해야 할 것이오. 짐이 장차 그대와 국가 대사를 논의하겠소."

이로부터 패왕은 이좌거를 좌우에 머물게 하여 모사로 삼았다. 또 패왕은 이좌거의 언변이 출중하고 용모가 아름다운 것을 보고 매우 기뻐하며 그를 전혀 의심하지 않았다.

한편, 한왕은 주둔한 기간이 길어지자 군량이 부족할까 근심하며 한신에게 말했다.

"지금이 출전하기에 좋은 시기인 듯한데, 대원수께선 어떻게 생각하시오?"

"연일 군사 배치와 전투 준비에 전념하여 모든 일을 마쳤습니다. 이제 어가를 출발시켜도 됩니다."

"대군이 계속 진격하더라도 맨 앞 부대에는 대장 두 명을 정선하여 선봉장을 맡겨야 하오. 그들은 과인의 뜻을 잘 이해하여 백성을 놀라게 해서는 안 되오. 먼저 앞길의 군현을 효유하여 우리에게 순종하고 투항하는 자가 있으면 그들을 위로하며 구제해야 하오. 그리고 여전히 초나라의 관리를 받는 곳이 있더라도 절대 함부로 침범해서는 안 되오. 이와 같이 해야 훌륭한 장수라 할 수 있소. 대원수의 막하에 이런 사람이 있는지 모르겠소?"

"신이 앞서 조나라를 격파할 때 그곳에 군사를 주둔하고 사방의 용사를 모집하다 대장 두 명을 얻었습니다. 모두 1만 사람도 당해내지 못하는 용기를 갖고 있습니다. 그 이후 줄곧 휘하에 두고 일을 맡겼는데 신에게 매우 큰 힘이 되었습니다. 또 사람됨이 충직하고 일처리도 꼼꼼합니다. 이번에 선봉장을 맡기면 주상 전하를 위해 큰 공을 세울 수 있을 것입니다."

한왕이 두 장수를 불러들였다. 두 장수는 막하에 이르러 배례를 하고 한왕 앞에 섰다. 한왕은 두 장수의 늠름한 신체와 당당한 용모를 보고 관향과 이름을 물었다. 두 장수가 대답했다.

"신들은 어려서부터 재산 불리기에 힘쓰지 않고 활쏘기와 말타기만 좋아했습니다. 진나라의 혼란한 시기를 만나 태산 등운령(登雲嶺)에서 이름을 숨기고 살다 한 대원수께서 사방의 장사를 모집한다는 소문을 듣고 막하에 투신했습니다. 신의 성은 공(孔)이고 이름은 희(熙)입니다. 이 사람은 성이 진(陳)이고 이름은 하(賀)입니다. 신의 선조는 본래 요현(蓼縣, 허난성 구스현固始縣 랴오청강蓼城崗) 사람이고, 진하의 선조는 비현(費縣, 산둥성 린이시 페이현費縣) 사람인데 나중에 동제(東齊)로 이주하여 그곳 사람이 되었습니다."

한왕은 매우 기뻐하며 마침내 공희를 요후(蓼侯)로 삼고 진하를 비후(費侯)로 삼아 각각 정예병 3만을 이끌게 하고 앞 부대의 선봉장을 맡겼다. 두 장수는 사은숙배를 마친 뒤 군사를 이끌고 앞서 출발했다. 그 뒤를 이어 한왕의 대군이 성고를 나섰다. 연도 수백 리에 군사들의 대열이 끊이지 않았다. 이번에 초나라와 벌이는 싸움의 승패가 어떻게 될지는 다음 회를 보시라.

제79회

둑기가 부러지다

주란이 패왕의 출전을 말리다
周蘭諫霸王出師

한나라 5년 8월 어느 날, 한왕의 대군이 성고를 출발했다. 한신은 대원수로서 마침내 장수들을 통솔하고 초나라를 향해 진격했다. 공희와 진하 두 선봉장은 백성의 재산과 목숨을 추호도 노리지 않았다. 그들이 도착하는 군현에서는 모든 사람이 그들의 덕망을 우러르며 귀순했다. 두 장수는 모든 것을 옛날 그대로 관리하라고 명령을 내렸다. 한나라 군사가 지나는 연도의 100리 안 사람들은 대소쿠리에 밥을 담고 호리병에 미숫가루를 담아와서 한왕의 군사를 영접했다. 대군은 먼길을 깨닫지도 못하고 어느새 구리산에 도착하여 인근 수백 리에 각각 진채를 세웠다. 공희와 진하는 한왕을 뵙고 아뢰었다.

"대왕마마의 위엄과 덕망 덕분에 연도 내내 아무런 소란도 일어나지 않고 모든 군현이 대왕마마의 풍모를 우러르며 투항했습니다."

한왕은 두 장수에게 상을 내렸다. 또 좌우 군사들에게 명하여 양쪽에 군영을 세우고 자신의 본영을 수호하게 했다. 그리고 소하에게는 군량을 서둘러 운반하여 군사들의 수요에 맞추도록 했다. 또 세작을 보내 팽성 소식을 탐문하게 하고 특별한 일이 있으면 서둘러 보고하여 철저히 대비하도록 했다. 후세에 사관이 시를 지어 찬양했다.

씩씩한 백만 군사 해하로 모여들어,	百萬雄兵入會垓,
깃발로 동쪽 가리키며 먼지를 쓸려 하네.	旗旌東指蕩塵埃.
백성의 안정은 조금도 침범하지 않으니,	秋毫無犯民安堵,
모두 음식 장만하여 앞길을 인도하네.	盡備壺漿導引來.

한왕의 대군은 구리산에 당도하여 먼저 패군(沛郡)1에 주둔했다. 패군성 안에는 매우 높은 망루가 설치되어 있었다. 한신은 부하들에게 망루에 큰 팻말을 달도록 명령을 내리고 그 팻말에 시 여덟 구를 썼다.

창의하여 제후를 한곳에 모아,	倡義會諸侯,
가장 먼저 무도한 자 진압하련다.	先將無道收.
민심이 초나라에 등을 돌리니,	人心咸背楚,
하늘 뜻도 유씨에게 귀속되도다.	天意屬炎劉.
조만간 해하에서 멸망하리니,	指日亡垓下,

1_ 팽성 동쪽과 남쪽 지역을 모두 포괄하는 지역이다.

임시로 패성에서 조문하노라. 臨時喪沛樓.
칼빛이 뜨겁게 뻗어나가서, 劍光生烈燄,
항왕의 머리를 베어 넘기리. 馘斬項王頭.

한왕이 주둔을 마치자 일찌감치 팽성에서 보낸 세작이 한왕이 패군에 주둔한 소식을 밤새워 패왕에게 보고했다. 아울러 이 시를 베껴서 몰래 패왕에게 전했다. 패왕은 이 시를 다 읽고 서쪽을 가리키며 욕설을 퍼부었다.

"내가 저 비겁한 놈〔膀夫〕을 죽이지 않으면 맹세코 군사를 물리지 않겠다."

패왕은 삼군에 분부하여 그날 바로 군사를 일으키게 했다. 계포와 주란이 간언을 올렸다.

"안 됩니다! 한신은 온갖 속임수를 씁니다. 폐하께서 분노하여 군사를 일으키면 반드시 그놈의 간계에 빠지십니다."

패왕이 말했다.

"짐은 천하를 종횡하면서 하루도 치욕을 당한 날이 없다. 만약 군사를 눌러두고 움직이지 않는다면 제후들이 소문을 듣고 어찌 비웃지 않겠는가?"

그리고 서둘러 칙지를 내려 군사를 일으키려고 했다. 주란이 다시 간언을 올렸다.

"한나라 군사는 기세가 강하고 한신은 온갖 속임수를 씁니다. 폐하! 적을 가볍게 여기셔서는 안 됩니다. 신의 어리석은 의견으로는 해자를 깊이 파고 성루를 높이 쌓아 저들과 전투를 벌이지 말아야 합니다. 그

주란이 패왕에게 간언을 올리다

리고 격문을 각 지역 제후에게 보내 팽성으로 달려오게 하고, 또 사람을 장강 건너 회계 각 군으로 보내 양식을 빌려 군량으로 삼고 지구전을 벌여야 합니다. 그러면 저들은 틀림없이 피로에 지치고 군수품 공급이 부족하게 됩니다. 그때 폐하께선 편히 쉬다가 피로한 적에 맞서는 군사를 격려하고 서쪽으로 진격하면 단 한 번의 전투로 승리를 거두실 수 있을 것입니다. 그럼 한신은 자신의 꾀를 쓸 방법이 없고 장량도 계책을 마련하지 못할 것입니다. 한나라 군사가 사방으로 흩어져 붕괴될 때 우리 초나라 군사가 그 뒤를 습격하면 형양, 성고 땅을 연이어 점령할 수 있을 것입니다. 만약 폐하께서 신의 말에 따르지 않고 성을 비운 채 밖으로 나가시면 적은 군사로는 도저히 많은 군사에 대적하실 수 없습니다. 그러다가 싸움에 이기지 못하면 폐하께선 장차 어디로 가시겠습니까?"

패왕은 낮게 신음하며 결정을 내리지 못했다. 내전으로 돌아오니 우희가 기다리고 있었다. 우희가 말했다.

"연일 들리는 소문으로는 한나라 군사가 가까이 왔다는데, 폐하께선 어떻게 방어하시렵니까?"

패왕은 주란의 말을 처음부터 끝까지 자세히 들려주었다.

우희가 말했다.

"주란의 말이 지극히 일리가 있습니다. 폐하께서 그의 계책에 따르면 사직을 무사히 보전하실 수 있습니다. 그렇지 않으면 아마 승리하기 어렵고 팽성도 지키실 수 없을 듯합니다. 폐하! 깊이 생각해주십시오!"

"내일 신료들과 상의해봐야겠소."[2]

다음날 패왕은 신료들과 다시 회의를 했다.

"주란이 짐에게 한나라와 싸우지 말라고 했는데, 이 의견이 어떠하오?"

이좌거가 말했다.

"폐하께서 친히 가지 않으시면 한나라 군사들은 우리 초나라가 겁쟁이라 여기고 틀림없이 팽성을 공격하러 올 것입니다. 만일 팽성을 지킬 수 없다면 폐하께선 어디로 가실 수 있겠습니까? 지금 계책은 폐하께서 군사를 통솔하시어 서둘러 저들과 싸우는 것이 최선입니다. 만약 이기면 한나라는 패주할 것이고, 이기지 못한다 해도 팽성으로 귀환하여 이 도성을 초나라의 근본으로 삼고 각 지역 군사로 하여금 구원에 나서게 하면 그들도 차례대로 계속 달려올 것입니다. 또 한나라 군사는 이곳에 오래 머무는 동안 스스로 지치게 되므로 우리가 그 틈을 타 공격하면 반드시 승리할 수 있습니다. 폐하께서 이런 필승의 대책을 버려두고 토끼를 잡기 위해 그루터기 곁에서 기다리는 계략을 따르려 하시니 이 또한 잘못된 일이 아니겠습니까?"

패왕이 말했다.

"좌거의 말이 내 뜻에 딱 들어맞소!"

패왕은 마침내 군사를 일으켜 패군으로 서둘러 진군하라는 명령을 내렸다. 막 성을 나서려는데 갑자기 세찬 바람이 몰아쳐 중군의 둑기가 두 동강이 났다. 삼군의 군사들은 모두 경악했다. 패왕이 탄 오추마도

2_ 원본에는 이 구절 뒤에 다음과 같은 '역사 논평'이 달려 있다. "후세에 사관은 이 일을 이렇게 평가했다. '이는 패왕이 결단을 내리지 못해 패배를 자초한 까닭이다. 이 때문에 윗자리에 앉은 사람은 결단을 내리지 못하는 것보다 더 근심해야 할 것은 없다. 결단력이 없으면 계책을 운용하여 승리할 수 없다.'"

옥루교(玉樓橋) 아래에 이르러 큰 소리로 몇 번 울었다. 주란과 항백은 패왕의 이번 행차를 보고 의견을 주고받았다.

"둑기가 부러지고 용마가 길게 울었으니 좋은 조짐이 아니오. 어찌 말고삐를 잡고 앞을 막지 않으시오?"

이에 우자기를 시켜 뒤 수레의 우희에게 서둘러 진군을 멈추도록 아뢰어달라고 부탁했다.

패왕이 10리 밖 서관(西關)에 이르자 주란과 항백, 대소 문무백관들 모두 패왕에게 주절정(駐節亭)에서 잠시 쉬어가기를 청했다. 신료들이 땅에 엎드려 아뢰었다.

"폐하께서 성을 나설 때 둑기가 부러지고 용마가 길게 울었습니다. 이는 행군할 때 꺼리는 조짐입니다. 차라리 군사를 되돌려 며칠 기다리다 사람을 보내 한나라 소식을 정탐하고 사태의 완급이 어떠한지 살펴본 뒤에 출병해도 늦지 않으실 것입니다."

패왕이 말했다.

"은 주왕은 갑자일(甲子日)에 멸망했고,[3] 주 무왕은 갑자일에 흥성했소. 어찌하여 저 사람에게는 영험한 날이 이 사람에게는 영험하지 않단 말이오? 세찬 바람에 깃발이 꺾이고 말이 길게 운 것은 우연일 뿐이오! 대군이 출발한 것을 성 안팎 사람들이 모두 아는데, 어찌 다시 군사를 되돌려 백성의 의심을 살 수 있겠소? 만약 한나라 세작이 이런 일을 알고 저쪽에서 소문을 내면 틀림없이 짐이 비겁하다고 비웃을 것이오!"

3_『사기』「은본기(殷本紀)」에 "갑자일에 주왕의 군사가 패배했다(甲子日, 紂兵敗)"라는 기록이 있다. 주 무왕이 은 주왕을 정벌했으므로 같은 날의 운수가 상반된 것이다.

그리고 바로 일어나 군사를 지휘하여 전진하려 했다. 그때 좌우 신하들이 보고했다.

"우희마마께서 사람을 보내 글을 올렸습니다."

항왕이 웃으며 말했다.

"우희(御妻)가 무슨 글을 보냈는가? 무슨 할말이 있는가?"

그는 글을 펼쳐 읽었다. 우희가 수레 안에서 친필로 쓴 글이었다.

주 문왕은 후비(后妃)[4]의 간언을 듣고 성군이 되었고, 위대한 우왕(禹王)은 도산씨(塗山氏)[5]의 잠언을 읽고 하나라를 흥성하게 했습니다. 자고로 제왕 중에는 간언을 듣고 치세를 이루지 못한 분이 하나도 없습니다. 신첩은 본래 아녀자로 무슨 원대한 견해는 없습니다. 근래에 듣건대 한나라 장수 한신이 온갖 속임수를 쓴다 하니 마땅히 방비해야 합니다. 주란 등의 말은 글자마다 뜻이 깊어 실로 충성을 다한다고 할 만하니 폐하께서는 그의 의견에 따라야 합니다. 게다가 오늘 행군할 때 거센 바람이 불어 깃발이 부러지고 오추마가 길게 울었습니다. 이것은 하늘의 경고이니 폐하께서는 더욱더 물러나 사태를 살펴야 합니다. 어찌 보통의 조짐이라 말하며 그것을 소홀히 여길 수 있겠습니까?

4_ 주나라 문왕의 정비 태사(太姒)다. 총명하고 현숙한 부덕(婦德)으로 문왕을 보좌했다고 한다. 문왕의 모친이자 왕계(王季)의 왕비 태임(太任), 왕계의 모친이자 태왕(太王)의 왕비 태강(太姜)과 주나라의 삼모(三母)로 불린다.

5_ 하나라 우왕의 정비다. 『상서』「고요모(皐陶謨)」, 『초사(楚辭)』「천문(天問)」에 도산씨에 관한 기록이 남아 있다. 『오월춘추(吳越春秋)』에는 도산씨의 이름이 여교(女嬌)로 되어 있다.

패왕은 우희의 글을 읽고 좀 주저하는 모습을 보였다. 그러자 이좌거가 갑자기 앞으로 나와 아뢰었다.

"마침 신의 가신(家臣)이 패군을 지나다 한왕이 군사를 거느리고 성고로 돌아가는 것을 직접 보았고 한신도 회군할 뜻을 보였다고 합니다. 신이 짐작하기에는 한나라 군사가 너무 많아서 군량을 댈 수 없고 폐하의 대군이 한 번 공격하면 도저히 버틸 수 없을까 두려워하는 듯합니다. 병법에 이르기를 '군사가 많으면 장수가 지치는데, 하물며 군량이 없음에랴'라고 했습니다. 폐하께서 저들 삼군에 군량이 떨어졌을 때 공격하시면 싸우지도 않고 저절로 혼란에 빠질 것이니 반드시 승리하실 수 있습니다."

패왕은 이좌거의 말을 듣고 마침내 서쪽으로 행군하겠다는 뜻을 굳히고 더이상 주저하지 않았다. 또 선발대 군사들이 이미 50리 밖까지 행진하여 돌이키기 어려움을 알고 먼길을 치달려 계속 전진하게 했다. 그리하여 더이상 그들의 행진을 가로막는 사람은 없었다.

그들은 오래지 않아 패군에 당도하여 성밖 50리 지점에 군영을 세웠다. 패왕은 사람을 보내 한왕이 본영에 있는지, 한신의 소식은 어떤지 탐문하게 했다. 정탐병이 오래지 않아 돌아와 보고했다.

"한왕의 본영은 성밖 60리 서봉파(棲鳳坡)에 있는데, 온종일 고성방가를 하며 음주를 즐기고 있습니다. 각 군영 군사들은 서로 군영을 연결하여 연락이 끊이지 않습니다. 한신의 군영은 구리산 동쪽에 있는데, 군사와 병마를 조련하며 회군의 뜻을 보이지 않고 있습니다. 성안의 사방 출입문은 잠기지 않아서 사람들이 마음대로 왕래합니다."

패왕이 보고를 듣고 급히 이좌거를 불렀다. 여러 차례 불렀으나 종적을 알 수 없었다. 좌우 군사들이 보고했다.

"어젯밤 이좌거가 시종과 함께 행장을 꾸려 도주했는데, 어디로 갔는지 모르겠습니다."

패왕이 분노를 터뜨렸다.

"이좌거란 놈은 기실 한신의 똘마니인데, 거짓으로 항복하여 짐의 허실을 살폈구나!"

그리고 바로 항백을 불러 꾸짖었다.

"어찌하여 이좌거의 내력도 자세히 조사하지 않고 짐 앞에 쓸 만한 사람이라고 잘못 추천했소? 짐이 잠시 살피지 않고 그자의 교묘한 말을 믿고 등용했으니, 내가 큰일을 망친다면 이것은 모두 숙부의 죄요!"

항백이 변명했다.

"신이 이좌거의 평소 명성을 듣고 있던 차에 마침 투항해왔기에 마침내 폐하 앞에 추천했습니다. 그런데 저들의 간계에 빠졌으니 이는 진실로 신의 죄입니다."

패왕은 분노를 삭이지 못했다. 이때 주란 등이 간언을 올렸다.

"항 사마는 충심으로 나라를 위해 일했습니다. 잠시 적의 간계를 살피지 못하고 경솔하게 이좌거를 추천한 것입니다. 지금은 이미 우리 대군이 이곳에 당도했으니 출전하여 적과 싸울 대책을 논의해야지 지난 일을 후회하는 데 마음을 써서는 안 됩니다."

패왕은 그의 말에 따랐다. 이어 항백을 꾸짖어 물러나게 하고 주란 등에게는 후한 상을 내렸다. 이날 패왕은 장막으로 돌아와 우희에게 자세한 이야기를 했다.

"이좌거가 투항하여 나를 이곳으로 유인해왔소. 그대의 말을 듣지 않은 것이 후회스럽소!"

우희가 말했다.

"신첩의 말을 아까워할 필요 없습니다. 오직 폐하께서 힘을 내 출전하여 대업의 기틀을 회복하기를 바랍니다. 또 장수들을 격려하여 이끌고 한마음으로 힘을 모아 일찌감치 개선가를 울리시길 기원합니다. 다른 일은 마음에 두지 마십시오."

"그대의 말이 바로 내 뜻과 같소."

다음날 패왕은 장막에 올라 장수들을 불렀다.

"여러분은 나를 따라 수백 전을 치르면서도 아직 패배한 적이 없소. 오늘은 한나라 군사들이 기세가 등등하니 적을 가볍게 보아서는 안 되오. 모름지기 두 배 이상 마음을 써야 하오. 종리매 장군은 군사 3만을 이끌고 본영 왼쪽에 주둔하시오. 계포 장군은 군사 3만을 이끌고 본영 오른쪽에 주둔하시오. 환초 장군은 전군을 맡고 우자기 장군은 후군을 맡아 전체 부대와 호응하시오. 그리고 장군들은 짐을 따라 출전하면 되지만 저들이 패배하더라도 멀리까지 추격해서는 안 되오. 저들이 승리하면 서로 사방에서 구원해주고 세심한 방어에 힘쓰며 각 군을 서로 잘 보호하시오. 짐작건대 한 달 내로 한나라 놈들은 군량이 떨어져서 스스로 도주할 것이오."

장수들이 땅에 엎드리며 소리쳤다.

"폐하의 신령한 계책에는 신들이 미칠 수 없습니다."[6]

후세에 사관이 이 일을 시로 읊었다.

적의 상황 헤아려 승패를 알았으면서, 既能料敵知成敗,
우리 군사 군량 부족 여전히 몰랐던가? 未審吾軍已缺糧.
장수들도 두루두루 형세 돌릴 줄 알았다면, 諸將若能周轉運,
팔천 자제가 모두 투항할 필요 없었으리. 八千未必盡投降.

초나라는 패성 동쪽에 군영을 세웠다. 이때 한신은 각 지역 군사들을 적절히 배치하면서 각각 담당해야 할 방향을 정해주고 장소에 따라 매복하게 했다. 군사가 많았지만 규율이 엄정했고 장수를 나누어 수비했다. 용병술이 변화막측하고 임기응변에 능했지만 매우 엄격하고 매서웠다. 그들은 오로지 초나라 군사들이 공격해오기만을 기다리고 있었다. 정탐병이 중군으로 들어가 이좌거가 돌아왔음을 보고했다. 한신은 서둘러 그를 만났다. 그는 거짓으로 초나라 군영에 들어가서 패왕의 허실을 모두 알아낸 일을 자세히 보고했다. 한신이 말했다.

"선생이 이번에 그곳으로 가지 않았다면 항왕은 나오지 않았을 것이오. 그럼 우리 군사가 어찌 오래 버틸 수 있겠소? 초나라 각 지역 구원병이 다시 당도하면 더욱 승리하기 어렵게 될 것이오. 지금 다행히 항왕이 이곳으로 왔지만 어떻게 깊은 산으로 끌어들여 우리 계책에 빠져

6_ 원본에는 이 구절 뒤에 다음과 같은 '역사 논평'이 달려 있다. "후세에 사관이 말했다. '항왕은 한나라 군대에 군량이 없어서 오래 지탱할 수 없음은 잘 알았지만 자신의 군대에도 군량이 없으면 스스로 버틸 수 없다는 사실은 생각하지 않았다. 당시에 초나라 신하들은 항왕이 적을 잘 헤아리는 능력을 갖고 있다고만 생각하고 서둘러 타당한 방안을 마련하여 장기 대책으로 삼지 않았다. 해하의 패전을 살펴볼 때 만약 군량이 모자라지 않았다면 갑자기 멸망에까지 이르지는 않았을 것이다.'"

들게 할 수 있을지 모르겠소. 선생에게 방략이 있으면 내게 금옥과 같은 말씀을 들려주어 많은 의혹을 해결해주시오."

이좌거가 말했다.

"대원수께서 이미 묘책을 생각해놓고 이렇게 하문하니 신이 한마디 말씀을 올려 그것이 대원수의 묘책과 합치되는지 보겠습니다."

한신은 마침내 손을 모으고 이좌거의 말을 들었다. 어떤 의논인지는 다음 회를 들으시라.

제80회

구리산 십면매복

구리산에서
십면매복[1]을 펼치다
九里山十面埋伏

한신은 패왕을 구리산 깊은 곳으로 끌어들이기 위해 이좌거에게 계책을 구했다. 이좌거가 말했다.

"패왕은 누차 대원수에게 유인당해 패배를 자초했습니다. 이번에 또 이 계책을 쓰면 아마 패왕이 내막을 간파하고 절대 추격하지 않을 것입니다. 내일 전투는 주상께 여쭈어 답을 받아야 합니다. 주상께서 심한 말로 패왕을 자극하고 서쪽으로 다급하게 달아나면 패왕은 성격이 포악하여 결코 용서하지 않고 추격해올 것입니다. 초나라 장수들이 좌우

1_ 십면매복(十面埋伏): 열 방향에 빈틈없이 복병을 배치하다. 도처에 곤경이 겹쳐 매우 어려운 상황에 빠졌음을 비유한다. '사면초가'와 거의 같은 의미로 쓰인다.(『서한연의』 제80회)

에서 제지하면 신이 중도에서 주상을 대신하여 패왕을 유인하겠습니다. 패왕은 앞서 제가 거짓 항복한 행동에 원한을 품고 있을 터이니 어찌 놓치려 하겠습니까? 신이 패왕을 크게 비웃으며 도망가면 패왕은 더욱 분노하여 앞으로 달려올 것입니다. 대원수의 고견은 어떠한지 모르겠습니다."

"바로 내 생각과 똑같소!"

한신은 이좌거를 대동하고 한왕의 본영으로 가서 앞서의 논의를 자세히 이야기했다. 한왕이 말했다.

"내 좌우에 대장을 붙여 항우를 막아야 할 것이오."

한신이 말했다.

"공희와 진하 두 장수가 대왕마마의 날개가 되어드릴 것입니다. 대왕마마께서는 항왕을 유인하여 서쪽 해하(垓下)[2] 포위망으로 달려가시면 됩니다. 신이 그곳에 이미 군사를 배치해놓았습니다."

한왕은 매우 기뻐했다. 한나라 군신의 비밀회의는 이렇게 차질 없이 진행되었다.

한신은 다시 중군으로 돌아와 대소 삼군 군사들에게 명령에 따라 기민하게 대처하라고 군령을 내렸다. 다음날 장수들이 모두 대원수 장막 아래로 와서 명령을 기다렸다. 한신이 말했다.

"주상께서 포중에서 나온 이후 항왕과 5년 동안 친히 70여 번의 전투를 치르셨다. 손수 군사를 거느리고 병력을 움직이며 온갖 고난을 겪

2_ 원문에는 '회해(會垓)'로 되어 있다. 중국 전통 희곡이나 소설에서는 해하 전투를 흔히 '회해'라고 한다. 해하에서 벌어진 대회전이란 뜻이다. 물샐 틈 없이 포위된 진지를 비유하는 말로 쓰인다.

으셨다. 이제 항왕의 세력은 고립되었고 힘은 약해졌다. 우리의 승부는 오늘 이 전투에서 결정된다. 제군들은 있는 힘을 다해 주상의 은혜에 보답하고 각각 땅을 분봉받아 만세의 대업을 완성하기 바란다. 나아가서는 용맹을 떨치고 물러나서는 굳게 지켜야 한다. 깃발을 왼쪽으로 눕히면 왼쪽으로 가고, 오른쪽으로 눕히면 오른쪽으로 가면서 내 지휘에 따라 함께 왕업을 이루자!"

장수들은 한목소리로 응답했다.

"감히 대원수의 호령에 따르지 않을 수 있겠습니까?"

이에 한신은 『주역』의 원리에 따라 진을 펼쳤다. 건진(乾陣)은 하늘이니 대장 왕릉이 주관하여 부장 16명, 대군 4만 5000명, 깃발 64폭을 이끌고 서북방에 매복하게 했다. 감진(坎陣)은 물이니 대장 노관이 주관하여 부장 16명, 대군 4만 5000명, 깃발 64폭을 이끌고 정북방에 매복하게 했다. 간진(艮陣)은 산이니 대장 조참이 주관하여 앞에서 인도하는 군사에 맞추어 동북방에 매복하게 했다. 진진(震陣)은 우레이니 대장 영포가 주관하여 앞에서 인도하는 군사에 맞추어 정동방에 매복하게 했다. 손진(巽陣)은 바람이니 대장 팽월이 주관하여 앞의 경우와 같이 동남방에 매복하게 했다. 이진(離陣)은 불이니 주발이 주관하여 앞의 경우와 같이 정남방에 매복하게 했다. 곤진(坤陣)은 땅이니 장이가 주관하여 앞의 경우와 같이 서남방에 매복하게 했다. 태진(兌陣)은 못이니 장도가 주관하여 앞의 경우와 같이 정서방에 매복하게 했다. 앞에는 팔괘에 맞추어 진을 배치하고 뒤에는 오행에 맞추어 진을 설치하여 좌우에서 도와주며 각각 서로 다른 방향을 바라보게 했다. 하후영은 군사 10만을 이끌고 한왕 뒤를 따르며 구원하고 호응하는 역할을 맡았다. 장량은 군사 10만을 이끌고 왼쪽 겨드랑이 부분에서 방어부대 역할을 맡았다. 진평은 군사 10만을 이끌고 오른쪽 겨드랑이 부분에서 구원부대 역할을 맡았다. 공희와 진하는 군사 2만을 이끌고 오른쪽 날개 역할을 맡았다. 여마통과 여황(呂況)은 군사 2만을 이끌고 해와 달의 역할을 맡았다. 근흡은 군사 1만 2000명, 부장 12명을 이끌고 12방위 역할을 맡았다. 시무는 군사 2만 8000명, 부장 28명을 이끌고 28수(宿)의 역할을 맡았다. 대장 임오(任敖)는 군사 2만 5000명을 이끌고 한왕 본영을 지키는 역할을 맡았다. 유택(劉澤)은 군사 3000명을 이끌고 계명산(雞鳴山)에서 거짓으로 깃발을 펼쳐놓고 멀리서 호응하는 역할을 맡았다. 유교(劉交)는 군사 5000명을 이끌고 후군에서 순찰하는 역할을 맡았다. 박소(薄昭), 손가회(孫可懷), 고기(高起), 장창, 척사(戚思) 등은 각각 군사 1000명을 이끌고 사방에서 군사들의 전진을 재촉하는 역할을 맡았다. 진희, 육가, 부관, 오예 등은 각각 군사 5000명을 이끌고 오솔길로 팽성 왼쪽으로 가서 초나라 군사들이 성을 비우고 밖으로 나오면 그 틈에 성안으로 들어가 패왕의 궁궐 가족과 후비들을 사로잡고 백성을 위무하는 역할을 맡았다. 절대 마음대로 약탈하지 말고 사방 성문의 초나라 깃발을 뽑은 뒤 모두 한나라 깃발을 세우게 했다. 관영은 패배를 가장하고 패왕을 해하로 유인하는 역할을 맡았다. 패왕이 패배한 뒤에는 중랑기장(中郎騎將) 양희(楊喜), 오군도위(五軍都尉) 양무(楊武), 좌군사마(左軍司馬) 왕익(王翼), 우군사마(右軍司馬) 여승(呂勝)이 오강(烏江) 좌우에 매복하고 패왕을 기다리도록 했다. 한나라 장수들은 한신의 지시에 따라 진을 치고 각각 방향을 잡은 뒤 모든 준비를 마쳤다.

구리산에서 십면매복 작전을 펼치다

그때 왕릉 등이 앞으로 나서며 물었다.

"대원수께서 줄곧 군사를 조련하고 진영을 배치해온 것을 우리 모두는 잘 알고 있습니다. 허나 구리산은 패현에서 180리 떨어져 있고, 지금 초나라 군사 50만이 사방에 진채를 세우고 있습니다. 그런데 대원수께서는 아무개 등에게 구리산으로 가서 매복하라 하셨습니다. 도대체 어느 길로 가서 어디에 매복해야 하는지 모르겠습니다. 또 대원수께서는 어디서 적을 맞아 싸우고 주상께서는 어디서 싸움을 유도하시는지요? 자세한 내용을 알려주어 아무개 등의 의문을 풀어주십시오."

한신이 대답했다.

"아무개도 이곳에서 초나라 군사와 싸워본 적이 없소. 이에 먼저 사람을 몇 명 이곳으로 보내 땅을 답사하게 하고 우리가 매복할 곳을 자세히 찾아보게 했소. 그런 뒤에 여러 장군에게 임무를 맡기고 각각 지킬 방위를 말씀드린 것이오. 내가 지금 여차여차하게 알려드릴 테니 그곳으로 가면 되오. 만약 갈 길을 모른다면 어떻게 승리할 수 있겠소? 구리산은 팽성에서 북쪽으로 9리 정도 떨어져 있소. 패왕은 이좌거에게 속아 패현으로 왔소. 지금 매우 후회하고 있을 것이오. 지금 나와 싸워 한 번 패배하면 틀림없이 팽성으로 도주할 것이오. 내가 이 산을 가늠해보니 매복하기가 매우 좋소. 패왕이 성으로 들어가기 전에 여러분이 이곳에서 진을 치고 패왕을 포위망에 가둬야 하오. 사방은 모두 우리 한나라 군사이니 패왕은 전진해도 갈 곳이 없고 후퇴해도 지킬 곳이 없소. 틀림없이 장강을 건너 구원병을 청할 것이오. 아무개는 이미 대장 네 명을 보내 오강(烏江, 안후이성 허현和縣 우장진烏江鎭 경내)에 매복하게 했소. 패왕은 강을 건너기도 어려울 것이니 이제 이곳에서 반드시 패왕을 사로잡을 수 있을 것이오. 각지 군사들이 서쪽으로 가게 되면 고릉 북쪽 길에서 황하 연안을 따라가다 다시 귀덕군(歸德郡, 허난성 상추시)에서 우성현(虞城縣, 허난성 위청현虞城縣)을 돌아 200리를 가면 거꾸로 팽성 구리산으로 진입할 수 있소. 이 산의 옛 이름은 구의산(九嶷山)인데 가까운 곳에 네 산이 서로 이어져 있소. 성 동북쪽은 계명산, 서쪽은 초왕산(楚王山), 북쪽은 성녀산(聖女山)으로 그 주위가 모두 200리에 달하오. 패왕이 팽성에 당도하면 성 위에 꽂힌 우리 한나라 깃발을 보고 감히 성으로 접근하지 못하고 북쪽으로 달아날 것이오. 여러분의 군사가 사방에서 압박하면 어떻게 북쪽 포위망을 탈출할 수 있겠소? 아무개가 이미 방향을 예상해두었소. 그런 뒤에 초나라 군사를 유인하여 이곳으로 오게 할 것이오. 저들은 애써서 돌아가려 해도 더이상 군량이 떨어져서 먹을 것도 없소. 이 때문에 반드시 이긴다고 말씀드린 것이오."

왕릉 등은 땅에 엎드려 절을 하며 말했다.

"대원수의 신령하고 기묘한 계책은 고금에 드물 것입니다!"

후세에 사관이 이 일을 시로 읊었다.

계략 운영 대책 결정 손무를 속이겠고,	運算決策欺孫武,
한나라 유씨 일으키는 일 관중과 오기보다 뛰어나네.	輔漢興劉勝管吳.
십면매복 기이한 공으로 초나라를 멸망시켜,	十面奇功摧楚滅,
산하 만 리 천하에서 장한 황업 이루겠네.	山河萬里壯皇圖.

한신이 장수들에게 임무를 모두 맡기고 나자 막하에서 한 장수가 고

함을 질렀다.

"대원수께서는 어찌하여 사람을 나무토막으로 여기십니까?"

한신이 바라보니 바로 무양후 번쾌였다. 한신이 말했다.

"모든 장수에게 각각 방향을 맡겼는데, 장군에게만 임무를 부여하지 않았다고 이 한신이 장군을 가볍게 본 것은 아니오. 장군이 맡아야 할 큰 임무가 하나 있소. 잠시라도 일을 그르치면 우리 100만 대군이 눈을 잃는 것과 마찬가지 상황이 되오."

번쾌가 말했다.

"대원수께서 어떤 임무를 맡기시든지 아무개는 온 힘을 다해 진격하겠습니다. 조금이라도 일을 그르치면 대원수의 군법을 달게 받고 죽어도 원한을 품지 않겠습니다."

한신이 말했다.

"여러 장군이 거느린 대군이 구리산에 도착하면 왼쪽을 맡은 기수는 왼쪽으로 깃발을 흔들 것이고, 오른쪽을 맡은 기수는 오른쪽으로 깃발을 흔들 것이고, 앞쪽을 맡은 기수는 앞을 향해 깃발을 흔들 것이고, 뒤쪽을 맡은 기수는 뒤를 향해 깃발을 흔들 것이오. 사방팔방으로 방향을 옮기는 일은 전부 중군의 큰 깃발을 보고 자세히 조정하오. 그런데 지금 모든 일은 완비되었는데 한 가지 일이 빠졌소. 그것은 바로 장군이 수고스럽더라도 군사 3000을 이끌고 구리산 정상에 올라가서 중군의 큰 깃발을 관장하는 일이오. 그렇게 삼군을 지휘하여 각각 방향을 알려주면 모든 군대는 장군의 밝은 눈과 빠른 손놀림에 의지하여 모든 변화에 대처할 수 있을 것이오. 멀리 패왕이 향하는 곳을 바라보고 방향을 바꾸면 되오."

번쾌가 물었다.

"낮에는 큰 깃발을 볼 수 있지만 밤에는 어떻게 신호합니까?"

한신이 대답했다.

"밤에는 큰 등롱을 산꼭대기에 달아두시오. 꼭대기에서 볼 때 횃불이 흔들리지 않고 각 방향으로 지키고 있는 것은 우리 한나라 군사요. 만약 분주하게 앞으로 달려가며 흔들리는 것이 있다면 그것은 초나라 군사요. 그것을 보고 등롱을 흔들면 우리 군사들이 그것에 맞추어 호응할 수 있소. 주의해서 틀리지 않게 해주시오!"

번쾌는 명령을 받고 여러 장수와 비밀리에 출발했다. 이때 한왕의 대군과 그를 둘러싼 전후좌우 군사만 한신을 따라 초나라와 전투를 벌였고 나머지는 모두 동쪽으로 자취를 감추었다.

한편, 패왕은 계포 등을 불러 대책을 논의했다.

"사방을 염탐해보니 한나라 군사의 기세가 대단하오. 여러 장군은 여섯 부대로 나눠 진격해야 하오. 종리매 장군과 주란 장군은 짐을 방어하며 구원해주시오. 짐이 직접 군사 20만을 이끌겠소. 나머지 30만은 여섯 갈래로 나누어 각 대장들이 맡아주시오. 우자기 장군은 중군을 수호해주시오."

패왕은 일기당천의 모습으로 일찌감치 대열 맨 앞에 서서 한왕에게 싸움을 걸었다.

"한왕은 어서 앞으로 나와 짐과 결전을 벌이자. 쌍방의 성패는 이 일전에 달려 있다. 이전처럼 도망치지 마라. 또 한신에게 몰래 속임수를 쓰게 하지 마라. 그건 대장부가 할 짓이 아니다."

그러자 한왕도 온몸에 번쩍번쩍 빛나는 갑옷을 입고 투구를 쓴 채 위세를 자랑하며 패왕과 싸움을 벌이려 대열 앞으로 나왔다. 맞대결의 결과가 어떻게 될지는 다음 회를 보시라.

제81회

천하무적 서초 패왕

초 패왕이 해하에서
대회전을 벌이다
楚霸王會垓大戰

패왕은 초나라 진영 앞으로 나와 한왕과 결전을 벌이려 했다. 한왕도 갑옷을 입고 투구를 쓴 채 한나라 진영 맨 앞으로 나와 패왕과 말싸움 벌였다. 한왕의 좌우에는 공희와 진하가 바짝 붙어 호위했다. 패왕이 소리를 질렀다.

"유방! 듣거라! 앞서 고릉 싸움에서 네놈을 살려주었더니 오늘 군사를 추스르고 와서 나와 결전을 벌이려 하는구나! 게다가 네놈은 5년 동안 수십 번의 전투에서 한 번도 나와 직접 맞붙은 적이 없다. 네놈의 무예가 어떤지 모르겠구나. 오늘은 나와 승부를 겨루자!"

한왕이 맞받았다.

"군사를 부려 승리를 얻는 일은 용기가 아니라 지모에 달려 있다. 그러니 나는 네놈과 지혜를 다투지, 힘을 다투지 않는다. 네놈은 가는 곳마다 혈기왕성한 용기에만 의지하다 끝내 패망으로 치닫고 있지 않느냐? 그것을 어찌 강하다고 할 수 있겠느냐?"

패왕은 대로하여 창을 들고 한왕을 겨냥하여 찔렀다. 공희와 진하가 함께 달려나와 패왕을 맞아 전투를 벌였다. 패왕은 분노하여 두 장수와 무예를 겨루었다. 양쪽 대군은 모두 50보 뒤로 물러나 있었다. 패왕은 두 배 이상의 힘을 발휘하며 두 장수와 싸웠다. 각각 위풍당당하게 무예를 뽐내자 한줄기 먼지가 하늘로 치솟아올랐다. 살벌하게 50합을 겨루었으나 승패가 나지 않았다. 이때 패왕이 고함을 지르자 그 소리가 마치 공중에서 벼락이 치는 것 같았다. 두 장수가 탄 말이 깜짝 놀라 몇 걸음 뒤로 물러섰다. 진하는 황급히 말고삐를 잡아당기다가 패왕의 창을 막지 못했다. 그는 왼쪽 옆구리에 패왕의 창을 맞고 몸을 뒤집으며 말에서 떨어졌다. 공희가 서둘러 구하려 했으나 패왕의 창이 또 그를 찔렀다. 다급하게 머리를 낮추며 몸을 피했으나 패왕의 창은 이미 그의 투구를 찔렀다. 투구가 땅에 떨어지자 공희는 머리를 풀어헤친 채 도주하여 본진으로 돌아갔다. 그러자 근흡과 시무 두 장수가 패왕을 막아섰다. 이 때문에 공희는 다행히 부상을 입지 않았다. 패왕은 두 장수가 달려나오는 것을 보고 그들과 싸우려 하다가 한왕이 말고삐를 당겨 쥐고 저쪽 언덕 위에 서 있는 것을 보았다. 한왕은 아직 물러가지 않고 있었다. 패왕은 두 장수를 내버려두고 한왕에게 곧바로 달려갔다. 그러자 하후영이 급히 군사를 이끌고 와서 한왕을 보호하며 동북쪽 방향으로 달아났다. 패왕은 삼군을 휘몰아 북을 크게 울리며 진격했고 한왕을 추격하기 위해 온 힘을 다했다. 5리도 채 못 가서 길 양쪽의 한나라 군사

패왕이 진하를 찔러 떨어뜨리다

들이 점점 패왕을 포위하며 다가왔다. 계포가 황급히 제지하며 말했다.

"한나라 군사가 저 앞에서 달려가고 있지만 군사들은 후퇴하지 않고 더욱 기세등등하게 밀려오고 있습니다. 아마도 속임수인 것 같습니다. 폐하! 잠시 군사를 거두어 적의 공격을 막아야 합니다."

패왕은 그의 말에 따라 고개를 돌리다가 저쪽에서 이좌거가 앞으로 달려나와 소리를 지르는 모습을 보았다.

"신은 초나라에 있을 때 폐하의 보살핌을 많이 받았습니다. 이제 폐하는 모든 한나라 군사의 과녁이 되었으니 항복하는 편이 좋을 것입니다. 신이 폐하를 한왕 앞으로 인도하여 주살만은 면하게 해드리겠습니다."

패왕의 분노가 폭발했다.

"네 이놈! 앞서 내가 네놈의 간계에 빠졌으니 이제 네놈의 시신을 갈기갈기 찢어 원한을 갚을 것이다. 그런데도 다시 내 앞에서 간교한 말을 늘어놓느냐!"

패왕은 말에 채찍질을 하며 이좌거를 추격했다. 맨 처음에는 이좌거가 앞에서 도망가고 패왕이 그 뒤를 쫓아갔으나 10여 리를 가자 갑자기 이좌거의 모습은 보이지 않고 한나라 군사가 사방에서 쇄도해왔다. 초나라 군사는 꼼짝달싹할 수 없었고 이 난국을 수습하기도 어려웠다. 결국 그들은 새로 투입된 한나라 병사들에 의해 사방으로 흩어지며 무너졌다. 패왕은 자신이 이미 포위망 깊은 곳에 갇혀 있음을 알았다. 또 끊임없이 포성이 울리며 잠깐 사이에 한신의 대군이 사방팔방에서 몰려와 패왕을 에워쌌다. 계포, 종리매 등이 패왕의 좌우에 바짝 붙어 서로 도우며 적의 포위망을 뚫어보았으나 도저히 탈출할 수 없었다. 또다시 근흡, 시무, 공희 등이 군사를 나누어 달려왔다. 패왕은 초나라 군사가 이처럼 궤멸되자 더이상 싸울 마음이 없어져서 장수들과 함께 겹겹의 포위망만 뚫으려 했다. 뒤쪽에서는 한신의 대군이 벌떼처럼 몰려왔다. 산이 무너지고 바다가 들끓는 것 같았다. 패왕은 자신의 군사들을 돌아보았다. 어느 곳에서 끊겼는지 모르겠지만 겨우 수천 명의 패잔병만 자신을 따르며 앞을 향해 돌진하고 있었다. 황망한 가운데 주란이 본부의 대군을 이끌고 포위망을 뚫고 들어와 패왕과 호응했다. 패왕은 주란이 이끌고 온 군사들의 힘을 빌려 마침내 포위망을 뚫고 나왔다. 패왕의 기세에 한나라 군사들은 어지럽게 길 양쪽으로 후퇴했다.

패왕은 황혼 무렵까지 살상전을 벌이다 초나라 군영으로 돌아왔다. 우자기가 패왕을 중군 진채로 맞아들였다. 패왕은 거친 숨이 잦아들자 우희를 보고 상황을 자세히 설명했다.

"한나라 군사의 기세가 대단하여 여기에 주둔하기 어려울 듯하오. 차라리 오늘 한밤중에 다시 팽성으로 돌아가 군사를 정비하고 다른 대안을 찾는 것이 좋겠소."

우자기가 말했다.

"방금 받은 보고에 의하면 한나라 군사 한 부대가 팽성으로 가서 후궁들을 잡아 가두었다고 하는데 확실한지 모르겠습니다. 이런 형편에 폐하께서 팽성으로 헛걸음하실까 두렵습니다. 우리 대본영에는 아직 2만 군사가 남아 있고 곳곳으로 도망갔다 돌아온 사람도 아직 5만이나 됩니다. 이들을 한곳에 모아 오늘밤 출발하여 형초[1] 땅 호주(湖州)[2]와

1_ 대체로 창장강 중류와 한수이(漢水)강 하류 일대의 드넓은 땅을 일컫는 말이다. 그곳이 옛 형주였고 춘추전국시대 초나라 땅이었으므로 형초라 부른다.

양양 일대에 주둔한 뒤 군사를 정비하고 날카로운 기상을 기르면 아직도 지난날의 대업을 회복할 수 있습니다. 폐하의 뜻은 어떠하신지요?"

패왕이 대답했다.

"수많은 관리가 모두 팽성에 있다. 전해온 말이 꼭 확실하다고 할 수도 없다. 나는 곧바로 팽성으로 가서 궁궐의 가족과 후궁들을 데리고 산동 노군(魯郡)[3]으로 이동하여 군사를 주둔하겠다. 팽성에서도 멀지 않으니 양식과 군수품을 공급하기에도 편리할 것이다."

장수들이 말했다.

"폐하의 견해가 지당하십니다."

패왕은 마침내 대소 삼군 군사들에게 서둘러 밥을 해먹고 군장을 꾸려 팽성으로 돌아가겠다는 명령을 비밀리에 내렸다. 삼군이 밥을 해먹고 나자 시간은 한밤중을 넘었다. 패왕의 대군은 동쪽 대로를 따라 팽성으로 진군했다.

얼마 지나지 않아 팽성에서 50리 떨어진 소현(蕭縣, 안후이성 샤오현蕭縣)에 당도했다. 그곳에는 벌써부터 한나라 군사들이 계속 남쪽 길로 내려오고 있었다. 멀리 동산(東山) 일대에 얼핏얼핏 늘어선 깃발이 보였고 무수한 군사가 그곳에서 왕래하고 있었다. 패왕은 깜짝 놀라 좌우 근신들에게 물었다.

"저곳에 어떻게 한나라 군사가 저리 많소? 생각건대 천하의 제후가 모두 이곳에 모인 듯하오. 어쩌면 좋소?"

종리매가 대답했다.

2_ 창장강 하류와 저장성 북부지역이다. 타이후(太湖)호 때문에 호주란 지명이 붙었다.
3_ 항우의 첫번째 봉토다. 지금의 산둥성 취푸시 일대다.

"앞에는 한나라 군사가 막고 있고, 뒤에는 한신의 군사가 빠르게 추격해오고 있습니다. 각 지역 제후들도 모두 여기에 모여 있으니 팽성도 이미 한나라 차지가 된 것으로 짐작됩니다. 차라리 폐하께선 신들과 함께 8000자제를 이끌고 강동으로 들어가서 재기를 도모하시는 것이 좋겠습니다. 이제 이곳에 연연할 수 없습니다. 자칫하면 몸을 빼내기도 어렵습니다. 옛사람이 이르기를 '군사가 많으면 장수가 피로하고, 비용도 댈 수 없으며, 마음도 지치므로 틀림없이 곤경을 당하게 된다'라고 했습니다. 폐하께서 신들의 말을 서둘러 따르지 않으시면 후회해도 미칠 수 없게 됩니다!"

주란이 말했다.

"종리매의 말이 지극히 일리가 있습니다. 폐하께서도 굽어살피셔야 합니다.

패왕은 성격이 조급하여 크게 소리를 질렀다.

"짐은 군사를 일으킨 이래 가는 곳마다 모든 적을 쳐 없앴다. 지금 한나라 군사가 많다 해도 저들 장수 중에 짐의 적수는 없다. 그런데 어찌 내가 군사를 버리고 도주할 수 있겠느냐? 제후들이 이 소식을 들으면 나를 비웃지 않겠느냐? 너희는 내 뒤를 따르며 내가 한나라 장수들과 힘써 싸우는 것이나 구경하라. 만약 내 예봉이 조금이라도 꺾인다면 자결하여 내가 약하다는 걸 스스로 드러내겠다."

장수들은 패왕이 화를 내자 아무도 간언할 수 없었다. 결국 그들은 군사를 움직여 전진할 수밖에 없었다.

팽성이 가까워질 때 정탐병이 보고했다.

"팽성 사방 성문에 모두 한나라의 붉은 깃발이 꽂혀 있습니다. 팽성은 이미 한나라에 점령되었고 사방 성문도 한나라 군사가 지키고 있습니다."

패왕은 말에서 내려 군장을 다시 추스르고 벽력같이 소리를 지르며 계명산으로 치달려갔다. 그때 산꼭대기에서 한줄기 포성이 울리더니 큰 깃발이 펄럭였다. 그러자 사방팔방에서 한나라 군사가 포위망을 펼치며 올라왔다. 서북에서는 왕릉, 정북에서는 노관, 동북에서는 조참, 정동에서는 영포, 동남에서는 팽월, 정남에서는 주발, 서남에서는 장이, 정서에서는 장도가 각각 무기를 들고 패왕과 대적했다. 패왕은 창을 들고 여러 장수와 맞섰다. 징소리, 북소리가 울렸고 살기가 하늘을 찔렀다. 패왕은 왼쪽으로 부딪치다가 오른쪽으로 치고 들어갔으며, 한번 올라가다 다시 내려오기도 하고, 또한번 진격하다 다시 후퇴하기도 하는 등 큰 바다에서 용이 몸을 솟구치는 것처럼, 앞 절벽에서 호랑이가 도약하는 것처럼 정신을 떨치며 힘을 다해 적장들과 싸웠다. 앞서 싸우던 장수들이 후퇴하자 다시 박소, 손가회, 고기, 장창, 척사 등 다섯 장수가 패왕 앞을 가로막고 살기등등하게 공격해왔다. 패왕은 전혀 겁을 내지 않고 다시 20합을 싸웠다. 그는 창으로 손가회를 찔러 상처를 입혔고, 오추마로 척사를 들이박아 말에서 거꾸러뜨렸다. 남은 장수들을 뒤쫓으려는 순간 다시 진희, 부관, 시무, 오예가 성녀산에서 달려 내려와 계곡 입구로 쇄도하여 패왕을 가로막고 각각 치열한 전투를 벌였다. 그러나 10합도 겨루지 못하고 한나라 장수들은 모두 패주했다. 하루 사이에 패왕은 한나라 명장 60여 명과 대적했다. 오추마도 물러서지 않았고 패왕의 창도 전혀 땅에 닿지 않았다. 패왕은 초나라 장수들을 돌아보며 외쳤다.

“내가 오늘 한나라와 싸울 때 과연 힘이 약하던가?”

장수들이 응답했다.

“폐하께선 천신(天神)이십니다! 고금의 위풍당당한 장수를 통틀어도 폐하에 비할 수 없습니다. 날이 저물어 수라 때가 되었으니 잠시 이곳에 진채를 마련하시고 우희마마를 모셔와 조금 쉬시옵소서.”

이에 우자기에게 우희를 장막으로 데려오게 했다. 패왕이 말했다.

“오늘 한나라 놈들에게 포위되어 매우 놀랐을 거요.”

“신첩은 폐하의 위엄과 장수들의 보호 덕분에 마음이 든든해서 두렵지 않았습니다. 또 폐하께서 하루종일 적장 60여 명과 싸우셨다는 말을 들었습니다. 옥체에 피로가 쌓였을까 걱정입니다. 이제 좀 쉬셔야 합니다.”

“옛날에 조나라를 구원할 때는 장함과 아홉 번 싸우면서 며칠 동안 밥을 배불리 먹지 못하고도 완전한 승리를 거두었소. 이제 하루를 싸웠을 뿐인데 뭐가 피로하겠소?”

좌우에서 그 말을 듣고 놀라지 않는 사람이 없었다. 이때 주란 등이 다시 앞으로 나와 아뢰었다.

“폐하께서 오늘 적장들과 싸워 이겼지만 한나라 군사들은 기세등등하게 사방을 물샐 틈 없이 포위하고 있습니다. 오늘밤 기습에 대비하여 각 군영에서는 단단히 수비를 해야 합니다.”

패왕이 말했다.

“그 말씀이 내 생각과 딱 맞소.”

패왕은 바로 대소 삼군 장졸들에게 오늘밤 각각 정신을 차리고 있으라고 명령을 내렸다. 그리고 8000자제에게도 모두 군중 좌우를 방어하라고 군령을 하달한 뒤 마침내 술상을 차리게 하여 우희와 밤술을 마셨다.

한신은 한나라 장수들이 항왕을 대적하지 못하는 것을 보고 긴급히 이좌거를 불러 대책을 논의했다.

"내일 패왕과 대적할 필요 없이 구리산의 대군으로 사방을 포위하고, 곳곳에 병거를 배치하여 깃발을 가득 꽂고 하루를 대치해야겠소. 초나라에 군량이 떨어지면 군사들이 계속 주둔하지 못하고 저절로 내란이 일어나 사방으로 도주할 것이오. 패왕은 탈출하려고 해도 방법이 없고 지키려 해도 식량이 떨어져 안으로는 군량이 없고 밖으로는 구원이 없는 지경에 빠지게 되오. 그러니 어떻게 패배하지 않을 수 있겠소? 직접 대적하려면 1만 사람이 나서도 패왕의 용맹에 맞서기 어렵소. 스스로 좌절하게 하는 것이 어찌 좋은 대책이 아니겠소?"

이좌거가 말했다.

"항왕은 용맹하지만 믿는 것은 몇몇 장수와 8000자제뿐입니다. 삼군이 모두 도주하더라도 장수들과 8000자제는 오래오래 서로 따르며 절대 흩어지지 않을 것입니다. 묘책을 써서 반드시 장수들을 흩어지게 하고 8000자제를 떠나게 해야 합니다. 그럼 세상을 뒤덮는 패왕의 용맹도 혼자서는 오래 지키기 어려울 것입니다. 지금 장수들도 흩어지지 않고 8000자제도 떠나지 않는다면 양식이 없어도 사태가 위급할 때 다시 용력을 발휘하며 마음을 하나로 모아 돌격에 나설 것입니다. 그럼 우리 군사들이 감당할 수 없습니다. 패왕이 포위를 뚫고 나가면 서둘러 강동으로 가서 다시 병마를 정비할 것입니다. 그렇게 되면 대원수께선 다시 한두 해를 더 기다려야 겨우 평정할 수 있을 것입니다. 차라리 지금 모든 힘을 다해 공격하는 것이 좋을 듯합니다. 한 번 싸움으로 초나라에 승리하면 천하대사를 정할 수 있습니다."

한신이 말했다.

"구구절절 일리 있는 말씀이오. 허나 묘책을 시행하여 초나라 군사를 흩어버릴 사람이 없소. 사람을 보내 자방을 초청하여 어떻게 생각하는지 봐야겠소. 게다가 자방은 임기응변에 가장 뛰어난 사람이라 그와 상의하면 틀림없이 기묘한 대책이 있을 것이오."

한신은 육가를 좌군으로 들여보내 상의할 일이 있다며 장량을 불러오게 했다. 육가가 떠난 지 얼마 지나지 않아 장량이 말을 타고 달려와 한신, 이좌거와 인사를 나누었다. 한신이 말했다.

"어제 패왕의 용맹함을 보니 우리 장수들이 다시 맞서 싸울 수 없을 듯하오. 또 초나라 장수 계포와 종리매도 일심으로 협력하고 강동 8000자제도 패왕 곁을 지키며 떠나지 않고 있소. 아마도 우리 포위망을 탈출하여 강동으로 가면 승리를 얻기가 어려울 듯하오. 그래서 밤이 깊었는데도 선생에게 가르침을 청하는 바이오. 주옥같은 말씀을 아끼지 말고 제 막힌 생각을 열어주기 바라오."

장량이 말했다.

"그게 뭐 어려운 일이겠소! 초나라 장수들이 떠나고 8000자제가 흩어지면 패왕 혼자서 어떻게 오래 지탱할 수 있겠소? 열흘 안에 패왕을 사로잡고 천하를 평정할 수 있을 것이오."

"한 아무개도 그렇게 생각하오만 그 묘책을 시행할 사람이 없소. 그래서 선생께 가르침을 청하는 것이오. 선생께선 틀림없이 묘책을 갖고 있으리라 생각하오. 밝은 가르침을 내려주기 바라오."

장량은 마침내 일어나서 한신과 이좌거 앞으로 갔다. 그는 비밀리에 몇 마디 말을 해주며 초나라 장수들의 마음을 해이하게 만들고 8000자제도 흩어지게 만들겠다고 했다. 과연 그는 무슨 말을 했을까?

第82회

사방에서 들려오는 초나라 노래

장자방이 슬픈 노래로
초나라 군사를 흩어지게 하다
張子房悲歌散楚

한신이 장량에게 좋은 대책을 구하자 장량은 자리에서 일어나 앞으로 다가가 한신과 이좌거에게 비밀 이야기를 했다.

"젊은 시절 하비에서 놀 때 이인(異人)을 한 분 만났소. 그분은 퉁소를 잘 불었는데 음조가 유장하고 가락이 애절했소. 나는 그분과 함께 술을 마시며 온종일 퉁소를 배웠소. 한 달 동안 배우자 나도 모르는 사이에 실력이 늘어 퉁소를 잘 불 수 있게 되었소. 그 이인께서는 퉁소는 옛날 악기이고 본래 황제(黃帝) 때부터 전해온 악기라고 말씀했소. 대나무를 잘라 퉁소를 만드는데 길이는 한 자 다섯 치이며 오행(五行)과 십이지(十二支)에 맞추고 팔음(八音)[1]이 화음을 이루며 천지의 소리와 조화되어 중려(仲呂)[2]의 기운을 갖는다 했소. 나중에 순임금은 퉁소를 만들면서 길이가 다른 대나무를 세워 봉황의 날개처럼 만들었소.[3] 옛날에 퉁소를 잘 분 사람으로는 진나라 여인 농옥(弄玉)과 신선 소사(蕭史)[4]가 있는데, 두 사람 모두 명성이 높소. 그들이 퉁소를 한 번 불면 봉황을 불러와 의례(儀禮)를 행하게 할 수 있고 공작과 백학을 불러 계단 아래에서 춤추게 할 수도 있소. 이 때문에 퉁소 소리로 사람의 마음을 흔들어 고향 생각을 불러일으키게 할 수도 있는 것이오. 따라서 즐거운 사람이 퉁소 소리를 들으면 즐거움을 느끼고, 우울한 사람이 들으면 우울함을 느끼오. 지금은 깊은 가을이라 초목의 잎이 시들어 떨어지고 가을바람이 불어오고 있소. 먼 타향에 사는 사람은 슬픈 감정에 젖어 들기 마련이오. 고요한 밤 이슥한 시간에 계명산 일대로 가서 이 퉁소를 불면 유장한 여운과 간절하고 슬픈 소리가 구구절절 애간장을 끊고 사람의 마음을 풀어지게 할 것이오. 퉁소를 한 번 불기만 하면 대원수께서 화살을 쏠 필요도 없이 8000자제가 저절로 흩어질 것이오."

한신은 바로 땅에 엎드려 절을 하며 말했다.

"선생의 이 묘책은 진나라 농옥이나 소사라 하더라도 미칠 수 없을 것이오."

1_ 고대에 악기를 만드는 다섯 가지 재료 또는 그것으로 만들어진 악기를 가리킨다. 금(金, 징 등), 석(石, 편경 등), 사(絲, 금琴 등), 죽(竹, 퉁소 등), 포(匏, 생황 등), 토(土, 훈壎 등), 혁(革, 북 등), 목(木, 축柷 등)이 그것이다.

2_ 동양 전통 음악 12율(律)의 여섯 번째 율명이다. 12월 중 4월에 해당하여 엄숙하고 맑은 음율을 상징한다.

3_ 요즘의 생황(笙簧)이다.

4_ 『동주열국지』 제47회에 의하면 농옥은 진 목공의 딸로 생황을 잘 불었다. 진 목공은 당시 태화산(太華山)에 사는 신선 소사를 초청해와 딸 농옥과 혼인을 맺게 했다. 소사는 퉁소를 잘 불어 봉황을 날아오게 할 수 있었다. 두 사람은 혼인하여 살다가 봉황을 타고 천상세계로 날아가 신선이 되었다.

장량은 맞절로 예를 표하며 약속을 정했다. 다음날 한신은 군사를 잡아두고 초나라와 전투를 벌이지 않았다. 사방에는 많은 병거를 배치하고 갑사들을 증원하여 엄격하게 순찰을 돌게 했다. 또 여전히 소하에게는 군량을 관리하게 하고 각 지역 제후들에게 나누어 운송하게 하여 각 군에 저장해두게 했다. 번쾌에게는 산꼭대기에서 징과 북을 울리며 초나라 군사들의 마음을 어지럽게 하라고 했다. 그리고 관영에게는 항상 초나라 군영 좌우에 매복해 있다가 패왕이 혹시라도 군영을 나와 돌격해오면 그것을 막고 한나라 각 군영에 보고하여 일제히 공격에 나서게 했다.

패왕은 연이어 사흘 동안 싸움에 나서지 않았다. 계포, 항백 등은 패왕의 막사로 들어가 아뢰었다.

"곧 삼군에 군량이 떨어지고 군마에게 줄 사료도 떨어질 것이라 군사들이 몰래 원망을 품고 있습니다. 만약 변란을 조장하는 자가 군사들의 마음을 유혹하면 틀림없이 난리가 일어날 것입니다. 사태가 이미 여기에 이르러 매우 다급한 상황입니다. 차라리 폐하께서 8000자제를 이끌고, 저희도 각 군영 군사를 인솔하여 합심 협력으로 저들의 포위망을 뚫는 것이 좋겠습니다. 그 이후 형양이나 강동으로 가시면 신들도 폐하가 가시는 곳으로 따라가겠습니다."

패왕이 말했다.

"삼군에 군량이 떨어지면 진실로 버티기가 어렵소. 포위를 뚫고 나가는 것이 옳소. 허나 한나라 군사의 세력이 막강하여 탈출할 수 없을까 두렵소."

계포가 말했다.

"신이 보기에 8000자제는 지금까지 폐하를 수행하여 적과 부딪치며 선봉대 역할을 가장 능숙하게 수행해왔습니다. 가는 곳마다 승리하지 않은 적이 없습니다. 한나라 군사들은 8000자제를 한 번 보기만 해도 바람에 휩쓸리듯 쓰러집니다. 폐하께서 8000자제를 거느리고 선두에서 적진을 돌파하시면 신들도 각각 휘하 군사를 이끌고 우희마마를 보호하며 적의 후방 공격을 막겠습니다. 만약 선두에서 폐하께서 혈로를 열면 후방의 적은 저절로 물러날 것이고, 그럼 신들은 적의 포위망을 벗어날 수 있을 것입니다."

패왕이 고개를 끄덕였다.

"지당한 말씀이오."

그리고 바로 명령을 내렸다.

"삼군은 내일 나를 따라 한나라 진영으로 돌격하여 포위망을 뚫는다. 모두 힘을 다해 앞장서야지, 절대 물러나서는 안 된다!"

초나라 군사들은 명령을 받고 몰래 쑥덕거렸다.

"우리는 입대한 날이 오래되어 옷과 담요가 떨어졌는데도 깁지도 못하고 있다. 가을은 깊어서 날씨는 점점 추워지는데 연일 식량이 부족하여 죽어가는 마당에 어떻게 한나라 진영을 돌파하란 말인가?"

초나라 군사들은 황혼 무렵 초경의 북소리가 울릴 때쯤 스산한 가을바람 소리와 나뭇잎이 우수수 떨어지는 소리를 들으며 객지를 떠도는 설움에 고향 생각이 간절했다. 게다가 사방 들판에는 창과 방패가 빼곡히 들어섰고 양식은 떨어져 곤경에 처한 상황이라 괴로운 마음을 견디기 어려웠다. 군사들이 삼삼오오 무리를 지어 우울함에 젖어들 때 홀연히 높은 산 위에서 바람을 타고 몇 줄기 퉁소 소리가 들려왔다. 매우 슬픈 소리였다. 맑고 애절하게 원망하는 듯, 호소하는 듯 우수에 젖은 가슴속으로 파고들어 이별의 정을 뒤흔들었다. 군사들은 마구 눈물을 쏟으며 깊은 슬픔에 빠져들었다. 퉁소 소리는 높아지다 낮아지기도 하고 길게 이어지다 짧게 끊어지기도 했다. 오음(五音)5이 어울리고 육률(六律)6이 조화를 이루었다. 창오(蒼梧)7에서 이슬이 떨어지는 듯, 구고(九皐)8에서 학이 우는 듯, 옥이 서로 부딪치는 듯, 물시계의 물이 떨어지는 듯 비애로운 소리가 천지를 가득 덮었다. 시간이 지날수록 더욱 가슴이 아팠고, 들으면 들을수록 더욱 슬픔이 깊어졌다. 쇠나 돌 같은 심장을 가진 사람도 마음이 갈가리 찢어졌고, 얼음과 서리 같은 절개를 지닌 사람도 마음이 마구 흔들렸다. 영웅의 마음을 풀어헤치고 장사의 기상을 녹여 없앴다. 함께 들려온 노래 가사는 다음과 같았다.

구월달 가을 깊어 사방 들판에 서리 날리고, 九月深秋兮四野飛霜,
하늘은 높고 물은 말라 찬 기러기 슬피 우네. 天高水涸兮寒雁悲愴.
수자리 생활 괴로움에 밤낮으로 방황하며, 最苦戍邊兮日夜傍徨,
방패와 무기 잡고 해골처럼 모래언덕에 섰네. 披堅執銳兮骨立沙崗.
집 떠난 지 십 년이라 부모와 생이별이고, 離家十年兮父母生別,
아내는 어찌 견디나 독수공방 외롭겠네. 妻子何堪兮獨宿孤房.

5_ 궁(宮), 상(商), 각(角), 치(徵), 우(羽) 다섯 음을 가리킨다.
6_ 12율 가운데 양성(陽聲)을 말한다. 황종(黃鍾), 태주(太簇), 고선(姑洗), 유빈(蕤賓), 이칙(夷則), 무역(無射) 여섯 가지다.
7_ 중국 전설에 순임금이 남쪽으로 순행을 나갔다 객사하여 창오에 묻혔다 한다.
8_ 늪가의 높은 언덕이다. 『시경·소아』「학명(鶴鳴)」에 "학이 늪가 언덕에서 우니 소리가 들판에 퍼지네(鶴鳴于九皐, 聲聞于野)"라는 구절이 있다.

기름진 땅 있어도 뉘와 함께 지킬 것이며,	雖有腴田兮孰與之守,
이웃집 술 익어도 뉘와 함께 맛을 보랴?	鄰家酒熟兮孰與之嘗?
백발 부모 문에 기대 가을 물만 바라보고,	白髮倚門兮望穿秋水,
어린 자식 아버지 생각에 눈물로 간장 끊네.	稚子憶念兮淚斷肝腸.
오랑캐 말 바람에 울며 태어난 땅 그리는데,	胡馬嘶風兮尚知戀土,
사람이 나그네 되어 어찌 고향을 잊으랴?	人生客久兮寧忘故鄉?
어느 날 싸움 나서 칼날 밟고 죽고 나면,	一旦交兵兮蹈刃而死,
뼈와 살은 흙이 되어 시든 풀을 살찌우리.	骨肉爲泥兮衰草濠梁.
혼백은 길게 떠돌며 의지할 데 모르고,	魂魄悠悠兮不知所倚,
장사의 뜻 쓸쓸하게 황무지에 버려지겠네.	壯志寥寥兮付之荒唐.
이처럼 긴긴 밤에는 옛 생각에 젖어드나니,	當此永夜兮追思返省,
서둘러 초나라 떠나 타향에서 죽음 면하라.	急早散楚兮免死殊方.
내 노래 어찌 거짓이랴 하늘이 알려주는 것,	我歌豈誕兮天遣告汝,
그대는 천명을 알고 아득하다 말하지 말라.	汝其知命兮勿謂渺茫.
한왕은 덕이 있고 장군들도 살생 않나니,	漢王有德兮降軍不殺,
귀순하여 슬피 고하면 그대 풀어 날게 하리.	哀告歸情兮放汝翱翔.
빈 군영 지키지 말라 군량도 이미 끊겼다,	勿守空營兮糧道已絶,
조만간 항우 잡히면 옥과 돌이 모두 상하리.	指日擒羽兮玉石俱傷.
초나라 노랫소리에 초나라 병졸 흩어지리니,	楚之聲兮散楚卒,
나는 퉁소 불며 육률을 맞추어보네.	我能吹兮協六律.
나는 오자서가 아니나 단양에서 퉁소 불고,[9]	我非胥兮品丹陽,
나는 추연[10]이 아니나 연 땅에서 노래하리.	我非鄒兮歌燕室.
신선 소리 미묘하게 하늘과 통하고,	仙音微兮通九天,

가을바람 불어오면 초나라는 멸망하리. 秋風起兮楚亡日.
초나라가 멸망하면 그대 이제 어디로 가나? 楚既亡兮汝焉歸?
세월은 덧없이 번개처럼 달려가네. 時不待兮如電疾.
노래하고 노래하리 이 삼백 자 가사에는, 歌兮歌兮三百字,
글자마다 구절마다 깊은 뜻이 들어 있네. 字字句句有深意.
그대여 이 노래를 등한시하지 말고, 勸汝莫作等閑看,
귀로 듣고 마음에 새겨 익숙하게 기억하라. 入耳關心當熟記.

장량은 계명산에서 시작하여 구리산까지 옮겨다니며 수십 번 퉁소를 불었다. 또 한나라 병졸들에게도 이 초나라 노래를 익혀 도처에서 부르게 했다. 군사들은 고요한 밤이 더욱 깊어질 때 이 초나라 노래가 들려오자 슬픔을 이길 수 없었다. 초나라 군사들은 모두 눈물을 흘리며 아픈 마음을 감추지 못했다. 처음에는 눈물만 흘리며 슬퍼하다가 노래를 다 듣고 나서는 갖은 생각에 젖어 모두 비애와 번뇌를 토로했다.[11]

"이것은 틀림없이 하늘이 신선을 보내 우리 생명을 구해주려는 노래다. 이 때문에 저렇게 퉁소를 불어 우리를 도망치게 하려고 한다. 우리

9_ 춘추시대 오자서는 부친과 형이 초나라에서 억울하게 처형당하자 이를 복수하기 위해 오나라 단양(丹陽) 저잣거리로 가서 퉁소를 불며 걸식했고, 나중에 오왕 합려에게 등용되어 초나라를 망국의 지경으로 몰아넣으며 복수에 성공했다. 이후 오왕 부차의 실정을 직간하다 부차가 내린 칼로 자결했다.

10_ 전국시대 제 선왕(宣王)의 직하학사였다. 연 소왕이 인재를 우대한단 말을 듣고 연나라로 가서 객경이 되었다. 그는 연나라에서 퉁소를 불어 기장(黍)을 잘 자라게 했다고 한다.

11_ 사면초가(四面楚歌): 사방에서 모두 초나라 노래가 들려오다. 도와주는 사람이 아무도 없는 외로운 상황에 처했거나 홀로 적에게 포위되어 탈출할 수 없는 상황을 비유한다.(『사기』「항우본기」)

장량이 퉁소를 불어 초나라 군사를 흩어지게 하다

가 굶주림과 추위를 참으며 이 텅 빈 군영을 지키다가 한나라 군사들이 공격해오면 연일 굶은 몸으로 어떻게 적을 감당할 수 있겠는가? 모두 죽은목숨일 뿐이다. 그럼 부모님과 처자식도 만날 수 없다. 이것은 하늘의 뜻을 거스르는 행동이 아닌가? 차라리 밝은 달밤에 일찌감치 도망치는 것이 좋겠다. 한나라 군사에게 잡히면 한왕을 만나 초나라 군영에 식량이 떨어져 배고픔을 참을 수 없었다 말하고, 또 한나라 군사의 세력이 막강하여 도망치기 어려울까 두려웠다 말한 뒤 고향으로 돌아가 부모님을 만나고 싶다 간청하고, 한왕에게 살려달라고 애원하리라. 짐작건대 한왕은 어질고 덕이 있어서 틀림없이 우리를 해치지 않을 것이다. 칼날 아래 비명횡사하는 것보다 어찌 더 나은 일이 아니겠나?"

군사들은 이렇게 의견을 정하고 각자 짐을 꾸려 장수들의 명령도 받지 않고 우르르 사방으로 흩어져 한나라 진영으로 달아났다. 잠깐 사이에 8000자제와 각 군영 군사들 중 열에 여덟아홉은 달아났다.

초나라 장수들은 패왕에게 이런 사실을 아뢰려 했으나 시각이 벌써 이경을 넘어 패왕과 우희가 깊은 잠에 빠져 있는 상황이라 감히 아뢸 수 없었다. 장수들은 수군수군 대책을 논의했다.

"삼군은 이미 흩어졌고 우리 1000여 명만 남았소. 만약 한왕이 초나라 군영이 텅 비었음을 염탐하고 사방에서 돌격해 들어오면 폐하는 포로가 되고 우리도 생명을 보전하기 어렵소. 차라리 도주하는 군사들 틈에 섞여 한밤중에 피아를 구분할 수 없을 때 이 포위에서 벗어나 다시 폐하를 위해 복수를 도모하면 그것이 또한 사는 길일 것이오. 폐하와 생사를 같이하면 산다 해도 나라에 아무 이득이 없고 죽는다 해도 초목과 함께 썩어 없어질 것이오. 이 어찌 어리석은 행동이 아니오?"

종리매가 말했다.

"여러분의 말씀이 지당하오."

마침내 장수들은 말을 버리고 각각 행장을 꾸려 군사들과 함께 도망갔다. 항백도 생각에 잠겼다.

'나는 이전에 홍안천에서 장량을 죽음에서 구해주었고 한왕과는 사돈이 되기로 약속했다. 그러니 어찌 장량에게 투신하여 한왕을 만나지 않을 수 있겠는가? 한왕과 사돈을 맺고 봉작을 받아 제후가 되면 초나라 왕실의 지위를 잃지 않고 종묘 제사도 계속 받들 수 있다. 이 어찌 아름다운 일이 아니랴?'

그는 드디어 칼을 메고 장량의 군영으로 찾아갔다. 그러나 주란과 환초 두 장수는 이렇게 말했다.

"우리는 패왕께서 우리의 능력을 알아주시는 은혜를 입었다. 비록 죽는다 해도 패왕을 버리고 떠나지 않겠다. 저들 패거리는 모두 죽음이 두려워 목숨을 아끼면서도 교묘한 궤변이나 늘어놓고 있다. 개돼지보다 못한 자들이니 입에 올릴 만한 가치도 없다. 우리가 초나라 병졸을 규합해보니 800여 명은 된다. 이들로 하여금 중군을 지키게 하고 서둘러 주상을 깨운 뒤 죽음을 무릅쓰고 포위망을 탈출하여 재기를 도모해야 한다. 하늘이 초나라를 돕지 않아 혹시라도 주상께서 해를 입으시면 우리도 함께 죽을 것이다. 살아서 군신이 한곳에서 거처했으니 죽어서도 혼백이 서로 떨어지지 않을 것이다. 이것이 바로 대장부가 해야 할 일이다!"

두 사람은 장막 밖에 우뚝 서서 800군사를 격려하며 진채 문을 튼튼히 지켰다.

초나라 군사들과 장수들은 한나라 100만 군사의 포위망에서 어떻게 도주했을까? 한신은 장량이 통소를 불 때 관영을 시켜 각 군영에 명령을 내렸다.

"초나라 군사들이 사방으로 흩어질 때 마음대로 도주하게 내버려두고 절대 가로막지 말라."

이 때문에 초나라 장수들도 난군 속에 섞여 도주하며 마침내 겹겹의 포위망을 탈출할 수 있었다. 주란과 환초가 패왕에게 급보를 전하려 할 때 패왕은 이미 일어나 옷을 걸치고 있었다. 패왕은 두 사람의 보고를 받고 깜짝 놀라며 물었다.

"한나라가 벌써 초나라를 모두 점령했소? 어찌하여 우리 초나라 군사가 그토록 줄었소?"

주란과 환초는 황급히 장막 아래 엎드려 울부짖었다.

"우리 초나라 군사는 한신의 간계에 빠진 듯합니다. 온 산에서 들려오는 통소 소리를 듣고 모두 흩어져 달아났습니다. 장수들도 모두 도망쳤습니다. 오직 신 두 사람만 군사를 모았는데 겨우 800여 명입니다. 폐하의 명령을 기다리고 있습니다. 폐하! 지금 이 혼란을 틈타 신들과 함께 저들을 세차게 공격하면 아직 포위망을 탈출할 가망이 있습니다. 그렇지 않고 한나라가 우리 초나라 군영이 텅 빈 것을 알고 협력하여 공격을 퍼부으면 군사도 적고 장수도 부족한 우리가 어떻게 막아낼 수 있겠습니까?"

패왕은 두 사람의 말을 듣고 눈물을 주르르 흘렸다. 그리고 마침내 우희와 이별하기 위해 장막으로 들어갔다. 과연 어떻게 될까?

제83회

이별의 노래

패왕이 장막 아래에서
우희와 이별하다
霸王帳下別虞姬

패왕은 초나라 군사가 모두 흩어지고 오직 주란과 환초 두 사람만 남은 것을 보았다. 세력은 고립되고 힘은 약해져 자신도 모르게 눈물을 주르르 흘렸다. 그는 장막 안으로 돌아와 길게 탄식했다.

"하늘이 나를 망하게 하려는가?"

좌우 사람들도 모두 눈물을 흘리며 감히 쳐다보지 못했다. 우희가 황급히 일어나며 물었다.

"폐하! 어찌하여 그처럼 슬퍼하십니까?"

"초나라 장졸들이 모두 흩어졌소. 한나라 군사는 더욱 급하게 포위 공격을 퍼붓고 있소. 내가 그대와 이별하고 적진으로 쳐들어가려니 자꾸 뒤를 돌아보게 되어 차마 떠날 수 없구려. 그대와 함께 보낸 몇 년

간의 세월이 생각나오. 아침저녁으로 잠시도 떨어지지 않았고, 천군만마의 전장에서도 그대와 함께 행군했소. 이제 차마 떠날 수 없는 마음에 슬픔을 참을 수 없어서 나도 모르게 눈물이 나는구려!"

우희는 패왕의 말을 듣고 그를 바라보며 목이 메어 한참이나 오열했다. 그러다가 마침내 패왕에게 아뢰었다.

"신첩이 폐하에게 받은 사랑은 마음과 뼈에 새겨져 잊을 수가 없습니다. 불행하게도 이제 이런 난리를 만나 폐하께서 신첩을 버리고 멀리 떠나신다니 신첩의 심장은 칼로 도려내는 듯 아픕니다. 어떻게 헤어질 수 있겠나이까?"

그러면서 패왕의 소매를 부여잡았다. 얼굴은 온통 눈물범벅이었다. 부드럽고 예쁜 목소리로 흐느끼며 패왕에게 기대 떨어질 줄 몰랐다. 패왕은 좌우에 명령을 내려 장막 안에 술상을 차리게 하고 우희와 몇 잔을 마셨다. 그리고 노래를 불렀다.

힘은 산을 뽑았고 기개는 세상을 덮었지만,	力拔山兮氣蓋世,[1]
때가 불리하니 오추마도 나아가지 않는구나.	時不利兮騅不逝.
오추마가 나아가지 않으니 내 어찌하리오?	騅不逝兮可奈何?
우(虞)여! 우여! 그대를 또 어찌할꼬?	虞兮虞兮奈若何?

패왕은 노래를 마치고 우희와 여러 잔의 술을 마셨다. 그리고 또 노래 몇 곡을 불렀다. 우희도 패왕의 노래에 화답했다.

1_ 발산개세(拔山蓋世): 힘이 산을 뽑고 세상을 뒤덮다. 강력한 힘과 용기를 비유한다. 역발산, 기개세(力拔山, 氣蓋世)라고도 한다.(『사기』「항우본기」)

한나라 군사는 이미 우리 땅을 공략했고, 漢兵已略地,
사방에는 초나라 노랫소리뿐일세. 四面楚歌聲.
대왕의 의기도 다했으니, 大王意氣盡,
천첩이 어찌 삶을 도모하리오? 賤妾何聊生?

패왕과 우희는 노래를 주고받으며 술을 마시느라 벌써 오경을 넘기고 있었다. 주란과 환초가 장막 밖에서 재촉했다.

"날이 밝아옵니다. 폐하! 서둘러 일어나셔야 합니다."

패왕은 다시 울음을 삼키며 우희에게 작별을 고했다.

"나는 이제 가야 하오. 부디 몸조심하구려."

"폐하께서 포위를 뚫고 나가시면 신첩은 이제 어느 땅에 몸을 두겠나이까?"

"그대는 자색이 고우니 유방이 보고 살려줄 것이오. 절대 해치지 않을 것인데 몸을 기댈 땅이 없을까 근심하오?"

"신첩도 폐하 뒤를 따르고 싶습니다. 군사들 속에 섞여 탈출할 수 있으면 탈출하고, 탈출할 수 없으면 폐하의 말 머리 앞에서 죽겠습니다. 혼백이라도 폐하를 따라 강을 건너 고향 땅에 묻히는 것이 신첩의 소원입니다."

"천군만마 중에서 창칼이 앞에 있고 적군이 에워싸면 용맹한 장수라도 감히 진격하지 못하오. 게다가 그대는 지금까지 아리따운 몸으로 말도 제대로 탈 수 없었소. 이제 그 꽃 같은 모습이 꺾일 터이니 그 아까운 청춘 반생을 어찌하면 좋소!"

"폐하의 보검을 빌려주십시오. 신첩이 남자로 변장하여 폐하의 뒤를

패왕과 우희가 이별하다

바짝 따르겠나이다."

패왕은 보검을 빼서 우희에게 건네주었다. 우희는 보검을 받아들고 다시 흐느꼈다.

"신첩은 폐하의 두터운 은혜를 입고도 보답할 방법이 없었습니다. 이제 제 목숨을 바쳐 다른 생각을 끊겠나이다!"

우희는 마침내 패왕의 칼로 목을 찌르고 죽었다. 패왕은 얼굴을 가리고 실성한 사람처럼 통곡했다. 주란이 패왕을 달랬다.

"폐하! 천하를 귀중하게 여기셔야 합니다. 어찌 이렇게 슬퍼하십니까?"

후세에 사관이 우희의 목소리를 흉내내어 이 일을 시로 읊었다.

신첩 본래 강남 땅 여자 몸으로,	妾本江南女,
군대 따라 여러 해를 전전했다오.	隨軍已數年.
아미 같은 눈썹은 곱게 굽었고,	蛾眉雙婉轉,
구름 같은 귀밑머리 어여뻤다오.	雲鬢兩嬋娟.
옥 같은 얼굴은 경국지색이요,	玉貌傾城色,
꽃 같은 자태는 서초의 자랑.	花容西楚憐.
오늘 아침 해하에서 목숨을 던져,	今朝垓下死,
그대 앞에서 내 목을 찔렀답니다.	刎首落君前.

또 한 수의 시가 있다.

박희[2]는 일찍이 위나라 부인이었으나,	薄女曾爲西魏婦,

망국 후 갑자기 유씨 임금을 섬겼다네. 國亡遽爾事劉君.
우희는 천년토록 청사에 빛 뿌리며, 虞姬千載昭青史,
서릿발 같은 자태로 홀로 빼어났다네. 烈烈霜姿獨出群.

패왕이 남은 군사 800명을 이끌고 선두에서 적진을 무찌르자 관영은 휘하 군사를 인솔하여 패왕을 막아섰다. 패왕은 말을 박차며 창을 들고 관영을 곧장 찔렀다. 10여 합을 싸우다가 관영은 패하여 달아났다. 패왕은 그를 추격하지 않고 포위망을 뚫기 위해 힘을 다해 공격에 나섰다. 한나라 군사들은 패왕을 감당할 수 없었다. 관영은 다시 중군으로 들어갔고 한왕과 한신이 대군을 거느리고 부대를 나누어 패왕을 추격했다. 번쾌는 산꼭대기에서 큰 깃발을 흔들며 여덟 진 군사의 방향을 지시했다. 군사들은 번쾌의 지시에 따라 사방에서 패왕을 포위했다. 조참은 초나라 부대 뒤를 지키는 주란, 환초와 마주치자 서둘러 부장 유가(劉賈), 왕수(王燧), 주종(周從), 이봉(李封)에게 그들의 진로를 막게 했다. 주란과 환초가 거느린 부대는 기병 20명뿐이었다. 그들은 한나라 여러 장수와 맞서 싸우려 했으나 지탱할 힘이 부족했다. 또 한나라 군사에게 사로잡힐까 두려워서 하늘을 우러러 길게 탄식했다.

"신들의 힘은 여기까지입니다. 이제 더 버틸 수 없습니다."

두 사람은 칼을 뽑아 자결했다. 그 뒤를 따라 남은 기병 20명도 모두 한나라 군사에게 피살되었다. 후세에 사관이 시를 지어 추모했다.

2_ 본래 위왕 위표의 후궁이었다. 위표가 한신에게 패배한 뒤 한나라 유방의 후궁이 되었다. 나중에 아들 유항(劉恒, 문제)이 황제 보위에 오름으로써 황태후가 되었다.

구리산 앞에서 초나라가 곤궁할 때, 九里山前楚困時,
강한 군사 수만 명이 위기에 빠졌다네. 雄兵數萬勢將危.
부질없는 노랫소리에 팔천 자제 흩어졌고, 八千兵散空歌楚,
양날 검을 앞에 두고 지조를 감히 지켰네. 雙刀臨鋒敢自持.
외로운 충성심을 일월처럼 밝게 빛냈고, 一念孤忠昭日月,
한 조각 대의를 맹수처럼 크게 떨쳤네. 片言大義振熊羆.
항왕을 수행한 그 많은 군사 중에, 項王多少隨軍者,
주발과 환초처럼 순절한 자 누구인가? 誰似周桓死不移.

한왕의 대군은 부대를 나누어 패왕을 추격했다. 패왕은 겹겹의 포위망을 돌파한 뒤 회하(淮河)를 향해 치달렸다. 회하 강변에 이르자 작은 배 한 척이 강변 가까이에 정박해 있었다. 패왕은 군사들에게 배를 저어 강을 건너게 했다. 계속해서 북쪽 연안의 군사들이 강을 건넜다. 수를 세어보니 겨우 100여 기만 남아 있었다. 또 몇 리를 가다가 음릉(陰陵, 안후이성 딩위안현 서북)에 이르러 결국 길을 잃었다. 사방을 둘러보니 작은 오솔길이 이리저리 뻗어 있었다. 주변에서는 흙먼지가 누렇게 피어오르며 징소리와 북소리가 하늘을 뒤흔들었다. 그때 문득 농부 하나가 길옆에 나타났다. 패왕이 물었다.

"강동으로 가는 길이 어느 길인가?"

농부는 패왕의 갑옷과 투구가 보통 사람과 다른 것을 보고 몰래 생각했다.

'틀림없이 패왕이다. 몇 해 동안 팽성에 도읍하여 백성에게 아무 덕도 베풀지 않고 오로지 살육만 자행하며 해를 끼쳤다. 이제 한나라 군

사들에게 추격당해 여기서 길을 잃은 모양이구나. 강동으로 간다니 바른 길을 가르쳐주어서는 안 되겠다.'

농부는 낮게 신음하며 대답하지 않았다. 패왕이 또 물었다.

"겁내지 마라. 나는 패왕이다. 한나라 군사가 쫓아오고 있어서 강을 건너 강동으로 가려 한다. 그런데 어느 길로 가야 할지 모르겠구나."

농부는 길을 모르는 패왕을 속이고 말했다.

"왼쪽 길로 가셔야 합니다."

패왕은 마침내 왼쪽 길로 들어섰다. 그런데 1리도 못 가서 늪지대로 빠져들어 거의 탈출할 수 없었다. 다행히 오추마가 용마인지라 한 번 도약하여 그 늪을 빠져나왔다. 겨우 앞으로 나아가다 갑자기 달려오는 양희의 부대를 만났다. 패왕은 양희를 알아보고 말을 건넸다.

"지금 나는 사람도, 말도 몹시 지쳤고 큰 늪에 빠졌다가 겨우 탈출했다. 이제 적과 맞설 힘이 없다. 너는 지난날 몇 년간 내 뒤를 수행했다. 나와 함께 강동으로 가서 다시 병마를 정비하는 것이 좋지 않겠느냐? 내가 너를 만호후에 봉해 부귀를 함께 누리겠다. 어찌 여기까지 추격해 왔단 말이냐?"

양희가 말했다.

"대왕은 충성스러운 간언을 받아들이지 않았고, 어진 선비를 아끼지 않았으며, 무도한 짓을 함부로 저지르다가 결국 이 지경에 빠졌소. 설령 강을 건넌다 하더라도 큰일을 이룰 수 없을 것이오. 신은 지금 한나라를 섬기며 진정한 주군을 만났소. 우리 주군의 명령을 받들고 여기까지 추격한 것이오. 대왕과 나눈 옛정을 생각하면 감히 못된 짓을 하기 어려우니 지금 투항하면 우리 주상을 뵙게 해드리겠소. 그럼 고귀한 왕후의 신분은 잃지 않을 것이오."

패왕은 크게 화를 내며 창을 들어 양희를 찔렀다. 양희도 패왕을 맞아 싸웠다. 두 말이 서로 교차하며 무기도 함께 부딪쳤다. 20합을 겨룬 뒤 패왕은 창을 내려놓고 채찍을 들어 양희를 후려쳤다. 양희는 황급히 몸을 피했으나 왼쪽 팔에 채찍을 맞고 말 위에서 굴러떨어졌다. 패왕이 창을 들고 달려가 찌르려는 순간 양무, 왕익, 여승, 여마통이 함께 달려와 양희를 말에 태우고 후군으로 돌아갔다.

한나라 장수들이 달려오자 패왕은 그들과 혼전을 벌였다. 그 뒤에는 영포, 팽월, 왕릉, 주발이 대오를 나누어 포위망을 좁혀왔다. 패왕은 싸움에 연연하지 않고 말 머리를 돌려 뒤로 보이는 성을 향해 달렸다. 돌아보니 기병 28명만 따라오고 있었다. 패왕은 이제 포위망을 탈출할 수 없겠다고 생각했다. 몸은 피로에 젖어 천근만근 무거웠다. 하늘이 점점 어두워오는 가운데 길은 좁고 산은 험했다. 수목이 우거진 곳에 이르러 좌우 장수들이 말했다.

"폐하! 연일 말을 타고 전투를 치르시느라 수라도 배불리 들지 못하셨습니다. 신들도 폐하를 수행하며 목숨을 건 싸움을 하느라 밥을 먹지 못했고 병마도 아직 물과 먹이를 먹지 못했습니다. 이곳은 마침 수목이 무성하게 우거져 있습니다. 한나라 놈들이 밖에서 포위하더라도 길은 좁고 나무가 빽빽하여 갑자기 들이닥치지 못할 것입니다. 폐하! 앞에 마을이 있으면 민가 한 곳을 찾아 잠시 쉬다가 날이 밝은 뒤에 출발하시는 것이 좋겠습니다. 게다가 이런 캄캄한 밤에 전진하다 늪에 빠지면 사람이나 말이나 몹시 피로한 터라 빠져나오기 어렵습니다."

패왕은 그 말에 따라 천천히 길을 찾으며 앞으로 나아갔다. 그때 멀리 수풀 사이에 희미한 불빛이 보였다. 인가가 있는 듯했으나 패왕과 군사들이 수풀 곁으로 다가가자 불빛은 보이지 않고 낡은 역원(驛院)[3]이 있었다. 군사들이 말했다.

"역원에서도 쉴 수 있습니다. 폐하! 말에서 내리십시오."

패왕이 대문 곁으로 다가가자 문득 졸졸 시냇물 흐르는 소리가 들렸다. 말고삐를 당겨 잡고 살펴보니 한줄기 계곡물이 흐르고 있었다. 패왕은 말에 채찍을 가해 앞으로 다가가 물을 마시게 했다. 또 내일 전투에 대비하기 위해 병졸을 시켜 자신이 차고 있던 보도를 계곡 옆 큰 바위에 갈게 했다. 병졸은 힘이 약해 보도를 들어올릴 수 없었다. 패왕은 말에서 내려 직접 보도를 쓱쓱 갈았다. 그 바람에 바위가 한쪽으로 밀리면서 바위 밑에서 솟아오르는 샘물이 보였다. 오래된 샘물이었다. 그곳이 바로 흥교원(興教院)인데, 오강에서 75리 떨어진 곳이다. 큰 수풀 속 넘어진 바위 사이에 지금까지도 항왕음마천(項王飮馬泉)과 탁도천(卓刀泉) 유적이 전해오고 있다.

패왕과 군사들은 역원으로 들어가 양쪽 회랑을 기웃거리며 사람을 찾았으나 아무도 보이지 않았다. 이어서 뒷마당으로 들어가자 노인 몇이 화롯가에 둘러앉아 있었다. 병졸이 물었다.

"역원에 어찌 사람이 드뭅니까?"

노인이 대답했다.

"역원을 돌보는 사람이 본래 스물이었는데, 근래에 초나라와 한나라가 전쟁을 한다는 소문을 듣고 모두 도망갔소. 우리는 인근 마을 사람

3_ 원본은 '원(院)'이다. 후세의 불교 사찰이나 도교의 도관(道觀)을 가리키지만 초·한 쟁패 시기에는 아직 불교가 전래되지 않았고 도교도 성립되지 않았으므로 역원으로 번역한다.

이오. 역원의 물건이 없어질까 두려워 아무 쓸모 없는 늙은이들이 이곳을 지키고 있소. 그런데 여러분은 누구시기에 밤중에 이곳으로 왔소? 무슨 일이오?"

"지금 서초 패왕께서 한나라 군사에 쫓겨 이곳에 오셨소. 밤중이라 더이상 갈 수가 없어서 이 역원에서 잠시 하룻밤 쉬어갈까 하오. 혹시 밥이 있으면 폐하께 올려주시오."

노인들은 패왕이란 말을 듣고 황급히 문밖으로 달려나가 땅에 엎드렸다. 그리고 패왕을 모시고 들어가 자리를 마련했다. 노인들이 앞으로 나와 절을 올렸다.

"산야의 촌놈들이라 예절을 모르오니 용서해주시옵소서."

패왕이 말했다.

"어르신들은 여기 사시니 식량이 있겠지요. 밥을 지어주실 수 있겠소? 밥을 한 섬 해주면 강을 건너가서 100섬으로 보답해드리겠소."

그중에서 평소에 글깨나 읽은 듯한 노인이 앞으로 나와 아뢰었다.

"폐하께서 팽성에 도읍을 정하셨으니 이곳은 모두 초나라 땅으로 폐하께서 관할하시는 곳입니다. 식량을 좀 드렸다고 어찌 보답을 바랄 수 있겠습니까?"

패왕은 그 말을 듣고 매우 기뻐했다. 노인들은 쌀을 한 섬 넘게 마련하여 군사들을 위해 불을 피우고 물을 길어와서 밥을 짓고 야채를 익혀 먼저 패왕에게 올린 뒤 군사들에게도 밥을 나누어 먹였다. 식사가 끝나자 패왕은 잠자리에 들었다.

한밤중이 되자 갑자기 하늘가에서 붉은 태양이 떠올라 강물을 비추었다. 그곳에서 한왕이 오색구름을 타고 두둥실 날아올라 붉은 태양을 가슴에 품은 채 구름 위에 서 있었다. 한왕을 받친 구름 아래로는 상서로운 빛이 천 갈래 만 갈래로 끊임없이 쏟아지고 있었다. 패왕은 한왕이 태양을 품고 서 있는 것을 보고 서둘러 자신의 옷깃을 걷어잡고 강물을 스치며 날아올라 태양을 뺏으려 했다. 그러다가 한왕의 발길질에 얼굴을 맞고 강으로 떨어졌다. 한왕은 태양을 안고 서쪽으로 사라졌다. 패왕은 갑자기 놀라 잠에서 깼다. 꿈이었다. 패왕이 탄식했다.

"천명을 받은 자에게는 억지로 대항할 수 없도다!"

말을 다 마치지도 않았는데 병졸이 보고를 올렸다.

"한나라 군사가 수풀까지 들이닥쳤습니다. 폐하! 서둘러 떠나셔야 합니다."

패왕은 갑옷을 입고 말안장을 얹은 뒤 수풀 밖으로 달려나갔다. 어떻게 탈출할까?

제84회

영웅이 자결하다

초 패왕이
오강에서 자결하다
楚霸王自刎烏江

패왕은 한나라 군사가 수풀 밖까지 들이닥쳤다는 말을 듣자마자 갑옷을 입고 말안장을 얹은 뒤 수풀 밖으로 치달려갔다. 날이 밝아오는 가운데 한나라 군사들이 두 갈래로 나뉘어 몰려들었다. 그중 한 장수가 무기를 들고 패왕에게 달려들었다. 관영이었다. 패왕이 관영을 맞아 전투를 벌이는 사이에 양무, 여승, 시무, 근흡도 뒤이어 달려왔다. 패왕은 싸움에 연연하지 않고 분노를 터뜨리며 앞으로만 돌격했다. 한나라 삼군은 패왕을 감당할 수 없었다. 한나라 장수들은 패왕을 추격하며 50리를 달려 오강에 이르렀다. 패왕이 말고삐를 당겨 잡고 사방을 둘러보니 한나라 군사가 이중 삼중의 포위망을 친 채 다가오고 있었다. 패왕은 어젯밤 꿈이 생각났다.

'천명이라면 도망칠 수 없겠다.'

패왕은 자신을 수행해온 기병들에게 일렀다.

"나는 군사를 일으킨 이래 지금까지 8년 동안 큰 싸움만 70여 차례나 치렀다. 나를 막아서는 자는 무찔렀고 내가 공격한 자는 굴복했다. 한 번도 패배하지 않고 천하의 패권을 차지했다. 그런데 지금 이곳에서 곤경에 처했으니 이는 하늘이 나를 망치려는 것이지, 내가 싸움을 못한 죄가 아니다! 나는 오늘 결사전을 벌여 반드시 세 번 승리하겠다. 먼저 너희에게 포위망을 뚫어주고 적장을 베고 적의 깃발을 꺾겠다. 그리하여 하늘이 나를 망치려는 것이지, 내가 싸움을 못한 죄가 아니라는 것을 알려주겠다."

그리고 기병 28명을 네 분대로 나누어 한나라 군사를 바라보게 했다. 한나라 군사가 북을 울리며 진격해와 다시 몇 겹으로 에워싸자 패왕이 기병들에게 말했다.

"내가 너희를 위해 적장 하나를 베겠다. 이제 너희는 사방으로 말을 치달려 저 동산(東山) 아래 세 곳에 모여라. 명령을 어기지 말라."

기병들이 대답했다.

"폐하의 명령에 따르겠습니다."

패왕은 고함을 지르며 질풍같이 달려내려갔다. 한나라 군사가 추풍낙엽처럼 쓰러졌다.[1] 마침내 패왕은 한나라 대장 하나를 참수했다. 양희는 전날 패왕의 채찍에 맞았지만 중상을 입은 것이 아니어서 벌써 평소대로 몸을 회복하고 있었다. 그는 원한을 품고 있다가 말을 타고 달

1_ 소향피미(所向披靡): 향하는 곳마다 모든 군사가 쓰러지다. 힘이 미치는 곳에 모든 장애물이 제거됨을 비유한다.(『사기』「항우본기」)

려나가 패왕을 가로막았다. 패왕은 눈을 부라리며 벽력같이 고함을 질렀다. 양희와 그가 탄 말은 깜짝 놀라 몇 리 밖으로 물러났다. 마침내 패왕은 기병들과 동산 아래에 모였다가 다시 세 곳으로 갈라서며 그 속에 뒤섞였다. 한나라 군사들이 패왕이 있는 곳을 찾지 못하자 다시 군사를 세 갈래로 나누어 에워싸기 시작했다. 패왕은 창을 들고 세 곳을 왕복해서 치달리며 전투를 벌였다. 몸에 날개가 돋은 듯했다. 패왕은 다시 한나라 장수 이우(李佑), 도위 왕환(王桓)을 베었고, 한나라 군사 수백 명을 죽였다. 초나라 기병을 점검해보니 겨우 두 명만 전사했다. 여승과 양무는 한나라 군사를 살상하는 패왕을 보고 분노를 터뜨렸다.

"항우가 여기까지 몰려서도 우리 한나라 군사를 살상하다니! 어찌 저리 용맹할 수가 있나?"

두 장수는 무기를 들고 달려나가 패왕과 전투를 벌였지만 10합도 겨루지 못하고 패배하여 달아났다. 패왕은 하루 사이에 아홉 번 전투를 치러 한나라 대장 아홉 명과 군사 1000여 명을 죽였다. 패왕이 자신의 기병들에게 소리쳤다.

"내가 한나라와 벌인 싸움이 과연 어떠하냐?"

기병들이 땅에 엎드려 아뢰었다.

"폐하께서는 천신이십니다! 폐하의 말씀과 같습니다."

후세에 사관이 이 일을 시로 읊었다.

옛날부터 영웅이란 사람들 중에,	自古英雄者,
초 패왕과 같은 사람 없었음이라.	無如楚霸王.
해하 결전 벌어진 삼백 리에는,	會垓三百里,

강가에 배 한 척만 떠 있었다네. 江上一舟航.
그처럼 곤경에 처했으면서, 當此身遭困,
한나라 장수들의 목숨 뺏었네. 能令漢將亡.
죽음에 임해서도 마음 꿋꿋하여, 至死心猶壯,
오늘까지 검광이 비치고 있네. 於今劍有光.

패왕은 하루에 아홉 번 전투를 치러 마침내 겹겹의 포위망을 뚫고 장강 북쪽 연안에 도착했다. 그곳 지명은 오강이었다. 패왕이 강을 건너려 하자 오강 정장이 가까운 연안에 배를 비스듬히 대고 기다리고 있었다. 정장이 패왕에게 아뢰었다.

"비록 강동이 좁다 해도 땅이 1000리입니다. 폐하께서는 평소에 명망이 높으시니 군사 수십만을 모으실 수 있을 것이고 그곳에서 왕 노릇을 하실 수 있을 것입니다. 폐하! 이 기회를 놓치지 마시고 어서 강을 건너십시오. 게다가 지금은 신에게만 배가 있습니다. 한나라 군사가 이곳에 온다 해도 신이 배를 저어 저 강 중간으로 들어가버리면 저들은 절대 건너올 수 없고 폐하께서는 마음대로 어디든 가실 수 있습니다."

패왕이 탄식하며 말했다.

"하늘이 나를 망치려 하는데 내가 어떻게 강을 건널 수 있겠소? 또 내가 강동 자제 8000명과 이 장강을 건너 서쪽으로 갔는데 지금 한 사람도 돌아오지 못했소. 설령 강동의 부로(父老)들이 나를 가엾게 여기고 왕으로 삼는다 해도 내가 무슨 면목으로 그들을 볼 수 있겠소? 그들이 아무 말도 하지 않는다고 내 마음에 부끄럽지 않겠소?"

정장이 거듭 패왕에게 권했다.

"승패는 병가의 일상사입니다. 지난날 한왕은 수수에서 폐하와 싸우다가 군사 30여만을 잃었고 수수에 시신이 쌓여 물이 흐르지 못할 정도였습니다. 그때 한왕은 홀로 도망치다 우물 안으로 떨어졌습니다. 거의 죽음을 면치 못할 지경이었으나 그것을 참고 견뎌 마침내 오늘에 이르렀습니다. 오늘 폐하의 패배도 그때 한나라의 패배와 같습니다. 어찌 구구하게 8000자제를 입에 담으시며 좁은 소견을 드러내십니까? 이 때문에 큰일을 도모하는 사람은 작은 행동에 구애되지 않는다고 했습니다. 폐하! 어서 강을 건너십시오. 한나라 군사가 곧 들이닥칠 것입니다."

"좋은 말씀이나 내 마음은 심히 부끄럽소. 한나라 군사가 오면 나의 죽음을 선사하겠소!"

정장은 탄식을 금치 못했다. 뒷날 당나라 두목(杜牧)이 시를 지어 슬퍼했다.

병가의 승패는 기약할 수 없나니,	勝敗兵家不可期,
부끄럼 품고 수치 참아야 장부라 할 수 있네.	包羞忍恥是男兒.
강동 땅 자제 중엔 영걸들이 많으므로,	江東子弟多英俊,
권토중래할 날 있을지 아직은 몰랐다네.	捲席重來未可知.[2]

패왕은 정장이 배를 대고 오래 떠나지 않는 모습을 보고 그가 장자(長者)임을 알았다.

"나는 공이 장자임을 알고 있소. 여기 내가 타던 말이 있소. 수년 동

2_ 이 시의 제목은 「제오강정(題吳江亭)」이다. 현재 통용본에는 첫째 구 불가기(不可期)가 사불기(事不期)로, 셋째 구 영(英)이 재(才)로, 넷째 구 권석(捲席)이 권토(卷土)로 되어 있다.

안 가는 곳마다 무적이었고 하루에 1000리를 달릴 수 있소. 이제 한왕이 이 말을 잡아갈까 두렵지만 차마 내 손으로 죽일 수 없소. 공이 이 말을 데려가서 강을 건너시오. 이 말을 볼 때마다 나를 보듯 대해주면 좋겠소. 이것은 서로 잊지 말자는 뜻이오."

패왕은 군사에게 말을 끌고 함께 강을 건너게 했다. 그러자 오추마는 앞발을 들고 포효했다. 오추마는 패왕을 돌아보고 연연해하며 배 위로 오르려 하지 않았다. 패왕은 오추마가 발걸음을 떼지 못하는 것을 보고 눈물을 흘리며 아무 말도 하지 못했다. 군사들이 고삐를 잡고 배 위로 끌어올리자 정장이 배를 저어 강을 건너기 시작했다. 오추마는 몇 차례 길게 울고는 장강 물결 속으로 뛰어들어 종적을 감추었다. 군사들은 경악을 금치 못했고 정장도 얼굴이 흙빛이 되어 한동안 멍하니 서 있다가 배를 저어 강을 건너갔다. 후세에 사관이 시를 지어 주인을 떠나지 못한 이 명마를 찬양했다.

짐승인 말도 주인 그리니 진정한 용마일세, 馬能戀主眞龍骨,
고개 돌려 못 떠나니 더욱더 가련하다. 回首依依更可憐.
수많은 초나라 신하 녹봉을 탐했나니, 多少楚臣貪後祿,
그 누가 기꺼이 그때 일을 생각하나. 甘心誰肯念當年.

패왕은 오추마가 강물에 뛰어들자 탄식을 금치 못했다. 패왕은 군사들과 단도를 들고 한나라 군사와 접근전을 벌여 다시 수백 명을 죽였다.[3] 패왕 자신도 열 군데 넘게 상처를 입었다. 그때 패왕이 갑자기 한나라 장수들 중에서 대장 여마통에게 말했다.

“너는 내 친구가 아니냐?”

여마통은 패왕 앞으로 갔으나 곁눈질만 할 뿐 감히 정면을 바라보지 못했다.[4] 그는 패왕의 단도를 경계하며 말했다.

“내가 대왕의 친구가 맞소. 내게 무슨 할말이라도 있소?”

“한나라에서 내 목에 천금의 상금과 만호후의 봉작을 내걸었다는 소문을 들었다. 내 이제 너에게 지난 은덕을 갚을까 한다.”

그리고 패왕은 마침내 칼을 빼서 스스로 목을 찌르고 죽었다. 곧바로 양희, 양무, 왕예, 여승 등이 달려왔다. 그들은 모두 패왕의 수급과 몸을 자르는 데 공을 세웠다. 패왕은 진시황 15년 기사년(己巳年)에 태어나서 한나라 5년 12월에 오강에서 자결했다. 향년 31세였다. 뒷날 당나라와 송나라의 여러 시인이 시를 지어 탄식했다.

제왕 되려 싸우다가 형세 이미 기울어서, 爭帝圖王勢已傾,
팔천 자제 흩어지고 초나라 노래만 들려오네. 八千兵散楚歌聲.
오강을 건널 배가 없었던 것은 아니지만, 烏江不是無船渡,
강동으로 건너가서 거병하기 부끄러웠네. 恥向東吳再起兵.

그 누가 강동 땅에 호걸 많다 했는가? 誰謂江東豪傑多,
포악한 그 모습은 또 어떠했는가? 其如殘暴更如何.

3_ 단병상접(短兵相接): 짧은 무기를 들고 서로 붙어 싸우다. 쌍방이 가까운 거리에서 백병전을 벌이거나 적과 얼굴을 마주대고 첨예하게 투쟁하는 상황을 비유한다.(굴원, 『초사』 「구가·국상(九歌·國殤)」)

4_ 『사기』 「항우본기」에는 “여마동이 항우의 얼굴을 바라보며 왕예에게 ‘이 사람이 항왕이오’라고 지목했다(馬童面之, 指王翳曰, ‘此項王也’)”라고 기록되어 있다.

패왕이 오강에서 마지막 전투를 벌이다

그 땅에서도 망할 수 있음을 알아야 하나니,	要知此地能亡國,
배를 저어 강 건널 필요까지는 없었으리라.	未必移舟可渡河.
장막 아래 고운 얼굴 부질없이 흐느꼈고,	帳下紅粧空對泣,
강변에서 흰 칼날도 갈 필요가 없었네.	江邊白刃不須磨.
독불장군은 목야[5] 옛일 회복하기 어렵나니,	獨夫牧野難恢復,
구리산 앞에서 이미 노랫소리 흩어졌네.	九里山前已散歌.

어진 정치 하지 않고 군사 일만 들먹이며,	不須仁政枉談兵,
천도를 어찌하여 경쟁으로 몰고 갔나?	天道如何向力爭.
강 건너 고향으로 돌아갈 수 없었고,	隔岸故鄕歸不得,
십 년 동안 부질없이 역발산으로 이름났네.[6]	十年空負拔山名.[7]

5_ 지금의 허난성 신샹시 북쪽이다. 주 무왕이 목야에서 800제후를 모아 은 주왕을 정벌했다.

6_ 원본에는 이 시 뒤에 '역사 논평' 두 편이 달려 있다. 차례대로 번역한다. "태사공(사마천)은 말한다. 나는 주생(周生)이 하는 말을 들었다. '순임금은 두 눈에 각각 눈동자가 둘이었다.' 또 소문을 들으니 항우도 눈동자가 둘이었다고 한다. 그러나 항우가 어찌 순임금의 후예이겠는가? 항우는 어떻게 갑자기 흥기할 수 있었나? 이유는 이렇다. 진나라가 정치를 잘못하여 진섭이 먼저 반란을 일으켰고 호걸들도 벌떼처럼 봉기하여 서로 함께 싸우는 자들이 이루 헤아릴 수 없을 만큼 많았기 때문이다. 하지만 항우는 한 치의 권세도 가지지 않고 대세를 틈타 밭두렁 사이에서 일어났다. 3년 뒤 마침내 다섯 제후를 거느리고 진(秦)나라를 멸망시켰다. 천하를 나누어 제후왕을 봉하니 정치가 모두 항우에게서 나왔고 마침내 패왕으로 불렸다. 패왕의 지위를 끝까지 유지하지 못했지만 근래에 일찍이 없었던 일이다. 그는 관중을 버리고 초나라 고향을 그리워하다 의제를 추방하고 스스로 왕이 되었다. 이에 제후왕들이 자신을 배반한 행동에 원망을 품었으니 상황이 어렵게 되었다. 전공을 자랑하며 개인의 지혜를 뽐내고 옛일을 본받지 않은 채 그것을 패왕의 일이라고 말했다. 힘으로 천하를 정벌하여 경영하려 하다 결국 5년 만에 나라를 망치고 몸도 동성(東城)에서 죽었다. 그러면서도 여전히 깨닫지 못하고 자신을 꾸짖지 않았으니 이는 잘못된 행동이 아닌가? 또 '하늘이 나를 멸망시키려는 것이지, 내가 군사를 잘못 부린 죄가 아니다'라고 말했다. 이 어찌 잘못된 생각이 아닌가?"

한나라 여마통 등 다섯 장수는 패왕의 머리를 가지고 한왕을 알현했다. 한왕은 몸을 일으켜 패왕의 얼굴을 보았다. 완연히 살아 있는 사람 같았다. 한왕이 흐느끼며 말했다.

"나는 대왕과 결의형제를 맺고 천하를 도모하다 결국 틈이 벌어졌소. 대왕은 태공과 여후를 잡아가서 3년 동안 부양하면서도 전혀 범하지 않았으니 이는 옛 대장부가 보여준 행위와 같소. 나는 진실로 할 수 없는 일이오. 뜻밖에도 이제 대왕이 세상을 떠나니 참으로 애석한 마음 금할 수 없소!"

좌우에 있던 사람들은 한왕의 말을 듣고 모두 눈물을 흘렸다.[8]

패왕이 죽자 초나라 땅도 평정되었다. 이에 한왕은 여마통을 중수후(中水侯)에, 왕예를 두연후(杜衍侯)에, 양희를 적천후(赤泉侯)에, 양무를 오방후(吳防侯)에, 여승을 열양후(涅陽侯)에 봉했다. 오강 옆에는 패왕의 사당을 세우고 유사(有司)를 두어 사시사철 제사를 올리게 했다.

후세 송나라 소흥(紹興) 연간에 금(金)나라 임금 완안량(完顔亮)이 장강을 건너 항왕의 사당에 들러 술을 요구했다. 그곳 유사가 따르지 않

"사마정(司馬貞)의 『사기색은(史記索隱)』「항우본기」「술찬(述贊)」에는 이런 논평이 있다. '진나라가 멸망하자 사슴은 달아났고 거짓 초나라는 여우처럼 울었네. 패 땅 계곡에서는 상서로운 구름 피었고 오나라 성에서는 칼이 솟구쳐올랐네. 패왕은 노나라에서 패업을 열었고 한왕은 망탕산에서 군사를 규합했네. 경자관군 송의는 죄가 없었고 범 아보는 성실하게 일을 했네. 처음에는 조헐을 구제했고 결국은 자영을 주살했네. 약속을 어기고 한왕으로 분봉하면서 관중을 등에 지고 초나라를 그리워했네. 강 상류로 거처를 옮겨야 한다며 신하로서 옛 주군을 핍박했네. 영벽에서는 병력을 크게 떨쳤고 성고에서는 오랫동안 항거했다네. 전쟁에 공적이 없는 것은 아니지만 하늘은 천명을 주지 않았네. 아! 저 자손만대까지 결국은 흉수로 전해진다네.'"

7_ 당나라 시인 왕준(汪遵)의 칠언절구 「항정(項亭)」이다. 현재 통용본에는 첫째 구 왕담병(枉談兵)이 합문명(合文明)으로, 둘째 구 향(向)이 의(擬)로 되어 있다.

자 완안량이 분노하여 항왕의 사당을 불태우려 했다. 그러자 순식간에 큰 뱀이 나타나 지붕과 대들보 사이를 휘감았고 숲속에서도 북소리가 시끄럽게 들리며 마치 갑사 수천 명이 있는 것처럼 느껴졌다. 완안량은 깜짝 놀랐고 좌우 신하들도 혼비백산했다. 후세에 허언국(許彥國)이 이 일을 시로 읊었다.

천년의 흥망사에 눈물 흘리며 근심 말라, 千載興亡莫淚愁,
한나라의 공적도 황폐한 언덕 되었다네. 漢家功業亦荒丘.
부질없이 들판에는 우희초[9]만 남아서, 空餘原上虞姬草,
봄바람에 흔들리며 쉬지 않고 춤을 추네. 舞盡春風不肯休.[10]

명나라 순원(舜原) 양(楊) 선생[11]도 오강 옆 항우 사당을 지나다가 시를 읊었다.

8_ 원본에는 이 구절 뒤에 다음과 같은 '역사 논평'이 달려 있다. "후세에 사관은 항왕을 이렇게 일컬었다. '두 눈에 각각 눈동자가 두 개이고, 힘으로는 큰 솥을 들 수 있었으며, 기세는 산조차 뽑을 만했다. 고함을 지르며 사람을 꾸짖으면 한 번에 1000명이 기절할 정도였다. 영웅으로서의 뛰어난 용력은 자고이래 일찍이 비견할 만한 사람이 없다. 살펴보건대 홍문에서 범증이 여러 번 패공을 죽이려 했지만 항우는 거의 개의치 않았다. 비록 패공에게 천명이 존재했다 해도 항우가 임금의 도량을 갖고 있었다고 할 만하다. 수수 전투를 치르면서 군중에서 태공과 여후를 사로잡았지만 3년 동안 죽일 마음을 먹지 않았다. 또 성고에서는 태공을 도마 위에 올려놓고 삶아 죽이려 하다 한왕이 패왕과 의형제 맺은 일을 이야기하자 바로 태공을 풀어주었다. 그리고 여후가 3년 동안 초나라에 있는 동안에도 한 번도 범할 생각을 하지 않았다. 이런 일은 더더욱 사람이 실행하기 어려운 일이다. 한왕이 울면서 좌우 신하들에게 하는 이야기는 바로 양심에서 우러난 고백이다. 이 또한 패왕이 진정한 옛 호걸임을 보여주는 사실이 아니겠는가?'"

9_ 양귀비를 가리킨다. 전설에 의하면 우희가 죽은 뒤 무덤에서 피어났다고 한다.

10_ 송나라 허언국의 칠언절구 「영항적묘(詠項籍廟)」 2수 중 제1수다. 통용본에는 첫째 구 루(淚)가 랑(浪)으로, 넷째 구 불(不)이 미(未)로 되어 있다.

황폐한 무덤 웅장하게 오강을 베고 누웠는데,	荒墳雄枕烏江頭,
그 누가 무덤 위해 사당을 세웠는가?	誰爲荒墳構祀樓.
범증의 초심 한이 맺혀 사라지지 않았고,	用范初心結未泯,
유방을 멸해야 할 여한이 장강 따라 흘러가네.	滅劉遺恨付長流.
번개와 소나기가 울분을 풀어내고,	迅雷暴雨還舒憤,
시든 풀이 안개 머금고 우수에 젖어 있네.	衰草含煙應帶愁.
다행히도 비석과 영정 아직도 남아 있고,	幸有刻碑眞像在,
고향 땅에서 제사가 대대로 이어지네.	椒漿鄕國歲悠悠.[12]

고목은 울창하게 허공으로 치솟았고,	古木森森揷太虛,
황폐한 무덤 근처 시골 사람 살고 있네.	荒墳原近野人居.
햇볕이 가지 흔드니 영혼이 있는 듯하고,	光搖樹杪疑靈在,
소리가 물결 흔드니 분노가 남은 듯하네.	聲振江波似怒餘.
패업을 독점하다 모든 것이 부서졌고,	獨覇山河已粉碎,
왕업을 일으키는 일 펴보지도 못했네.	興王事業未鋪舒.
어찌하여 패상에서 남쪽으로 돌아온 날,	奈何覇上南還日,
영웅과 현인 존중하지 않고 보옥만 존중했나?	不重英賢只重璵.

11_ 양첨(楊瞻, 1491~1555). 산시성(山西省) 포판(蒲坂) 사람으로 자는 숙후(叔後), 호는 순원(舜原)이다. 명나라 시대 유명한 재상 양부(楊溥)의 부친이다. 귀주도감찰어사(貴州道監察御史), 대리시평사(大理寺評事) 등을 역임했다. 이 시 2수는 지금 그의 작품으로 확인되지 않는다.

12_ 초장(椒漿): 초주(椒酒)다. 조피 열매를 섞어 빚은 술인데 신에게 제사 지낼 때 쓰는 제주(祭酒)다.

한편, 항백은 앞서 초나라 군영을 떠나 장량에게 투항했다. 장량은 당시에 한나라 대군이 아직 바쁜 상황이어서 감히 한왕에게 아뢰지 못했다. 이제 초나라를 멸하고 천하대사가 정해지자 항백을 인도하여 한왕을 만나게 했다. 장량이 말했다.

"항백이 앞서 초나라 노래를 부르던 날 신의 좌군에 투항해왔습니다. 신은 항백의 친구이고, 또 이전에 홍안천에서 항백이 공을 세웠으므로 신의 군영에 머물게 했습니다. 신이 감히 혼자서 처리할 수 없는 일이기에 이제 이곳으로 인도하여 대왕마마를 알현하게 합니다. 부디 받아들여주시옵소서!"

한왕이 말했다.

"항 공은 여러 번 큰 공을 세웠고, 이제 사돈이 될 사람이오. 내가 직접 찾아뵈려 했는데 뜻밖에도 나를 버리지 않고 직접 찾아오시니 내 마음과 딱 맞소."

한왕은 항백을 사양후(射陽侯)에 봉하고 자신의 성인 유씨 성을 하사했다. 항백은 사은숙배를 올리며 기뻐했다.

후세에 사관은 항백이 초나라를 위해 죽지 않고 한나라 봉작을 기꺼이 받아들였을 뿐 아니라 성까지 유씨로 바꾸었음을 비판했다. 나라가 망했음에도 영화를 추구했으니 후안무치함의 극치라 할 만하다. 사관이 시를 지어 이 일을 읊었다.

해하의 군사 흩어지고 초나라 노래 들리는데,	會垓兵散楚歌聲,
초나라 장수 기꺼이 임금 버리고 떠나갔네.	楚將甘心背主行.
항백은 종친인데 더욱 먼저 배반하여,	項伯同宗更先叛,

봉작과 성을 받고 목숨을 구걸했네. 受封賜姓枉偸生.

초나라를 멸하고 천하를 평정했지만 유독 산동의 노나라만 항복하지 않았다. 한왕이 말했다.

"노나라는 작은 나라인데 마음에 둘 게 무엇이오? 그냥 내버려두시오!"

한왕은 드디어 군사를 돌이켜 하남 땅에 도읍할 일을 논의하게 했다. 장량이 들어와 한왕에게 말했다.

"대왕마마! 아직 군사를 돌려서는 안 됩니다. 노나라는 작지만 후환이 남아 있습니다. 대왕마마께서 그곳을 그냥 내버려두시면 뒷날 다시 병란이 일어날 것이고, 그럼 후회해도 너무 늦을 것입니다."

한왕이 깜짝 놀라며 물었다.

"노나라에 어찌 그런 이해관계가 얽혀 있단 말이오?"

장량이 한왕 앞으로 다가가 몇 마디 말을 주고받으며 노나라는 작지만 경시해서는 안 된다고 했다. 뒷일이 어떻게 될지는 다음 회를 보시라.

제85회

논공행상을 하다

한왕이 한신의 봉토를 바꾸어
초나라에 봉하다
漢王改韓信封楚

한왕이 장량에게 물었다.

"노나라는 작은 나라인데 무슨 후환이 있다는 말이오?"

장량이 말했다.

"노나라는 예의지국입니다.[1] 옛날 회왕이 항왕을 노공에 봉했으므로 노나라는 항왕의 원래 봉토이자 그의 근본이 되는 땅입니다. 대왕마마께서 노나라를 방치하시면 장차 노나라에서 의병이 일어나 항왕을 위

1_ 중국 고대 주나라의 제후국 노나라는 주나라 건국의 원훈인 주공(周公)의 맏아들 백금(伯禽)이 봉해진 나라다. 무왕이 죽자 주공은 어린 조카 성왕(成王) 대신 섭정하여 주나라를 반석 위에 올려놓았다. 이 때문에 노나라는 천자의 의례를 행해도 좋다는 특전을 받았고 이후 사람들은 노나라를 예의지국[禮義之邦]이라 부르게 되었다. 물론 이후 춘추시대에 공자가 노나라에서 태어나 유가의 의례를 집대성한 점도 크게 작용했다.

해 복수를 도모할 것입니다. 그들이 군사들을 고무하고 장강을 건너 동오(東吳)의 호걸들을 규합하고 그들의 세력에 기대 형초를 함락한 뒤 호주와 양양을 점령하면 어떻게 짧은 시간에 진압할 수 있겠습니까? 게다가 항왕은 회계에서 군사를 일으킬 때 동오 사람들의 마음을 널리 얻었습니다. 하여 노나라에서 군사 봉기가 일어나면 틀림없이 호응할 것입니다. 이것이 어찌 후환이 아니겠습니까?"

한왕은 즉시 깨닫고 말했다.

"선생의 말씀이 아니었다면 이 일을 지나칠 뻔했소!"

한왕은 마침내 군사를 일으켜 산동으로 진격했다. 과연 노나라 성문은 굳게 닫혀 있었고 성 위에는 깃발이 빽빽이 꽂혀 있었다. 한나라 군사는 성 아래로 다가가 사방을 포위하고 며칠간 공격을 퍼부었지만 아무런 움직임도 없었다. 오히려 성안에서 의례를 행하는 음악소리만 낭랑하게 들려왔다. 한왕은 초조한 나머지 화포와 불화살을 장전하고 있는 힘을 다해 성을 공격하려 했다. 그러자 장량이 간언을 올렸다.

"안 됩니다. 노나라는 주공의 후예가 봉해진 나라로 예의지국입니다. 또 공자도 이구산(尼丘山, 산둥성 취푸시 동남)에서 태어나 만세 제왕의 스승이 되었으므로 천하 사람들이 모두 우러러봅니다. 지금 대왕마마께서 군사를 이끌고 성 아래까지 오셨지만 여전히 의례를 행하는 음악소리가 들려오고 있습니다. 주군을 위해 절개를 지키고 있는데 어떻게 힘을 동원하여 강제로 정복할 수 있겠습니까? 대왕마마께선 지금 항왕의 머리를 효수하고 성을 향해 호령하며 대의를 보여주십시오. 그럼 저들은 저절로 귀의할 것입니다."

한왕은 그의 말에 따라 서둘러 항왕의 머리를 가져와서 성을 향해 호령했다. 항왕의 머리를 보고 성 위의 노인들은 모두 흐느껴 울었다. 한왕이 사람을 시켜 그들을 효유했다.

"항왕은 의제를 시해하고 학정을 자행했소. 이에 한왕이 천하의 제후를 규합하여 의제를 위해 장례를 치르고 모든 군사에게 소복을 입게 했소. 천하를 위해 저 잔학한 역적을 제거하기 위함이었소. 이제 초나라가 멸망했는데 노나라는 어찌하여 항복하지 않소? 천명을 거스르며 대의를 무시하고도 성인의 가르침에 부끄럽지 않으시오?"

노인들은 한왕의 효유를 들은 뒤 유생들과 함께 성문을 열고 한왕의 대군을 성안으로 맞아들였다. 한왕은 백성을 안무하고 노공의 명분에 맞는 의례로 항왕의 머리를 곡성(穀城) 동쪽 15리 지점에 장사 지냈다. 그리고 유사에게 명하여 사당을 세우고 제사를 올리게 했다. 이로써 한왕은 초나라 땅을 모두 평정했다.

한신은 대소 제후와 문무 장사를 이끌고 한왕에게 하례를 올렸다. 다음날 바로 칙지가 내렸다. 한왕은 제후들에게 휘하 군사를 인솔하여 자신의 나라로 돌아가라고 했고 나머지 대소 문무 장사들은 모두 낙양으로 가서 논공행상에 참여하라고 했다. 한왕은 한신이 거주하는 제나라 땅 60여 성이 영토가 너무 크고 권력이 막중하여 후환이 될 것이라 생각했다. 오직 초나라만은 천하의 한 귀퉁이에 있는 형만(荊蠻)의 땅이라 일시에 갑사 수만을 모으는 일도 어려워 보였다. 초나라의 허약함을 제나라의 강성함과 비교해보면 매우 큰 차이임이 분명했다. 한왕은 마침내 한신을 불러 위무했다.

"나는 장군을 얻은 이래 누차 큰 공을 세웠소. 평생 잊지 않을 것이오. 허나 장군은 공이 높고 권력이 막중하여 소인배들에게 질투를 받기 쉽소. 그럼 지금의 지위를 편안히 누릴 수 없게 되오. 이는 내가 장군을 처음부터 끝까지 잘 대우하려는 뜻에 위배되는 일이오. 장군! 대원수 인수를 반환하고 초나라 땅을 진무하여 민심을 안정시키는 것이 어떻겠소? 그렇게 하면 군신 간의 대의를 온전히 지킬 수 있고 자손만대의 대업을 이룰 수 있으니 이 또한 아름다운 일이 아니겠소?"

한신은 한왕의 말을 듣고 어찌할 바를 몰라 하다 마침내 대원수 인수를 한왕에게 반환했다. 또 대소 장수들에게 각각 본영으로 돌아가서 한왕의 처분을 기다리라고 했다. 한신이 다시 아뢰었다.

"제나라는 대왕마마께서 제후국으로 봉하신 지 오래인데, 지금 하루아침에 제후를 바꾸시는 건 그리 타당하지 않은 조치인 듯합니다."

한왕이 탄식했다.

"장군의 말씀은 옳지 않소! 앞서 초나라와 한나라가 전쟁을 할 때도 그곳 민심은 늘 불안했소. 제나라는 늘 마음을 바꾸는 나라요. 그래서 잠시 장군에게 진무를 맡긴 것이오. 지금은 천하가 크게 안정되었고 사해도 완전히 새롭게 변해서 짐의 명령에 따르지 않는 땅이 없소. 게다가 장군은 회음 사람이오. 장군을 초왕에 봉하면 부모의 나라를 장군의 식읍으로 삼는 것이니 이보다 좋은 일이 있겠소? 장군은 경중을 따지지 마시오."

한신은 다시 제왕의 인수를 한왕에게 반환한 뒤 초왕의 인수를 받고 초나라에 부임했다. 그는 사람을 보내 자신에게 밥을 준 표모와 자신을 욕보인 왈패 소년을 찾게 했다. 열흘이 지나자 그 표모와 왈패 소년이 당도했다. 그들은 궁전 아래에 꿇어 엎드려 감히 위를 쳐다보지 못했다. 한신은 좌우 근신을 시켜 표모에게 천금을 하사했다.[2] 표모는 감사의 절을 올리고 물러갔다. 또 왈패 소년을 불러 중위(中尉)[3]의 벼슬을 주었다. 왈패가 말했다.

"지난날에는 제가 어리석고 거칠어서 고귀한 분을 알아보지 못하고 죽을죄를 지었습니다. 그런데 지금 저를 즉시 죽이지 않으시고 드넓은 아량을 베풀어주신 것도 과분한데 어찌 감히 제가 벼슬을 상으로 받을 수 있겠습니까?"

한신이 말했다.

"내 어찌 졸장부처럼 행동하며, 사사로운 분노에 따라 보복에 전념하고, 은덕과 원한을 따져 기쁨과 노여움을 표출할 수 있겠느냐? 여러 말하지 말고 벼슬을 받으라!"

마침내 왈패 소년은 사은숙배하고 물러났다. 그러자 한신이 좌우를 돌아보며 말했다.

"저 왈패가 그래도 장사다! 나를 욕보였을 때 내가 그를 죽였다면 어찌 오늘이 있을 수 있겠느냐? 내가 끝내 치욕을 참을 수 있었기에 이런 지위에 이른 것이다. 저 왈패는 내가 공을 세우도록 도와준 사람이다. 내가 왈패에게 벼슬을 내린 것이 어찌 공연한 일이겠느냐?"

좌우 근신이 말했다.

"표모에게 황금을 내리고, 왈패 소년에게 벼슬을 주신 일은 보통 사람이 할 수 없는 일입니다."

후세에 사관이 시를 지어 한신을 찬양했다.

2_ 일반천금(一飯千金): 한 끼 밥을 천금으로 갚다. 자신에게 작은 은혜를 베푼 사람에게 후하게 사례하는 것을 비유한다.(『사기』「회음후열전」)

3_ 진·한 시대 무관직이다. 도성의 치안을 담당했다.

한신이 회음에서 떠돌며 살 때,	韓臣遊淮下,
한 끼 밥으로 왕손 한신을 보살펴주었네.	一飯哀王孫.
표모는 보답을 바라지 않았지만,	漂母非望報,
한신이 표모 은혜를 어찌 잊으랴.	信豈忘母恩.
천금으로 그 덕에 보답을 하니,	千金以酧德,
옛사람의 대의가 남아 있다네.	古人大義存.
왈패는 표모에 비할 수 없나니,	惡少非母比,
지난 악행 어떻게 입에 담으랴.	往悖豈足論.
중위의 관직을 받은 입장에,	庸授中尉官,
이제 다시 악행은 못 저지르리.	無乃開兇門.
단 한 번 인내하여 여기 이르러,	一忍遂至此,
천리 봉토 제후왕에 봉해졌다네.	千里王侯尊.
군자는 인내와 덕을 무겁게 여겨,	君子重忍德,
백대 뒤의 후손까지 드리워야 하리.	百世垂後昆.

한나라 6년 정월, 조왕 장이와 초왕 한신 등은 문무 장수와 재상을 인솔하고 한왕을 황제로 높이려 했다. 한왕이 사양했다.

"내가 듣건대 황제의 지위는 어진 사람이라야 가질 수 있지, 빈말과 거짓말을 일삼는 사람은 지킬 수 없다 하오. 나는 황제의 지위를 감당할 수 없소."

신료들이 모두 아뢰었다.

"대왕마마께서는 한미한 신분에서 몸을 일으켜 포악한 역적을 주살하고 사해를 평정하셨습니다. 또 공을 세운 사람에게는 땅을 나누어주고 왕으로 봉하셨습니다. 그런데도 지금 대왕마마께서 존호(尊號)를 받지 않으시면 천하에 어떻게 신의를 드러낼 수 있겠습니까? 신들은 목숨을 걸고 대왕마마께 존호를 올려드리기를 원합니다."

한왕은 세 번 사양하다가 마지못한 듯이 이렇게 말했다.

"여러분이 꼭 그것이 편하다고 생각하면 다행히 국가에 이익이 되도록 일을 하시오."

이에 정월 갑오일로 길일을 받아 한왕은 범수(氾水) 북쪽에서 황제 보위에 올랐다. 문무백관의 떠들썩한 축하연이 끝나자 한왕은 공신들에게 연회를 베풀고 천하에 조서를 내렸다.

짐이 생각건대 주나라 종실의 제사가 끊기자 진나라가 대통을 훔쳐 육국을 겸병하고 사해에 분란을 일으켰다. 이세(二世) 때는 더욱 쇠미하여 천명이 단절되었다. 짐은 본래 패 땅 백성으로 하늘의 보살핌과 조상 신령의 보우와 문무백관의 도움에 힘입어 진나라와 초나라를 멸망시키고 천하를 평정했다. 신료들이 짐을 황제로 높여 백성의 주인을 삼으려 했다. 이에 초한(楚漢) 6년 정월 갑오일에 천지신명께 고하고 범수 북쪽에서 황제 보위에 올라 천하를 안정시키고자 한다. 국호는 대한(大漢)이라 하고 초한 6년을 고쳐 대한 6년으로 삼는다. 이날 삼가 종묘를 배알하고 4대 조부모님까지 태상황제로 추존한다. 또 낙양에 사직을 세우고 여씨를 황후로 봉한다. 맏아들 유영(劉盈)은 동궁의 황태자로 삼는다. 진나라와 초나라의 가혹한 형벌은 모두 폐지한다. 이런 사실을 천하에 포고하여 모든 백성에게 알리노라.[4]

한왕이 황제로 추대되다

여름 5월 황제가 낙양의 남궁에서 주연을 베풀고 신료들에게 상을 내렸다. 술이 몇 순배 돌자 황제가 물었다.

"여러 제후와 장수들은 숨기지 말고 모두 자기 생각을 말해주시오. 내가 천하를 얻은 까닭은 무엇이고, 항씨가 천하를 잃은 까닭은 무엇이오?"

고기와 왕릉이 대답했다.

"폐하께선 겉으로 보기에 오만하여 사람을 업신여기고, 항우는 어질어서 사람을 사랑하는 듯합니다. 허나 폐하께선 사람으로 하여금 성을 치고 땅을 공략하게 하여 항복한 곳을 나누어주며 천하와 이익을 함께 했습니다. 기실 항우는 어진 사람을 시기하고 유능한 사람을 질투하며 공이 있는 사람을 해치고 어진 사람을 의심했습니다. 전투에 승리해도 다른 사람에게 공을 돌리지 않고, 땅을 얻어도 다른 사람에게 이익을 나누어주지 않았습니다. 이 때문에 천하를 잃었습니다."

황제가 말했다.

"공은 하나만 알고 둘은 모르는구려. 대저 장막 안에서 계책을 마련해 1000리 밖에서 승패를 가르는 일은 내가 자방만 못하오.[5] 나라를

4_ 원본에는 이 구절 뒤에 다음과 같은 '역사 논평'이 실려 있다. "윤씨(尹氏)가 말했다. '하·은·주 삼대 이래로 한나라가 이제 천하를 얻었다. 이는 첫째, 무도한 진나라를 올바르게 토벌하기 위함이고 둘째, 항우의 죄를 토벌하기 위함이며 셋째, 천하가 이미 평정되었으므로 존호를 올리기 위함이다. 후세에 작은 땅뙈기나 얻어 자존망대하는 자들이 이 일을 보면 좀 부끄러움을 느낄 것이다.'"

5_ 운주유악(運籌帷幄): 장막 안에서 계책을 세우고 운용하다. 밝은 지혜와 뛰어난 식견으로 임금이나 나라를 위해 정확하고 시의적절하게 방략을 마련하는 일을 비유한다. 19세기 후반 우리나라에서 출간된 한문소설 『유악귀감(帷幄龜鑑)』도 바로 이 고사성어에서 제목을 취한 것으로, 『서한연의』 중에서 장량의 활약을 집중적으로 부각시킨 작품이다.(『사기』 「고조본기」)

진무하고 백성을 어루만지며 군량을 끊임없이 공급하고 군량 보급로를 끊기지 않게 하는 일은 내가 소하만 못하오. 100만 대군을 연합하여 싸우면 반드시 이기고 공격하면 반드시 함락시키는 일은 내가 한신만 못하오. 이 세 사람은 모두 인걸인데, 내가 다 쓸 수 있었소. 이것이 내가 천하를 얻은 까닭이오. 항우는 범증 한 사람도 쓰지 못했소. 이것이 그가 내게 포위되어 죽은 까닭이오."

말을 마치자 신료들이 바닥에 엎드려 절을 올리며 말했다.

"진실로 폐하의 말씀과 같습니다!"

그리고 다시 각각 술잔을 몇 순배 돌리며 군신이 한방에서 통쾌하게 어울리며 즐거워했다.

한신은 황제가 기뻐하는 틈에 자신의 일을 아뢰었다.

"신은 지난날 초나라를 등지고 포중으로 들어갈 때 잔도를 지나다가 나무꾼에게 길을 물은 적이 있습니다. 그때 신은 초나라 군사가 추격해 올까 두려워 결국 그를 죽였습니다. 신은 이제 그가 세운 공을 폐하께 보고합니다. 그후 고운산과 양각산에 이르렀을 때는 의로운 장사 신기를 만났습니다. 그는 신을 따라 초나라를 정벌하며 여러 번 큰 공을 세웠는데, 안타깝게도 광무 전투에서 전사하고 지금까지 상을 받지 못했습니다. 감히 폐하께 아룁니다. 부디 나무꾼을 위해 사당을 세워주시고 유사에게 명하여 제사를 올리게 해주십시오. 또 신기와 그의 자손들에게도 벼슬을 내려주시기 바랍니다. 이는 폐하의 은택이 마른 해골에까지 미치는 일이니 그 옛날 탕왕과 무왕의 큰 은덕에 비견할 만합니다."

황제가 대답했다.

"경이 오늘 알려주지 않았다면 나무꾼이 길을 가르쳐준 의리와 신기가 전사한 일을 짐이 어떻게 알 수 있겠소? 이 두 사람의 충신을 잊을 뻔했구려!"

다음날 황제는 어명을 내렸다.

"서둘러 나무꾼을 위해 사당을 짓고 제사를 올려라. 신기에게는 건충후(建忠侯) 봉작을 내리고 그 자손이 대대로 세습하게 하라."

그러자 장량이 아뢰었다.

"옛날 한(韓)나라 임금의 후손인 희신을 한왕으로 책봉하여 양적에 도읍하게 하시고 한나라의 종묘를 세워주십시오."

또 왕릉이 아뢰었다.

"신의 어미를 위해 사당을 세워주십시오."

황제가 대답했다.

"경의 모친은 대현(大賢)이오. 그때 벌써 짐이 천하를 얻게 된다는 사실을 알았소."

황제는 바로 사당을 세우고 매달 향초를 공급하여 유사에게 제사를 올리게 했다. 지금까지도 왕릉 모친의 사당 유적이 남아 있다. 또 형산왕 오예를 장사왕으로 옮기고 임상(臨湘)에 도읍하게 했다. 회남왕 영포, 대량왕 팽월, 연왕 장도는 모두 이전의 봉작을 그대로 유지하게 했다. 유가 등 수많은 종실 공신도 제후왕에 봉했고 소하 등 20여 명의 공신에게도 후(侯)의 봉작을 수여했다. 그 나머지는 공을 다투느라 상을 확정하지 못했는데 그들은 자주 강변 모래밭에 앉아서 쑥덕거렸다. 황제가 높은 곳에 올라 그 모습을 보고 심하게 의심하며 장량에게 까닭을 물었다. 장량이 대답했다.

"폐하께서는 여러 장수를 등용하여 천하를 얻으셨습니다. 그런데 지금 봉작을 수여한 사람은 모두 폐하와 친한 사람들이고, 주살한 사람은 모두 원한을 맺었던 사람들입니다. 이 때문에 저들이 두려움을 갖고 불안해하며 저렇게 모여서 모반을 꾀하는 것입니다."

"그럼 어떻게 해야 하오?"

"폐하께서 평소에 심하게 미워하는 사람 중에서 신료들이 모두 잘 알고 있는 사람이 누구입니까?"

"내가 가장 미워하는 사람은 옹치요."

"옹치를 후(侯)로 봉하시면 저들은 마음의 안정을 찾을 것입니다."

황제가 그 말에 따라 옹치를 십방후(什方侯)에 봉했다. 그러자 신료들이 모두 기뻐하며 말했다.

"옹치까지 후가 되었으니 우리는 걱정할 게 없겠다!"

그리하여 신료들이 모두 안정을 찾았다.

장량이 또 아뢰었다.

"신료들은 마음의 안정을 찾았으나, 오직 전횡만 바다 가운데 섬으로 도망갔습니다. 후환이 있을까 두려우니 그자를 없애셔야 합니다."

황제가 말했다.

"선생의 말씀을 따른다 해도 무슨 계책으로 그를 처리한단 말이오?"

장량은 황제에게 몇 마디 말을 하며 전횡을 저절로 귀의하게 할 수 있다고 했다. 뒷일이 어떻게 될까?

제86회

전횡과 오백 의사의 순절

제나라 전횡 의사가
순절하다
齊田橫義士死節

장량이 황제에게 아뢰었다.

"전횡은 제나라의 의사(義士)입니다. 멀리 바다 가운데 섬으로 은둔하여 천하대세의 강약을 조용히 살피고 있으니 품은 뜻이 작지 않습니다. 만약 폐하께서 군사를 보내 정벌하신다면 저들은 거대한 파도 속에서 기세등등하게 저항할 것이고, 그러면 일시에 승리하기가 어려울 것입니다. 신의 어리석은 견해로는 사람을 시켜 밝은 조서를 갖고 가서 이해관계를 말하고 그의 죄를 사면하겠다고 부르는 것이 좋겠습니다. 그런 다음 제나라 후예를 이어주고 그들의 씨족인 전씨(田氏)를 보존해 주겠다고 하십시오. 제나라 후예를 다시 이어준다고 하면 틀림없이 폐하의 덕을 사모하여 달려올 것이니 전횡을 조정에 들일 수 있습니다. 그렇게 하지 않고 병력만 동원한다면 전횡을 어떻게 불러들일 수 있겠습니까?"

황제가 그의 말에 따라 상대부 육가에게 조서를 가지고 섬으로 가서 전횡을 불러오게 했다.

육가는 어느 날 섬으로 가면서 사방 풍경을 두루 살펴보았다. 나산(羅山, 산둥성 자오위안시招遠市 북쪽)이 동쪽에 걸쳐 있었고, 유수(濰水)가 서쪽을 가로막았고, 신산(神山)이 남쪽에 웅거했고, 발해(渤海)가 북쪽에 자리잡고 있었다. 앞에는 거대한 파도가 일렁이는 바다가 일망무제로 펼쳐져 있었다. 그 고을 사람에게 길을 묻자 한 노인이 대답했다.

"전횡은 바다 가운데 섬에 살고 있소. 즉묵현(卽墨縣, 산둥성 지모시卽墨市)에서 동북쪽으로 100리 밖인데, 사방이 바다로 둘러싸여 있고 가까운 해안에서는 25리 정도 떨어져 있소. 대부께서 전횡을 만나시려면 큰 배를 띄워 바닷길을 따라 순풍을 타고 들어가야 하오. 이곳에서 그를 찾으니 어떻게 만날 수 있겠소?"

육가는 노인의 말을 듣고 바로 사람을 앞세워 즉묵으로 갔다. 그곳에서 큰 배를 마련하고 사공을 많이 고용했다. 그리고 순풍을 타자 금방 섬에 다다랐다. 전횡은 한나라 사자가 왔다는 소식을 듣고 먼저 대문을 가로막았다. 이에 육가가 타일렀다.

"한왕께선 서초를 평정하고 천하를 통일하셨소. 공만 아직 귀의하지 않아서 특별히 조서를 사자에게 들려 보내 효유하라고 하셨소. 항거하지 말고 어서 대문으로 나오시오!"

전횡은 육가의 말을 듣고 곧바로 나와 조서를 받들어 읽었다.

백이와 숙제는 주나라 곡식 먹는 것을 부끄럽게 여겼지만 무왕은 마침내 천하를 소유했다. 개자추(介子推)[1]는 진(晉)나라를 섬기려 하지 않았지만 진나라는 마침내 천하의 패자(霸者)가 되었다. 그대 전횡은 바다 한가운데에 거주하지만 결국은 우리 한(漢)나라의 선비다. 그대 혼자 인간 세상을 벗어나 백이, 숙제, 개자추와 이름을 나란히 할 수 있겠는가? 그렇지 않으면 조속히 조정으로 오라. 크게는 왕을 위하고, 작게는 제후를 위하며 영원히 전씨(田氏)를 보전하고 제나라의 종묘사직을 잃지 않는 일이다. 이 또한 바닷가로 물러나 물고기나 자라를 벗으로 삼는 것보다 더 나은 일이 아니겠는가? 만약 어리석은 생각에 집착하여 돌아오지 않으면 군사를 일으켜 동쪽으로 갈 것이다. 그럼 자신은 포로가 되고 전씨 가문은 멸망할 것이니 이는 매우 어리석은 짓이다. 조속히 달려오라! 이 말을 어기지 말라!

전횡은 조서를 다 읽고 육가를 환대하며 한나라에 투항하는 일을 상의했다. 그러자 좌우 측근들이 거부의 뜻을 보였다.

"안 됩니다! 한나라 황제는 겉으로는 관대한 듯하지만 기실 속은 엄격합니다. 도량은 큰 듯하지만 내심은 각박합니다. 대왕마마께서 이 섬에 은둔하며 오래 복종하지 않으시자 이제 사자에게 조서를 들려 보낸

1_ 개자추(介子推, ?~?). 춘추시대 진(晉) 문공의 공신이다. 개지추(介之推) 또는 개자(介子)라고도 한다. 문공의 19년 망명생활을 동행하는 동안 문공이 굶주리자 자신의 허벅다리 살을 베어 국을 끓여 허기를 면하게 했다. 문공이 즉위한 뒤 논공행상을 하는 과정에서 노모를 모시고 면산(綿山)에 은거했다. 문공이 그를 산에서 나오게 하기 위해 면산에 불을 질렀으나 두 모자는 나오지 않고 모두 불에 타서 죽었다. 문공이 개자추를 추모하기 위해 화식(火食)을 금지한 것이 한식절의 기원이다.

것입니다. 그렇다고 순순히 따라나섰다가 황제가 한 번 분노하면 대왕마마께선 황제를 따르려 해도 따를 수 없고, 이곳으로 돌아오려 해도 돌아올 수 없습니다. 그때 가서 후회해야 너무 늦은 일이 됩니다. 차라리 이곳 방어를 더욱 엄격히 하고, 진채를 더 많이 세우고, 해변 일대에 불화살과 화포를 준비하여 한나라에 대항하시는 것이 더 나을 것입니다. 우리도 한마음으로 힘을 모아 대왕마마와 진채를 굳게 지키겠습니다. 그럼 한나라 황제가 씩씩한 병졸 100만을 데리고 있다 해도 거대한 파도가 넘실대는 이곳에서 어떻게 우리를 범할 수 있겠습니까? 그렇게 하여 대왕마마께서 이곳에서 유유자득하며 천하대세의 강약을 관망하신다면 이 어찌 상쾌한 일이 아니겠습니까?"

전횡이 대답했다.

"그렇지 않소! 나와 공들은 이곳에 거주하며 아직 황제의 은덕을 입지는 않았지만 황제가 나를 부르는데도 가지 않으면 틀림없이 군사를 일으켜 쳐들어올 것이오. 그럼 번거롭게도 공들은 화살과 돌멩이를 무릅써야 하는데 혹시라도 승리하지 못하면 재앙에 얽히게 되오. 나는 그런 일을 차마 할 수 없소."

결국 전횡은 두 빈객을 대동하고 육가와 함께 배를 타고 낙양으로 향했다. 낙양에서 30리 되는 곳에 이르러 전횡은 생각에 잠겼다.

'한나라 황제는 이전에 우리 제왕을 죽였고, 이 때문에 내가 섬에 은거했다. 이제 한나라가 천하를 얻고 나서 사람을 보내 나를 불렀다. 머리를 숙이고 한나라에 귀의하여 봉작을 받으면 이 대장부가 주군의 원수를 갚을 수 없다. 북쪽을 향해 무릎 꿇고 황제를 섬긴다면 무슨 면목으로 천지간에 설 수 있겠는가?'

그는 마침내 자결로 생을 마감했다.

두 빈객은 육가와 함께 전횡의 시신을 수습하여 황제를 만났다. 황제는 깊이 탄식하며 전횡을 왕으로 예우하여 낙양성 동쪽에 장례를 지냈다. 그리고 두 빈객은 도위직에 임명했다. 두 빈객은 조정을 나와 서로 이야기를 나누었다.

"전횡의 자결은 첫째, 한나라를 섬기지 않으려는 뜻이고 둘째, 섬에 있는 500의사가 한나라에 포위되어 곤경을 당할까 두려워 감행한 일이오. 이는 진정 대장부의 의거라고 할 만하오! 그런데 우리 두 사람이 어찌 구차하게 부귀를 도모하며 죽음을 아낄 수 있겠소?"

두 사람은 결국 전횡의 무덤 곁으로 뚫고 들어가 스스로 칼로 목을 찔러 죽었다. 다음날 황제는 그 소식을 듣고 놀라움을 금치 못했다.

"전횡의 자살도 진실로 어려운 일인데, 두 빈객이 그의 무덤을 뚫고 들어가 함께 죽은 것은 더욱 어려운 일이다. 전횡이 이처럼 민심을 얻었으므로 섬에 있는 500명도 평소에 은혜를 두텁게 받았을 것이다. 그들이 전횡이 자살한 사실을 안다면 틀림없이 반란을 일으킬 것이다."

그리고 서둘러 사람을 섬으로 보내 투항을 권유했다. 500명은 전횡이 자결했다는 소식을 듣고 모두 서로의 얼굴을 바라보며 통곡했다.

"대왕마마께서는 우리를 위해 한나라로 가시다가 자결하셨다. 그런데 우리만 어찌 이곳에서 목숨을 이어갈 수 있겠는가?"

그들은 마침내 모두 자결로 생을 마감했다. 황제의 사자는 사람들이 대의를 지키며 이처럼 순절하는 것을 보고 황급히 돌아와 황제를 뵙고 그 일을 자세히 아뢰었다. 황제는 더욱 경악하며 말했다.

"천하에 이처럼 대의를 숭상하는 의사들이 얼마나 많은가? 고금에

전횡의 빈객이 그를 따라 자결하다

만나기 어려운 일이로다!"

황제는 사람을 보내 500명의 시신을 거두어 섬에 묻어주게 했다. 후세 사람들은 전횡의 의리를 흠모하여 그 섬 이름을 전횡도(田橫島)라 부른다. 지금도 그곳에는 전횡의 사당이 있고 사시사철 제향이 끊이지 않는다. 사관이 이 일을 시로 읊었다.

먼 변방에서도 죽음으로 평생 뜻을 지켰는데,	遐荒效死平生志,
뜻을 굽히고 무슨 낯으로 다른 사람 섬기리오?	屈志何顔更事人.
덕으로 감동 줌은 평소 소양 있었을 터,	一德感人應有素,
수백 명이 순절함은 자고로 드문 일이었네.	百夫從義古稀聞.
살아생전 관중 부름에 잘못 응낙했거니와,	生前誤應關中召,
죽은 후에 바닷가로 돌아가기 어려웠네.	死後難歸海上群.
마음은 한 신하 아니나 몸은 한 땅에 묻혔으니,	心不漢臣身漢土,
낙양 땅 전횡 무덤에 천년 한이 남아 있네.	千年遺恨洛陽墳.[2]

황제가 말했다.

"전횡이 바다 한가운데 섬에 오래 버티고 있어서 몹시 근심했더니 이제 그들 모두가 자결했소. 뱃속 질환을 깨끗이 치료한 느낌이오! 허나

2_ 원본에는 이 시 뒤에 다음과 같은 '역사 논평'이 들어 있다. "살펴보건대 전횡의 덕은 역사책에서 찾아볼 수 없다. 그러나 그의 문객이 그를 사랑하며 차마 반란을 일으키지 않은 점에 비추어보면 전횡의 의리를 넉넉하게 짐작할 수 있다. 슬프다! 뜻밖에도 500명의 절개가 이와 같이 장엄하고 그들의 마음도 이처럼 단단했던가? 자고이래 모든 사람이 죽었지만 저 500명은 지금까지도 찬란한 빛을 발하고 있다. 혹시 항백 등과 같이 부모를 배반하고 임금을 망각한 자들은 식은땀을 흘리지 않겠는가?"

계포와 종리매는 어디로 잠복했는지 알 수 없소. 지난날 짐이 수수에서 패배할 때 그 두 놈이 내게 심한 모욕을 주었소. 이제 천하에 포고문을 띄워 두 놈을 잡아오는 사람에게 천금의 상을 내린다고 하시오. 또 각 제후국에도 더욱 엄하게 단속하라 하고, 만약 그들을 숨겨주며 자수하지 않는 자가 있으면 똑같은 역모 죄로 다스린다고 전하시오."

한편, 계포는 애초에 함양 주장(周長)의 집에 숨어 있었다. 주장은 황제가 현상금을 내걸고 서둘러 계포를 잡으려 한다는 소식을 듣고 계포에게 몰래 일렀다.

"한나라에서 장군을 잡으려고 관리들을 몰아치고 있소. 우리 집에 숨어 있다는 사실이 발각되면 우리 가족도 연루될 뿐 아니라 장군에게도 아무 이익이 없을 것이오. 이제 장군께서 긴 안목으로 대책을 강구하기 바라오."

계포가 대답했다.

"현공께서는 걱정하지 마시오. 내게도 몸을 숨길 계책이 있소."

그는 자신의 머리카락을 깨끗이 밀고 목에 쇠사슬을 채워 노예의 모습으로 가장한 뒤 자신을 노나라 주가(朱家)에게 팔았다. 주가는 계포가 목에 쇠사슬을 차고 있지만 행동거지가 보통 사람과 다르다는 것을 간파하고 그가 계포임을 짐작했다. 어느 날 갑자기 한나라에서 현상금을 걸고 계포를 다급하게 찾자 주가가 계포를 불러 물었다.

"그대는 초나라 장수 계포가 틀림없소. 지금 황제가 조서를 내려 그대를 급하게 찾고 있소. 그대가 우리집에 숨어 있으면 우리 가족도 연루될까 두렵소. 내가 그대를 잡아 낙양에 바칠까 하는데 그대는 어떻게 생각하시오?"

계포가 담담하게 대답했다.

"아무개가 바로 초나라 장수 계포요. 이름을 숨기고 노예가 되어 나 자신을 공의 집에 판 것이오. 공은 나를 아주 너그럽게 대해주셨소. 이제 현상금을 걸고 나를 급하게 찾는다니 공이 나를 잡아 황제를 알현하면 천금의 상을 받을 수 있을 것이오. 이것이 내가 공에게 보답하는 방법이오."

주가가 탄식하며 말했다.

"내가 어찌 사람을 사지에 몰아넣고 천금의 상을 탐낼 수 있겠소? 그렇게 해서 설령 큰 부자가 된다 해도 나는 진실로 그런 일을 참을 수 없소. 내게 하후영이란 친구가 있는데 지금 낙양에 살고 있소. 어릴 때부터 나와 아주 친하게 지냈소. 내가 그대를 위해 낙양으로 가서 그 사람을 만나 목숨을 구해달라고 부탁해보겠소. 어떻소?"

계포가 감격하며 감사 인사를 했다.

"명공께서 그처럼 저를 구해주신다면, 이는 죽은 사람을 살리고 해골에 살을 붙이는 일이 될 것입니다."

주가는 행장을 꾸려 낙양으로 가서 하후영을 만났다. 하후영은 친구가 멀리서 찾아오자 매우 기뻐했다. 서로 인사를 나누고 나서 바로 술상을 마련해 대접했다. 주가가 하후영에게 슬쩍 물었다.

"계포는 무슨 죄를 지었기에 황제께서 저리 급하게 잡으려 하시는가?"

하후영이 대답했다.

"이전에 황제를 여러 번 욕보여서 저렇듯 다급하게 몰아대신다네."

"신하는 각기 자신의 임금을 위해 힘을 쓸 따름이네. 그런데 황제께서는 이제 천하를 얻자마자 사사로운 원한으로 사람을 잡아들이라 하며 어찌 저리 편협한 모습을 보인단 말인가? 또 계포 같은 현명한 인재를 한나라에서 저리 급하게 몰아대니 이제 북쪽 오랑캐 땅으로 도망가지 않으면 남쪽 월나라 땅으로 도주할 것이네. 이것은 장사를 내버려서 적국을 이롭게 하는 일일세. 자네가 황제에게 말씀을 올려보게. 계포를 사면하여 현인을 구하는 길을 넓히면 천하의 인재들이 목을 빼고 황제의 신하가 되려고 할 것이네."

이에 등공 하후영은 황제를 뵙고 아뢰었다.

"계포는 죄가 없는데 폐하께서 어찌 그리 급하게 잡아들이려 하십니까?"

황제가 대답했다.

"여러 번 나를 모욕했는데 어찌 죄가 없다는 것이오?"

"계포는 자신의 임금을 위해 일했을 뿐입니다. 그때는 그가 초나라만 알던 시절이라 폐하의 좌우에 있지 않았습니다. 그것이 바로 계포의 충성심입니다. 한나라 신하가 모두 계포와 같다면 폐하께서 천하의 치세를 열지 못할까 어찌 근심하시겠습니까? 부디 계포를 사면하여 등용하시기 바라옵니다. 그럼 천하에 계포와 같은 인재가 모두 폐하의 조정에 서고 싶어할 것입니다. 또 만승지국의 지존으로 드넓은 천하를 소유하신 폐하께서 어찌 저 계포 하나 용납하실 수 없단 말입니까?"

"경의 말처럼 계포가 무죄라면 종리매도 무죄요."

황제는 마침내 사면령을 내려 초나라 신하 계포와 종리매 등의 죄를 모두 용서했다.

"즉시 투항하면 옛 관직을 회복해주겠다. 고의로 짐의 명령을 어기며 스스로 죽음을 자초하지 말라."

하후영은 집으로 돌아와 주가를 만나 두 사람이 사면을 받았고 옛 관직도 회복할 수 있게 되었으니 바로 투항하여 의심을 사지 말라고 알려주었다. 주가는 매우 기뻐하며 감사 인사를 하고 노나라로 돌아가 계포에게 모든 일을 자세히 이야기했다. 계포도 기뻐하며 감사의 절을 올렸다. 그는 행장을 꾸려 낙양으로 가서 한나라 황제에게 투항했다. 황제가 물었다.

"장군은 사해에 머물 집도 없으면서 혼자 몸에 머리를 깎고 먼 곳에 숨어 있었소? 일찍 나를 만나러 오지 않고?"

"저는 나라도 망하고 임금도 잃었습니다. 패왕과 오강에서 함께 죽지 못한 것이 한스러웠습니다. 그런데 무슨 면목으로 폐하를 뵈러 올 수 있겠습니까?"

"지난날 어찌하여 나를 그렇게 심하게 모욕했소?"

"신은 초나라에 보답하려고 그때 폐하를 심하게 모욕하지 못할까 근심했습니다."

황제가 즐거워하며 말했다.

"계포는 충신이라 할 만하다!"

황제는 계포에게 낭중(郎中)[3] 벼슬을 내렸다. 계포가 머리를 조아리며 아뢰었다.

"저는 망국의 신하로 머리는 삭발했고 얼굴은 더러워 벼슬을 감당할 수 없습니다. 엎드려 바라옵건대 죽이지 않으신 것으로 충분하니 벼슬

3_ 군주의 비서에 해당하는 관직이다. 군주를 수행하고 호위하며 자문에 응한다.

은 거두어주십시오."

"벼슬을 사양하고 받지 않는 것은 장군께서 초나라 덕을 잊지 않기 때문이지만 그 충성심을 가련히 여기고 관작을 내리는 것은 짐이 아랫사람을 두텁게 사랑하고 끌어올리기 위한 조치요. 장군은 이미 내 땅에 살게 되었는데 어찌 관작을 받지 않으려 하오?"

결국 계포는 벼슬을 받고 감사의 배례를 올린 뒤 궁궐에서 물러나왔다. 그러자 좌우 근신들이 아뢰었다.

"계포는 투항했지만 종리매는 아직 종적을 모릅니다."

황제가 말했다.

"종리매는 초나라 명장으로 그 용력이 삼군의 으뜸이었고, 지모도 범증에 뒤지지 않았소. 만약 투항하지 않고 어딘가 살아 있다면 결국 후환이 될 것이오. 서둘러 잡아들이도록 하시오."

좌우 근신들은 효유문을 낙양성 안팎으로 전하고 서둘러 종리매를 찾게 했다. 그때 베옷을 입고 짚신을 신은 어떤 사람이 황망하게 왕래하는 황제의 근신들을 보고 껄껄 웃으며 말했다.

"종리매 한 사람을 뭘 그렇게 걱정하시오? 황제께 아뢸 큰일이 하나 있는데 나를 이끌어주는 사람이 없구려."

근신들은 그 사람의 모습이나 말씨가 보통 사람과 다른 것을 보고 즉시 궁궐로 들어가 황제에게 아뢰었다. 그러자 황제가 그를 불러들였다. 그 사람이 누구인지, 또 황제에게 무슨 말을 하는지는 다음 회를 들으시라.

제87회

숨은 범을 찾으라

누경이 함양으로
도성을 옮기라고 건의하다
婁敬議遷都咸陽

그 사람은 황제를 만나 큰일을 이야기하겠다고 했다. 그는 과연 누구인가? 바로 제나라 사람으로 성은 누(婁), 이름은 경(敬)이었다. 그는 농서(隴西)에서 낙양을 지나는 길이었다. 그때 마침 관리들이 다급하게 종리매를 찾는 것을 보고 큰 소리로 그들을 비웃었다.

"종리매는 일개 망국지신(亡國之臣)인데 어찌 큰일을 일으킬 수 있겠소? 지금 내게는 한나라를 위해 만세의 대업을 세우고, 그 자손들을 위해 흔들림 없는 기반을 마련하고, 천하를 반석 위에 올려놓을 말이 있는데 아무도 나를 황제 앞으로 이끌어주지 않는구려."

근신들이 황제에게 알리자 황제가 그를 불러들이라 했다. 근신들이 누경에게 말했다.

"베옷을 입고 짚신을 신은 채 임금을 뵙는 건 예의가 아니오."

누경이 말했다.

"저잣거리에서는 짚으로 몸을 가리는 것이 평상복이고, 나에게는 베옷과 짚신이 평상복이오. 갈아입을 옷이 없소."

이에 그대로 황제 앞으로 안내했다. 황제가 말했다.

"네가 짐을 만나려 했다는데 상의할 일이 있느냐? 무슨 일인지 말해보라."

누경이 말했다.

"지난날 패왕은 범증의 말에 따르지 않고 관중을 버리고 팽성에 도읍했습니다. 나중에 한생도 지극하게 간언을 올렸지만 결국 삶겨 죽고 말았습니다. 이 때문에 항왕은 천하를 잃었고 지금 폐하께서는 낙양에 도읍하고 계십니다. 물론 낙양은 팽성과 비교할 수 없을 정도로 좋은 곳입니다. 폐하께서는 한나라가 주나라 왕실보다 더 번성하기를 바라십니까?"

"그렇다!"

"폐하께서 천하를 쟁취하신 일은 주나라의 경우와 다릅니다. 주나라는 후직을 시작으로 수백 년 동안 덕과 인을 쌓았습니다. 그리하여 무왕시대에 이르러 은 주왕을 정벌하고 천하를 얻게 되었습니다. 성왕이 즉위하고는 낙양이 천하의 중심인지라 사방의 제후들이 조공하러 올 때 거리가 균등하다고 여겨 그곳을 또다른 도성으로 삼은 것입니다. 덕이 있으면 쉽게 흥성하고, 덕이 없으면 쉽게 망합니다. 이 때문에 주나라가 극성할 때는 제후들과 사방 오랑캐가 복종하지 않는 경우가 없었습니다. 주나라가 쇠퇴할 때는 천하가 조공을 바치지 않아도 통제할 수 없었습니다. 이는 덕이 박한 것이 아니라 형세가 약했기 때문입니다. 지금 폐하께서는 풍패에서 봉기하여 촉과 한중을 석권하고 삼진을 평정했습니다. 이어서 항우와 형양-성고 사이에서 대소 전투를 70여 차례나 치렀습니다. 이 때문에 천하 사람들은 간과 뇌를 땅에 쏟으며 부상을 입고 쓰러져 아직 일어나지도 못하고 있습니다. 그런데도 주나라보다 융성하기를 바라는 것은 신이 보기에 잘못된 생각인 듯합니다. 무릇 진(秦) 땅은 산을 옷처럼 입고, 물을 띠처럼 매고 있으며, 사방의 요새가 튼튼하여 갑작스런 변란에도 100만 군사가 모일 수 있습니다. 무릇 적과 싸울 때 목을 잡고 등을 제압하지 못하면 온전한 승리를 거둘 수 없습니다. 폐하께서 이곳을 버리고 꼭 낙양에 도읍한 뒤 뒷날 혹시라도 세력이 약해져 천하를 제어할 수 없게 되고 그 틈에 어떤 제후가 관중의 험한 요새를 근거로 항거하게 되면 진시황과 항우의 강력한 힘과 금방 맞닥뜨리실 것입니다. 이것은 천하대사이므로 신이 폐하를 위해 말씀드립니다. 소위 만세의 대업을 세우고 자손들을 위해 흔들림 없는 기반을 마련하시는 일입니다."

황제가 신료들에게 묻자 신료들은 모두 산동(이 시기는 효산崤山 동쪽임) 사람들이라 누경의 말을 반박했다.

"주나라 때 낙양에 도읍했지만 수백 년 동안 쇠퇴하지 않았고, 진시황은 함양에 도읍했지만 2세도 지나지 않아 멸망했습니다. 낙양은 동쪽에 성고가 있고, 서쪽에 효산과 민지가 있고, 황하를 등에 지고 낙수를 앞에 두고 있으니 그 튼튼함에 충분히 의지할 만합니다."

황제는 장량에게 물었다. 장량이 대답했다.

"물론 낙양에도 이런 견고함이 있지만 사방에서 적의 공격을 받을 수 있으니 무(武)로써 지킬 수 있는 땅이 아닙니다. 관중은 왼쪽으로 효산과 함곡관이 있고, 오른쪽으로 농산과 촉 땅이 있으며 그 사이에 기름진 들판이 1000리에 펼쳐져 있습니다. 삼면이 가로막혀 튼튼히 지킬 수 있으므로 한 면으로만 제후를 제압하면 됩니다. 이 때문에 금성천리(金城千里)이고 천부지국(天府之國)[1]이라는 호칭으로 불립니다. 누경의 말이 옳습니다."

이에 황제는 누경의 말에 따라 길일을 택해 어가를 함양으로 옮겼다. 또 누경을 봉춘군(奉春君)으로 부르게 하고 유씨(劉氏) 성을 하사했다. 이어서 천하에 조서를 반포하여 인월(寅月)을 정월로 삼고 이때부터 함양을 도성으로 정했다. 천하가 태평무사하자 신료들이 글을 올려 경하했다.

> 폐하께서는 신성한 힘으로 사방을 평정하고 위엄과 덕망으로 만국을 제어하여 중원과 오랑캐를 하나로 통일했으며 예악을 행할 때 같은 문자를 쓰게 했습니다. 태산과 황하처럼 영원한 맹약을 맺었고, 영웅호걸이 함께 모이는 경사를 맞이했습니다. 밝은 나라를 세우고 국운을 일으켜 대종(大宗)과 소종(小宗) 모두 번성하게 했고, 왕국의 판도를 튼튼하게 세워 일세에서 만세에 이르는 통일을 이뤘습니다. 전방으로는 모래밭과 초원에 임하니 왕성한 기운이 피어올라 황제들이 이곳을 좇고,

1_ 금성천리와 천부지국은 흔히 관중을 묘사하는 말로 많이 쓰인다. '금성천리'는 철옹성이 1000리라는 말인데, 관중 땅의 남쪽과 서쪽이 높은 산맥으로 둘러싸여 천험의 요새가 됨을 비유하는 표현이다. '천부지국'은 하늘이 낸 곳간이라는 뜻으로 관중 땅의 기름진 평야가 사람들을 넉넉하게 먹여 살린다는 비유다.

후방으로는 강물과 언덕이 베개가 되니 연무에 잠긴 산천이 빼어난 경관을 자랑합니다. 쪽빛 산이 오른쪽으로 감아 돌고 화려한 산악이 동쪽을 둘렀습니다. 종남산에 기대 성곽으로 삼으니 하늘이 내린 천험의 요새고, 경수와 위수로 방어 해자로 삼으니 땅이 설치한 자연의 험지입니다. 하늘의 곳간을 안정시켜 견고한 산천을 앉아서 누립니다. 신들은 재주 없으나 함께 왕도정치에 젖어들고, 모두 선대의 가르침을 우러러봅니다. 진실로 봉래산의 경계로 날아오르는 것 같고 마음대로 봉황의 누대로 올라가는 것 같습니다.

황제는 상소문을 보고 매우 기뻐하며 크게 연회를 열고 신료들과 함께 한껏 즐긴 뒤 헤어졌다.

황제는 홀로 편전에 앉아 종리매가 오랫동안 항복해오지 않고 있음을 생각했다. 그는 이처럼 잠복한 화근이 결국 후환이 될까 두려웠다. 다음날 신료들을 불러서 물었다.

"종리매가 이처럼 오래 항복하지 않고 있는데 경들 중에 그의 소재를 아는 사람이 한 사람도 없소?"

계포가 앞으로 나서며 아뢰었다.

"신이 당시에 종리매와 도피할 때 어디로 피난 갈 것이냐고 물은 적이 있습니다. 그도 숨기지 않고 자신이 한때 한신과 친하게 지내서 한신이 있는 곳에 가서 숨어 살겠다고 했습니다. 그러나 지금까지도 그곳에 있는지는 모르겠습니다."

황제는 계포의 말을 듣고 더욱 의혹이 짙어져서 진평을 불러 물었다.

"한신이 종리매를 숨겨주고 있다면 틀림없이 깊은 뜻이 있을 것이오.

누경이 한왕에게 도성을 장안으로 옮기게 하다

사람을 보내 사실을 알아보고 사실이면 잡아들여 후환을 없애야 하오. 허나 어떤 계책을 써야 잡아들일 수 있을지 모르겠소."

진평이 대답했다.

"이 일은 너무 급하게 처리할 수도, 그렇다고 너무 늦출 수도 없습니다. 급하게 서두르다보면 다른 곳으로 거처를 옮길 것입니다. 그럼 잡아들이기 어렵게 됩니다. 너무 늦추다보면 호랑이를 키워 후환을 남길 것입니다. 그럼 결국 변란이 일어나게 됩니다. 폐하! 다른 일을 핑계로 심복 한 사람을 한신에게 보내 사정을 알아보십시오. 그곳에서 한신을 부추겨 종리매를 자살로 몰고 가면 더없이 좋은 결과라 할 수 있습니다."

황제는 바로 수하를 불러 지시했다.

"침주로 가서 의제의 능침을 수리하고 내친김에 서초로 가서 한신을 만나 종리매의 소식을 탐문해보시오. 만약 그가 그곳에 있다면 여차여차하게 한신을 부추기시오. 경의 말을 듣고 한신이 종리매를 죽이면 모두 경의 공으로 여기겠소."

수하는 황제의 명을 받고 초나라로 갔다. 그는 한신을 만나 앞서 침주에서 의제의 능침을 수리한 일을 자세히 이야기했다. 그리고 지난날 받은 한신의 은덕이 생각나서 특별히 들렀다고 둘러댔다. 한신은 매우 기뻐하며 술자리를 마련하여 환대했다. 한신이 소정의 대소사에 대해 묻자 수하는 하나하나 모두 대답해주었다. 좌우에 사람이 없는 틈에 수하는 한신 가까이 다가가 귓속말을 했다.

"앞서 어떤 사람이 대왕께서 종리매를 숨겨주고 있다고 고발했습니다. 그러자 황제께서 '초왕 한신은 일국의 제후인데 어찌 반역자를 용납할 리가 있느냐?'라고 하시며 그 사람을 꾸짖었습니다. 황제께서는 믿지 않으시지만 좌우 사람들이 모두 참소합니다. 또 계포가 하는 말을 들으니 종리매가 대왕이 계신 곳에 가서 숨겠다는 말을 했다고 합니다. 지금 이 말은 조정의 문무백관 모두가 알고 있습니다. 소 승상만 거듭 대왕을 변호하고 있을 뿐 황제께서는 여전히 의심하고 계십니다. 아무개는 대왕의 은혜를 입은 사람이라 감히 숨기지 못하고 이번 기회에 특별히 대왕께 말씀드리는 것입니다. 서둘러 처리하여 사람들의 입을 막아야 합니다. 그렇지 않고 이 일이 새어나가면 대왕께선 우정만을 중히 여긴 탓으로 국가를 배반한 오명을 쓰게 될 것입니다. 그러면 건국의 공로는 결국 허사가 되고 맙니다. 대왕께선 깊이 생각해야 합니다."

한신은 수하의 말을 듣고 한동안 아무 말도 하지 못했다. 깊은 번뇌와 후회에 잠겼다가 천천히 입을 열었다.

"대부께서 말씀 좀 해보시오. 그럼 어떻게 해야 황제의 의심을 풀고 사람들의 입을 막을 수 있겠소?"

"종리매를 죽여서 함양에 바치면 저절로 무사할 것입니다."

"종리매는 수십 년 동안 사귄 친구요. 어떻게 죽인단 말이오?"

"대왕께서 우정을 중시하고 국법을 경시한다면 참화가 바로 들이닥칠 것입니다."

"대부의 말씀이 옳소. 생각해보리다!"

한신은 다시 수하와 술을 몇 순배 더 마신 뒤 헤어졌다. 한신은 황급히 후원에 있는 작은 전각으로 가서 종리매를 만나 조금 전 일을 자세히 이야기했다. 종리매가 물었다.

"자네는 나를 어떻게 처리할 작정인가?"

"국법을 지켜야 하네. 자네의 수급을 함양에 바칠 수밖에 없네. 나도 재앙에서 벗어나야 하니까."

"내가 살아 있으면 한왕은 자네를 감히 해치지 못할 것이나 내가 죽으면 한왕이 마음대로 자네를 죽일 것이네."

한신은 낮게 신음하며 결정을 내리지 못하다가 마침내 종리매를 죽이지 않겠다고 마음먹었다. 수하는 며칠을 기다려도 한신이 아무 움직임도 없자 몰래 사람을 시켜 황제에게 서찰을 보낸 뒤 한신과 작별하고 침주로 갔다. 후세에 사관이 이 일을 시로 읊었다.

범과 표범 깊이 숨으니 사람들이 겁내는데,	虎豹深藏人自畏,
하루아침에 감옥 가도 놀랄 일은 아니네.	一朝入檻不須驚.
종리매도 죽지 않고 한신도 건재한 것은,	鍾離未死韓侯在,
순망치한 그 이치가 더욱 분명하기 때문이네.	虢逝虞亡事更明.

어느 날 황제는 조회를 마치고 신료들과 이야기를 나누고 있었다. 그때 갑자기 좌우 근신이 다가와 보고했다.

"어떤 사람이 한 가지 기밀을 폐하께 고변하겠다고 합니다."

황제가 불러들이라고 하자 그 사람이 앞으로 다가와 아뢰었다.

"한신이 초왕에 책봉된 뒤 평민의 밭을 빼앗아 부모의 묘를 썼고, 병마를 늘여 세워 고을을 소란하게 합니다. 또 초나라 패장 종리매를 숨겨주고도 자수하지 않고 있습니다. 오랫동안 다른 뜻을 품고 있으니 이는 진실로 반란을 도모하려는 것입니다. 신은 몸소 사실을 확인하고 밤새도록 달려와 폐하께 아룁니다. 폐하! 서둘러 그자를 처리하셔야 합니다."

황제는 보고를 듣고 진평 등을 불렀다.

"한신은 자신의 높은 공을 믿고 함부로 행동하고 있소. 지난번에 본래 제나라에 기내 대사를 도모하려다 짐이 초나라로 봉토를 바꾸자 원망을 품은 것이오. 또 지금 종리매를 숨겨주고도 자수하지 않고 있소. 이는 그자가 더욱더 모반의 뜻을 품고 있다는 증거요."

신료들은 황제의 말을 들은 뒤 모두 군사를 통솔하고 가서 들이치자고 했다. 그러자 진평이 아뢰었다.

"안 됩니다! 한신은 여타 장수들에 비할 수 없습니다. 지금 그가 있는 땅은 회수와 옛 채(蔡)나라의 요충지고, 그의 휘하에는 갑사 수십만이 있습니다. 변란이 일어나면 그 세력을 감당할 수 없습니다. 어찌 항왕의 강함에 그치겠습니까? 여러 장군께선 지금 한때의 불만으로 한신과 싸우려 합니다. 그러나 싸우지 않으면 그만이지만 싸운다면 틀림없이 패배할 것입니다."

황제가 물었다.

"선생의 말씀과 같다면 그자를 어떻게 처리해야 하오?"

진평이 대답했다.

"신의 어리석은 소견으로는 지혜로 사로잡아야지, 힘으로 죽일 수 없습니다."

"그 지혜가 어떤 것이오?"

"신에게 한 가지 계책이 있습니다. 창이나 방패를 쓰지 않고 한신을 사로잡는 방법입니다. 그럼 폐하께서는 장래의 우환을 저절로 없애실 수 있을 것입니다."

그 계획이 어떤 것인지는 다음 회를 보시라.

제88회

사로잡힌 한신

한 고조가 거짓으로
운몽에 놀러 가다
漢高帝僞遊雲夢

황제가 진평에게 계책을 묻자 진평이 대답했다.

"한신은 온갖 속임수를 쓰므로 예측할 수가 없습니다. 신의 어리석은 소견으로는 폐하께서 속임수를 써서 운몽(雲夢)[1]으로 놀러가시면 한신을 사로잡을 수 있을 것입니다. 대체로 옛날 천자들은 사시사철 순행을 다녔습니다. 동서남북에 각각 적당한 곳이 있으면 그곳으로 가서 민간 풍속을 살폈습니다. 폐하께서 운몽으로 가신다 하고 동초(東楚)[2]땅

1_ 몽택(夢澤)이라고도 한다. 고대에 드넓은 소택지가 있어 유명한 유람지로 기능했다. 지금의 후베이성 샤오간시(孝感市) 윈멍현(雲夢縣)과 그 남쪽 창장강 유역 일대다.

2_ 초나라 동쪽 땅이란 뜻으로 지금의 화이허강 이남 장쑤성, 저장성, 안후이성 남부, 장시성 북부, 후베이성 동부지역이다.

서쪽 경계에 제후들을 불러모으십시오. 그리고 황제의 순행에 오지 않는 자는 장차 군사를 거느리고 가서 정벌하겠다고 전하십시오. 한신은 폐하께서 동초 땅으로 순행하신다는 소문을 듣고 틀림없이 교외로 어가를 영접하러 나올 것입니다. 그가 폐하를 알현할 때 무사를 시켜 사로잡으면 됩니다. 한 사람의 힘만 있으면 됩니다. 장수들에게 군사를 동원하게 하여 승부를 내는 것보다 좋은 방법이 아니겠습니까?"

황제는 진평의 말을 듣고 매우 기뻐하며 동쪽 땅 제후들에게 조서를 내렸다.

> 짐은 경자년(한나라 6) 겨울 12월에 운몽으로 순행하여 제후들과 회동하고 지방의 민심을 살피려 한다. 사방의 풍속을 채록하여 그것을 책으로 만들어 천하에 반포하고자 한다. 만약 오지 않는 자가 있으면 군사를 이끌고 가서 정벌하겠다.

황제는 문무백관과 함양을 떠나 옛 진(陳)나라와 채(蔡)나라 땅에 당도했다. 영포, 팽월 등은 동쪽 길로 나와 한나라 황제를 영접했다.

한신은 황제의 조서가 도착했다는 소식을 듣고 좌우 근신들과 대책을 논의했다.

"전날 수하가 말하기를 내가 종리매를 숨겨준 것을 황제가 눈치챘고, 또 어떤 자가 나를 참소하고 있으므로 종리매를 죽여 사람들의 입을 막아야 한다고 했소. 허나 종리매는 나의 오랜 친구라 차마 해칠 수 없소. 그런데 뜻밖에도 황제가 운몽으로 순행을 온다는구려. 만약 내가 종리매를 숨긴 것을 황제가 알고 있다면 틀림없이 내가 다른 마음을 품고 있다고 의심할 것이오. 차라리 수하의 말처럼 종리매를 죽인 뒤 황제를 만나 의심을 풀고 사람들의 입을 막는 것이 좋을 듯하오."

이에 한신은 후원으로 가서 종리매를 만나 지금의 형편을 자세히 이야기했다.

"황제가 운몽으로 순행을 온다고 하네. 아마 자네가 이곳에 있다는 걸 알고 내가 자네와 내통한다고 의심하는 듯하네. 이건 자네에게도 이롭지 않을 뿐 아니라 내게도 이롭지 않은 일이네. 이제 자네의 수급을 황제 앞에 바치고 내 죄를 씻어야겠네. 어쩔 수 없는 일이니 원망하지 말게."

종리매가 말했다.

"실수하지 말게! 앞서 말했듯이 오늘 자네가 나를 죽이면 조만간 황제가 자네를 죽일 것일세. 이것은 자네를 속이려는 말이 아니네."

"황제가 나를 저버리더라도 나는 자네를 죽여 내가 역심을 품지 않았다는 것을 밝혀야겠네."

그러자 종리매가 욕설을 퍼부었다.

"남의 가랑이 사이나 기던 놈이라 이리도 매정하구나! 내가 옛날에 베풀어준 의리는 눈곱만큼도 생각하지 않느냐? 내가 네놈이 죽는 걸 못 보는 것이 한스럽다."

그리고 마침내 칼로 목을 찔러 죽었다. 후세 사람이 이 일을 시로 읊었다.

지초와 난초 향기는 서로 달라도, 芝蘭氣味別,
군자가 가까이하며 서로 친하네. 君子交相親.

서릿발 이겨내는 송백의 지조,	松柏凌霜操,
군자가 날마다 이웃으로 삼네.	君子日與隣,
박정한 패거리와 어찌 같으랴?	豈若薄情子,
저들의 사랑은 진짜 아니네.	相愛原非眞.
부귀를 누리고 번영할 때는,	富貴同繁華,
농밀한 관계가 봄날과 같네.	濃密爭三春.
어느 날 환난에 처하고 나면,	一朝遇患難,
오로지 내 몸만 지킬 줄 아네.	惟知全吾身.
얼굴 돌리고 대의를 망각하고서,	反面忘大義,
예리한 칼날로 인(仁)을 해치네.	利刃傷至仁.
군자의 사귐을 예로 들자면,	其如君子交,
골육처럼 서로 함께 어울리면서,	骨肉與相徇.
천년토록 영원히 잊지 않으며,	千載永不忘,
죽어도 우정을 해치지 않네.	至死不可磷.

종리매가 자살하자 한신은 그의 수급을 가지고 운몽으로 가서 황제를 만났다. 황제가 말했다.

"오랫동안 종리매를 숨기고 있다가 내가 운몽으로 순행을 온다고 하니 일이 발각된 것을 알고 나를 만나러 왔구나. 네가 본심으로 종리매를 죽이지 않은 게 확실하다. 저자를 포박하라!"

한신이 울부짖었다.

"억울합니다!"

"무엇이 억울하다는 것이냐?"

한신이 종리매의 수급을 가지고 한왕을 만나다

"신은 폐하의 개국공신인데 아무 죄도 없이 포박을 당했습니다. 이게 억울한 일이 아닙니까?"

"너는 부모의 무덤을 쓰면서 백성의 땅을 침탈했다. 그러나 그 백성은 분노하면서도 억울하다는 말도 한 마디 할 수 없었다. 지금 그 원성이 길에 가득하다. 이것은 황실을 보호하는 방법이 아니다. 이것이 네 첫번째 죄다. 또 일없이 군대를 거느리고 출입하며 무력을 과시했다. 사방에서 그것을 본 사람들은 모두 한심하게 생각했다. 이것이 네 두번째 죄다. 종리매는 초나라 신하인데 너는 아무 까닭 없이 그자를 숨겨주었다. 이는 그자를 심복으로 삼으려는 의도다. 이것이 네 세번째 죄다. 반역의 실상이 이미 드러났기에 너를 포박한 것이다. 무슨 할말이 있느냐?"

"부모의 분묘를 쓴 일, 군대를 거느리고 출입한 일, 종리매를 숨겨준 일, 이 세 가지 일은 모두 해명할 수 있습니다. 신은 옛날 포의로 지낼 때 너무나 가난했습니다. 이에 부모의 장지도 마련할 수 없어서 다른 사람 땅에 몰래 무덤을 썼습니다. 이제 초왕에 책봉되고 나서 부모에게 영광을 드리려고 드디어 분묘를 조성했습니다. 이웃 백성의 땅을 살펴 축대와 담장을 마련하다 어쩔 수 없이 그 땅을 조금 침범했는데, 신은 처음에 알지 못했고 감히 그것을 침탈할 의도도 없었습니다. 군대를 거느리고 출입한 것은 아무 까닭 없이 백성을 번거롭게 한 것이 아닙니다. 폐하께서 처음 천하를 평정하신 상황에서 아직 초나라 잔적들이 남아 있는지라 무력으로 위엄을 보이지 않으면 사람들이 두려워할 바를 몰라서 다시 변란이 일어날까 두려웠습니다. 신은 항상 군대를 거느리고 순행을 하며 폐하를 위해 초나라 잔적을 제거하고 지방의 안정을 도모하려 했을 뿐입니다. 종리매와 신은 옛날부터 매우 친하게 지냈습니다. 신이 초나라에 있을 때 항왕이 자주 신을 죽이려 하자 종리매가 적극 도와주어 목숨을 구할 수 있었습니다. 신은 감히 그의 덕을 저버릴 수 없어서 신의 집에 숨겨주었습니다. 이후 폐하를 뵙고 그의 현명함을 아뢰어 그의 재능을 쓸 생각이었습니다. 그런데 지금 폐하께서 참소를 믿고 있다는 소문이 들려오는지라 어쩔 수 없이 그를 죽여 폐하를 찾아뵌 것이지, 다른 뜻은 없습니다. 이게 어찌 유죄입니까?"

"너는 지난날 제나라를 정벌할 때 역생이 제왕에게 유세하여 항복을 받은 공은 무시하고 나의 칙지를 거스르며 제나라를 정복한 뒤 가제왕에 봉해달라고 청했다. 너는 이미 그때 모든 일을 마음대로 하려는 뜻을 품고 있었다. 그뒤 내가 성고에서 초나라 군사에게 포위되었을 때도 누차 구원을 요청했지만 너는 가만히 앉아서 승패를 관망하며 구원할 뜻을 보이지 않았다. 초나라로 봉토를 옮기고 나서도 온종일 앙심을 품고 불만을 드러냈다. 너는 자주 변덕을 부리며 마음을 잡지 못하고 있으니 결국 반란을 일으킬 것이 확실하다. 내가 운몽으로 순행을 가면 네가 틀림없이 나를 만나러 올 것이라 짐작하고 너를 사로잡은 것이다. 무슨 할말이 있느냐?"

한신은 황제의 말을 듣고 길게 탄식했다.

"진실로 사람들의 말과 같도다. '나는 새가 다 잡히면 좋은 활은 넣어두고, 교활한 토끼가 죽으면 그것을 쫓던 개는 삶기고, 적국이 망하면 모사는 죽는다'[3]더니 천하가 이미 평정되었으니 내가 삶기는 것도 당연한 일이다!"

황제는 한신의 말을 듣고 주저하며 결정을 내리지 못하다가 마침내 초왕의 인수를 거두어들이고 그를 여전히 수레 뒤에 포박해두었다. 후세에 시관이 이 일을 시로 읊었나.

단을 쌓고 대장 임명해 무슨 일을 이루었나?	築壇拜將成何濟,
초나라 치고 왕이 된 일 벌써 허사가 되었네.	破楚封王事已虛.
한신의 지식 천박한 걸 끝없이 탄식하노니,	堪歎韓侯知識淺,
어찌하여 범려는 오호에 은거했을까?[4]	何如范蠡五湖居.

어가가 행차하는 도중 운몽에서 30리 떨어진 곳에 닿자 날이 이미 저물었다. 황제는 어가에서 내려 흰색 용마를 타고 고삐를 당겨 큰 숲속으로 들어섰다. 그때 갑자기 용마가 포효했다. 황제는 숲속에 틀림없이 자객이 있다고 짐작하고 즉시 번쾌에게 군사 100명을 이끌고 숲속을 수색하라고 했다. 번쾌는 숲속을 수색하던 도중 어떤 장사를 발견했다. 나이가 서른에 가까워 보였다. 그는 활에 화살을 메기고 숲속에 숨어 있었다. 번쾌는 즉시 그를 붙잡아 황제 앞으로 데리고 왔다. 황제가 물었다.

"너는 뭐하는 놈이기에 여기에 숨어 있었느냐?"

그 사람이 대답했다.

"신은 회음 땅 소년입니다. 초왕 한신의 두터운 은혜를 입었습니다.

3_ 토사구팽(兎死狗烹): 교활한 토끼를 잡고 나면 사냥개는 쓸모가 없어져서 삶아먹히게 되다. 자신이 필요할 때는 이용하다가 필요가 없어지면 가혹하게 내버리는 상황을 비유한다.(『사기』「월왕구천세가」) 『한비자(韓非子)』「내저설좌하(內儲說左下)」에는 "狡兎盡則良犬烹, 敵國滅則謀臣亡"이라고 되어 있다. "高鳥盡, 良弓藏, 狡兎死, 走狗烹, 敵國破, 謀臣亡."

4_ 『사기』「월왕구천세가」에 나온다. 『원본 초한지』 3 제71회 각주 2 참조.

어제 소문을 들으니 무슨 죄목인지도 모르고 폐하께서 한신을 포박하셨다고 했습니다. 그 때문에 숲속에 숨어 있다가 한신이 지나가면 탈취할 생각이었습니다."

"네놈은 한신을 탈취하려는 것이 아니라 나를 쏘려 한 것이다. 다행히 용마가 경고해서 내가 해를 당하지 않았다. 내가 숲속으로 잘못 들어갔으면 틀림없이 네놈의 독수를 맞았을 것이다."

황제는 좌우를 돌아보며 그자를 죽이라고 명령했다. 좌우 군사들은 금과(金瓜)[5]를 들어 장사를 때려 죽였다. 후세 사람이 이 일을 시로 읊었다.

장량은 부질없이 진시황을 공격하여,	張良空擊秦始皇,
한나라 위해 복수하다 장사만 죽였다네.	爲韓報讐壯士亡.
소년은 무슨 일로 숲속에 숨어 있다가,	少年何事林中藏,
계책도 펴지 못하고 헛된 죽음 당했던가?	一籌未展徒遭戕.
나이 어려도 은혜 느껴 끝까지 잊지 않고,	年少感恩終不泯,
안타까워라! 몸 바친 일 천자보다 훌륭하네.	奮身豈惜萬乘强.
그대는 못 보았는가? 항왕이 헛되이 팔천 자제 기른 일을,	君不見項王徒養八千士,
초나라 노래 한 곡조에 모두 방황했네.	楚歌一曲皆彷徨.
소년의 격렬한 뜻 지혜롭지 못한 듯하나,	少年激烈似非智,
일심으로 복수하려고 충성을 다 바쳤네.	一心圖報盡忠良.

5_ 쇠몽둥이 끝에 큰 참외 모양의 뭉치가 달린 무기다.

지금도 회음에는 외로운 무덤 있어, 至今淮下有孤塚,
그것을 본 사람들은 슬픔에 젖는다네. 令人見之猶悲傷.

한신은 수레 뒤에서 그 소년이 숲속에 숨어 있다가 해를 당했다는 말을 듣고 애통한 마음을 금치 못했다.

황제의 어가는 적양(翟陽)6에서 묵었다. 다음날 출발하여 낙양을 거쳐 관중에 도착했다. 신료들의 알현이 끝나자 대부 전긍(田肯)이 아뢰었다.

"폐하께서는 한신을 사로잡고 이제 관중을 다스리게 되었으니 불세출의 대업을 이루셨습니다. 그 공적이 매우 위대합니다. 그런데 이제 사람들이 하는 말을 들으니 폐하께서 거짓으로 운몽에 놀러갔다가 한신을 포박하여 돌아오셨다고 합니다. 신은 이런 모습을 보고 감히 할말을 숨기지 못하겠습니다. 관중은 형세가 뛰어난 진(秦)나라의 땅으로 산하의 험준함을 끼고 있으며 가까운 제후들과도 1000리나 떨어져 있습니다. 제후들의 군사가 100만이라 하더라도 관중에서는 그 100분의 2의 군사만 있으면 됩니다. 지세도 편리하여 이곳에서 아래쪽 제후들을 치고 내려가는 모습은 마치 높다란 처마에서 물동이로 물을 쏟아 붓는 것과 같습니다. 또 제나라는 동쪽에 기름진 땅 낭야와 즉묵이 있고, 남쪽에 견고한 태산이 있고, 서쪽에 혼탁하고 세찬 황하 강물이 있고, 북쪽에 땅을 지키기에 유리한 발해가 있으며, 땅이 2000리입니다. 제후들의 군사가 100만이라 하더라도 1000리 밖에 있으므로 제나라는 그 10분의 2의 군사만 있으면 됩니다. 이 두 나라는 모두 한신의 공

6_ 양적(陽翟)의 잘못으로 보인다. 양적은 지금의 허난성 뤄양시 동남쪽 위저우시다. 적양은 지금의 황허 강 북쪽에 있는 허난성 린저우시(林州市)에 속하므로 위치가 맞지 않는다.

적으로 얻은 땅입니다. 지금 폐하께서 이곳에 앉아 진나라 땅을 향유하고 계시므로 이후 제나라 땅에는 친 자제분을 봉해 왕으로 삼으셔야 합니다. 그런데 지금 사람들의 말을 듣고 한신을 죽이려 하시는데 신은 폐하께서 한신의 은혜에 보답함이 너무 적다고 생각합니다."

황제가 말했다.

"대부의 말씀이 참으로 일리가 있소. 허나 한신은 다른 마음을 품은 지 오래이므로 결국 반란을 일으킬까 근심이 되어 짐이 의심하지 않을 수 없었던 것이오."

전긍이 대답했다.

"폐하께서 한신을 의심하신다면 함양에 거주지를 정해주고 병권을 주지 마십시오. 그럼 자연히 다른 생각을 하지 못할 것입니다."

황제가 그 말에 따라 한신을 궁궐로 압송해오게 했다. 그 자리에서 바로 한신의 포박을 풀어주며 다시 얼굴을 마주하고 타일렀다.

"장군이 초나라를 등지고 우리 한나라에 귀의했을 때 짐은 단을 쌓아 대장군으로 임명하고 중임을 맡겼소. 그러니 짐이 장군을 박하게 대우하지 않았소. 그뒤 제나라 땅에 봉하고 초나라 땅으로 봉토를 바꾸고 나서도 여전히 왕으로 책봉했으니 장군의 공로에 대한 보답이 매우 두터웠다 할 만하오. 그런데 장군이 초나라 신하를 기르며 다른 뜻을 품을 줄 생각지도 못했소. 지금 이곳으로 포박해온 것도 본래 장군을 무겁게 처리하기 위함이었소. 장군이 개국의 원훈임을 생각하여 잠시 그 죄를 사면하고 회음후(淮陰侯)에 봉하겠소. 조정에 나와 어명에 따르며 지난 행실을 씻고 충심으로 나라에 보답하면 예전대로 왕작을 상으로 내리겠소. 장군이 초나라를 격파한 공을 절대로 저버리지 않을 것이오!"

한신은 사은숙배하고 궁궐을 나왔다. 그러나 마음이 우울하여 병을 핑계로 조정에 나가지 않았고 강후 주발 등과 같은 대열에 서게 된 것을 부끄럽게 여겼다.

이때부터 황제는 함양에서 무사태평한 세월을 보내면서 숙손통에게는 조정의 의례를 정하게 했고 소하에게는 나라의 법률을 정하게 했다. 그리고 종묘사직을 세우고 유영을 황태자로 책봉했다. 또 황제는 닷새에 한 번씩 아침에 태공을 뵈었는데 일반 백성의 부자가 만나는 예와 똑같이 했다. 태공을 좌우에서 모시는 가신이 말했다.

"하늘에는 두 태양이 없고 백성에게는 두 임금이 없습니다. 지금 황제께서는 사람의 자식이지만 천하의 임금이시기도 합니다. 태공께서는 한 집안으로 치면 부자관계이지만 국가로 치면 군신관계에 해당합니다. 그런데 임금이 어찌 신하에게 절을 할 수 있겠습니까?"

태공이 비로소 자신의 행동이 예에 어긋남을 깨달았다. 그뒤 어느 날 황제가 아침 문안을 오자 태공은 빗자루를 들고 대문 옆에 서 있었다. 황제가 깜짝 놀라며 서둘러 태공을 부축하며 말했다.

"아버지! 어찌하여 이런 예를 행하십니까?"

태공이 대답했다.

"황제는 백성의 주인이오. 어찌 나 한 사람 때문에 천하의 법을 어지럽힐 수 있겠소?"

이에 황제는 신료들에게 태공을 태상황으로 높이라 어명을 내리고 그 조서를 천하에 반포했다.

인간의 지친(至親)으로는 부자관계보다 더 친한 사람이 없다. 이 때문에 아버지가 천하를 얻으면 그 보위를 아들에게 전하고, 아들이 천하를 얻으면 그 존귀함을 아버지에게 돌린다. 이것이 인간 도리의 지극함이다. 앞서 천하가 큰 혼란에 빠지자 병란이 두루 퍼져 만민이 재앙을 당했다. 짐은 몸소 견고한 갑옷을 입고 날카로운 무기를 들었다.[7] 직접 병졸을 이끌고 위험을 무릅쓰고 진나라 혼란을 평정하고 제후를 세웠다. 이제 무기를 눕혀놓고 백성을 쉬게 하니 천하가 크게 안정되었다. 이 모두가 태공의 가르침 덕분이다. 제후로 봉해진 장군과 신료로 재직하는 대부들이 이미 짐을 황제로 세웠으나 태공에게는 아직 마땅한 호칭이 없어서 이제 태공을 높여 태상황으로 부르고자 한다.

문무백관들은 모두 축하를 했고 황제는 잔치를 베풀고 백관들과 즐거움을 함께했다. 이때 갑자기 마읍(馬邑, 산시성山西省 숴저우시朔州市) 현령이 보낸 사람이 급보를 전해왔다. 그 보고는 이러했다.

"한왕(韓王) 희신이 흉노의 급한 공격을 받자 결국 자신의 휘하 군사를 대동하고 모반에 가담했습니다. 그는 지금 태원(太原, 산시성 타이위안시), 백토(白土), 만구(曼丘)[8]를 점령했습니다. 또 왕황(王黃) 등이 옛 조나라 장수 조리(趙利)를 왕으로 삼고 군사 30만을 모아 군현을 노략질하여 백성이 편안하게 살 수 없습니다. 부디 폐하께서 군사를 보내 제압해주십시오."

7_ 피견집예(披堅執銳): 견고한 갑옷을 입고 날카로운 무기를 들다. 완전무장을 하고 전투에 나섬을 비유한다.(『사기』「항우본기」)

8_ 백토와 만구는 지금의 산시성(山西省)과 산시성(陝西省) 북부 일대에 있었던 옛 지명이다.

황제는 보고를 받고 급히 진평 등을 불러 대책을 논의했다. 어떤 사람은 인근 병마를 모아서 적의 진로를 끊어야 한다고 했고, 어떤 사람은 장수를 직접 태원으로 보내 정벌해야 한다고 했다. 신료들은 의견이 분분하여 결정을 내리지 못했다. 그러자 황제가 나섰다.

"경들의 견해로는 흉적들을 제압할 수 없소. 짐이 친히 대군을 이끌고 그곳으로 가겠소. 각 지역 군사를 동원하여 공격에 나서겠소. 직접 북쪽 땅을 뒤흔들어야 적들이 더이상 창궐하지 못할 것이오."

황제의 친정이 어떠할지는 다음 회를 보시라.

제89회

미인도로 흉노의 포위를 풀다

한 고조의 군사가 백등에서
곤경에 처하다
漢高帝兵困白登

황제는 친히 한왕(韓王)을 정벌하려고 미리 천호(千戶) 열 명을 태원과 백등(白登)[1] 등지로 보내 적의 허실을 탐문했고, 자신도 뒤이어 정예병 30만을 거느리고 대장 번쾌, 조참, 근흡, 노관 등 20명을 대동하여 출전을 준비했으며, 소하에게는 관중을 지키게 했다. 한편, 한왕 희신은 진양(晉陽, 산시성山西省 타이위안시太原市 진위안구晋源區 일대)에 머물렀고 흉노의 묵특선우(冒顿單于)는 대곡(代谷, 산시성山西省 다이현代縣·판스현繁峙縣 일대)에 머물렀다. 두 곳에서는 황제가 사람을 보내 자신들의 허실을 탐문한다는 사실을 알고 건장한 군사와 소, 양 등 가축은 모두 산

1_ 산시성(山西省) 다퉁시(大同市) 동북쪽에 있는 마푸(馬鋪)산이다.

뒤로 숨긴 뒤 늙고 허약한 병졸과 비루먹은 소, 양만 막사 바깥에 풀어 놓았다. 천호 열 명은 그 광경을 보고 서둘러 돌아와 황제에게 아뢰었다. 이때 황제는 이미 조성에 주둔해 있다가 바로 군사를 일으켜 진격하려고 했다. 진평 등이 간언을 올렸다.

"흉노가 흉계를 감추고 희신과 더불어 오합지졸을 가장하는 것 같습니다. 속임수가 있을까 두렵습니다. 적당한 사람을 보내 다시 사실을 확인하고 진군하는 것이 좋겠습니다."

황제가 말했다.

"묵특과 희신을 항우와 육국 군사에 견주면 어느 쪽이 강하오?"

진평이 대답했다.

"묵특도 강적이므로 가볍게 봐서는 안 됩니다."

황제는 다시 유경을 보내 탐문했다. 유경이 며칠 만에 돌아와 아뢰었다.

"두 나라가 대적하면 서로 세력을 과시하며 장점을 보여주는 것이 당연한 일입니다. 지금 묵특이 주둔한 곳을 살펴보니 모두 말라빠지고 늙고 허약한 장졸뿐이었습니다. 저들은 단점만 드러낼 뿐 아직 장점을 보여주지 않습니다. 이건 자신들이 강한데도 약하게 보이려는 수작임이 틀림없습니다. 이 때문에 기민하고 강한 병졸은 다른 곳에 숨겨두고 노약자만 밖으로 드러낸 것으로 보입니다. 폐하께서 강하게 여기지 않으시도록 말입니다. 그러나 실상을 모르고 저들의 경계로 잘못 들어가면 틀림없이 포위망에 빠질 것입니다. 폐하! 장수를 파견하여 실상을 정탐하고 저것이 과연 사실로 확인되면 그때 공격해도 늦지 않으실 것입니다."

황제가 대뜸 유경을 꾸짖었다.

"네놈은 혓바닥을 놀려 벼슬을 얻더니, 이제 함부로 강약을 논하며 우리 군사들의 마음을 가로막고 민심을 뒤흔드는구나. 네놈은 한왕(韓王)의 사사로운 부탁을 받고 나를 헷갈리게 만들고 있음이 분명하다!"

황제는 좌우 장수에게 유경을 조성에 감금하라 명령한 뒤 서둘러 삼군에 칙지를 보내 진채를 걷고 거병하게 했다.

황제는 평성(平城, 산시성山西省 다퉁시)에 도착하여 먼저 번쾌에게 적진을 탐색하게 했다. 과연 묵특의 군사는 질서가 없고 기세가 나약해 보였으며, 성 북쪽 소송산(小松山)에 주둔한 군사는 대략 수만에 불과했다. 번쾌가 돌아와 보고하자 황제가 비웃으며 말했다.

"유경은 북쪽 변방 놈들과 내통하고 짐이 대군을 일으켜 직접 공격할까 두려워 마침내 저들이 날랜 군사를 산 뒤에 매복해두었다고 보고했다. 짐이 군사를 눌러두고 움직이지 못하게 만들어 한밤중에 멀리 도망가려고 말이다. 저런 더럽고 비루한 행색을 보니 정말 썩은 나무를 꺾듯 쉽게 격파할 수 있겠다. 저런 자들을 내 어찌 두려워하랴?"

황제는 곧바로 삼군을 휘몰아 서둘러 성안으로 진격했다. 중군에 좌정하고 삼군의 점호를 끝내자 거의 황혼 무렵이었다. 그때 성밖 사방에서 포성이 울렸다. 수를 알 수 없는 군사가 땅을 뒤덮으며 몰려왔다. 황제는 황급히 군사를 성 위로 올려보내 성밖 상황을 살펴보게 했다. 그가 돌아와 보고했다.

"바로 전까지 성 주변 일대에 오랑캐 군사가 없더니 지금은 옛날 초나라 병졸과 완전히 다른 군사가 100만이나 몰려들었습니다. 멀리 수십 리까지 끝도 없이 이어져 있습니다."

황제는 보고를 받고 대경실색했다.

"유경의 말을 듣지 않은 게 후회되는구나. 과연 적의 간계에 빠졌다."

급히 진평을 불러 물었다.

"이 외로운 성은 포위되었고 오랑캐 군사들은 기세가 대단하오. 어쩌면 좋소?"

진평이 아뢰었다.

"오랑캐 군사들은 싸움을 좋아하고 격투를 즐기므로 전투에 임해서도 용감하게 돌격합니다. 우리는 절대 힘으로 부딪치면 안 되고 기병으로 유인해야 이 포위를 뚫을 희망이 있습니다. 그렇지 않으면 대적하기 어렵습니다."

황제가 물었다.

"그럼 어떤 계책을 써야 하오?"

진평은 황제 앞으로 나가 귓속말로 속삭였다.

"신이 듣건대 묵특은 평소에 그의 처 연지(閼氏)를 가장 총애하여 모든 일을 연지의 주장에 따라 처리하고 한시도 떨어지지 않아 묵특이 감히 다른 첩을 들이지 못한다 합니다. 신이 지금 데리고 있는 사람 중에 성은 이(李)이고, 이름은 주(周)라는 자가 있습니다. 그는 그림을 잘 그립니다. 이 사람에게 밤새도록 매우 요염한 미인도 한 폭을 그려 오색으로 장식하도록 하겠습니다. 그리고 비밀리에 한두 사람에게 천금을 주어 몰래 오랑캐 군영의 좌우 근신을 매수하고, 그 밖에도 황금 구슬을 준비하여 이 미인도와 함께 연지에게 전하겠습니다. 만약 묵특이 이 성을 급박하게 공격하면 이 그림 속 미인을 묵특에게 바치겠다고 하면서 그 말을 묵특에게 전해달라고 연지에게 부탁합니다. 그럼 연지는 이 미인도를 보고 묵특이 이 미인을 총애할까 두려워 틀림없이 군사를 물리라고 권할 것입니다. 묵특의 군사가 물러갈 때 폐하께서 대군을 이끌고 물밀듯이 성밖으로 진격하면 이 포위망에서 벗어나실 수 있을 것입니다."

황제가 말했다.

"그 계책이 참으로 기묘하오."

그리하여 진평은 바로 화공에게 밤새도록 미인도를 완성하라고 했다. 아울러 적당한 사람 한두 명에게 몸에 금과 옥을 감추고 먼저 몰래 성을 나가 적의 근신 몇 명을 매수한 뒤 연지의 진영으로 들어가게 했다. 그리고 금과 옥, 미인도를 연지에게 바쳤다. 연지가 말했다.

"황금 구슬은 내가 받을 수 있지만 이 미인도는 무엇에 쓰려는 거요?"

"한나라 황제가 묵특 대왕이 급하게 성을 공격하면 이 미인을 바치려 하십니다. 그래서 먼저 이 그림을 마마께 전달해드립니다. 나중에 대조해볼 수 있게요."

연지는 그림을 보고 생각에 잠겼다.

'한나라에서 이런 미인을 바치면 대왕은 틀림없이 미인을 총애하여 나를 어디엔가 방치해두리라. 차라리 대왕께 군사를 물리게 하여 한나라 임금을 돌아가게 하는 편이 좋겠다. 그럼 한나라 임금은 미인을 바치지 않고도 후환에서 벗어날 수 있을 것이다.'

그리고 연지는 마침내 그림을 가져온 사람에게 일렀다.

"가서 한나라 천자에게 아뢰시오. 미인을 바칠 필요가 없다고 말이오. 나는 내일 대왕에게 철군하라고 하겠소. 더이상 대왕의 화를 돋우지 말라고 전해주시오."

"마마께서 묵특 대왕을 설득하여 군사를 물려주시면 우리 한나라 천자는 해마다 마마에게 공물(貢物)을 바칠 것입니다. 물론 미인 따위를 바쳐 마마의 화를 돋우지 않을 것입니다."

밤이 되자 연지가 묵특에게 말했다.

"한나라 임금을 포위한 지 벌써 이레째입니다. 수많은 군사가 성안에 있지만 아무런 움직임이 없습니다. 이것은 하늘이 저들을 도우심이니 가볍게 볼 수 없는 일입니다. 또 천하의 제후들이 모두 손을 모으고 저들에게 귀의했다 하니 오래 포위할 수 없습니다. 만약 각 지역 군사가 구원하러 달려오면 더 번거로운 일을 야기하지 않겠습니까? 그럼 당신과 내가 오래도록 즐겁게 살 수 없습니다."

묵특이 대답했다.

"당신의 말이 옳소. 내일 저들을 풀어주리다."

다음날 한왕 희신은 묵특이 한나라 황제를 풀어준다는 소문을 듣고 황급히 군영으로 달려와 항의했다.

"대왕께서 이미 한나라 임금을 성안에 포위해놓았는데, 오늘 그를 풀어준다는 소문이 돌고 있소. 이는 호랑이를 다시 산으로 돌려보내는 격이니 틀림없이 후환이 있을 것이오. 내가 소문을 들으니 한나라 임금이 사람을 보내 미인도로 대왕을 유혹한다 하고, 또 비밀리에 부인을 시켜 대왕을 움직이려 한다 하오. 그러니 대왕께서 오늘 한나라 임금에게 이렇게 물어보시오. '만약 미인이 있으면 너를 풀어주고, 미인이 없으면 계속 성을 포위하여 너를 사로잡겠다.' 절대 미인은 없소. 거짓말로 대왕을 속이려는 수작에 불과하오."

묵특이 희신의 말에 따라 즉시 사람을 보내 성 아래에서 소리를 질렀다.

"너희에게 미인이 있다고 했으니 성 위로 올려 미인의 얼굴을 보이면, 우리 대왕께서 너희 천자를 풀어주실 것이다. 만약 거짓말이면 오늘 바로 힘을 다해 성을 무너뜨리고 절대 풀어주지 않겠다."

성 위의 한나라 군사가 그 말을 듣고 황제에게 아뢰었다. 황제는 바로 진평을 불렀다.

"묵특이 미인을 직접 봐야 포위를 풀겠다고 하는데, 이 일을 어쩌면 좋소?"

진평이 웃으며 말했다.

"신이 이미 묵특이 직접 미인을 보겠다 할 줄 알고 일전에 나무 인형을 만들어 오색으로 단장하고 고운 옷까지 입혀두었습니다. 저녁 무렵 희미한 등불 아래에서 성 위로 올려 보여주면 틀림없이 폐하를 풀어줄 것입니다."

황제는 기뻐하며 사람을 시켜 답변했다.

"오늘 저녁에 미인을 모두 성 위로 올려보낼 테니 묵특 대왕께서 마음대로 선택하도록 하시오."

묵특은 그 말을 듣고 매우 기뻐하며 저녁이 되기를 학수고대했다. 저녁이 되자 묵특은 친히 성 아래로 가서 성 위를 쳐다보았다. 등불 아래에 미녀 20여 명이 늘어서 있었다. 모두 화용월태(花容月態)로 천상의 선녀와 같았다. 묵특은 그것을 보고 정신이 황홀해져서 즉시 큰길을 열고 한나라 황제를 성밖으로 내보내라 했다. 황제와 대소 장수들과 군사들은 모두 포위망 밖으로 나와 밤새도록 앞만 보고 치달렸다. 또 번

황제가 거짓 미인으로 묵특을 속이다

쾌, 조참, 주발, 왕릉 네 장수에게 3만 군사를 주어 묵특이 추격하지 못하도록 후방을 방어하게 했다.

묵특은 한나라 군사가 물러간 뒤 서둘러 성 위로 올라가 미녀를 데려오려고 했다. 등불이 일렁이는 가운데 가까이 다가가자 그것은 모두 나무 인형이었다. 성가퀴 곁에 가려지도록 교묘하게 배치해놓았다. 묵특은 분노가 폭발하여 즉시 대장 왕광(王擴) 등에게 한나라 군사를 추격하게 했다. 그러나 겨우 30리를 진격하자 번쾌 등 네 장수가 각각 갈래를 나누어 돌격해왔다. 왕광이 대비하지 못한 틈에 번쾌는 고함을 지르며 창으로 일거에 왕광을 찔러 말등 아래로 떨어뜨렸다. 그러자 오랑캐 군사들이 산산이 흩어졌다. 한나라 장수들은 싸움에 연연하지 않고 즉시 군사를 되돌린 뒤 태원대로를 치달려 황제를 따라잡고 함께 조성으로 돌아왔다.

황제는 조성에 도착하자 즉시 유경을 풀어주며 위로했다.

"짐이 잠시 경의 말을 듣지 않고 백등으로 갔다가 7일 동안 포위되어 거의 일을 망칠 뻔했소. 다행히 진평의 계책으로 성을 빠져나와 돌아올 수 있었소. 짐은 맨 처음에 천호 열 명의 잘못된 보고에 속아 이곳으로 왔소."

황제는 천호 열 명을 잡아와 모두 죽이고 유경에게는 큰 상을 내린 뒤 건신후(建信侯)에 봉했다.

다음날 출발하여 남쪽으로 길을 잡았다. 황제가 곡역현(曲逆縣, 허베이성 순핑현順平縣 동남)을 지나는데 성곽이 장엄하고 화려했다. 성안 여섯 갈래 거리와 세 군데 시장에도 사람들이 구름처럼 모여 있었고 마을의 상점들도 끊임없이 이어져 있었다. 황제가 좌우를 돌아보며 감탄

했다.

"웅장하도다! 여기가 곡역현인가? 내가 천하를 다녀보았지만 오직 낙양만이 이곳과 비견할 만하다."

바로 진평을 불러서 일렀다.

"짐이 경을 만난 이래 경은 여러 번 기이한 계책을 내서 모두 큰 성공을 거두었소. 백등에서도 공의 계책에 의지하여 겹겹의 포위망을 탈출할 수 있었소. 지금 이 땅에 경을 봉하고 후(侯)의 작위를 내리겠소."

"이는 신의 능력이 아니라 폐하의 홍복으로 가는 곳마다 남모르는 천우신조가 있었습니다."

이날 칙지를 내려 진평을 곡역후에 봉했다. 진평은 머리를 조아리며 사은숙배를 올렸다.[2] 후세에 사관이 시를 지어 진평을 질책했다.

임기응변 기민한 꾀로 우연히 공적 이루었으나,	機變權謀偶立功,
제왕의 대업을 결국 허사로 만들었네.	帝王事業總成空.
나중에 여씨들이 한나라를 침탈할 때,	後來諸呂移炎祚,

2_ 원본에는 이 구절 뒤에 다음과 같은 '역사 논평'이 달려 있다. "왕(王)씨가 말했다. '진평은 여섯 가지 기이한 계책을 냈다. 첫째, 황금을 청하여 반간계를 시행한 일 둘째, 나쁜 음식으로 초나라 사신을 접대한 일 셋째, 밤에 여자 2000명을 내보내며 형양성의 포위를 푼 일 넷째, 한왕의 발을 밟아 한신을 제왕에 봉하게 한 일 다섯째, 한왕에게 운몽으로 놀러 가게 하여 한신을 사로잡은 일 여섯째, 지금 백등의 포위를 푼 일이 그것이다.'" "어리석은 나는 이렇게 생각한다. '이 여섯 가지 계책이 기발하기는 하지만 속임수 기교에 불과하므로 한때 시행할 수 있는 수법일 뿐이다. 만약 왕도정치를 행하는 임금이라면 도(道)로써 천하를 다스리며 스스로 공명정대한 정책을 시행하지, 어찌 이런 속임수를 쓰겠는가? 거짓으로 운몽으로 놀러 가서 옛 순수(巡狩)의 전례를 파괴한 일도 어찌 기이하게 생각할 수 있겠는가? 특히 진평은 전국시대 유세가와 같은 부류일 뿐이다. 성현에 비교하며 올바른 법도로 임금을 돕는 자는 아니다.'"

속수무책으로 따랐으니 지혜 이미 다했다네. 束手隨波智已窮.

황제가 대군을 이끌고 장안에 이르자 소하가 미앙궁(未央宮)[3]을 매우 장엄하고 화려하게 짓고 있었다. 황제가 버럭 화를 냈다.

"천하가 흉흉하여 백성이 여러 해 동안 고통받고 있으나 아직 성패를 알 수 없다. 이런 시절에는 마땅히 쓰임새를 절약하여 백성에게 검소한 모습을 보여야 한다. 그런데 어찌하여 이처럼 사치스러운 일을 벌여 백성의 재물을 낭비하느냐?"

소하가 대답했다.

"천자는 사해를 집으로 삼아야 하므로 장엄하고 화려하지 않으면 위엄을 보여줄 수 없습니다. 이제 후대에는 여기에 더 보태지 않으면 됩니다."

황제가 말했다.

"지금 궁궐을 이미 낙성했는데, 짐이 어찌 혼자 즐길 수 있겠소?"

황제는 바로 좌우 근신에게 명령을 내려 태상황을 미앙궁 전전(前殿)으로 모셔오게 하고 큰 잔치를 베풀었다. 태상황은 어가를 타고 행차하여 황금과 벽옥이 찬란하게 빛나는 높다란 전각을 올려다보았다. 신선이 사는 별천지도 이보다 나을 수 없을 듯했다. 또 잔칫상에는 산해진미가 가득 차려져 있었고 그 뒤에서는 온갖 풍악이 떠들썩하게 울렸

3_ 한나라의 정궁(正宮)이다. 미앙(未央)이 무슨 뜻인지에 대해서는 아직도 명확한 결론이 나지 않았다. 근래에는 한나라 출토 명문의 사례에 근거하여 앙(央)을 앙(殃)의 가차자로 보는 견해가 일반적이다. 따라서 미앙은 재앙이 없다는 뜻이 된다. 현재 출토된 한나라 와당 명문에는 "천추만세, 장락미앙(千秋萬歲, 長樂未央)"이란 문구가 가장 많이 등장한다.

다. 아울러 비단옷과 꽃모자를 쓴 시종과 궁녀 들도 계단 앞에 늘어서 있었으며 왕공과 재상 들도 조당(朝堂) 아래를 분주히 오갔다. 태상황이 흐뭇하게 바라보자 황제가 옥잔을 들고 태상황을 위해 축수하며 말했다.

"이전에 아버지께서는 늘 저를 무뢰배라 꾸짖고 집안일을 하지 않는다 하시며 둘째 형보다 못하다고 하셨습니다. 그런데 지금 이 아들의 대업을 둘째 형과 비교해보면 누가 더 낫습니까?"

태상황이 껄껄 웃으며 대답했다.

"아직 멀었다!"

황제도 껄껄 웃었다. 그러자 신료들도 모두 만세를 부르며 껄껄 웃었다. 잔치가 끝나자 황제와 신료들은 태상황을 거처로 배웅했다.

다음날 황제는 불현듯 한신을 떠올리고 좌우에게 물었다.

"근래에 한신이 몸이 아프다는 핑계로 조회에 나오지 않고 있다. 짐은 그가 평소에 세운 공을 생각하여 한번 만나보고 싶다."

그리고 바로 좌우 근신을 시켜 한신을 입조하게 했다. 서로 만나서 무슨 이야기를 주고받는지는 다음 회를 들으시라.

제90회

장량이 신선술에 심취하다

장량이 적송자를
따라 놀다
張良從赤松子遊

황제는 한신이 생각나서 만나보고 싶어했다. 한신이 전갈을 받고 입조했다. 황제가 말했다.

"오랜만이오. 짐이 경을 보고 싶어서 불렀소."

"지난날 신이 초나라를 격파할 때 늘 10여 일 동안 밥을 배불리 먹지 못했습니다. 그런 일이 오래 쌓여서 병이 되었습니다. 지금 아무 하는 일 없이 한가하게 지내다보니 지난 병이 재발했습니다. 신도 천안을 뵙고 싶었지만 늘 뵈러 올 수 없어서 안타까웠습니다."

"몸이 아프면 의원을 불러 잘 치료해야지, 늦춰서는 안 되오."

"신은 평소에 일이 없으면 몸이 아픕니다. 일이 많아지면 병은 씻은 듯이 사라집니다."

"경은 유용한 인재요. 변란을 구제할 수 있으므로 내버려둘 수 없소."

또 두 사람은 장수들 중에서 누가 적을 막을 수 있고, 누가 군사를 잘 거느릴 수 있고, 누가 많은 군사를 이끌 수 있고, 누가 적은 군사를 거느릴 수 있는지 조용히 토론했다. 한신은 황제의 물음에 하나하나 대답했다. 모두가 사리에 딱 맞는 말이라 황제는 매우 기뻐했다. 황제가 또 물었다.

"나는 군사를 얼마나 거느릴 수 있을 것 같소?"

"폐하께서는 10만 정도 거느리실 수 있을 뿐입니다."

"장군은 어떠하오?"

"신은 많으면 많을수록 더 좋습니다."[1]

황제가 크게 웃었다.

"많으면 많을수록 좋다면서 어떻게 내게 사로잡혔소?"

"폐하께서는 군사를 잘 이끄실 수는 없지만 장수는 잘 거느리십니다. 신이 폐하에게 사로잡힌 까닭은 바로 이것입니다. 또 폐하께서는 천명을 받으신 분이라 사람의 힘이 미칠 수 없습니다."

황제는 한신의 말을 듣고 더욱 기뻤으나 마음속으로는 기실 의심과 시기심이 가득차서 한신이 반란을 일으킬까 두려워했다. 이에 황제는 한신을 여전히 자택에서 요양하게 하고 끝내 중용하지 않았다. 한신은 황제에게 작별 인사를 하고 집으로 돌아와 마음이 답답하여 아무 말도 하지 못했다. 후세 사람이 이 일을 시로 읊었다.

1_ 다다익선(多多益善): 군사가 많으면 많을수록 더욱 좋다. 지금은 군사뿐 아니라 물건이나 금전 등이 많을수록 더욱 좋다는 의미로 확장되었다.(『사기』「회음후열전」)

가짜 병에 어찌하여 병을 핑계로 귀가했나, 假病何如託病歸,
강호에서 풍월 즐기며 어부처럼 살아야 했네. 五湖風月樂漁磯.
한 고조의 마음을 한신은 이해하지 못한 채, 韓侯不解高皇意,
여전히 병법 논하며 시비를 따졌다네. 猶自談兵較是非.[2]

한신이 한적하게 지내는 사이에 장량도 한왕 희신의 반란 이후 늘 병을 핑계로 한가하게 지내며 온종일 곡식을 먹지 않고 있었다. 어떤 사람이 장량을 만나러 오자 그는 이렇게 말했다.

"하늘과 땅 사이에서 살아가는 인생은 흰 망아지가 작은 틈을 지나가는 것과 같소. 100년이 눈 깜짝 할 사이에 지나가오. 나는 깊은 산속으로 은퇴하여 신선술을 닦고 참된 도를 익히며 오래 사는 계책을 마련하고 싶소. 모든 공명은 덧없이 오가는 뜬구름과 같으니 마음이 담박하게 움직임이 없어야 하오. 허나 지금 황제의 보살핌을 받고 있어서

2_ 원본에는 이 시 뒤에 다음과 같은 '역사 논평'이 달려 있다. "생각건대 한 고조가 한신을 불러서 본 것은 그의 지향이 어떤지 살펴보려 한 것일 뿐이다. 당시 한신은 그 기회에 병을 핑계로 힘써 사양하며 관직에 등용될 수 없음을 보여주어야 했다. 그러면 황제가 스스로 의심을 풀었을 것이다. 그런데 한신은 그때 다다익선이란 말을 했고, 또 장수들의 우열을 비교하며 자신의 재능을 더욱 강하게 드러내 보였다. 대체로 한신의 마음은 본래 황제가 다시 등용해주기를 바라고 있었던 듯하다. 그러나 그는 황제가 자신을 깊이 시샘하는 것이 자신의 재능이었고, 또 여러 장수가 자신 한 사람을 대적할 수 없을까 두려워하고 있다는 사실은 몰랐다. 한신은 이런 사실을 모르고 황제 앞에서 자신의 재능을 드러내 보였으니 갈수록 황제의 시기심을 더욱 부추긴 꼴이 되었다. 이 때문에 황제는 뒷날 한신이 반란을 모의했다는 말을 듣자마자 그것이 사실인지 조사하지도 않고 즉시 여후에게 비밀 명령을 내려 그를 죽이게 했다. 뜻밖에도 황제가 한신의 반란을 의심하지 않은 것은 대부분 한신이 자초한 일이라 할 수 있다. 고인들 중에 범려처럼 현명하게 자신의 몸을 보전한 사람은 천도를 터득했다고 할 수 있을 것이다. 애석하게도 한신은 그런 이치를 몰랐다."

차마 버리고 떠날 수 없소. 기실 내 마음은 끝내 높은 벼슬을 자랑하거나 화려한 생활에 연연하고 싶지 않고 고대광실에 살고 싶거나 맛있는 음식을 먹고 싶지 않소. 결국 인간 세상의 부귀를 탐하고 싶지 않은 것이오. 게다가 몸에 병이 많아 혈기가 나날이 쇠약해지고 있소. 조속히 요양하지 않으면 뒷날 정기가 모두 사라져 정신으로 몸을 완전하게 통제하지 못할 것이니, 은둔하여 도를 닦아도 미치지 못할까 두렵소."

좌우 근신들도 이 말을 늘 황제에게 아뢰었고 이 때문에 황제도 매번 장량이 병을 핑계로 조회에 나오지 않아도 크게 의심하지 않았다. 어느 날 황제가 슬쩍 장량의 마음을 떠보았다.

"짐은 선생의 가르침으로 여러 번 큰 공을 세웠소. 이제 선생을 큰 나라에 봉하여 은혜를 갚고 싶소."

"신은 처음에 폐하를 따라 관중으로 들어온 이후 폐하께서 신의 말과 계책에 따라주셨지만 그것들은 대부분 우연히 적중되었을 뿐입니다. 거의 하늘이 내려준 계책이지, 신의 능력이 아니었습니다. 지금 신을 유후(留侯)에까지 봉해주셨으니 이만하면 포의로서 지극한 경지에 이르렀습니다. 신은 만족합니다. 진실로 봉작을 받은 이후에는 이미 신이 폐하의 드넓은 은혜를 받은 셈이므로, 바로 인간 세상을 버리고 적송자(赤松子)3를 따라 노닐고 싶었습니다. 도인술을 연마하고 곡기를 끊고 장생술을 완성하려는 것입니다. 찬란한 금빛 인수와 상 위 가득한 맛있는 음식은 사람들이 얻고 싶어도 얻을 수 없는 것입니다. 그러나

3_ 중국 전설에 나오는 신선이다. 신농(神農)시대에 우사(雨師)를 맡아보았다고 한다. 항상 곤륜산으로 가서 서왕모의 석실(石室)에 거주했고 나중에 염제(炎帝)의 딸과 함께 신선이 되어 떠나갔다고 한다. 흔히 장수하는 사람의 대명사로 쓰인다.

신은 몸이 약하고 병이 많아 이런 영광을 감당할 수 없습니다. 신이 감히 폐하의 성은을 저버리려는 것이 아닙니다."

황제는 벼슬을 그만두려는 장량의 뜻이 간절한 것을 알고는 마침내 병을 요양하라 허락하고 한 달에 한 번씩만 입조하라고 했다. 또 덧붙여서 반드시 함양의 조용한 곳에 거주하라고 일렀다.

장량은 몸이 아프다는 핑계를 댄 이후 두문불출하며 모든 손님을 사양하고 참된 심성을 닦았다. 조정에는 신료들을 따라 겨우 한 달에 한 번씩 나올 뿐이었고 퇴조 이후에도 마음에 아무런 동요가 없었다. 어느 날 장량이 조용히 앉아 있을 때 아들 장벽강(張辟疆)이 말씀을 올렸다.

"아버지께서는 이제 황제의 스승이 되었고 여러 번 큰 공을 세워 벼슬이 삼공에 이르렀습니다. 맛있는 음식을 가득 차려 들고, 편안히 부귀를 누리고, 이 나라와 함께 경사를 함께하며 만대의 원훈이 되어도 지나치지 않습니다. 그런데 어찌하여 두문불출 손님을 사절하고 이처럼 적막하게 지내며 고독한 생활을 감수하십니까? 그 뜻이 무엇입니까?"

"네가 알 수 있는 것이 아니다! 세상에서 부귀를 탐하는 자는 공명을 이루는 것에 즐거워하고 영화를 누리는 것에 기뻐한다. 높은 벼슬에 앉아 한 번 부르면 100명이 대답하고, 처첩(妻妾)이 눈앞에 가득한데다 온갖 음악소리가 귓전에 쟁쟁하면 마침내 평생소원을 이루었고, 이것이 인간 세상의 지극한 경지라고 말한다. 그러나 신하로서 벼슬이 끝 간 데까지 이르면 천하 사람들이 모두 시기한다. 자리가 높으면 위태롭지 않는 경우가 없고, 그릇이 가득차면 흘러넘치지 않는 경우가 없다. 임

장량이 높은 봉작을 사양하다

금이 막강한 권력을 의심하고 하늘이 가득찬 부귀를 미워한다. 그럼 그 틈을 비집고 방해하는 자가 마음을 쓸 수 있게 되고 비방과 참소를 일삼는 자가 그 폐단을 파고들 수 있게 된다. 그러다가 어느 날 황제가 분노하고 수많은 사람이 공격하면 만회할 대책이 없고 도망갈 땅이 없다. 자신의 몸은 주살당하고 처자식은 노예가 된다. 부귀영화가 순식간에 모두 허사가 된다. 내가 오늘 고요하게 구름과 물을 바라보며 강호를 비웃고, 술에 취하여 천지를 품에 안고, 술병 속에 해와 달을 담고, 혼자 방에 앉아 온갖 잡념을 끊어버리는 일과 어찌 같겠느냐? 적막한 물가에 살더라도 마음은 즐겁고, 거친 음식을 먹더라도 세상 밖에서 소요하니, 임금의 총애와 모욕에 놀라지 않고 세상의 이해관계와 무관하게 살아간다. 한적할 때는 노자의 현묘함을 기르고, 고요할 때는 만물의 유유자적함을 관찰하면 몸을 보전하고 생명을 아껴 천수를 누릴 수 있게 된다. 그리하여 너희는 편안히 생업에 종사하고 영원히 어진 신하가 될 수 있을 터이니, 이 아비의 삶이 봄꽃같이 짧은 부귀보다 더 낫지 않겠느냐?"

장벽강이 엎드려 절을 하며 말했다.

"오늘에야 아버지께서 곡식을 드시지 않는 뜻과 현명하게 몸을 보전하는 말씀을 알게 되었습니다."

그뒤 장량은 늘 밖으로 나가 유람했고 곡성 동쪽으로 가서는 황석(黃石) 하나를 발견했다. 장량이 문득 깨달으며 말했다.

"옛날에 이상(圯上)의 노인이 '뒷날 곡성에서 황석 하나를 만날 것인데, 그것이 바로 나다'라고 말한 적이 있다. 오늘 과연 황석을 보았으니 이전에 하신 말씀이 맞았다고 할 수 있다."

이에 황석 앞에 엎드려 절을 올리고 마침내 사당을 세워 제사를 지냈다. 후세에 사관이 이 일을 시로 읊었다.

이제야 황석 받아 전할 수 있게 되었지만,	始受黃石已得傳,
몸 지키는 밝은 처신 먼저 실천했다네.	保身明哲得機先.
당시에 수많은 영웅이 있었지만,	當時多少英雄者,
그 누가 선생처럼 온전한 생명 얻었던가?	誰似先生性命全.

한편, 묵특선우는 한나라 황제가 미인계로 자신을 유혹하고 포위망을 탈출하자 대군을 규합하여 변방을 침략하고 군현을 약탈했다. 급보가 자주 전해지자 황제는 매우 근심했다. 이때 유경이 아뢰었다.

"폐하께서는 이제 막 천하를 평정하신지라 군사들이 전쟁에 지쳐서 무력으로 저들을 굴복시킬 수 없습니다. 묵특은 아버지를 죽이고 왕이 되어 서모를 아내로 삼은 뒤 힘으로 위엄을 과시하고 있기 때문에 인의로 설득할 수 없습니다. 만약 큰 공주를 묵특의 아내로 주실 수 있으면 그가 반드시 공주를 사모하여 연지로 삼을 것이고, 이후 아들을 낳으면 태자로 삼을 것입니다. 묵특이 살아 있으면 그는 폐하의 사위가 되고, 묵특이 죽으면 외손자가 선우의 자리에 오를 테니 어찌 외손자가 외할아버지와 싸울 수 있겠습니까?"

황제가 반박했다.

"우리 당당한 중원은 사해를 차지하고 있으며, 게다가 무기와 갑사도 아직 강하고 국세도 약하지 않은데, 외적을 방어할 다른 대책이 없어서 우리 공주를 비린내나는 개와 양의 짝으로 줘야 한단 말이오? 이게 대체 무슨 이치요? 제후들이 이 소문을 들으면 짐을 비웃지 않겠소?"

"백등에서 저들이 우리를 포위하는 광경을 폐하께서는 친히 보셨습니다. 게다가 수년 이래 초나라와 70여 차례 전투를 치르는 동안 살상된 백성이 몇백만인지 모릅니다. 폐하께서는 이제 천하의 주인이 되셨으니 백성의 목숨을 귀중히 여기셔야 합니다. 어찌하여 온종일 군사를 일으키고 백성을 동원하여 천하를 피로하게 하는 일에만 고심하십니까? 이렇게 하면 백성이 무슨 희망을 갖겠습니까? 오늘 화의를 청하는 것이 한때의 굴욕이긴 하지만 기실 천하의 백성을 위한 일입니다. 또 폐하께서 공주를 선우의 처로 보내고 싶지 않으시면 서둘러 비밀리에 서민의 딸을 데려와 궁중에 감추어두고 가짜 공주로 만드십시오. 신이 즉시 사신이 되어 조서를 갖고 공주를 모셔가서 저들과 강화하겠습니다. 그리하여 저들이 군사행동을 끝내고 전쟁을 중지하면 폐하께서는 북쪽을 돌아볼 근심이 없어질 터이니 이 어찌 멀리까지 내다보는 대책이 아니겠습니까?"

황제가 그 말에 따라 곧 유경에게 조서와 가짜 공주를 받들고 태원으로 가서 묵특과 강화하게 했다. 유경은 태원에 도착하여 먼저 사람을 보내 묵특의 답변을 요청했다. 그는 한나라 황제가 공주를 선우의 아내로 주고 두 나라가 혼인하여 이후 화친 맹약을 맺고 서로 침략하지 말자 한 일을 자세히 이야기했다. 묵특은 사자의 말을 듣고 매우 기뻐하며 성을 나가 조서를 받고 유경을 성안으로 맞아들였다. 그리고 먼저 공주를 공관에서 편히 쉬게 하고 유경과 인사를 나눈 뒤 조서를 펼쳐 읽었다.

오제(五帝)[4]가 서로 선양(禪讓)하자 올바른 도가 융성했고, 삼왕(三王)[5]이 덕을 성대하게 펼치자 먼 나라가 복종해왔다. 중원과 외국은 서로 다르지만 모두 하나의 정통으로 귀착된다. 이번에 묵특선우가 군사를 이끌고 태원으로 들어와 그곳 땅과 군사를 침략했다. 함부로 발호하며 불경을 범했으니 황제의 명령을 준수하는 행동이 아닌 듯하다. 지난번 백등에서 포위되어 속임수에 빠졌으나 지금은 이미 법도를 밝히고 잘못을 기록하여 왕사(王師)의 위세를 크게 떨치고 있다. 대군을 이끌고 북벌을 행하여 이전의 울분을 씻으려 했지만 신료들이 누차 궁궐 앞에서 머리를 조아리며 짐에게 강화하라고 상소했다. 이에 이제 미인을 보내 화의를 맺던 이전 관례를 회복하고 멀리 떨어진 두 나라가 한집안이 되는 우호관계로 돌아가고자 한다. 그리하여 그대를 선우왕으로 봉하고 우리 맏공주를 그대의 짝으로 보낸다. 길이길이 혼인을 맺고 백세토록 마음이 변치 않았으면 한다. 조서가 도착하는 날부터 짐의 명령을 어기지 말라. 이에 이 조서를 보낸다.

묵특은 조서를 읽고 남쪽을 향해 머리를 조아리며 절을 올렸다. 이어서 묵특은 사람을 시켜 그곳 음악을 연주하며 미녀를 늘여 세우고 공주를 안으로 인도한 뒤 주연을 베풀며 환대했다. 이로부터 묵특은 마침내 한나라와 화친했다. 이것은 모두 유경의 힘이었다. 후세에 사관

4_ 중국 전설에 나오는 다섯 임금이다. 황제(黃帝), 전욱(顓頊), 제곡(帝嚳), 요(堯), 순(舜)이다. 이들은 모두 아들에게 보위를 물려주지 않고 현명한 사람에게 보위를 물려주었다. 이것이 이른바 선양이다.

5_ 하 우왕, 은 탕왕, 주 무왕이다.

이 이 일을 시로 읊었다.

관문 밤에 떠오른 달은 푸른 무덤 위 거울이요,	關月夜懸青冢鏡,
변방 가을 얇은 구름은 한나라 궁전 비단일세.	塞雲秋薄漢宮羅.
한나라 군왕은 오랑캐와 화친책을 펼쳤으나,	君王漢信和戎策,
오랑캐 자식 낳게 되어 근심 더욱 많아졌네.	生得胡雛慮更多.[6]

유경은 묵특과 화친을 끝내고 조정으로 돌아와 황제에게 보고했다. 황제는 크게 기뻐하며 유경에게 후한 상을 내렸다. 유경이 또 아뢰었다.

"이곳 관중은 난리 끝에 파괴되어 땅은 기름지지만 백성이 드뭅니다. 게다가 북쪽에는 오랑캐가 가까이 있고, 동쪽으로는 육국의 강력한 왕족이 남아 있습니다. 어느 날 저들이 변란을 일으키면 폐하께서는 베개를 높이 베고 주무실 수가 없습니다. 바라옵건대 제나라, 초나라, 연나라, 조나라, 한나라, 위나라 후예 및 호걸 명문가를 관중으로 옮기고 비옥한 땅을 개간하며 살게 하십시오. 나라에 일이 없을 때는 북쪽 오랑캐에 대비할 수 있고, 유사시에는 동쪽으로 정벌을 나갈 수 있습니다. 이것은 근본을 튼튼하게 하는 방법이며 먼 훗날을 대비하는 대책입니다."

황제가 윤허했다.

6_ 원본에는 이 시 뒤에 다음과 같은 '역사 논평'이 달려 있다. "살펴보건대 미녀를 선우의 아내로 보낸 유경의 계책은 눈앞의 어려움을 해결하기 위한 임시방편일 뿐이다. 후세에 왕소군(王昭君)을 흉노에 보내 화친한 일도 모두 유경의 방법을 본받은 것이다. 그 책략은 매우 엉성했고 그 피해는 매우 심원했다. 이런 책략에 국가의 기강이 어떻게 존재할 수 있겠는가? 군자는 책략을 건의할 때 삼가지 않을 수 없다."

"좋소!"

그리하여 육국의 후예와 호걸 명문가 10만여 호를 관중으로 옮겨 살게 했다.

이때 관중이 무사태평하자 황제는 매일 조회도 열지 않고 척희(戚姬)만 총애했다. 척희가 낳은 조왕 여의(如意)는 나이가 들면서 뛰어난 자질을 보였다. 황제는 태자 영(盈)이 유약하자 그를 내쫓고 여의를 태자로 삼으려 했다. 마침내 이 일을 대신들에게 논의하게 하자 신료들은 모두 간쟁하며 며칠이 지나도록 결론을 내지 못했다. 그때 상대부 주창이 홀(笏)을 잡고 대전으로 오르며 크게 외쳤다.

"불가합니다! 폐하께서 추진하시는 이 일은 변란을 부르는 빌미가 됩니다."

신료들은 깜짝 놀랐다. 주창이 어떻게 황제에게 간언을 올리는지는 다음 회를 들으시라.

제91회

진희의 반란

진희가 조나라와 대나라를
감독하다가 모반하다
陳豨監趙代謀叛

황제가 태자를 폐하려 하자 신료들이 극력 논쟁을 벌였으나 결론을 내지 못했다. 그때 주창이 홀을 잡고 대전으로 올라가 강한 목소리로 직간했다.

"신은 말을 하지 않았지만 그 일이 불가하다는 사실을 미리 알고 있었습니다. 폐하께서 태자를 폐하시면 신은 절대 조서를 받들지 않겠습니다."

황제는 크게 웃으며 주창이 충신임을 알고 그의 말에 따랐다. 황제는 내전으로 돌아와 신료들의 말을 모두 척희에게 이야기했다. 척희가 말했다.

"폐하께서 우리 여의를 가련하게 여기신다면 지금 한때에 그치지 말고 뒷날 천천히 일을 추진해주십시오."

"사랑하는 그대의 말이 옳다."

이때 조나라 땅과 대나라 땅을 관할하는 군수가 사람을 보내 급보를 전했다. 기세등등한 오랑캐 대군이 대주(代州)를 침략하여 백성이 도주하고 군현을 통제할 수 없다는 소식이었다. 또 서둘러 토벌하지 않으면 조나라 땅을 보존하지 못할까 두렵다는 말도 덧붙였다. 하루 사이에 네댓 번이나 급보가 전해졌다. 황제는 황급히 조정으로 나와 신료들을 불러 대책을 논의했다. 진평이 아뢰었다.

"지금 영포와 팽월은 각각 양나라와 초나라에 도읍을 두고 있으므로 금방 달려올 수 없습니다. 한신은 벼슬을 그만두었고 병권도 없으니 쓸 수 없습니다. 오직 상국 진희만이 지혜가 넉넉하고 계책이 많으며 무용도 출중하므로 장군의 직무를 감당할 수 있습니다. 나머지 장수들은 오랑캐 군사를 제어할 수 없습니다."

황제는 즉시 진희를 불러 위무했다.

"짐은 오래 군사 업무를 돌보고 원정을 다니느라 몹시 지쳤소. 지금 오랑캐 군사가 대주를 침략했는데 그 기세가 자못 드높소. 이제 특별히 장군에게 10만 정예병과 한신이 만든 무기를 주고 정벌을 관장하게 할 테니 짐 대신 행차하여 오랑캐를 물리치시오. 마음을 다해주기 바라오. 정벌에 성공하면 장군을 대왕(代王)으로 봉하겠소."

진희가 말했다.

"신이 폐하의 조칙을 받고도 어찌 감히 분발하여 전진하지 않을 수 있겠습니까? 하지만 병마가 아직 부족하니 오랑캐 군사를 제압하지 못할까 두렵습니다."

황제가 덧붙였다.

"장군에게 부절과 인장을 줄 테니 도착한 곳에서 병마가 부족하면 격문을 돌려 조달하시오. 그럼 충분히 쓸 수 있을 것이오."

진희는 황제의 명령을 받고 즉시 군사 10만을 이끌고 오랑캐를 정벌하러 대주로 향했다. 마침 지나는 길에 한신의 집이 있었다. 진희는 생각했다.

'나는 평소에 한신 대원수의 은덕을 많이 받았고 병법에 대한 깊은 가르침도 받아서 지금까지도 잊지 못하고 있다. 지금 한 번 찾아뵙고 좋은 계책이 있는지 여쭤봐야겠다.'

그는 즉시 군사를 성밖에 주둔하고 시종 수십 명과 함께 한신을 찾았다. 각각 인사가 끝나자 진희가 말했다.

"신은 어명을 받들고 대주로 오랑캐를 정벌하러 갑니다. 공의 성덕을 우러르다 오랑캐를 격파할 좋은 계책을 구하려고 오늘 이렇게 찾아뵙게 되었습니다."

한신은 진희를 잡아두고 술 몇 잔을 함께 마셨다. 그리고 손을 잡고 좌우를 물리친 채 길게 탄식을 내뱉었다.

"지금 장군이 오랑캐 정벌에 성공한 이후 공을 따진다면 내가 초나라를 격파한 공과 어느 것이 크겠소?"

진희가 대답했다.

"오랑캐를 격파한 공은 작은 나라를 쳐부순 데 불과합니다. 초나라를 격파한 공은 만세토록 이어질 공입니다. 어찌 감히 공의 크기를 다툴 수 있겠습니까?"

"나는 이처럼 큰 공을 세웠지만 하루아침에 버려져 등용되지 못하고 있소. 장군도 마찬가지로 오랑캐 격파에 성공하여 개선하더라도 아침에는 왕후장상으로 존경받겠지만 저녁에는 필부가 되고 말 것이오. 지금 나의 모습처럼 말이오."

"대원수처럼 된다면 저는 어떻게 해야 합니까? 가르침을 주십시오."

"장군이 거처하는 곳은 천하의 정예병이 모이는 곳이오. 게다가 장군은 주상께서 신임하는 총신이오. 장군이 반란했다고 사람들이 말해도 주상은 절대 믿지 않을 것이오. 그런데 만약 반란 보고가 계속 이어지면 주상이 분노하여 직접 정벌에 나설 것이오. 그때 내가 장군을 위해 이 중원에서 거병하여 협공하면 천하도 도모할 수 있을 것이오. 이때를 틈타 실행해야지 기회를 놓쳐서는 안 되오!"

"삼가 공의 가르침에 따르겠습니다."

두 사람은 계획을 정하고 헤어졌다.

진희는 성밖으로 가서 군사를 이끌고 출발했다. 어느 날 대군이 조나라와 대나라 땅에 당도하자 진희가 군사들에게 분부했다.

"군영을 세우고 가볍게 움직이지 말라. 내가 오랑캐 군대의 허실을 탐문한 뒤 진격하도록 하겠다."

장수들은 각각 자기 부대의 군영을 세웠다. 진희는 세작에게 오랑캐 복장을 입혀 적진으로 보냈다. 세작이 며칠 만에 돌아와 진희에게 보고했다.

"오랑캐 군사는 네 개의 큰 진영으로 나뉘어 있고 매 진영마다 군사가 5만입니다. 오랑캐 왕은 대주성 밖에 별도로 군영을 세웠고 휘하 군사는 대략 3만 정도입니다. 또 네 군영 밖에 100만 기병이 순찰을 돌고 있는데 산과 계곡에 온통 오랑캐 군사들뿐입니다. 기세가 대단합니다.

지금 오랑캐 왕 수하에는 합정적(哈廷赤)이라는 대장이 있습니다. 큰 도끼를 휘두르며 보통 병졸 1만 명도 당해내지 못하는 용력을 씁니다. 원수께서 이자를 먼저 제압하시면 오랑캐 군사는 저절로 멀리 달아날 것입니다."

진희는 세작의 말을 듣고 매우 기뻐하며 후한 상을 내렸다. 그리고 바로 부장 유무(劉武), 이덕(李德), 진산(陳産), 초초(楚招) 등을 앞으로 불러 명령했다.

"오랑캐 군사의 세력이 강성하니 힘으로 대적해서는 안 되고 꾀로 공격해야겠소. 장군들은 여차여차하게 행동하시오. 그럼 이길 수 있을 것이오."

장수들은 명령을 받고 각각 휘하 부대를 인솔하러 떠났다.

다음날 진희는 군사를 이끌고 출전하여 오랑캐 군사의 약을 올리며 교전을 벌였다. 오랑캐 왕이 말을 타고 선두에 서서 진희와 설전을 벌였다.

"너희 한나라 군주는 묵특선우와 강화하고 공주를 그의 아내로 주었다. 너희 군주가 그에게 겁을 먹은 탓이다. 내가 거느린 군사는 훨씬 많다. 너희 한나라 군주를 조금도 봐주지 않을 것이다. 나는 지금 군사를 통솔하여 한나라 군주와 대결을 벌이러 왔다. 네놈 같은 이름 없는 장수와는 싸우지 않을 것이다."

진희는 대로하여 소리를 질렀다.

"우리 한나라 주상께서는 천조(天朝)의 황제이시다. 어찌 네놈 같은 오랑캐 따위와 얼굴을 마주하실 수 있겠느냐?"

진희는 칼을 들어 직접 오랑캐 왕을 겨냥했다. 그러자 오랑캐 왕 뒤

진희가 세작의 보고를 받다

에 있던 대장이 분노하며 도끼를 들고 진영 앞으로 곧장 달려와 진희와 맞섰다. 말 두 필이 교차하며 무기가 함께 부딪쳤다. 서로 일진일퇴를 거듭하며 막고 찔렀다. 20합을 겨루고 나서 진희는 창을 한 번 허공에 휘두르고 남쪽 황무지를 향해 달아나기 시작했다. 오랑캐 장수도 놓치지 않으려고 말을 박차 추격에 나섰다. 그렇게 10리를 달려가자 앞에 높은 산이 나타났고 그 산 아래에 큰 계곡이 가로놓여 있었다. 진희는 말에 채찍질을 하며 계곡을 건넜다. 그러자 오랑캐 왕의 군사도 그를 추격하며 계곡을 건넜다. 처음에는 얕았던 계곡물이 오랑캐 군사들이 건너자 갑자기 불어나 계곡 아래로 세차게 흐르며 그들의 퇴로를 끊었다. 오랑캐 장수는 황급히 추격을 멈추고 물러나려 했다. 그러나 앞은 높은 산이요, 뒤는 깊은 계곡이라 그들 군사는 결국 중간에 끼어 협공을 받을 수밖에 없었다. 진희가 높은 언덕에서 화포를 쏘자 계곡 양쪽에서 두 갈래의 정예병이 번개처럼 쏟아져나와 북을 울리며 진격했다. 화살이 메뚜기떼처럼 쏟아져 몸을 숨길 곳도 없었다. 오랑캐 장수는 말에 채찍질을 하며 앞으로 달려가 진희와 싸우려 했지만 산 위에서 굵은 통나무들이 굴러와 그가 탄 말 다리에 적중했다. 그 충격으로 오랑캐 장수는 말에서 떨어져 산비탈 아래로 굴렀다. 결국 그는 어지럽게 널려 있는 돌무더기에 떨어져 죽었다. 그가 바로 오랑캐 장수 합정적이었다.

오랑캐 왕은 그 뒤를 따라 군사를 거느리고 구원에 나섰다. 계곡 가까이 달려왔지만 세찬 물살이 용솟음치는 것을 보고 전진할 수 없었다. 그는 멀리 산 아래에서 자신의 군사가 한나라 군사에게 피살되는 광경을 지켜볼 수밖에 없었다. 계곡을 건너 구원하러 갈 수 없는 탓에 그곳에 서서 괴로운 비명을 지를 뿐이었다. 아직 상황이 끝나지도 않았는데 병졸 하나가 달려와 보고했다.

"한나라 놈들이 대왕께서 군사를 이끌고 구원에 나선 사이에 양 갈래로 쳐들어와 군영을 파괴하고 군량을 실은 수레를 모두 불태웠습니다. 우리 군영 네 곳에서 불을 끄러 달려왔지만 한나라 놈들의 공격을 받고 앞뒤를 서로 돌아볼 수 없게 되었습니다. 지금은 끊임없이 살상전이 벌어져 각각 사방으로 흩어졌습니다. 그들이 어디로 도망갔는지는 아무도 모릅니다."

오랑캐 왕은 그 말을 듣고 감히 자신의 군영으로 돌아가지 못하고 바로 휘하 군사를 거느리고 북쪽 대로를 따라 도주했다.

진희는 오랑캐 왕이 퇴각하는 것을 보고 자신의 계책에 말려들었음을 알았다. 마침내 그는 군사들에게 계곡 위쪽을 돌로 막게 했다. 얼마 지나지 않아 물살이 약해지며 한나라 군사가 계곡을 건너왔다. 장수들은 본영으로 돌아가 각각 공적을 보고하며 대승을 자축했다. 이때 진희는 적절한 계책으로 오랑캐 군사 40만을 격파했다.

다음날 진희는 성으로 들어가 큰 연회를 열고 장수들을 융숭하게 대접했다. 술이 반쯤 오를 무렵 진희는 잔을 들고 장수들에게 일렀다.

"오랑캐 군사는 대패하여 멀리 달아났소. 비록 내 꾀를 썼지만 기실 여러 장수가 도와준 덕으로 이처럼 큰 공을 세웠소. 그러나 한나라 황제는 환난은 함께할 수 있지만 태평시대는 함께할 수 없소. 한신처럼 5년 동안 혈전을 치르며 열 번의 큰 전공을 세운 분도 지금 버려져 등용되지 못하고 있고 황제는 여전히 빌미를 찾아 그를 음해하려고 하오. 우리가 세운 이 보잘것없는 공훈으로 어떻게 감히 제후에 봉해지기를 바랄 수 있겠소? 내 어리석은 소견으로는 차라리 이곳에 주둔하여 요새를 막고 호걸을 초빙하여 서로 힘을 모아 천하를 도모하는 편이 나을 것이오. 게다가 황제는 나이가 많아 군사 업무에 싫증을 내고 있소. 설령 휘하 장수들이 군사를 이끌고 온다 해도 한 대원수의 적수가 될 수 없소. 나는 두렵지 않소. 왕업을 이루고 나면 여러분은 제후왕에 책봉되어 함께 부귀를 누릴 수 있을 것이오. 여러 장군의 생각은 어떠하오?"

장수들이 모두 대답했다.

"장군의 계책에 따르겠습니다!"

그해 7월 진희는 왕황 등 여러 장수에게 격문을 전했고 그들은 각각 군사를 일으켜 호응하기로 약속했다. 진희가 스스로 대왕이 되어 조나라와 대나라 땅을 약탈하자 군현 백성은 도주했고 그가 지나간 곳은 모두 폐허가 되었다.

그때 서위왕은 진희가 모반했음을 알고 상소문을 써서 장안으로 급보를 띄웠다. 황제는 상소문을 읽고 대경실색하며 바로 소하와 진평을 불러 일렀다.

"짐이 진희를 박하게 대우하지 않았는데 어찌하여 모반한 것이오?"

소하가 대답했다.

"진희는 평소에도 꾀가 많은데다 무예도 뛰어났습니다. 지금 장수들은 모두 그를 막을 수 없고 영포와 팽월만이 그의 맞상대가 될 만합니다. 당장 조서를 띄워 두 장수에게 진희를 토벌하라고 명령을 내리십시오. 두 장수는 진희를 잡을 수 있을 것입니다."

황제는 바로 조서를 써서 사자 두 사람을 각각 두 장수가 있는 곳으로 보내 진희를 토벌하게 했다. 한편으로는 관동 각 지역으로도 사자를 보내 방어를 위한 군사를 보내달라고 했다.

한신은 진희가 모반했다는 소식과 황제가 조서로 영포와 팽월 두 나라 군사를 불러 진희를 토벌한다는 소식을 들었다. 그는 즉시 비밀리에 서찰 두 통을 써서 심복에게 주고 밤새도록 달려가 회남국과 대량국에 전하게 했다. 한신은 두 나라에서 구원병을 보내면 안 된다고 주장했다. 팽월과 영포는 한신의 서찰을 개봉하여 읽었다.

나는 큰 공을 세웠지만 지금은 버려져 등용되지 못하고 있소. 만약 두 분이 황제의 조서에 응하여 진희를 토벌하면 아침에는 진희를 잡을 수 있지만 저녁에는 두 분이 주살될 것이오. 대체로 한나라 군주는 우환은 함께할 수 있지만 태평시대는 함께할 수 없소. 우환을 함께할 때는 중용해주려고 생각하지만 태평시대가 되면 살해하려고 생각하오. 또 진희의 모반은 내가 버려져 있는 것을 보고 일으킨 것이오. 지금 전공을 세웠더라도 장래에 아무런 도움도 되지 않기 때문에 조나라와 대나라 두 땅에서 모반을 일으킨 것이오. 만약 두 분이 진희를 격파하고 나면 한나라 군주는 틀림없이 꼬투리를 잡아 두 분을 해칠 것이오. 그럼 어떻게 회남과 대량에 머물며 부귀를 누릴 수 있겠소? 한신은 두 분이 깨닫지 못하고 함정에 빠질까 두렵소. 이 때문에 사람을 시켜 밤새도록 달려가 내 마음을 토로한 글을 바치게 하는 것이오. 두 분이 자세히 살펴주면 다행이겠소. 오늘 내가 후회하는 모습과 같아서는 안 될 것이오!

영포와 팽월은 서찰을 받고 마침내 몸이 아프다는 핑계를 대고 출병하지 않았다.

사자가 돌아와 사정을 보고하자 황제는 걱정에 싸여 소하와 진평을 불렀다.

"영포와 팽월이 병을 핑계로 오지 않는다는데 어떻게 하면 좋소?"

진평이 대답했다.

"진희의 모반에는 세 가지 이유가 있습니다. 진희는 평소에 한신을 가장 경외했습니다. 그런데 지금 한신이 파직되었으므로 나머지 장수들은 자신의 상대가 아니라는 것을 알고 있습니다. 그래서 진희는 자신의 재능만 믿고 다른 생각 없이 모반한 것입니다. 이것이 첫째 이유입니다. 또 폐하께서 군사 일에 오래 시달려 친정에 나서려 하지 않으신다는 것을 알고 이 틈을 이용하여 방자하게 행동하며 모반한 것입니다. 이것이 둘째 이유입니다. 또 조나라와 대나라 땅은 정예병이 있는 곳이라 거병하기 쉽기 때문에 모반한 것입니다. 이것이 셋째 이유입니다. 지금 폐하께서는 원정을 주저하지 말아야 합니다. 또 잠시 소하와 신, 황후마마에게 관중을 지키게 하고, 친히 대군을 인솔하여 주발과 왕릉을 선봉장으로 삼고, 번쾌와 관영을 좌익과 우익으로 삼고, 조참과 하후영에게 후군을 이끌고 호응하라 하면서 하늘의 위엄을 보이십시오. 그럼 간흉들의 간담이 떨어질 것이니 쉽게 승리할 수 있을 것이고, 천하의 제후들도 두려워 복종할 것입니다. 그렇게 하지 않고 폐하께서 군사 일을 내버려두신다면 어떻게 승리할 수 있겠습니까?"

"그 말씀이 참으로 훌륭하오!"

이에 황제는 40만 대군을 점호하여 주발과 왕릉을 선봉장으로 삼고 두 사람에게 정예병 10만을 주어 먼저 출병하게 했다. 황제가 내전으로 들어가자 여후가 영접하며 작은 주연을 열고 황제를 위해 축수했다. 황제가 말했다.

"지금 진희가 모반하여 조나라와 대나라 땅을 침범했고 스스로 왕이라 칭하고 있소. 영포와 팽월 두 사람에게 조서를 보냈으나 병을 핑계로 오지 않고 있소. 조정에 있는 제후들은 진희의 상대가 아니라서 짐이 군사를 이끌고 직접 정벌하려 하오. 또 한신이 이곳에 방치되어 있는데, 그는 오래전부터 다른 마음을 품어왔소. 그가 관중에서 군사를 일으킬까 염려되오. 진희와 호응하면 우려할 만한 세력을 형성할 것이오. 번거롭더라도 황후께서 잠시 나라를 맡아 아침저녁으로 완급을 조정할 때는 소하와 대책을 논의하고, 대책을 확정할 일이 있으면 진평과 상의하시오. 짐이 이번에 출병하면 진희는 아무 힘도 쓸 수 없을 것이오!"

황후가 대답했다.

"폐하! 걱정하실 필요 없습니다. 한신이 지난날 병권을 잡고 있을 때는 제압하기 어려웠지만 지금은 혼자 한가롭게 살고 있으므로 일개 필부일 뿐입니다. 무엇을 걱정하십니까? 폐하께서 명령만 내리시면 즉시 한신을 사로잡아 반란의 실상을 자세히 조사하여 죽이는 일도 어렵지 않을 것입니다. 폐하! 또 무엇을 근심하십니까?"

황제는 매우 기뻐했다. 뒷일이 어떻게 될지는 다음 회를 보시라.

제92회

한 고조의 일보 후퇴

한 고조가 한단에 주둔하다
漢高帝邯鄲駐馬

황제와 여후는 밤새도록 상의하고 타당한 대책을 마련했다. 다음날 황제는 소하를 대전으로 불러 일렀다.

"짐은 지금 군사를 이끌고 조나라와 대나라 땅으로 진희를 토벌하러 가오. 관중을 관리할 사람이 없으니 개국 원훈인 경이 조정의 원로 역할을 해주시오. 특별히 경과 황후에게 임시로 나라를 맡기니 대책을 세울 일이 있으면 진평과 논의해주시오. 무릇 크고 작은 국가 대사에 임하여 밝은 마음으로 처리해야 하오. 내 부탁을 저버리지 마시오!"

소하는 머리를 조아리며 아뢰었다.

"신이 어찌 감히 나라의 업무를 돕는 데 진력하지 않을 수 있겠습니까? 부디 폐하께서는 일찍 개선하여 신민의 여망을 위로해주시기 바라옵니다."

그리하여 황제의 어가는 친정에 나섰고 대소 문무백관들은 성밖으로 나가 황제를 전송했다. 이때부터 여후와 소하가 임시로 나라를 맡게 되었다.

황제는 한단에 도착하여 성안으로 들어가 군영을 세웠다. 황제가 중군에 좌정하자 장수들이 좌우에 도열했다. 인근 군현의 관리들도 모두 황제를 알현하러 왔다. 황제가 물었다.

"진희는 지금 어디에 주둔했소? 또 군사는 모두 얼마이고, 장수는 몇이오?"

군현의 관리들이 아뢰었다.

"진희는 곡양에 주둔했고 본부 군사와 각처에 분산된 군사를 합하면 모두 50만이 넘습니다. 보좌 장수는 유무(劉武) 등 20여 명입니다. 각 군현에서는 모두 천병(天兵)이 강림하여 물과 불 속에 빠진 백성을 구제해주시기를 앙망합니다. 신들은 폐하께서 수레를 몰고 직접 오신다는 소식을 듣고 서둘러 달려왔습니다. 큰 가뭄에 구름과 무지개를 본 듯합니다."

황제는 매우 기뻐하며 신료들에게 말했다.

"이 한단은 중원의 모든 길이 모이는 곳이오. 그런데 진희가 한단에 의지하여 장하를 막지 않고 곡양에 주둔했다니 그의 천박한 식견을 알겠소. 또 피로한 병졸을 규합했으므로 끝내 능력을 발휘하지 못할 것이오. 여러 장군은 이곳에 주둔하여 근거지를 마련하시오. 그리고 서둘러 주창을 시켜 한단 인근 군현에 두루 명령을 내리고 토박이 몇 명을 선발하여 길잡이로 삼게 하시오."

주창은 수일 만에 장사 넷을 뽑아와서 황제에게 보였다. 황제는 군막 안에서 술을 마시다가 문득 주창이 장사 넷을 데려오는 것을 보았다. 황제는 술에 취해 욕설을 퍼부었다.

"네놈들이 감히 내 앞에서 길잡이 노릇을 하겠다는 것이냐?"

네 장사가 대답했다.

"폐하의 천병이 원정을 왔으므로 그 기세가 날카롭지만 지리를 잘 모르므로 가볍게 진격해서는 안 됩니다. 신들이 적진 깊숙한 곳으로 들어가 허실을 탐지해야 폐하께서 저들의 깊이를 아실 수 있을 것입니다. 그런 뒤에 전투를 벌이면 완전한 승리를 거두실 수 있습니다."

황제가 또 꾸짖었다.

"네놈들이 혓바닥은 잘 놀린다만 진실로 그런 능력을 보여줄 수 있을지 모르겠다."

"폐하의 위엄이 지척인데 어찌 감히 거짓말을 할 수 있겠습니까?"

황제는 네 사람에게 모두 천호(千戶)직과 후한 상을 내렸다. 네 장사는 기뻐 날뛰며 밖으로 나왔다. 좌우 근신들이 말했다.

"네 장사는 아직 털끝만큼의 공도 세우지 않았는데, 폐하께서 높은 직책과 후한 상을 내리시니 무슨 이유인지 모르겠습니다."

"후한 상 아래에서 용자(勇者)가 생기는 법이오. 과연 네 사람이 자신들의 말처럼 짐에게 적의 허실을 알려주면 군공(軍功)을 세우는 것이오. 게다가 짐이 앞서 격문을 보내 천하의 군사를 모집했는데, 아직 모여들지 않은 장정들은 한단 사람들뿐이오. 내가 어찌 4000호를 아끼며 조나라 자제들을 위로하지 않을 수 있겠소? 한 사람에게 상을 주면 더 많은 사람을 격려할 수 있소. 나의 용병술은 경들이 알 수 있는 바가 아니오."

좌우 장수들이 땅에 엎드려 아뢰었다.

"폐하의 견해는 하늘이 내렸습니다. 진실로 신들이 알 수 있는 바가 아닙니다."

이에 네 장사는 각각 대나라 사람 복장을 하고 곡양으로 가서 진희의 허실을 정탐했다. 네 사람은 며칠 만에 한단으로 돌아와 황제를 뵙고 아뢰었다.

"진희가 등용한 장수들은 모두 장사꾼이라 황금과 비단에 눈이 어둡습니다. 폐하께서 황금 수백 근을 희사하고 진희의 좌우를 매수하여 명령에 따르지 않게 하면 진희를 반드시 사로잡으실 수 있을 것입니다."

황제는 매우 기뻐하며 천호 네 명에게 후한 상을 주어 돌아가게 했다. 그리고 신료들을 불러 물었다.

"누가 짐을 위해 진희의 군영으로 들어가 장수들에게 뇌물을 먹이고 소식을 탐지하여 안에서 호응할 수 있게 하겠소? 그럼 진희는 싸우지도 않고 저절로 혼란에 빠질 것이오."

그때 장막 아래에서 어떤 사람이 앞으로 나서며 소리쳤다.

"신이 가겠습니다!"

황제가 바라보니 바로 중대부 수하였다. 황제가 말했다.

"경이 간다면 짐은 걱정하지 않을 것이오."

수하는 황제에게서 황금 100근을 받아 시종 몇 명을 대동하고 먼저 서찰 한 통을 준비했다. 서찰에는 거짓말로 황제가 위무(慰撫)를 통해 투항을 받는다고 썼다. 그는 곧바로 진희의 진영으로 가서 황제가 중대부 수하를 보내 위무하려 한다고 하며 서찰을 전했다.

그러자 진희가 말했다.

"수하는 유세객이므로 이 서찰은 거짓말일 것이다."

그러면서도 좌우를 시켜 수하를 안으로 들였다. 수하는 진희와 만나면서 임금과 신하 간의 의례를 행했다. 진희가 말했다.

"대부와 이 진희는 같은 전각의 신하인데, 어찌하여 이런 큰 의례를 행하시오?"

"족하께선 지금 100만 군사를 거느리고 두 나라를 진무하고 계십니다. 또 황제와 자웅을 다투며 천하를 도모하시는데, 어찌 감히 대등한 예를 행하며 족하의 칼날을 시험할 수 있겠습니까?"

진희가 웃으며 말했다.

"지나친 말씀이오. 내가 지금 이곳에 근거지를 마련한 것은 실로 부득이한 사정 때문이오. 대체로 한나라 군주는 의심과 시기심으로 사람의 큰 공을 망각하고 있으니 함께 부귀를 누리기 어렵소. 이 때문에 이번 일을 일으켰소. 한데 이번에 대부께서 이렇게 온 것은 무슨 가르침을 주기 위함이오?"

"신은 황제 폐하께서 족하를 위무하라는 명령을 받들고 왔습니다. 족하께서 군사행동을 중지하고 전쟁을 그치면 대왕(代王)으로 책봉받을 수 있을 것입니다. 족하의 뜻은 어떠신지 모르겠습니다."

그사이에 진희는 수하가 전해준 서찰을 다 읽고 황제가 거짓말을 하고 있으며 만약 투항하면 틀림없이 사로잡힐 것이라고 생각했다. 그렇기 때문에 그는 이렇게 소리쳤다.

"한나라 군주가 대군을 거느리고 와서 아직 나와 싸워보지도 않고 어찌하여 중대부를 보내 위무한다는 것인가? 진심이 아닌 듯하다!"

황제가 진희에게 수하를 파견하다

"주상께서 방금 오셨으나 사실 족하와 교전하여 승부를 결정짓고 싶어하십니다. 그러나 지금 좌우 신하들의 논의에 따라 군사를 온전히 유지한 채 투항해오는 것을 윗길로 치고, 군사를 격파하는 것은 그 다음으로 치며, 나라를 온전히 유지한 채 투항해오는 것을 윗길로 치고, 나라를 함락시키는 것은 그다음으로 친다고 결정하셨습니다. 지금 저 수하를 보내 족하를 위무하는 것은 바로 군사와 나라를 온전하게 유지하여 백성의 목숨을 안정되게 보호하려는 것이지, 다른 이유가 있는 것이 아닙니다. 만약 족하께서 투항하지 않으면 신은 바로 돌아가 황제 폐하를 뵙겠습니다. 감히 억지로 요구하지는 않겠습니다."

"이 진희와 한신을 비교할 때 그 공로의 크기가 어떠하다고 보시오? 한신은 진실로 배반할 마음이 없었는데, 한왕이 운몽으로 속임수 순행을 가서 그를 사로잡은 것이오. 내가 투항하면 한왕은 틀림없이 내가 한신보다 허물이 더 크다고 의심할 것이오. 나는 진실로 그 명령을 받들 수 없소. 이제 돌아가서 내 말을 한왕에게 전해주면 다행이겠소."

수하는 고의로 시간을 끌며 진희와 한나절이나 이야기를 주고받았다. 수하와 같이 간 시종들은 이미 황금으로 그곳 장수들을 매수했고 장수들은 황금을 받고 매우 기뻐했다. 수하는 천천히 진희와 작별 인사를 나누고 귀환했다. 그는 황제를 뵙고 앞서 있었던 일을 모두 아뢰었다.

다음날 황제는 친히 군사를 이끌고 출전하여 진희와 설전을 주고받았다. 진희는 황제를 보고 말 위에서 몸을 앞으로 숙이며 말했다.

"폐하께서는 보령도 점차 높아지는데, 무슨 고생으로 직접 화살과 돌멩이를 무릅쓰려 하십니까?"

"짐은 너를 저버리지 않았는데, 네가 어찌 반란을 꾀했단 말이냐?"

"폐하께서는 공신을 주륙했으니 행동이 잔인하고 은혜를 거의 베풀 줄 모릅니다. 이는 멸망한 진나라의 법을 따르고 항우의 잔인한 행위를 본받는 짓인데, 신이 어찌 반란을 일으키지 않을 수 있겠습니까?"

황제는 대로하여 장수들을 돌아보며 외쳤다.

"누가 저 역적을 죽이겠느냐?"

번쾌와 주발이 진영 앞으로 달려와서 진희와 싸움을 벌였다. 30합을 겨루자 황제는 왕릉과 주창에게 힘을 합쳐 공격하라고 명령을 내렸다. 진희는 대패하여 군사를 거느리고 남쪽을 향해 달아났다. 그는 유무 등이 구원을 오리라 기대했다. 하지만 유무 등은 수하에게 매수되어 구원에 나설 마음이 없었다. 그들은 각각 진채를 거두어 사방으로 흩어져 달아났다. 황제는 진희의 군사가 혼란에 빠진 것을 보고 서둘러 대군에 명령을 내려 그들을 추격했다. 30리를 추격하자 저 앞쪽에 깃발이 가지런하고 대오가 엄정한 또다른 진채가 있었다. 그들은 모두 병거를 벌려 세우고 진채 주위에 녹채를 설치해두고 있었다. 중군에서 한 줄기 포성이 울리자 사방의 군문이 모두 열리며 군사들이 벌떼처럼 몰려나왔다. 그러자 진희가 몸을 돌리더니 선두에 서서 한나라 군사들을 격살하기 시작했다. 한나라 대군은 이미 앞으로 진격하고 있었으므로 다급하게 대열을 수습하기 어려웠다. 황제의 후군이 달려와서 서둘러 진채를 세우고 대열을 나누어 구원에 나섰다. 진희의 군사가 물러가자 하늘이 어두워졌다. 쌍방은 모두 군사를 거두어들였다. 황제가 명령을 내렸다.

"오늘 군사들이 피로하겠지만 편안하게 잠을 자지 말고 진채 습격에 대비하라!"

장수들은 명령을 받고 각각 자신의 임무를 준비했다.

진희는 본영으로 돌아와 좌정한 뒤 유무 등을 불러 꾸짖었다.

"네놈들은 싸우지도 않고 사방으로 흩어져 도주했다. 다행히 내가 진채 한 곳을 준비해두고 추격병을 방비했기에 아무 일이 없었다. 만약 이 군영이 없었다면 우리 군사가 대패했을 것이다. 네놈들이 다시 몸을 사리면 반드시 군법으로 처리하겠다."

장수들은 "황공무지로소이다"를 연발하며 각각 자신의 막사로 물러나 휴식했다. 하룻밤 동안 아무 일도 없었다.

다음날 황제가 군막으로 올라가자 장수들이 좌우에 도열했다. 왕릉이 앞으로 나서며 말했다.

"진희의 용병술은 모두 한신을 모방한 것입니다. 그래서 어제 뒤에 미리 다른 군영을 설치하고 전투의 강약을 조절했습니다. 그러므로 오늘 그와 전투를 벌이면 아마도 승리하기가 어려울 듯합니다. 게다가 군량도 부족합니다. 신의 어리석은 소견으로는 잠시 군사를 물려 한단에 근거지를 마련하고 힘을 다해 한판 승부를 벌여야 할 듯합니다. 폐하의 위엄이 강림하면 진희는 버틸 수 없을 것입니다."

"내가 후퇴하면 진희의 군사가 추격해올 것이고, 그러다가 오히려 패배를 자초할까 두렵소."

"오늘은 잠시 군사를 눌러두고 동정을 보이지 않다가 새벽 무렵에 천천히 후퇴하면서 정예병 두 부대를 길 양쪽에 매복해두십시오. 만약 저들이 추격하면 양쪽 매복병을 일으켜 들이치면 저들은 대패할 것입니다. 짐작건대 진희는 용병술에 뛰어나므로 우리 군사가 후퇴해도 절대 추격하지 않을 것입니다."

"좋소!"

이에 황제는 저녁이 될 때까지 기다렸다가 삼군에 명령하여 각각 밥을 해먹고 군장을 꾸리게 한 뒤 모두 함매하고 출발했다. 번쾌, 왕릉, 주발, 관영에게는 군사 두 부대를 나누어주고 길 좌우에 매복하게 했다. 나머지 군사는 모두 황제를 따라 한단으로 돌아갔다.

그때 어떤 정탐병이 진희에게 급보를 전했다. 진희는 장수들을 불렀다.

"이번에 황제가 이곳에 주둔했다가 전투에 불리하고 군량도 더러 공급하지 못하자 한단으로 철수하여 각 지역 군사를 다시 조정하는 모양이오. 나와 결전을 치를 준비를 하려는 것이오."

장수들이 말했다.

"추격할 좋은 기회입니다."

"황제는 오랫동안 전쟁터에서 살아서 전략을 깊이 알고 있소. 틀림없이 길 좌우에 매복병을 묻어두었을 것이오. 우리가 추격하면 저들의 공격을 받게 되오. 추격해서는 안 되오."

곧 세작을 보내 상황을 탐색해보니 과연 좌우에 중무장 군사가 매복해 있었다. 장수들은 모두 탄복했다. 황제는 천천히 한단으로 돌아왔다. 번쾌 등 네 장수는 추격병이 없는 것을 확인하고 각각 퇴각했다. 이로부터 쌍방은 각각 대치하며 전투를 벌이지 않았다.

한편, 황제의 대군이 장안을 출발할 때 한신은 병을 핑계로 황제를 따라 출정하지 않았다. 그뒤 진희가 곡양에 주둔했다는 소식을 듣고 '한단에 주둔하여 장하를 막는 것이 최상책인데, 어찌하여 곡양에 주둔했을까?'라고 생각했다. 황제가 한단에 근거지를 마련하면 진희는 반드시 패배할 것이므로 몰래 심복을 시켜 서찰을 진희에게 전하게 했다. 즉 휘하 장수에게 정예병을 주어 오솔길을 따라 장안을 공격하면 한신 자신도 안에서 거병하겠다는 내용이었다. 그렇게 되면 황제는 머리와 꼬리를 다 돌아볼 수 없으므로 완전한 승리를 거둘 수 있다고 강조했다. 서찰을 보낸 뒤 어떻게 되는지는 다음 회를 들으시라.

제93회

한신의 목이 잘리다

여후가 미앙궁에서
한신을 참수하다
呂后未央斬韓信

한신의 심복이 성을 나가려는데 한신 집의 하인 사공저(謝公著)가 술자리를 마련하고 작별 인사를 하려 했다. 두 사람은 술을 마시다가 그들 자신도 모르게 만취하고 말았다. 사공저가 그 심복을 배웅하고 밤늦게 돌아오자 한신이 화를 내며 말했다.

"하루종일 코빼기도 안 보이더니 무슨 짓을 하러 갔던 게냐?"

사공저는 술에 취해 한신에게 대들었다.

"저는 외국과 내통은 하지 않습니다. 그러니 무슨 할 짓이 있겠습니까?"

한신은 그 말을 듣고 대경실색하며 좌우 시종에게 사공저를 방으로 들여보내 편히 쉬게 했다. 그리고 생각에 잠겼다.

'이놈이 일을 알고 있으니 살려둘 수 없다. 죽여야겠다!'

한신이 침실로 들어가니 부인 소씨(蘇氏)[1]가 물었다.

"사공저가 무슨 연유로 늦게 들어와서 당신의 화를 돋웠습니까?"

"그놈은 너무 실없는 말을 지껄이므로 죽여야 하오."

"사공저가 술에 취해 헛소리를 한 것입니다. 무얼 그리 시시콜콜 따지십니까? 술이 깬 뒤 처리하셔도 늦지 않을 텐데, 하필 야밤에 죽이려 하십니까? 좌우 사람들이 놀라 의심할 것입니다."

"부인의 말이 옳소."

이에 한신은 잠자리에 들었다.

사공저는 오경에 술이 깼다. 그의 아내가 말했다.

"저녁에 당신이 늦게 들어와서 원수께서 심하게 나무라셨는데, 당신이 미친 말을 하며 정말 추태를 부렸소."

"내가 무슨 말을 했소?"

"당신이 '저는 외국과 내통은 하지 않았으니 무슨 할 짓이 있겠습니까?'라고 했소. 원수께서 경악하며 당신을 집안으로 끌어들였소. 저녁에 당신을 죽이려고 하던 것 같던데 어서 여기서 도망쳐야 목숨을 건질 수 있소."

사공저는 아내의 말을 듣고 경황도 없이 바로 옷을 입고 보따리를 쌌다. 행랑 옆에 숨어 있다가 대문이 열리기를 기다려 벽에 몸을 붙이고 빠져나왔다. 이때 한신은 아직 일어나지 않았다. 사공저는 성벽 가까이에 붙어 걸어서 성문을 빠져나왔다. 걸으면서 혼자 생각에 잠겼다.

1_ 중국 정사에는 한신의 부인에 관한 정보가 전무하다. 명나라 때 중국 전통극 극본 심채(沈采)의 『천금기(千金記)』에는 고씨(高氏)로 나온다.

'원수 댁에는 하인이 매우 많은데, 내가 도주한 것을 알고 그들을 풀어 사방으로 나를 찾으면 어떻게 목숨을 보전할 수 있겠나?'

사공저는 마침내 몸을 돌려 바로 승상부로 가서 고변했다.

소하는 연일 황제의 칙지를 받았다. 황제는 칙지에서 한신을 방비하는 데 마음을 쓰고 적당한 기회가 있으면 계교를 써서 그를 죽여 후환을 없애라고 분부했다. 소하는 황제의 칙지를 여후에게 알리려 했으나 시행할 만한 대책이 없었다. 그때 사공저가 고변했다는 보고가 올라왔다. 황급히 승상부로 달려가 그 하인을 앞으로 불러서 물었다.

"네 고변이 사실이면 가벼운 일이 아니지만, 사실이 아니면 그 죄를 면하기 어렵다."

사공저가 말했다.

"이것이 어찌 작은 일이겠습니까? 소인도 감히 경솔하게 말씀드리는 것이 아닙니다. 앞서 진희가 오랑캐를 정벌하러 갈 때는 기실 반란할 마음이 없었습니다. 그런데 한신이 진희가 반란하도록 꾀었습니다. 이 때문에 진희가 조나라와 대나라 땅에 도착하자마자 반란을 일으켰습니다. 그때도 서찰로 내통했습니다. 어제 또 한신이 밀서 한 통을 써서 집안 하인을 시켜 진희에게 전달했습니다. 진희의 장수와 군사에게 지름길로 와서 장안을 탈취하게 하고 한신 자신은 관중에서 거병하여 호응하겠다는 것입니다. 이 일은 털끝만큼의 거짓도 없습니다. 소인이 술에 취해 내막을 폭로하자 한신이 소인을 죽이려 했습니다. 그래서 도주하여 바로 고변한 것입니다. 사실이 아니라면 중죄를 달게 받겠습니다!"[2]

소하는 사공저의 말을 들은 뒤 그를 데리고 여후를 만나 앞서 있었던 일을 자세히 이야기했다. 여후도 대경실색했다.

"한신이란 놈이 정말 반란을 일으키다니! 승상께선 무슨 대책을 갖고 있소?"

"이 일은 잠시 덮어두고 거론하지 마십시오. 사공저는 신의 집에 몰래 숨겨두겠습니다. 신이 내일 몰래 사람을 시켜 감옥에 있는 중범죄자 한 명을 골라 진희처럼 꾸며 목을 베겠습니다. 그리고 또 한 사람을 시켜 거짓으로 승첩을 보고하게 하고 주상께서 이미 승리하여 진희를 죽인 뒤 그 수급을 장안으로 보내 관중에 알리게 했다고 하겠습니다. 그럼 신료들이 소문을 듣고 축하하러 달려올 것입니다. 한신도 반드시 조정에 나올 테니 그때 그를 사로잡겠습니다. 그뒤에는 황후마마 마음대로 처리하십시오."

여후가 말했다.

"참으로 기묘한 계책이오."

그리고 곧바로 몰래 사람을 보내 옥중에서 중범죄자를 골라 참수하고 그 머리를 상자에 담았다. 그리고 다른 사람을 시켜 승첩을 보고하게 하고 그 소식을 널리 중외에 알렸다. 신료들은 황제의 승첩 소식을 듣고 모두 승상부로 들어와 회의를 하고 내일 모두 입조하여 하례를 하기로 했다. 소하가 말했다.

"모든 분이 다 모여야 하니 한신 장군과도 약속하여 함께 축하하도록 해주시오. 한 장군의 관직도 본래 여러 대부와 같았지만 잠시 버려두고 있을 뿐이오. 소문을 들으니 황제께서 환궁하여 다시 봉작을 높

2_『사기』「회음후열전」에는 한신의 사인(舍人)이 한신에게 죄를 지어 한신이 그를 죽이려 하자 그 사인의 아우가 고변한 것으로 되어 있다. 사공저란 이름은 소설의 흥미를 높이기 위한 장치다.

여줄 뜻이 있으신 듯하오. 게다가 한 장군은 건국 공신이라 황제께서 늘 염두에 두고 있소. 그러니 어찌 평범한 사람들과 같은 대열에 서게 내버려두겠소?"

신료들은 소하의 말을 듣고 한신과 약속하겠다 하고 소하의 말을 한신에게 알렸다. 한신은 신료들의 말을 듣고 소하가 틀림없이 일을 풀어가는 단서를 알고 있다고 생각하고 황제가 환궁하면 자신의 봉작을 높여줄 것이라 기대했다. 그리고 마침내 신료들과 함께 내일 입궁하여 축하 대열에 동참하겠다고 약속했다. 신료들도 인사를 하고 집으로 돌아갔다.

한신은 내실로 들어가 소씨에게 황제가 자신을 생각하고 있다는 말과 내일 신료들과 입조하여 하례를 하겠다는 말을 자세히 이야기했다. 그러자 소씨가 말했다.

"앞서 황제가 진희를 토벌하러 원정을 떠날 때 당신은 몸이 아프다는 핑계로 동행하지 않았습니다. 그뒤 줄곧 여후도 뵙지 않다가 오늘 승첩이 왔다는 소식을 듣고 바로 축하하러 간다면 여후가 이상하다 의심할 것이고, 그러다가 모함에 빠질까 두렵습니다. 잘 생각해야 합니다!"

"지금 조정에 나가지 않으면 황제가 조만간 환궁했을 때 무슨 얼굴로 뵐 수 있겠소? 게다가 소 승상이 좌우에서 나를 잘 보호해줄 테니 아무 일도 없을 것이오."

"요즘 연일 당신의 기색이 그리 좋지 않습니다. 입조했다가 불길한 일을 당할 수도 있으니 자세히 살펴야 합니다!"

"여후는 일개 아녀자일 뿐이고, 소하는 식견이 큰 사람이오. 이미 약속을 정했는데, 어떻게 신용을 잃을 수 있겠소?"

다음날 한신과 신료들이 모두 입조하여 하례를 끝내자 여후가 말했다.

"신료들은 잠시 나가시오. 그리고 소 승상은 회음후를 편전 뒤로 데려 오시오. 비밀리에 상의할 일이 있소."

소하는 서둘러 전각 아래로 내려가 한신을 내전으로 안내했다. 한신이 내전으로 발을 들여놓는 순간 벽 양쪽에서 무사 4, 50명이 달려들어 한신을 잡아챘다. 그리고 바로 장락전 아래에 포박했다.

한신이 말했다.

"신이 무슨 죄를 지었기에 황후마마께선 신을 포박하십니까?"

황후가 대답했다.

"황제께서 너를 대장에 임명했고 그뒤 공이 있어 너를 제왕에 봉했다가 다시 초왕에 봉했다. 또 네가 반란을 모의한다는 소문이 있어서 운몽으로 순행했다. 잡아와서도 네 공을 생각해 죽이지 않고 너를 다시 회음후에 봉했다. 황제께서는 일찍이 너를 저버린 적이 없다. 그런데 너는 어찌하여 진희와 결탁하여 모반을 꾀했느냐? 또 사람을 보내 저들과 내통하여 진희에게 장안을 노략질하게 하고 너는 안에서 호응하려고 했다. 이와 같은 음모는 천지와 귀신도 용납하지 않을 것이다!"

"무슨 증거가 있습니까?"

"네 집 하인 사공저가 고변했느니라."

"그것은 사공저의 거짓말입니다. 황후마마께서는 자세히 살피셔야 합니다."

"황제께서 진희를 격파하고 그의 군영에서 네 친필 밀서를 찾아냈고 진희도 이미 다 불었다. 그런데도 너는 아직 강변을 일삼느냐?"

한신은 여후의 말을 듣고 고개를 숙인 채 더이상 변명하지 않았다. 여후는 한신을 미앙궁 종실(鍾室)3에 매어두고 무사를 시켜 참수했다. 한신은 죽음에 임하여 이렇게 말했다.

"괴철의 계책을 쓰지 않은 것이 참으로 후회된다. 아녀자에게 속았으니 이 어찌 하늘의 뜻이 아니랴?"

역사 기록에 의하면 "한나라 11년 9월 11일 한신을 미앙궁 장락전 종실 아래에서 참수하고 그의 삼족을 모두 죽였다"4라고 했다. 그날 천지가 어두워지고 해와 달이 빛을 잃었으며 스산한 구름과 검은 안개가 끼어 하루 밤낮 동안 걷히지 않았다. 장안성을 가득 메운 사람들은 모두 안타깝게 탄식했다. 왕래하는 객상들도 슬퍼하지 않는 사람이 없었다. 사람들이 모두 이렇게 말했다.

"소하는 지난날 한신을 세 번 추천하여 대장단에 올렸고 그뒤 한신은 얼마나 두터운 총애를 받았던가? 이제 사공저는 고변하면서 마땅히 여후 앞에서 한신의 건국 공훈을 모두 말하고 그의 자손은 살려달라고 해야 충후한 하인이라 할 수 있다. 그런데 오히려 스스로 꾀를 내어 한신을 잡아들이게 했다. 삼족을 멸할 때도 끝내 말리는 말 한 마디도 하

3_ 궁전의 종을 매달아놓는 방이다.

4_ 『사기』「회음후열전」의 기록은 다음과 같다. "여후는 무사를 시켜 한신을 포박하고 장락궁 종실에서 참수했다. 한신은 바야흐로 참수될 때 이렇게 말했다. '괴통의 계책을 쓰지 않은 것이 참으로 후회된다. 아녀자에게 속았으니 이 어찌 하늘의 뜻이 아니랴?' 마침내 한신의 삼족을 멸했다(呂後使武士縛信, 斬之長樂鍾室. 信方斬, 曰, '吾悔不用蒯通之計, 乃爲兒女子所詐, 豈非天哉?' 遂夷信三族)." 한신이 참수된 곳은 장락궁(長樂宮)이다. 『한서』의 기록도 같다. 이 소설 원본에서는 당시 미앙궁에 장락전이 있는 줄 알고 한신이 그곳에서 참수된 것으로 묘사했다. 그러나 근래 발굴에 의하면 장락궁은 미앙궁 동쪽에 있던 또 다른 궁전이다.

여후가 한신을 사로잡아 죽이다

지 않았으니 그 불인함이 얼마나 심한가?"

야사(野史)에서는 소하가 오히려 모략을 꾸며 한신을 잡아들였고 여후가 그의 삼족을 멸할 때도 끝내 그것을 제지하는 말을 한 마디도 하지 않았으니 그가 얼마나 불인한 사람인가라고 비판했다. 야사에 이에 관한 절구 한 수가 실려 있다.

한신의 가슴속에 지략이 많아서,	韓信胸中智略多,
소하가 세 번 천거하여 산하를 평정했네.	蕭何三薦定山河.
그 공훈이 원한 될 줄 어떻게 알았으랴?	豈知勳業番成怨,
이룬 사람도 소하요, 망친 사람도 소하로다.	成也蕭何敗也何.[5]

후세에 사관이 시를 지어 한신의 공로를 탄식했다.

애석하다 회음후 한신 공이여,	可惜淮陰侯,
한 고조의 근심을 나누어 맡았지.	能分高祖憂.
삼진 땅을 파죽지세로 격파했고,	三秦如破竹,
연과 조를 일시에 멸망시켰네.	燕趙一時休.
북쪽 물에는 모래주머니로 제방 쌓았고,	北堰沙囊水,
오강에서는 항우 머리 핍박했다네.	烏江逼項頭.
공적을 이룬 후에 흰 칼 맞으니,	功成飛白刃,

5_ 성야소하, 패야소하(成也蕭何, 敗也蕭何): 한신이 성공할 수 있게 도와준 사람도 소하이고, 한신이 패망하도록 내버려둔 사람도 소하라는 뜻이다. 어떤 일의 성패가 한 사람에게 달린 상황을 비유한다.(『사기』「회음후열전」)

천년토록 한스러움 끝이 없어라. 千載恨悠悠.

또 한신의 처세가 유후 장량에 못 미침을 풍자한 시도 있다.

대장단에 올라 부월 받고 한중에서 거병하여, 受鉞登壇起漢中,
바람처럼 권토중래 삼진을 평정했네. 三秦還定捲如風.
연을 얻고 조를 깬 것은 막강한 힘이었고, 收燕破趙千鈞力,
초를 멸하고 제를 평정하여 십 대 공을 세웠네. 滅楚平齊十大功.
용이 날 때 공을 세울 줄은 이미 알았지만, 已會龍飛成汗馬,
새가 잡히면 활이 버려지는 줄은 알지 못했네. 不知鳥死棄良弓.
천년의 좋은 생각은 장량의 계책이니, 千年妙算留侯計,
적송자 따라 소요하는 일 어떻게 이루었나? 爭得逍遙伴赤松.

또 괴철이 한신에게 일찍 은퇴하라고 간언하지 않은 일을 풍자한 시도 있다.

천하삼분 논리를 헛되이 펼쳤고, 鼎足三分空漫陳,
입술과 혀 놀리며 쓸데없이 애만 썼네. 搖脣鼓舌枉勞神.
큰 계획과 하늘의 뜻 유씨에게 귀착되는데, 洪圖天意歸劉氏,
어찌하여 그 당시에 은퇴 권고를 안 했던가? 豈若當時勸退身.[6]

또 후세 사람이 시를 지어 한 고조 유방이 은혜를 너무 박하게 베풀었다고 읊었다.

진희를 맞을 때도 다른 뜻 품은 것은 아니었고,	迎陳未必懷殊志,
괴철 제의 거부할 때도 어찌 반심이 있었던가?	拒蒯何曾有叛心.
산하에 충성 맹세 명문의 후예다웠고,	帶礪山河宜世胄,
공신록에 이름 남겨 귀족이 될 만했네.	丹書金石可同簪.
그런데 어찌하여 왕국 봉작이 바뀌고,	奈何王國遷侯爵,
까닭 없이 공신이 포로로 잡혔는가?	無故元臣受虜擒.
장락궁에서 칼빛이 붉은 피로 물드니,	長樂劍光空血染,
천년토록 남은 한이 지금까지 전해오네.	千年遺恨到于今.

여후는 한신을 참수하고 소하에게 상소문을 대신 쓰게 하여 그것을 한신의 수급과 함께 육가에게 들려 보내 한단의 황제에게 급히 알렸다. 황제는 상소문을 개봉하여 읽었다.

6_ 원본에는 이 시 뒤에 다음과 같은 '역사 논평'이 달려 있다. "태사공은 말한다. '만약 한신이 올바른 도를 배워 겸양을 실천하며 자신의 공을 내세우지 않고 자신의 능력을 자랑하지 않았다면 한나라에 바친 공훈이 거의 주공, 소공(召公), 강태공에 가까웠으므로 후세에 이르도록 공신으로서 사당 제사를 받았을 것이다. 이렇게 되려고 힘쓰지 않고 천하대세가 이미 결정된 이후에 반역을 꾀했으니 종족까지 주살된 일이 또한 마땅하지 않은가?'" "살펴보건대 사마천은 『사기』에서 한신이 삼족까지 주살된 까닭은 한신이 자초한 일이라고 평가했지만 기실 한신의 죄는 그 자신만 사형당하는 것으로 충분했고 그의 삼족을 멸한 것은 너무 지나친 처벌이었다. 오직 치당(致堂) 호씨(胡氏, 胡寅)만 한신의 공과가 서로 수평을 이룬다고 여겼는데, 이는 진실로 정확한 논리다. 『통감강목(通鑑綱目)』에서 한신에게 죄가 있다고 쓰지 않고 그를 주살하고도 그의 관작을 삭탈하지 않았다고 쓴 것은 대체로 한신이 천하를 평정한 공을 세운 뒤 봉작을 받고 얼마 지나지 않아 아무 까닭 없이 사로잡혀 억울하고 무료하게 방치되었다가 마침내 이런 참혹한 지경에 빠져들었기 때문이다. 이것은 한신이 한나라를 배신했기 때문이 아니라 기실 한나라가 한신을 배신했기 때문이다."

한나라 11년 9월 황후 여치(呂雉)가 아룁니다. 엎드려 생각하건대 형벌로 아랫사람을 바르게 함은 나라의 법전을 밝히는 일이요, 법률로 백성을 경계함은 임금의 위엄을 밝히는 일입니다. 우러러 생각하건대 황제 폐하께서는 신령한 무용을 만방에 펼치고 위엄 있는 덕망을 사해에 베푸셨습니다. 회음후 한신은 이미 한나라의 녹봉을 먹으면서도 신하의 법도를 지키지 않고 갑자기 다른 마음을 먹고 문득 초심을 바꾸어 진희와 결탁하여 방자하게 반란을 꾀했습니다. 그 집 하인의 고변으로 진실로 그 행적이 뚜렷이 드러났습니다. 이제 비밀리에 소하의 요청에 따라 국법의 공정함을 밝히고 미앙궁에서 참수하여 삼족을 멸했습니다. 소식을 한단에 전하오니 북벌할 때 적을 효유하여 진희의 간담을 떨어뜨리고 간악한 자들의 혼백을 녹이십시오. 하늘의 군대가 다가가면 조만간 개선가가 울릴 것입니다. 신첩은 지극한 기쁨을 이길 수 없습니다.

황제는 상소문을 읽고 매우 기뻤지만 이윽고 한신의 10대 공로가 떠오르자 마음이 슬퍼졌다. 그리하여 좌우 장수들에게 일렀다.

"한신이 처음 짐에게 귀의했을 때 소하가 누차 천거하여 짐이 그를 대장에 임명했소. 그뒤 여러 번 큰 공을 세웠는데, 모든 장수가 미칠 수 없는 천하의 기재였소. 옛날의 명장이라 해도 그보다 더 뛰어날 수는 없었소. 짐은 옷을 벗어 덮어주고 밥을 내려 먹게 하며 매우 후하게 대우했소. 그런데 어찌 진희와 내통하여 반역을 도모한단 말이오? 마음이 너무 불량한 자라고 할 수 있소! 황후가 이미 그를 주살했다니 짐은 매우 안타깝소. 이로부터 더이상 한신과 같은 능력을 갖춘 사람은 없을 것이오."

황제는 자기도 모르게 몇 줄기 눈물을 흘렸다. 좌우에 있던 장수들도 모두 흐느꼈다. 마침내 한신의 수급을 원근에 두루 효수하니 안타깝게 탄식하지 않는 사람이 없었다.

진희는 지름길로 군사를 보내 한신과 힘을 합쳐 장안을 공격하려 했다. 그러나 군사들이 출발하기도 전에 갑자기 급보가 전해졌다.

"한신의 모의가 이미 발각되어 여후에게 잡혀 미앙궁에서 참수되었습니다. 육가가 상소문을 가져와 황제에게 알렸고 수급도 한단으로 왔으며, 지금 군문 밖에 내걸어 삼군에 알리고 있다 합니다."

진희는 보고를 듣고 외마디 비명을 지르며 땅바닥에 쓰러져 기절했다. 좌우 장수들이 달려가 황급히 부축했다. 그의 목숨이 어찌되는지는 다음 회를 들으시라.

제94회

괴철이 한신을 장사 지내다

육가가 지혜로
괴철을 조롱하다
陸賈智調蒯文通

진희는 한신이 죽었단 소식을 듣고 울면서 땅에 쓰러졌다. 좌우 장수들이 부축하자 진희가 울먹이며 말했다.

"나는 몇 년 동안 한신 장군의 가르침을 많이 받았소. 비록 성은 달랐지만 실로 골육과 같았소. 그런데 어찌하여 오늘 나 때문에 저와 같이 주살당할 수 있단 말이오? 그분이 돌아가셨단 소식을 들으니 나도 모르게 애통한 마음 금할 수 없소. 또 이제 내가 벌인 일은 성공할 수 없게 되었소. 이를 어찌하면 좋소?"

장수들이 대답했다.

"한 대원수께선 돌아가셨지만 대왕께서 어찌 이처럼 스스로 나약해지십니까? 우리는 대왕과 함께 한단으로 쇄도하여 한왕과 승부를 벌이고 싶습니다!"

"진격할 필요 없소. 짐작건대 하루 이틀 사이에 한나라 군사들이 몰려올 것이오. 차라리 이곳에서 결전을 준비하는 것이 좋겠소."

말을 마치지도 않았는데 세작이 보고했다.

"한왕이 각 지역 군사를 동원하여 곡양으로 치달려오고 있습니다. 이곳에서 100리도 떨어지지 않았습니다. 대왕께 급보를 알려드리오니 조속히 대비해야 합니다."

진희는 장수들에게 분부했다.

"앞서 한 번 패배하여 먼저 달아났는데, 이런 전법은 이제 쓰지 않을 것이오."

장수들이 말했다.

"우리도 대왕과 함께 출전하겠습니다. 서로 구원하는 것이 어려울 수도 있으니 각 진채를 나눌 필요도 없겠습니다."

진희가 또 작전을 지시했다.

"다만 좌우로 나누어 날개로 삼으면 되오. 내가 저들과 교전하기를 기다려 여러분은 좌우 두 갈래로 치고 나오시오. 그럼 저들은 스스로 혼란에 빠질 것이고 우리는 승리할 수 있소."

장수들은 명령을 받고 각각 두 갈래로 부대를 나누어 대기했다.

한편, 황제의 군사는 한단에 주둔한 지 오래되자 각 지역 군사가 모두 도착했다. 그들은 진희가 이미 한신이 주살된 뒤 역모가 폭로된 것을 알고 성을 고수할 마음이 없을 것으로 짐작하고 이 기회를 빌려 군사를 거느리고 곡양으로 바로 달려가려고 했다. 어느 날 황제의 대군은 곡양에 도착하여 성밖 30리 지점에 진채를 세웠다. 그때 황제가 명령을 내렸다.

"번쾌와 왕릉은 오늘밤 각각 정예병 1만을 이끌고 각각 함매한 뒤 몰래 곡양 북쪽 길 좌우로 가서 매복하라. 진희가 패주하면 그곳에서 복병을 일으켜 진희를 사로잡으라. 또 주발과 주창은 진채 뒤에서 진희의 좌우에 구원병이 당도하기를 기다려 뛰쳐나가 적을 제압하라. 나를 수행하는 장수들은 먼저 관영이 나가서 진희와 대적하라. 싸움이 무르익을 무렵 여러 장수는 힘을 합쳐 협공하라. 진희가 패주할 때 힘을 다해 추격하면 완전한 승리를 거둘 수 있을 것이다."

장수들은 명령을 받고 군사들에게 각각 대비를 잘하라고 지시했다. 다음날 관영은 군사를 이끌고 출전하여 먼저 진희와 설전을 벌였다. 진희도 말을 타고 선두에 나와 소리를 질렀다.

"너희 한나라 놈들은 이전에 이미 대패했으면서 아직도 항복하지 않고 있느냐? 어찌 감히 다시 와서 죽여달라고 재촉하느냐?"

관영도 욕설을 퍼부었다.

"역적 놈이 죽는 줄도 모르고 아직도 감히 뻗대느냐?"

그리고 칼을 들어 정면으로 내리쳤다. 진희도 창을 들고 응전해왔다. 두 장수는 20합을 겨루었다. 그때 진희 좌우에서 장수들이 재빨리 군사를 이끌고 돌격해왔다. 한나라 진영에서는 주발과 주창이 적병이 도착하기를 기다리지도 않고 각각 정예병을 전진시켜 살상을 감행했다. 진희가 또 관영을 이기지 못해 조급해하는 사이 한나라 군사들이 있는 힘을 다해 협공에 나섰다. 진희가 어떻게 당해낼 수 있겠는가? 그는 북쪽을 향해 달아났다. 진희의 장수들은 진희가 패주하는 것을 보고 싸울 마음이 없어져서 각자 사방으로 흩어지며 궤멸했다. 황제는 장수들을 이끌고 군사를 합쳐 모든 힘을 기울여 추격에 나섰다. 진희의 군사들은 대세가 기운 것을 알고 모두 깃발을 눕히고 투항했다. 유무 등 장수들은 모두 주발과 주창의 추격을 받고 결국 난군 속에서 죽었다.

진희는 도주 도중 갑자기 한줄기 포성을 들었다. 그때 갑자기 번쾌와 왕릉이 거느린 두 부대 군사들이 돌격을 감행해왔다. 진희는 한나라 군사에게 추격을 당하며 도망칠 곳이 없어서 다급해하다 잠깐 사이에 손쓸 틈도 없이 번쾌의 창에 찔려 말에서 굴러떨어졌다. 밀물처럼 몰려온 한나라 군사들은 창에 찔려 쓰러진 진희를 보았다. 황제는 매우 기뻐하며 마침내 진희의 수급을 가져가서 조나라와 대나라 땅 두 곳에 효수했다. 그곳 사람들은 진희가 죽었다는 사실을 알고 바람에 휩쓸리듯 모두 항복했다. 황제가 명령을 내렸다.

"투항하는 자는 죽이지 말라."

그리고 각 군현을 위무하자 조나라와 대나라 땅 모두 평화를 되찾았다. 황제는 어가에 올라 낙양으로 향했다. 여후는 멀리까지 영접을 나왔다. 황제는 여후를 보고 매우 기뻐했다. 황제는 한신이 죽을 때 무슨 말을 했는지 물었다. 여후가 대답했다.

"한신은 '괴철의 계책을 쓰지 않은 것이 참으로 후회된다. 아녀자에게 속았으니 이 어찌 하늘의 뜻이 아니랴?'라고 말했습니다."

황제가 좌우 근신들에게 물었다.

"괴철은 어디 사람이오?"

진평이 대답했다.

"괴철은 제나라 사람인데 변화에 대처하는 능력이 매우 뛰어납니다. 한신이 군사를 부릴 때 곁에서 한 발짝도 떨어지지 않았습니다. 소문을 들으니 그가 한신에게 제나라를 거점으로 반란을 일으키라고 권했는데, 한신이 듣지 않자 저잣거리에서 미치광이처럼 떠돌고 있다 합니다. 그 사람을 잡으려면 지혜를 써야지, 폐하께서 겁을 주시면 데려오기 어렵습니다. 틀림없이 광증이 도진 것처럼 가장하여 목숨을 끊을 것입니다."

황제가 좌우를 둘러보며 물었다.

"누가 제나라 땅으로 가서 괴철을 데려오겠소?"

말을 다 마치지도 않았는데 육가가 앞으로 나서며 아뢰었다.

"신이 가겠습니다."

황제는 즉시 육가에게 시종 10여 명을 데리고 제나라 땅으로 가서 괴철을 데려오라 명령을 내렸다.

육가가 제나라 땅에 도착하자 군수 이현(李顯)이 역관으로 육가를 마중 나와 편히 쉴 수 있게 배려했다. 육가가 물었다.

"괴철은 지금 어디에 있소?"

이현이 대답했다.

"그자는 매일 혼자서 웃고 노래하며 거리를 쏘다니고 있소. 사람들은 모두 미치광이로 여기고 있소. 나도 예를 갖추어 초청한 적 있지만 끝까지 응하지 않았소. 그런 자를 주상께서 무엇 때문에 쓰시려 하오? 공연히 대부께서 먼길을 오가느라 고생만 하게 말이오."

"군수께선 하나만 알고 둘은 모르시는구려! 괴철의 미친 짓은 속임수요. 이제 군수께서 언변에 능한 선비를 보내 그자와 술을 마시게 하시오. 그럼 그자는 틀림없이 웃고 노래하며 미친 듯이 술을 퍼마실 것이오. 그때 사람을 시켜 여차여차하게 유인하시오. 그가 통곡하면 내가 그자를 조롱하겠소. 그럼 그자는 감히 미친 짓을 못 하고 나와 함께 황제를 뵈러 갈 수밖에 없을 것이오."

이현은 즉시 말 잘하는 선비 두 사람을 뽑아 술값을 주었다. 그리고 여차여차하게 괴철을 유인하여 그가 통곡하면 사거리로 데려와 육가와 만나게 하라고 명령했다. 두 사람은 명령을 받고 바로 시장으로 갔다. 그곳에서 머리를 풀어헤친 채 웃고 떠들며 거리를 떠도는 괴철을 만났다. 괴철은 노래를 부르고 있었다.

여섯 나라를 병합하여,	六國兼並兮,
진나라가 삼켰다네.	爲秦所呑.
나라 안에는 호걸도 없고,	內無豪傑兮,
그 후에도 안 남았네.	罔遺後昆.
진시황은 스스로 실정을 저질러,	秦始自失兮,
초나라에게 멸망했네.	滅絶於楚.
초나라도 정치를 바로 닦지 않아,	楚罔修政兮,
한나라 임금에 예속되었네.	屬之漢君.
오강에서 항우를 핍박한 일,	烏江逼項兮,
그 누구의 힘이었나?	伊誰之力?
열 가지 큰 계책 기이해도,	十大謀奇兮,
어찌 혼자 생존할 수 있나?	豈能獨存?
스스로 깨닫지 못하고,	乃不自悟兮,
왕작만 생각했네.	尙思國爵.
하루아침에 솥에 삶기니,	一朝遭烹兮,

화와 복은 사람을 가리지 않네. 禍福無門.
미친 척하며 깊이 취하여, 佯狂沉醉兮,
멍청하게 살아가려네. 且自昏昏.

괴철은 노래를 마치고 남쪽을 향해 걸어갔다. 이현이 보낸 사자는 그 뒤를 따라가다 앞으로 다가가 그의 손을 잡고 큰 소리로 웃으며 말했다.

"나도 지금 그대와 마찬가지로 광증에 걸렸소. 같이 술집에 들어가 몇 잔 더 마십시다."

괴철은 기뻐하며 두 사람을 따라 술집으로 들어갔다. 두 사람이 말했다.

"나는 이제 며칠 뒤에 사람이 살지 않는 바다 밖으로 나가서 세상과 연을 끊을 생각이오. 공명과 부귀에도 집착하지 않겠소."

괴철은 두 사람의 말이 평범하지 않은 것을 보고 슬쩍 떠보았다.

"나의 광증은 뜻한 바가 있는데, 두 분의 광증은 무슨 의도요?"

"우리의 광증은 그대가 알 수 없소. 여러 말 할 필요도 없고 술이나 마십시다. 사람들이 들을까 두렵소. 진짜 광증은 아니오."

괴철은 두 사람의 말이 수상쩍은 것을 보고 얼굴 표정을 바꾸어 정색하며 말했다.

"두 분은 절대 보통 사람이 아니오. 성함이 어떻게 되시오?"

"우리 두 사람은 조나라 사람으로 한 대원수께서 어지시다는 소문을 듣고 앞서 초나라 땅으로 갔소. 거기에서 날마다 대원수 곁을 수행했고 대원수께서도 우리의 계책을 들어주어 마침내 심복이 되었소. 그런데 뜻밖에도 대원수께서 아무 까닭도 없이 하인 놈에게 무고를 당해 미앙궁에서 참수되고 삼족까지 주살되었소. 죽음에 임해서도 침묵하지 않고 '괴철의 말을 듣지 않아서 후회된다'고 했다는구려. 우리는 대원수께서 억울하게 돌아가시는 걸 보고도 함께 죽지 못한 것이 한스럽소. 그래서 마침내 공명을 버리고 이곳으로 도망을 온 것이오. 그대가 저잣거리에서 미쳐 날뛰며 노래를 부른다는 소문을 듣고 괴철 선생임을 짐작했소. 그래서 술이나 서너 잔 나누며 마음속 생각을 털어놓고 싶었소. 대원수께서는 10대 공훈을 세워 당대의 원로가 되었는데, 하루아침에 하인에게 무고당하고 음흉한 여자의 손에 살해되었소. 자손들도 멸문지화를 당해 한 사람도 남지 않았소. 대원수께서 이런 환난을 당할 줄 어찌 상상이나 했겠소? 우리 두 사람은 늘 그분의 당당한 모습, 그분의 은혜, 지난날 제나라 땅에서 위엄을 떨치시던 모습을 생각하오. 얼마나 훌륭한 영웅이었소? 그런데 지금은 그림의 떡이 되었으니 어찌 애통하지 않고, 어찌 슬프지 않겠소?"

두 사람은 말을 마치고 눈물을 비 오듯 흘렸다. 괴철도 감동하여 자신도 모르는 사이에 가슴을 치고 발을 구르며 대성통곡했다.

"대원수께서는 어찌하여 일찍 깨닫지 못했을까? 어찌 일찍 깨닫지 못했나? 저렇게 죽임을 당하시니 나는 모실 주군이 없어졌네. 이제 어떻게 살아가야 하나?"

이렇게 통곡하고 있는 사이 갑자기 어떤 사람이 밖에서 불쑥 뛰어들어 괴철의 얼굴을 붙잡고 말했다.

"하루종일 미친 척하더니 이제야 본색을 드러내는구려!"

괴철은 깜짝 놀라 얼굴이 사색이 되어 물었다.

"당신은 누구요?"

육가가 괴철을 설득하다

그 사람이 대답했다.

"나는 태중대부 육가요. 한나라 황제 폐하의 명을 받고 특별히 당신을 잡으러 왔소."

말을 마치지도 않았는데 군수 이현이 시종을 이끌고 와서 괴철을 포박한 뒤 관청으로 데려갔다. 육가는 친히 그의 포박을 풀고 공손하게 예를 올리며 손을 잡고 말했다.

"괴 선생! 이렇게 미친 척할 필요 없소. 어서 의관을 정제하고 낙양으로 가서 황제를 뵙시다. 지금은 사해가 한집안이 되었으니 만백성이 모두 황제의 자식이오. 죽은 한신에게 의지하다 부질없이 죽는 것보다 황제에게 귀의하여 충성을 바치는 것이 더 나은 삶이오. 지혜로운 사람은 능히 때를 식별할 수 있고, 현명한 사람은 능히 주군을 가릴 수 있소. 지금 황제께선 당대의 진정한 천자시오. 대대로 한(韓)나라 재상을 역임한 가문의 장량 같은 사람도 후작에 책봉되어 한나라 신하가 되었는데, 하물며 다른 사람이야 말해 무엇 하겠소? 괴 선생! 잘 생각해보시오!"

괴철이 대답했다.

"아무개는 오랫동안 미치광이를 가장해왔지만 오늘 공에게 간파당했구려!"

그리고 마침내 의관을 정제하고 행장을 꾸린 뒤 육가를 따라 낙양으로 황제를 만나러 갔다.

괴철은 어느 날 낙양에 도착했다. 그때 황제는 바야흐로 신료들과 회의를 하다 육가가 괴철을 인도하여 들어오는 것을 보았다. 두 사람은 다가와 바닥에 엎드려 절을 올렸다. 황제가 물었다.

"이분이 뉘시오?"

육가가 대답했다.

"제나라 사람 괴철입니다."

"지난날 네놈이 한신에게 반란을 일으키라고 부추겼느냐?"

괴철이 대답했다.

"그렇습니다. 신이 한신에게 반란을 일으키라고 했습니다. 진나라가 사슴을 잃자 천하 사람들이 모두 그것을 뒤쫓았습니다. 그러자 재주가 뛰어나고 발이 빠른 자가 먼저 그것을 잡았습니다.[1] 도척(盜跖)[2]의 개는 요임금을 보고도 짖을 겁니다. 그것은 요임금이 어질지 않아서가 아니라 개는 본래 자신의 주인이 아니면 짖기 때문입니다. 당시에 신은 오직 한신이 있는 줄만 알았지, 폐하가 계신 줄은 몰랐습니다. 만약 한신이 신의 말을 들었다면 어찌 오늘같이 되었겠습니까? 한신은 이미 죽었으므로 신도 혼자 살 수 없습니다. 폐하께서 신을 삶아 죽이신다면 신은 죽음을 택하겠습니다. 감히 피하지 않겠습니다."

황제는 웃으며 좌우 근신들에게 일렀다.

"괴철은 과연 한신의 충신이오. 각각 자신의 주군을 위해 살았을 뿐이오. 짐은 이제 그대의 죄를 사면하고 그대에게 벼슬을 내리겠소. 어떻게 생각하시오?"

"벼슬은 신이 바라는 바가 아닙니다. 다만 폐하께서 천하를 평정한

1_ 첩족선등(捷足先登): 발이 빠른 사람이 먼저 올라가다. 행동이 기민하고 눈치가 빠른 사람이 추구하는 목적에 먼저 도달함을 비유한다.(『사기』「회음후열전」)

2_ 춘추시대 노나라의 유명한 도적이다. 『장자』「도척(盜跖)」에 따르면 부하 9000명을 거느리고 천하를 횡행하며 온갖 악행을 저질렀다고 한다. 노나라 현인 유하혜(柳下惠)의 아우로 알려져 있다.

한신의 공을 생각하시고 한신의 머리를 신에게 주시어 회음 땅에 장사 지내게 해주시기를 바랍니다. 또 여전히 그를 초왕에 봉하고 신에게 한신의 분묘를 지키며 여생을 보내게 해주십시오. 이것은 만세토록 이어질 제왕의 덕이므로, 폐하께서는 무궁한 세월 동안 억만 세의 큰 기틀을 끝없이 이어가실 수 있을 것입니다."

"괴철은 참으로 현명한 사람이오!"

황제는 그날 바로 한신의 수급을 괴철에게 주고 유사를 시켜 한신의 분묘를 조성하라고 명했다. 그리고 여전히 한신을 초왕에 봉했으며 괴철에게는 벼슬을 내리지 않고 한가롭고 쾌적하게 살도록 내버려두었다. 후세에 사관이 이 일을 시로 읊었다.

한신에게 왕업 권할 때 그 뜻 이미 엉성했지만,	勸信圖王志已疎,
과감하게 황제 뜻 꺾어 초심을 잊지 않았네.	敢言折帝不忘初.
관직 사양하고 여전히 제나라 길손 되었으니,	辭官仍作東齊客,
인간 세상에 열사 있음을 비로소 믿게 되었네.	始信人間烈大夫.

황제가 장안으로 돌아오자 소하는 문무백관과 함께 알현했다. 황제는 큰 잔치를 베풀어 군사들을 위로하고 포상했다. 그때 갑자기 좌우에서 급보를 전했다.

"궁궐 문밖에 어떤 비밀을 고하려는 자가 기다리고 있습니다."

황제가 말했다.

"진희의 반란을 방금 평정했거늘, 또 고변하는 자가 있단 말이냐? 불러들여라!"

그 사람은 대궐 안으로 들어와 황제를 알현했다. 그 사람이 누구인지는 다음 회를 들으시라.

제95회

팽월의 목이 잘리다

난포가 낙양에서
팽월을 곡하다
欒布洛陽哭彭越

비밀을 고하러 온 자는 바로 양나라 태복(太僕)[1]이었다. 태복은 팽월이 술에 취해 자신을 욕하자 집으로 돌아와 분노를 터뜨렸다.

"나는 본래 팽월과 마찬가지로 한나라 신하였다. 그자는 요행히 공을 세워 양왕의 봉작을 받았다. 지금 왕작의 권세에 의지하여 누차 내게 욕을 했다. 게다가 나는 집에 처자식도 없으니 차라리 장안으로 가서 고변하면 그자는 왕작을 보전할 수 없을 것이다."

그는 한밤중에 행장을 꾸려 곧바로 장안으로 달려가 고변했다. 황제가 물었다.

1_ 임금의 수레와 말을 관리하는 관직.

"너는 어디 사람이냐? 무슨 변고를 고발하려는 게냐?"

태복이 아뢰었다.

"신은 비록 양나라를 섬기고 있지만 기실 한나라 신하입니다. 지난번에 양왕은 군마를 모아 조만간 양나라 땅을 근거로 모반하려 했습니다. 이것이 반란의 첫번째 증거입니다. 지난번 폐하께서 진희를 정벌하실 때 군사를 보내 협조해달라 하셨는데, 그자는 병을 핑계로 가지 않았습니다. 이것이 반란의 두번째 증거입니다. 또 지난번 한신이 죽었을 때 매우 슬프게 통곡하며 바로 삼군을 추슬러 조만간 출병하려 했습니다. 이것이 반란의 세번째 증거입니다. 신은 한나라 신하로 그자의 모반을 목격했으므로 이제 특별히 달려와 변란을 고발하는 것입니다."

황제는 태복의 말을 듣고 서둘러 진평 등을 불러 상의했다. 진평이 아뢰었다.

"팽월은 한신이 주살된 것을 보고 모반하려 한 듯합니다. 지금 적당한 사람을 보내 어명을 전하고 소환하십시오. 오면 반란의 뜻이 없으니 폐위하면 되고, 오지 않으면 틀림없이 모반할 것이니 이후 군사를 보내 토벌하면 됩니다. 출병에 명분이 생깁니다."

황제는 다시 육가를 대량으로 보내 팽월을 불렀다.

육가는 황제의 명령으로 양나라로 가서 팽월을 만났다. 팽월은 육가를 만나 인사를 나누고 나서 물었다.

"대부께서 어인 일이시오?"

"양나라 태복이 황제 폐하께 대왕이 다른 마음을 품고 있다고 고변했습니다. 그런데 말이 엇섞이고 앞뒤가 맞지 않아 황제께선 그자가 대왕과 틈이 벌어져 그것을 빌미로 고변한 것으로 의심하고 계십니다. 그래서 상황을 살피기 위해 대왕을 불러 그자와 대질하려는 것입니다. 또 황제께서는 대왕과 만나 군신 간의 우호를 확인하려고 하십니다."

"그놈이 정무를 전폐하여 내가 꾸짖었더니 결국 도주하여 장안으로 가서 고변한 것이오. 주상께서 부르신다니 어명을 받들고 장안으로 가서 그놈과 대질하겠소. 모든 일은 사실대로 밝혀야지요. 어찌 한쪽 말에만 의지하여 사람을 불의의 수렁에 빠뜨릴 수 있겠소?"

"대왕의 소견이 참으로 훌륭합니다."

그날 팽월은 주연을 열고 육가를 융숭하게 대접했다.

다음날 팽월이 인마를 준비하고 출발하려 하자 대부 호첩(扈輒)[2]이 간언을 올렸다.

"대왕마마! 가면 안 됩니다. 지금 가면 재앙을 당합니다. 앞서 한신을 체포한 것이 바로 이 방법입니다. 한나라 황제는 환난은 함께할 수 있지만 부귀는 함께할 수 없습니다. 지금 가면 틀림없이 한신과 같은 일을 당합니다. 절대 가서는 안 됩니다!"

"한신은 죄가 있었지만 나는 죄가 없소. 내가 가지 않으면 태복의 말이 사실처럼 인정될 것이오. 그럼 주상께서 내가 정말 모반한다고 여길 것이오."

"공이 높은 사람은 반드시 시기를 당하고, 지위가 높은 사람은 반드시 의심을 당합니다. 대왕께서는 공이 높고 지위가 끝간 데까지 이르렀습니다. 지금 황제가 의심하고 있으므로 대왕에게 반란의 증거가 없더라도 이번에 가면 틀림없이 꼬투리를 잡아 대왕을 해칠 것입니다. 목숨

2_ 『사기』 「위표팽월열전(魏豹彭越列傳)」에 호첩에 관한 기록이 있다. 전국시대 말기 조나라 장수 호첩(扈輒)과는 다른 사람이다.

을 보전하기 어렵습니다!"

팽월은 호첩의 말을 듣고 낮게 신음하며 아무 말도 하지 않았다. 그러자 육가가 말했다.

"호 대부의 말은 눈앞의 임시방편일 뿐입니다. 지금 대왕께서 가지 않으면 황제는 대군을 이끌고 정벌하러 올 것입니다. 대왕의 힘은 진희와 비교해서 어떻습니까? 진희는 넉넉한 지혜에 많은 꾀를 갖고 있었고 씩씩한 군사 50만을 거느리며 조나라와 대나라 땅 두 곳을 점령했지만 이길 수 없었습니다. 하물며 이 양나라는 평소에도 황제의 위엄을 두려워했는데, 황제가 대군을 이끌고 이곳으로 진격하면 모든 군현이 복종할 것입니다. 그럼 대왕께서 어찌 자립할 수 있겠습니까?"

팽월은 입을 닫고 아무 말도 하지 못했다. 그리고 마침내 육가와 함께 장안으로 가기로 결심했다. 양나라 부로(父老)들이 성밖으로 나와 팽월을 배웅했다. 그렇게 출발하려는데 호첩이 성문에 거꾸로 매달려 또 간언을 올렸다. 팽월이 그것을 보고 사람을 시켜 호첩을 성 아래로 풀어 내리게 했다. 팽월이 말했다.

"대부께선 어찌 이처럼 간절하게 말리시오?"

호첩이 대답했다.

"신이 지금 거꾸로 매달리는 고통을 겪자 대왕께서 보고 구해줬습니다. 그러나 대왕께서 지금 가면 반드시 거꾸로 매달리는 고통을 당할 텐데, 어느 누가 대왕을 구해드리겠습니까? 신은 지금 대왕으로 하여금 괴철의 간언을 듣지 않아 후회한 한신의 전철을 밟지 않게 하려는 것입니다."

팽월이 감사를 표하며 말했다.

"대부의 말씀이 정확하기는 하지만 나는 황제를 만나볼 생각이오. 이 때문에 대부의 말씀이 좋다 해도 내가 들을 수 없으니 어찌하겠소?"

팽월은 육가와 함께 곧바로 장안으로 길을 잡았다. 호첩은 소리내어 울며 발길을 돌렸다. 팽월은 어느 날 황제를 만났다. 황제는 낙양으로 순행을 나왔고 그때 마침 팽월이 그곳에 도착했다는 소식을 들었다. 황제가 그를 불러들이고 화를 내며 말했다.

"앞서 진희를 격파할 때 내가 너를 불렀는데, 왜 오지 않았느냐?"

"정말 몸이 아팠습니다. 명령에 항거한 것은 아니었습니다."

"지금 태복이 네가 모반했다고 고발했다. 무슨 할말이 있느냐?"

"그놈은 정무를 돌보지 않아 누차 신에게 욕을 먹었습니다. 이 때문에 원한을 품고 거짓말로 사람을 모함하고 있습니다. 폐하께서는 만 리를 내다보는 밝은 눈을 갖고 계시니 속임수를 자세히 조사하여 소인배에게 속지 마시기 바랍니다."

황제는 어사대(御史臺)3에 태복을 심문하라고 명령을 내렸으나 아직 보고를 올리지 않고 있었다. 그때 어떤 사람이 대궐 문밖에서 황제를 뵙겠다고 요청했다. 좌우 근신들은 감히 숨길 수 없어서 황제에게 아뢰었다. 황제가 그 사람을 안으로 불러들이라고 명령을 내렸다. 그 사람이 들어오자 황제가 물었다.

"너는 누구냐?"

"신은 양나라 대부 호첩입니다."

"무슨 말을 하러 왔느냐?"

3_ 관리를 감찰하고 임금에게 간언을 올리는 기관이다.

"폐하께서 형양에서 곤경에 처했을 때 양왕이 초나라 군량 보급로를 끊지 않았다면 어찌 오늘이 있을 수 있습니까? 양왕은 여러 번 큰 공을 세웠습니다. 지금 폐하께서 일시의 황당무계한 말을 듣고 공신을 죽이시면 천하의 모든 사람이 위기를 느낄까 두렵습니다."

황제의 마음이 조금 흔들렸다. 그래도 호첩은 황제 앞에 서서 물러나지 않았다. 황제가 명령했다.

"본래 팽월을 죽이려 했으나 네 말에도 일리가 있다. 이제 잠시 팽월을 폐서인하여 촉 땅 청의현(靑衣縣, 쓰촨성 칭선현靑神縣)으로 보내 안치할 것이다."

그리고 호첩을 대부에 봉했다. 호첩이 아뢰었다.

"양왕이 폄적되었는데, 신이 관직을 받으면 개돼지만도 못 할 것입니다. 고향으로 돌아가게 해주십시오. 신의 뜻은 그것으로 충분합니다. 감히 벼슬은 바라지 않습니다."

이에 황제가 그를 내버려두고 간섭하지 않았다.

팽월은 그날 바로 도성을 나서 행장을 꾸리고 서쪽을 향해 길을 잡았다. 어느 날 동관(潼關)을 지나다가 여후를 만났다. 팽월은 여후를 보고 울면서 하소연했다.

"신은 본래 죄가 없는데, 폐하께서 신을 촉 땅으로 귀양을 보내셨습니다. 부디 황후마마께서 저를 위해 해명해주십시오."

여후가 말했다.

"그럼 나를 따라오시오. 폐하를 뵙고 앞서 지은 죄를 해명해드리겠소."

팽월은 머리를 조아리며 감사 인사를 했다.

"이것은 황후마마께서 저를 다시 살려주시는 은혜입니다."

팽월은 방향을 돌려 다시 여후와 함께 낙양으로 돌아왔다. 여후는 황제를 뵙고 인사를 나눈 뒤 바로 아뢰었다.

"팽월은 장사입니다. 지금 불러들였으니 마땅히 제거하여 후환을 없애야 합니다. 어찌 촉 땅으로 들여보내십니까? 이것은 호랑이를 산으로 돌려보내는 격이니 뒤에 반드시 후환이 있을 것입니다. 신첩이 도중에 팽월을 만나 함께 왔습니다. 몰래 사람을 시켜 팽월이 모반했다고 고변하게 하고 그자를 죽여 후환을 없애십시오. 지금 머뭇거리며 결단을 내리지 못하면 뒷날 해악을 저지를 것이고, 그럼 폐하께서는 오늘을 후회하실 것입니다."

"황후의 말씀이 옳소!"

이에 여후는 비밀리에 사람을 시켜 팽월이 반란했다고 고변하게 했다. 황제는 팽월을 구금하게 하고 장창(張倉)을 보내 심문했다. 장창이 말했다.

"지난날 황제께서 네게 군사를 일으켜 진희를 정벌하라고 했을 때 너는 한신의 말을 듣고 병을 칭하며 가지 않았다. 그때 황제께서 이미 너를 죽일 마음을 품으셨다. 어제 다행히 너를 촉 땅으로 귀양을 보냈는데, 이는 황제 폐하의 막대한 은혜다. 그런데도 너는 죽지 않으려고 다시 황후마마를 따라 돌아와 황제 폐하를 만나려 했다. 황제 폐하께서 다시 의심하며 네가 끝내 반란을 일으킬 것이라고 생각하셨다. 이에 차라리 너를 죽여 후환을 없애려 하신 것이다. 이른바 화와 복은 사람을 가리지 않으므로 모두 스스로 자초하는 것이다. 이번 일은 황제 폐하와 황후마마의 은혜가 부족해서 일어난 것이 아니라 진실로 너 스스로 야기한 것이다. 너는 지금 함거에 갇힌 호랑이니 절대로 도망칠 방법이 없다. 차라리 죄를 인정하고 깨끗한 죽음을 택해 괴로운 형벌을 면하는 것이 더 좋을 것이다. 풀려나기는 어렵다."

팽월이 길게 탄식했다.

"공이 내 병폐를 바로 찔렀소. 하지만 앞서 좋은 사람의 말을 듣지 않아 오늘에 이른 것이 한스러울 뿐이오! 공이 이미 분명하게 단죄했으므로 나도 더 많은 말을 하지 않겠소. 억울하지만 인정하겠으니 주상께서 마음대로 처리하도록 하시오."

장창은 바로 팽월 사건을 문서로 만들어 황제에게 보고했다. 황제는 여후와 논의하여 팽월의 죄는 주살해야 마땅하므로 한신의 사례에 따라 목을 베어 효수하기로 결정했다. 그러자 여후가 덧붙였다.

"천하의 제후들이 폐하의 인자함을 보고 법을 농단하는 자가 너무 많아질 듯합니다. 그러니 지금 팽월의 시신으로 육장을 담가 제후들에게 하사하십시오. 천하를 두렵게 해야 후인들이 감히 모반하지 않을 것입니다."

"그렇게 하시오!"

이에 팽월을 참수하여 그 머리를 효수하고 시신으로는 육장을 담가 제후들에게 하사했다. 후세에 호증이 이 일을 시로 읊었다.

관동 땅을 새로 파하니 항왕 세력도 귀의했고,	關東新破項王歸,
붉은 깃발 펄럭이는데 일월기도 내걸었네.	赤幟悠揚日月旗.
이로부터 한나라 왕실은 적국이 없어졌는데,	從此漢家無敵國,
어찌하여 팽월은 주살당하고 말았는가?	爭交彭越受誅夷.[4]

팽월을 참수하고 그의 삼족을 멸한 뒤 낙양 동문에 수급을 내걸었다. 그때 문득 삼베옷을 입고, 삼베 두건을 쓰고, 삼밧줄을 허리에 맨 어떤 사람이 인파를 헤치며 나타났다. 그는 수급을 내건 장대를 꺾어 내려 팽월의 머리를 끌어안고 대성통곡했다.

"원통합니다! 억울합니다!"

팽월의 수급을 지키던 사람이 그 사람을 잡아 황제 앞으로 데려왔다. 황제가 물었다.

"너는 누구냐?"

그 사람이 대답했다.

"신의 이름은 난포(欒布)로 대량 창읍 사람이며 양나라 대부입니다. 억울하게 죽은 양왕의 처지를 참을 수 없어서 곡을 하러 왔습니다."

"양왕은 모반했는데, 어찌하여 억울하게 죽었다고 하느냐?"

"지난날 폐하께서 형양에서 곤경에 처했을 때 초나라 군사 40만이 성을 매우 다급하게 공격했습니다. 당시 한신이 하북에서 오지 않아 위기가 바로 코앞까지 닥쳤습니다. 그때 만약 양왕이 초나라를 도왔다면 한나라는 틀림없이 멸망했을 것입니다. 신은 서찰을 양왕에게 보내 초나라 군량 보급로를 막고 저들 세력을 끊으라고 했습니다. 이후 또 군량 수십만 섬을 도와주어 한나라가 해하에서 초나라를 멸망시킨 것입

4_ 원본에는 이 시 뒤에 다음과 같은 '역사 논평'이 달려 있다. "살펴보건대 팽월은 오직 탐욕이 시키는 바에 따라 모든 생사 문제와 이해관계를 돌보지 않았다. 만약 당시에 촉 땅으로 폄적되어 갈 때 여후에게 연연하지 않고 곧바로 먼길을 달려갔다면 어찌 자신도 죽고 삼족도 주살되는 참화에까지 이르렀겠는가? 지혜가 이런 지경에서 벗어나지 못했는데도 여후를 따라 들어와 황제를 만나려 했으니, 이는 무지몽매한 짓이다. 얼마나 어리석음이 심한 자인가?"

니다. 5년간 양왕은 갖은 고초를 다 겪었습니다. 천하가 이미 평정되어 폐하와 함께 부귀를 누리며 그것을 자손만대에까지 무궁하게 전해줄 수 있으리라 기대했는데, 폐하께서 참소를 믿고 그를 참수하여 육장까지 담그고 삼족을 멸할 줄 어찌 상상이나 했겠습니까? 그에게 내린 형벌은 너무 참혹합니다. 포악한 진나라에 비교해보아도 더욱 혹독합니다. 이전에 소하가 만든 율령은 지금 어디 있습니까? 한나라 조정의 제후들도 감히 간언을 올리는 사람이 한 사람도 없습니다. 신은 불평을 품었으니 죽기를 원합니다. 신은 이후 공신들이 모두 자신이 위험하다고 생각할까봐 두렵습니다. 그럼 누가 폐하와 함께 이 태평시대를 지키겠습니까?"

난포는 말을 마치고 또 대성통곡하며 울음을 그치지 않았다. 황제 좌우의 문무백관들도 난포의 말을 듣고 눈물을 흘리지 않는 사람이 없었다. 황제는 한동안 아무 말도 하지 못하다가 마침내 그를 석방하라 명령했고, 그날 바로 난포를 도위(都尉)직에 임명하라고 어명을 내렸다. 그러자 난포는 머리를 조아리며 극구 사양했다.

"신은 벼슬을 원하지 않습니다. 다만 양왕의 머리를 수습하여 대량 땅에 안장하기만 바랍니다. 폐하의 크신 은혜는 이 미천한 신하의 지극한 소원입니다."

황제가 윤허하자 난포는 팽월의 머리를 보자기에 싸서 낙양성을 나와 대량으로 돌아갔다.

황제는 팽월의 시신으로 육장을 담가 천하의 제후들에게 돌렸다. 어느 날 사자가 육장을 가지고 회남으로 가서 영포에게 전했다. 영포는 망강루(望江樓)에서 제후들과 연회를 열고 주흥이 무르익으려던 참에

팽월이 참수당하다

황제가 하사한 육장을 보고 몸을 일으켜 배례하고 그것을 받았다. 사은숙배를 마친 뒤 영포는 사자에게 물었다.

"무슨 고기로 담근 육장이오?"

사자가 사슴고기라고 속였다. 영포는 항아리 뚜껑을 열고 그것을 맛보다가 자기도 모르게 심장이 뛰며 마음이 어지러워졌다. 그는 강변으로 몸을 길게 빼고 먹은 것을 모두 토해냈다. 영포는 크게 의심이 들어 사자를 추궁했다.

"이게 무슨 고기냐? 사실대로 실토하렷다!"

사자는 영포가 화를 내자 감히 숨기지 못하고 사실대로 말했다. 영포는 불같이 화를 내며 사자를 단칼에 베어 죽이고 군사를 동원하여 반란을 일으켰다. 어떻게 될지는 다음 회를 들으시라.

제96회

영포의 목이 잘리다

회남왕 영포가
한나라에 반기를 들다
淮南王英布反漢

영포는 황제의 사자를 죽인 뒤 정예병 20만을 점호하여 성밖에 주둔시키고 사방의 군사를 모았다. 어느 날 난포가 베옷에 상장을 짚고 영포를 만나러 와서 말했다.

"팽월은 억울하게 죽었습니다. 생각해보면 지난날 대왕과 힘을 합쳐 큰 공을 세웠지만 지금은 모든 것이 물거품이 되었습니다. 만약 한왕에게 한신과 팽월, 대왕이 없었다면 어떻게 초나라를 멸하고 천하를 얻을 수 있었겠습니까? 지금 아무 까닭도 없이 한신과 팽월은 주살당했고, 오직 대왕 한 사람만 남아 있습니다. 대왕께서 힘을 다해 군사를 일으켜 양왕을 위해 복수하지 않으면 대왕도 양왕과 똑같은 참화를 당할 것입니다."

영포가 대답했다.

"나는 이미 황제의 사자를 죽이고 지금 군사를 일으켜 성밖에 주둔했소. 조만간 출병할 것이오. 다행히 대부께서 도와주니 나는 틀림없이 성공할 것이오."

그러자 비혁이 말했다.

"군사를 일으킬 때는 먼저 지형의 이로움을 살피며 가볍게 움직이지 말아야 합니다. 만약 대왕께서 연나라와 조나라에 격문을 전하여 태항산 동쪽에 근거지를 마련하고 먼저 근본을 세운 뒤 승패를 겨루면 승리할 수 있을 것입니다. 그러나 한때의 분노로 직접 교전하면 안 됩니다. 한나라에는 장량과 진평 같은 모사가 있고, 주발과 관영 같은 용사가 있으며, 갑사 100만이 사해를 통제하고 있으므로 직접 싸우면 반드시 패배합니다."

영포가 버럭 화를 냈다.

"네놈이 어찌 함부로 주둥아리를 놀려 우리 군사의 용기를 꺾느냐? 지금 한왕은 나이가 많고 한신과 팽월은 이미 죽었다. 내가 누구를 겁내겠느냐?"

그리고 비혁을 꾸짖어 쫓아냈다. 영포는 바로 군사를 일으켜 동으로 오나라를 취하고 서로는 상채(上蔡)를 취했다. 그리고 그는 초왕 유교(劉交), 유가(劉賈)와 오나라·초나라 사이에서 전투를 벌였다. 영포의 군사는 강성하여 단 한 번의 전투로 유교를 포로로 잡고 유가를 죽여 군세(軍勢)를 크게 떨쳤다.

이런 소식이 관중으로 전해지자 황제는 대경실색하여 장수들을 불러 계책을 논의했다. 장수들이 말했다.

"영포는 멍청한 놈입니다. 무슨 능력이 있겠습니까? 폐하의 위엄이 미치면 우리가 완전한 승리를 거둘 수 있을 것입니다."

여음후 하후영이 말했다.

"신에게 문객 한 사람이 있는데, 바로 초나라 영윤 설공(薛公)입니다. 지혜가 넉넉하고 꾀가 많아 영포가 반란을 일으켰다는 소식을 듣고는 그가 아무 능력이 없다고 심하게 비웃었습니다. 짐작건대 그 사람에게 틀림없이 좋은 계책이 있을 것입니다."

황제가 급히 설공을 불러들여 계책을 묻자 설공이 대답했다.

"만약 영포가 상계(上計)를 내면 산동이 한나라의 소유가 아닐 것입니다. 중계(中計)를 내면 승패를 알 수 없습니다. 하계(下計)를 내면 폐하께서 베개를 편안히 베고 주무실 수 있을 것입니다."

"무엇이 상계요?"

"동으로 오나라를 취하고 서로 초나라를 취한 뒤 제나라를 아우르고 노나라를 취합니다. 그리고 연나라와 조나라로 격문을 보내 그곳을 굳게 지키면 산동은 한나라의 소유가 아니게 됩니다."

"중계는 무엇이오?"

"동으로 오나라를 취하고 서로 초나라를 취한 뒤 한(韓)나라를 아우르고 위나라를 취합니다. 그리고 오창의 식량을 근거로 성고의 입구를 막으면 승패를 알 수 없습니다."

"그럼 하계는 무엇이오?"

"동으로 오나라를 취하고 서로 상채(上蔡)[1]를 취한 뒤 귀중한 물건은 월나라에 가져다두고 자신은 장사(長沙, 후난성湖南省 창사長沙市)로 돌아가면 폐하께서는 베개를 편안히 베고 주무실 수 있을 것이고 한나라도 무사할 것입니다."

"영포는 어떤 계책을 내리라 짐작하시오?"

"하계를 낼 것입니다."

"그걸 어떻게 아시오?"

"영포는 여산의 막노동꾼으로 심원한 계책이 없습니다. 어느 날 왕위에 올랐지만 이는 모두 자신만을 위한 계책이지, 뒷일을 고려하지 않았습니다. 이 때문에 그가 반드시 하계를 낼 것이라고 짐작할 수 있습니다."

황제는 크게 기뻐하며 설공을 천호로 봉했다. 그리고 황제는 대소 삼군을 거느리고 인마를 정비한 뒤 설공에게 자신을 따라 동쪽 땅 정벌에 나서게 했다. 소하에게는 관중을 지키게 했다.

한나라 12년 겨울 10월 황제의 대군은 기현(蘄縣) 서쪽에 주둔하여 바야흐로 회수를 건너는 영포의 군사와 마주쳤다. 두 군사는 서로 만나 각각 진채를 세웠다. 황제가 중군에 좌정하자 정탐병이 달려와 아뢰었다.

"영포가 오나라 땅을 공격할 때 오군(吳郡, 장쑤성 쑤저우시 일대) 태수 여장(呂璋)이라는 자가 영포의 위세에 겁을 먹고 즉시 성문을 열고 항복했고, 영포는 강하(江夏)를 따라 회수를 건너 채나라 땅을 취했습니다. 지금은 기현 서쪽으로 다가와 폐하의 대군과 조우했습니다. 지금 저들은 50리 밖 옹산(甕山) 아래에 군영을 세웠습니다."

1_ 『사기』「경포열전」에는 하채(下蔡)로 되어 있다. 상채는 지금의 허난성 상차이현이고, 하채는 지금의 안후이성 펑타이현(鳳臺縣)이다. 군이 위치를 따지면 당시 영포의 제후국 회남의 도성은 육안(六安)에 있었으므로 상채가 서북쪽에 해당하고 하채는 정북쪽에 해당한다.

황제는 보고를 듣고 웃으며 말했다.

"설공의 예상에서 벗어나지 않는구나!"

그리고 먼저 왕릉에게 군사 한 부대를 주어 탐색 활동을 벌이게 했고 뒤이어 관영과 주발을 보내 왕릉과 호응하게 했다.

영포는 한나라 군사가 당도했다는 소식을 듣고 친히 한 부대를 이끌고 옹산을 돌아 서쪽으로 가다가 왕릉과 만났다. 두 부대는 서로 마주보며 대치했다. 왕릉이 영포를 자극했다.

"네놈은 여산의 막노동꾼이다. 하루아침에 왕작을 받았으면 편안히 부귀를 누릴 생각은 하지 않고 모반을 한단 말이냐? 스스로 죽을 곳을 찾아왔느냐?"

영포가 분노하며 욕을 했다.

"네놈들은 패현의 술주정뱅이로 우리의 도움을 받아 큰일을 이루었다. 그런데도 작년에 한신을 죽였고 올해는 팽월을 죽였다. 우리 세 사람은 같은 공을 세운 한 몸 같은 사람이다. 두 사람이 해를 당했으니 조만간 내 차례가 될 것이 뻔하다. 내가 어찌 반란을 일으키지 않을 수 있겠느냐? 이 틈에 네놈도 어서 나와 함께 봉기하여 뒷날 후회하지 않기 바란다."

왕릉은 더이상 대꾸하지 않고 칼을 들어 곧바로 영포를 겨냥했다. 영포도 도끼를 들고 정면으로 내리치며 응전했다. 두 장수는 20합을 겨루었다. 왕릉의 칼이 점점 무뎌질 때쯤 관영과 주발의 군사가 당도하여 기세등등하게 부딪쳐 들어왔다. 영포의 진영에서는 난포가 장수들을 이끌고 치달려왔다. 쌍방은 혼전을 벌였다. 이때 한나라 대군이 진채를 걷고 모두 달려와 전투에 나섰다. 영포의 군사들은 대군을 당해

내지 못하고 옹산 뒤쪽을 향해 사방으로 흩어졌다. 황제는 백룡구(白龍駒)를 타고 대군을 따라 함께 영포의 군사를 추격했다. 그러다가 난포가 산비탈 옆에서 다가오는 것을 눈치채지 못했다. 난포는 황제가 지나가는 것을 보고 화살을 메겼다. 그는 팽월의 원한을 생각하며 있는 힘을 다해 화살을 당겼다. 화살은 황제의 오른쪽 어깨에 명중했고,[2] 황제는 몸을 뒤집으며 말에서 굴러떨어졌다. 이 일을 읊은 시가 있다.

한 고조는 신하들을 배반하면서,	漢帝負人臣,
임금 되려 불인한 짓 자주 했다네.	圖主鮮至仁.
한신과 팽월은 삼족 멸했고,	韓彭遭赤族,
난포는 강호로 자취 감췄네.	欒布動烟塵.
늙어서도 원정에 몰두하느라,	暮年猶遠駕,
밤중에는 언제나 속만 태웠네.	宵旰每傷神.
화살 맞고 서쪽 지방 살육했으니,	流矢斬西路,
이를 갈며 증오하는 이 더욱 많으리.	應多切齒人.

한나라 장수들은 황제가 화살에 부상당한 것을 알고 그 소식을 원근 장수들에게 전했다. 장수들은 싸울 마음이 없어져서 각각 군사를 불러들여 진채를 세웠다. 황제를 부축하여 중군에 들어가 의원을 불러 치료하고 약을 발랐다. 다행히 큰 부상은 아니었다.

황제는 다음날 부축을 받으며 군막에 올라가 장수들을 불러서 일

2_ 『사기』 「고조본기」에는 "고조가 영포를 공격할 때 흘러가는 화살에 맞았고 행진 도중 병이 났다(高祖擊布時, 爲流矢所中, 行道病)"로 기록되어 있다.

난포의 화살이 황제의 어깨에 명중하다

렸다.

"영포는 내가 화살에 맞은 걸 알고 다른 준비를 전혀 하지 않을 것이오. 여러분은 이 기회를 틈타 한 판 결전을 벌여 승리를 쟁취해야 하오."

진평이 아뢰었다.

"오늘은 군사를 내보내지 않겠습니다. 며칠이 지나고도 우리가 출전하지 않으면 영포는 반드시 폐하께서 중상을 입었다 생각하고 직접 달려와 싸움을 걸 것입니다. 그 기회를 틈타 돌격하면 저들은 대비를 하지 못해 우리가 이길 수 있습니다."

황제는 조참에게 군사 3만을 주고 장사로 가서 군량 수송로를 끊게 했다. 관영에게는 군사 2만을 주고 육안으로 가서 영포의 가족을 잡아들이게 했다. 기통(紀通)에게는 정예병 2만을 주어 영포의 본영을 습격하게 했다. 주발 등에게는 회수 나루를 지키게 했다. 각처로 군사를 보내 그에 맞는 준비를 하게 했다.

과연 영포는 한나라 황제가 며칠간 군영 밖으로 나오지 않자 매우 기뻐하며 말했다.

"한왕이 난포의 화살을 맞아 중상을 입고 밖으로 나오지 않는 게 틀림없다. 이 기회에 공격하면 대승을 거둘 수 있다."

난포가 말했다.

"다른 계략이 있을 수도 있으니 자세히 살펴야 합니다."

영포는 군사를 둘로 나누어 한나라 군영 앞으로 가서 싸움을 걸었다. 한나라 군영에서는 아무도 모습을 드러내지 않았다. 그렇게 연이어 이틀이 지났다. 영포가 말했다.

"과연 황제가 중상을 입어 계책을 주장할 사람이 없게 되었구나. 오늘밤 군영을 급습하면 전혀 대비를 하지 못할 것이다."

난포가 말했다.

"진평 등은 간계를 잘 부리니 저런 와중에도 속임수가 있을까 두렵습니다."

말을 다 마치지도 않았는데 후군의 정탐병이 달려와 보고했다.

"우리 본영이 한나라 장수 기통에게 습격을 받았습니다. 지금 또 주발 등은 회수 나루를 봉쇄했고, 관영은 육안으로 가서 대왕마마의 가족을 몰래 납치했으며, 조참은 군량 보급로를 끊었습니다. 지금 우리 부대에는 벌써 군량이 부족합니다."

영포는 보고를 받고 깜짝 놀라 황급히 군사를 거두어 진채를 치기 위해 옹산 뒤쪽으로 달려갔다. 군사가 움직이자 한나라 군영에서 두 갈래의 군사가 쇄도해왔다. 선두에 선 대장 번쾌가 고함을 질렀다.

"영포는 어서 투항하라! 내가 폐하께 아뢰어 목숨만은 살려주겠다."

영포는 크게 화를 내며 급히 말고삐를 돌려 번쾌와 치열하게 싸웠다. 50합을 겨루는 사이에 한나라 군사가 점점 더 불어났다. 영포는 감히 오래 싸우지 못하고 동남쪽을 향해 달아났다. 황제는 대군을 휘몰아 장강까지 추격하라고 명령했다. 영포는 기병 100여 명을 이끌고 장강을 건넜다. 한나라 군사는 장강 북쪽에 주둔한 채 몰래 사람을 보내 영포가 어디로 갔는지 탐문했다.

영포는 장강을 건너 곧바로 오나라로 가서 오예(吳芮)의 집으로 들어갔다. 오예는 마침 성밖으로 사냥을 나가 아직 돌아오지 않고 있었다. 그때 오예의 조카 오성(吳成)[3]이 지난날 영포에게서 욕을 먹은 적이 있어서 늘 원한을 품고 있었다. 그는 영포가 겨우 기병 100여 명만 이끌고 들어오는 것을 보고 생각했다.

'영포는 평소에 용력만 믿고 혼자서 회남 땅을 전횡하며 함부로 행동했다. 이제 반란을 일으켰다가 한왕에게 패배하여 이곳으로 피신했다. 내가 저자를 받아들이면 적과 내통한 반역자가 된다. 차라리 숙부께서 사냥에서 돌아오시지 않은 틈에 몰래 죽여서 한나라 황제를 만나야겠다. 이것은 위대한 공로다.'

그리하여 오성은 영포를 공관으로 맞아들였다. 인사가 끝난 뒤 좌우에 술을 마련하라 분부하고 친절하게 접대했다. 영포가 물었다.

"숙부께선 어디 가셨는가?"

"숙부님은 별일이 없어 지금 남산으로 사냥을 나갔습니다. 네댓새 뒤면 돌아올 겁니다. 오늘 대왕께서 이렇게 왕림하실 줄 몰랐습니다. 조만간 돌아올 겁니다."

"이전에 내가 오나라 땅으로 출병할 때 자네 숙부께서 사람들을 이끌고 투항한 일에 힘입어 장강을 건너서 아무 저항도 받지 않았네. 그래서 마침내 상채를 빼앗고 바로 기현 서쪽까지 다다를 수 있었네. 그런데 오늘 뜻밖에도 한나라 놈들에게 습격을 받아 순식간에 불리한 처지에 놓이게 되었네. 오늘 다시 장강을 건너 이곳에 왔으니 잠시 며칠 머물다가 자네 숙부가 돌아오면 다시 군사를 모아 한나라와 결전을 벌일 심산이네. 만약 성공하면 자네 숙부와 부귀를 함께 누릴 것이네."

오성은 거짓으로 응답하고 밤늦게까지 함께 술을 마셨다. 영포는 만

3_『사기』「여태후본기(呂太后本紀)」에는 오신(吳臣)으로 기록되어 있고 오예의 아들로 나온다.

취하여 휴식을 위해 공관으로 들어갔다. 이경의 북소리가 울린 뒤 오성은 무사 40명과 각각 날카로운 칼을 들고 몰래 공관 뒷문 담장을 넘어 영포의 침소로 들어갔다. 영포의 코 고는 소리만 우레처럼 들렸다. 오성은 가까이 다가가 힘을 다해 칼을 휘둘렀다. 영포의 머리가 땅에 떨어졌다. 그때 옆방에서 잠을 자던 영포의 시종 10여 명이 인기척을 느끼고 소리를 질렀다.

"거기 누구냐?"

그들은 일어나서 달려나오다가 무사 40명에게 가로막혀 모두 죽임을 당했다.

다음날 날이 밝자 오성은 영포의 수급을 가지고 장강을 건너 황제를 만나러 갔다. 황제는 영포가 오성에게 피살되었다는 소식을 듣고 매우 기뻐하며 서둘러 그를 불러들였다. 황제는 오성에게 영포의 얼굴을 들어 보이게 했다. 진평이 간언을 올렸다.

"안 됩니다. 영포는 일세의 용장입니다. 지금 갑자기 피살되어 혼백이 아직 흩어지지 않았습니다. 사악한 기운이 옥체를 범할까 두렵습니다."

황제가 말했다.

"짐은 풍패에서 군사를 일으킨 이래 10여 년 동안 100여 차례 전투를 치렀소. 그 과정에서 대소 수급을 몇천만 개를 봤는지 모르오. 어찌 영포의 수급을 겁내겠소?"

마침내 오성이 영포의 얼굴을 들어 보이자 황제는 마구 욕설을 퍼부었다.

"낯짝 검은 도적놈아! 안분지족하며 신하의 절개도 지키지 못하고 감히 모반을 하다니. 이제 목이 떨어졌으니 감히 오나라와 초나라 사이를 종횡할 수 있겠느냐?"

말을 마치지도 않았는데 머리만 남은 영포가 눈을 부릅뜨고 기괴한 빛을 쏘았다. 수염과 머리카락도 곤두서서 사악한 기운을 뿜어냈다. 그 기운을 맞은 황제는 땅바닥에 쓰러졌다. 황제의 목숨이 어떻게 될지는 다음 회를 들으시라.

제97회

태자를 돕는 네 늙은이

상산사호가 우익이 되어
태자를 정하다
四皓羽翼定太子

황제가 사악한 기운을 맞고 쓰러지자 좌우 근신들이 황제를 부축하여 침소로 들게 했다. 장수들은 군막 아래에서 안부를 물었다. 황제는 병상에 누워 일어나지 못했다. 어의가 치료하자 며칠 만에 차도를 보였다. 후세 사람이 한 고조와 관련된 일을 시로 읊었다.

한 고조는 하늘의 도움받아서,	漢帝緣天祐,
위기에도 묵묵한 힘 의지하였네.	臨危仗默持.
한신은 부질없이 희망 많았고,	韓侯空望想,
팽월은 진실로 멍청했다네.	彭越信糊塗.
영포의 수급은 흉악했으나,	布首雖爲惡,

한나라의 기반은 튼튼했다네. 炎基已壯圖.
금성탕지 만리에 이어졌으니, 湯池連萬里,
붉은 깃발이 진명 천자에 부응했다네. 赤幟應眞符.

황제는 오성에게 후한 상을 내리고 그를 충의후(忠毅侯)에 봉했다. 그리고 칙서를 보내 오예를 효유하고 강하 일대를 다스리는 데 마음을 다해달라고 당부했다. 또 자신의 형 유중(劉仲)의 아들 유비(劉濞)를 오왕으로 봉하고 강동 땅을 진무하게 했다.

11월에 황제는 노나라 땅에 들렀다. 그곳 궐리(闕里, 산둥성 취푸시 췌리闕里)가 공자의 탄생지라는 말을 들었다. 거기에는 공자의 저택〔孔府〕과 공림(孔林)[1]이 남아 있었다. 황제는 문무백관을 이끌고 태뢰(太牢)[2]의 예로 제사를 올린 뒤 공자의 자손에게 작위를 내렸다. 또 태산의 경승지를 두루 유람하고 그곳에 있는 공자와 안자(顔子)[3]의 유적지를 두루 찾아보았다. 후세에 사관이 이 일을 시로 읊었다.

의관 갖춘 천하 사람 성인 문하 우러르고, 天下衣冠仰聖門,
만세 이은 정통 속에 올바른 도 남아 있네. 萬年垂統道常存.
고조는 『시』와 『서』[4]를 섬기지도 않더니, 詩書不事如高帝,

1_ 공자의 분묘가 있는 숲이다. 공씨의 공동묘지이기도 하다.
2_ 옛날 임금이 종묘사직에 제사를 지낼 때 소, 양, 돼지 세 가지 짐승을 모두 잡아서 제수를 마련하는데, 이 세 가지 희생을 태뢰라고 한다. 가장 격이 높은 제사에 쓰인다.
3_ 안자(顔子, 기원전 521~기원전 481). 본명은 안회(顔回), 자는 자연(子淵)이다. 덕행이 뛰어난 공자의 수제자다.
4_ 유교 경전인 『시경(詩經)』과 『서경(書經)』이다. 한 고조는 평소에 말만 앞세우며 예법을 따지는 유학자를 무시했다.

후손에게 『예』와 『악』[5]을 열어줄 줄 알았네. 禮樂猶知啓後昆.
고을 안에는 풍악 소리 백 리까지 들리고, 入境絃歌聞百里,
집집마다 대대손손 가르침을 전하네. 傳家奕葉衍諸孫.
단 한 번 공림 참배 천년토록 자랑하나니, 孔林一拜誇千載,
문치의 기운 지금까지 유독 여기 존재하네. 文運於今更獨存.[6]

공묘(孔廟)에 제사를 올린 뒤에는 고향 풍패에 들렀다. 그는 고향에서 술을 마련하여 친구, 부로, 자제 들을 모두 불러 마음대로 술을 마시며 즐겁게 담소를 나누었다. 또 패 땅의 어린아이 200명[7]을 불러와 노래와 춤을 가르치며 온종일 즐겼다. 술자리가 반쯤 무르익자 황제가 일어나 축(筑)을 타며 스스로 노래를 지어 불렀다.

세찬 바람 일어나 구름이 휘날리네. 大風起兮雲飛揚.
천하에 위엄을 떨치고 고향으로 돌아왔네. 威加海內兮歸故鄉.
어떻게 용맹한 장사 얻어 사방을 지킬까? 安得猛士兮守四方?

5_ 유교 경전인 『예기(禮記)』와 『악경(樂經)』이다. 유교 의례의 근거가 되는 경전인데, 『악경』은 지금 전해지지 않는다.

6_ 원본에는 이 시 뒤에 다음과 같은 '역사 논평'이 달려 있다. "살펴보건대 윤기신(尹起莘)은 한나라 400년의 바탕과 정신 명맥이 대체로 여기에 있다고 여겼다. 이후로 유도(儒道)가 조금씩 진작되어 진나라 금서 정책을 폐지하고 유학 박사라는 관직을 두어 책을 바치는 길을 열었다. 이어진 후세에도 이런 일을 자주 볼 수 있는데, 이는 한나라 당시에 유학을 숭상한 뜻을 충분히 드러낸 일이라 할 만하다. 이 때문에 『통감강목』에서 이 일을 대서특필했는데, 이 또한 천리가 민심에 있으므로 그것을 사라지게 해서는 안 된다는 사실을 드러낸 것이다."

7_ 『사기』 「고조본기」에는 120명으로 기록되어 있다.

아이들에게 모두 익히게 한 뒤 황제도 일어나 노래를 부르며 춤을 추었다. 비분강개한 마음에 슬픔이 끓어올라 몇 줄기 눈물을 흘렸다. 그리고 부로들에게 말했다.

"객지를 떠도는 나그네는 고향 생각에 슬퍼지기 마련이오. 내 어릴 때 온종일 고향 사람들과 함께 지내던 때를 생각하니 차마 떠날 수가 없구려. 나는 풍패에서 봉기하여 천하를 두루 돌아다니며 100여 차례 전투를 치르고 마침내 천하를 얻었소. 지금은 나도 모르는 사이에 늙었소! 여러분도 모두 백발이 되었구려. 지난날을 생각하니 마음이 더욱 슬퍼지오. 지금 나는 더없이 고귀하지만 만세 뒤에도 내 혼백은 풍패를 즐겁게 생각할 것이오."

마침내 황제는 패현을 황제의 탕목읍(湯沐邑)[8]으로 삼고 모든 세금을 면제해주었다. 황제는 그곳 부형, 부녀자, 친구 들과 날마다 즐거운 시간을 보냈다. 너무 폐를 끼칠까 두려워서 황제는 그만 출발하려 했다. 그곳 부형들이 또 황제에게 한사코 더 머물러달라고 청했다. 황제가 말했다.

"우리 인마가 너무 많고, 패현은 작은 고을이라 필요한 물품을 다 댈 수 없소. 오래지 않아 민폐가 될 것이오."

황제는 어쩔 수 없어서 다시 사흘을 더 묵고 대군을 출발시켰다. 그리고 낙양을 거쳐 바로 관중으로 돌아왔다. 여후, 태자, 척희, 여의, 문무백관이 모두 어가를 영접하여 궁궐로 들어갔다. 황제는 잔치를 크게 벌이고 장수들을 위로했다. 이로부터 천하가 태평무사했다.

8_ 탕(湯)은 목욕이고, 목(沐)은 머리를 감는 일이다. 황제, 제후, 황후, 공주 등의 일상 경비를 조달하기 위해 제공된 봉토 또는 영지다.

황제는 갈수록 더욱 척희를 총애했다. 여후는 늘 척희를 질투하며 꼬투리를 잡아 심하게 나무랐다. 척희는 불안한 나날을 보낼 수밖에 없었다. 어느 날 황제는 몸이 아파서 척희의 거처로 가서 누웠다. 척희는 근래 황제가 자주 아픈 것을 보고 이렇게 아뢰었다.

"폐하께서는 보령이 점점 많아지시는데, 만약 폐하의 성심(聖心)을 일찍 정해놓지 않으시면 우리 모자는 뒷날 묻힐 땅도 없을까 두렵습니다!"

황제가 말했다.

"그건 매우 쉬운 일이다. 짐이 천천히 도모하겠다."

척희는 좌우 궁녀에게 술을 마련하라 분부하고 황제와 즐거움을 나누었다. 황제는 만취하여 척희의 무릎을 베고 깊은 잠이 들었다. 여후는 사람을 시켜 척희의 거처를 염탐하게 하여 황제가 그곳에서 술을 마셨다는 사실을 알아냈다. 여후는 아침에 일어나서 바로 척희의 거처인 서궁(西宮)으로 달려갔다. 문지기 내시가 척희에게 사실을 알렸다.

"황후마마께서 오셨습니다."

척희는 황제가 자신의 무릎을 베고 깊이 잠든 모습을 보고 감히 깨울 수 없어서 침상에 앉은 채 일어나지 않았다. 여후는 갑자기 들이닥쳐 욕설을 퍼부었다.

"비천한 종년이 나를 보고도 방자하게 추태를 부리는구나. 지금 내가 네년의 방에 들어왔는데도 높은 곳에 뻗대고 앉아 일어나지도 않느냐? 어디서 배워먹은 버르장머리냐?"

척희가 변명했다.

"천첩이 황후마마를 뵙고도 어찌 감히 멀리까지 영접을 나가지 않을 수 있겠습니까? 폐하께서 깊이 잠이 드셨는지라 감히 놀라게 할 수 없어서 예법을 어기고 말았습니다."

"비천한 년! 나를 만날 때마다 걸핏하면 폐하를 핑계삼는구나. 뒷날 만세(황제)께서 승하하신 뒤 반드시 네년을 갈아서 가루로 만들리라!"

여후는 대로하여 한바탕 욕설을 퍼붓고 돌아갔다. 척희는 한참이나 아무 말도 못하고 울음을 삼키며 눈물을 뚝뚝 흘렸다. 그러다가 자기도 모르게 황제의 얼굴에 눈물을 흘렸다. 그 바람에 황제가 깨어났다. 황제가 놀라 물었다.

"사랑하는 그대는 어찌하여 눈물을 흘리고 있는가?"

"방금 폐하께서 신첩의 무릎을 베고 깊이 잠드신 사이에 뜻밖에도 황후마마가 왔습니다. 신첩은 폐하께서 침수중에 놀라실까 두려워 감히 움직일 수 없었습니다. 황후마마는 신첩이 일어나지 않았다고 나무라며 한바탕 욕설을 퍼붓고 갔습니다. 만세께서 승하하신 뒤 신첩을 갈아서 가루로 만들겠다고 했습니다. 이 때문에 신첩이 울었고 잘못하여 눈물을 용안에 떨어뜨리고 말았습니다. 신첩은 만 번 죽어 마땅합니다."

척희는 바닥에 꿇어 엎드렸다. 아리따운 얼굴과 수심에 젖은 모습에 척희의 고운 자태가 한껏 드러났다. 황제는 얼른 옷자락을 잡아끌고 척희를 어루만지며 위로했다.

"안심하거라! 아무 일도 없을 것이다. 내일 조회에 나가서 신료들과 회의를 하고 태자를 바꾸겠다. 너를 반드시 황후로 세우고 여의를 태자로 만들겠다. 그럼 여후가 어떻게 너를 해칠 수 있겠느냐?"

척희는 머리를 조아리며 감사 인사를 했다.

황제는 생각을 정하고 다음날 조회에 나갔다. 문무백관의 인사가 끝난 뒤 황제는 마침내 직접 쓴 칙지를 내렸다.

> 신료들은 태자 교체에 대한 일을 다시 논의하라. 공론을 모으기 위해 힘쓰고 자신의 견해를 고집하지 말라.

황제는 신료들에게 승상부로 가서 상의하라고 명령을 내렸다.

여후도 사태를 알아채고 여택(呂澤, 여후의 오빠)을 내전으로 불러 대책을 논의했다.

"폐하께서 척희를 총애하며 옛일은 생각지도 않고 누차 신료들에게 조칙을 내려 태자를 바꾸려 합니다. 이 일을 어찌하면 좋습니까?"

여택이 대답했다.

"신은 식견이 좁아서 큰일을 도모할 수 없습니다. 황후마마께서 대책을 마련하려면 비밀리에 사람을 장자방에게 보내 어떤 방법이 있는지 물어보시지요."

"장자방은 지금 도인술을 연마하고 곡식을 먹지 않으면서 밖으로 나오지 않고 있습니다. 그런데 어찌 나를 위해 대책을 마련해주겠습니까?"

"신이 자방의 아들 장벽강과 친합니다. 그에게 부탁하여 자방과 연결해보겠습니다. 짐작건대 자방의 말 한마디면 주상의 뜻을 결정할 수 있을 듯합니다."

여후는 즉시 여택에게 장벽강과 함께 가서 장량에게 물어보라고 명령을 내렸다. 처음에 장량은 말을 하려 하지 않았다. 그러자 여택이 채

근했다.

“제가 황후마마의 명을 받잡고 공에게 계책을 여쭈러 왔습니다. 지금 공께서 아무 말도 하지 않으시면 제가 어떻게 황후마마에게 답변할 수 있겠습니까? 지금 저는 여기서 죽을지언정 공의 대문을 나서지 않겠습니다.”

장량이 대답했다.

“감히 말씀드리지 않을 수는 없지만 입으로 쉽게 논쟁할 일은 아니오.”

“공의 입에서 나와서 저의 귀로 들어갈 터인데 말씀 못하실 것이 무엇이겠습니까?”

이에 장량은 여택의 귀에 대고 속삭였다.

“폐하께서 평소에 존중하는 사람은 네 분이오. 지금까지 초빙하려 했지만 그분들의 뜻이 굳어 이곳으로 오려 하지 않았소. 지금 상산(商山, 산시성陝西省 단펑현 서쪽) 남쪽에 은거해 있소. 그 산은 장안에서 300리인데, 산세가 험하고 지초(芝草)가 많이 자라오. 간혹 네 분은 지초를 뜯어먹고 샘물을 파서 마시며 표연히 세상사를 잊은 채 살고 있소. 폐하께서는 그분들을 흠모하고 계시지만 힘으로 데려올 수가 없소. 제거해버리려 해도 천하 사람들의 비난이 두렵고, 또 현명한 인재 등용을 막을까 걱정되어 그분들 마음대로 살도록 내버려두고 계시오. 지금 황후마마께서 네 분에게 사람을 보내 몸을 낮추고 후한 예물을 드리면서 간절한 말로 초청하여 태자의 우익으로 삼게 하시오. 폐하께서 한 번 보시면 자연히 태자를 폐위하겠다는 말씀을 감히 하지 않으실 것이오. 저 네 분을 오게 할 수 있으면 강한 장수 100명이 있는 것보다 낫고 10만 정예병과도 맞설 수 있을 것이오. 아무 소리도 없이 태자를 반석 위에 올려놓을 수 있소."

"네 분의 성함이 어떻게 되십니까?"

"네 분 중 한 분은 성이 당(唐)이고, 이름은 선명(宣明)이며, 동원(東園)에 살고 있으므로 동원공이라 부르오. 또 한 분은 성이 기(綺), 이름은 리계(里季)이며 한단 사람이오. 애초에 상산 남쪽에 은거하다가 나중에 동원공과 친구가 되었소. 또 한 분은 성이 최(崔), 이름은 황(黃), 자는 소통(少通)으로 제나라 사람이며 하황(夏黃)에 은거하여 하황공이라 불리고 있소. 또 한 분은 성이 주(周), 이름은 술(術), 자는 원도(元道)로 하내(河內) 사람이며 녹리선생(甪里先生)이라 불리오. 이 네 분이 바로 상산사호(商山四皓)요. 이 네 분을 황후마마께 알리고 서둘러 간절하게 초빙하게 하시오. 이 네 분이 하산할 수만 있다면 태자는 큰 복을 받을 것이오."

여택은 장량의 말을 듣고 감사의 절을 올리고 황급히 여후에게 사실을 알렸다. 여후는 바로 내사(內使) 이공(李公) 등 네 사람에게 서촉(西蜀) 비단 40필, 황금 4000량, 명마 네 필을 준비하게 하여 상산으로 달려가 네 늙은이〔四皓〕를 만나게 했다. 네 늙은이는 막 산속에서 지초를 캐서 돌아오다 여후의 사자 네 명이 각각 후한 예물을 준비하여 산비탈 아래 꿇어앉아 있는 것을 보았다. 그들은 몸을 굽혀 절하며 말했다.

"지금 황태자가 어질고, 효성스럽고, 성실하고, 경건한 성품을 지니고 있다는 사실은 천하에 널리 알려져 있습니다. 황태자는 평소에 네 분의 명성을 우러러보다가 특별히 저희에게 몸을 낮추고 예물을 융숭하게 마련하여 네 분의 하산을 청하게 했습니다. 이제 황태자에게 유익한 가르침을 내리시어 태평성대를 이루게 해주십시오. 뒷날 보위를 잇게 되면 공들과 부귀를 함께할 것입니다. 부디 사양하지 마시기 바랍니다."

상산사호는 애초에 난색을 표하다가 사자들이 간절하게 애원하며 땅에 엎드려 일어나지 않는 모습을 보고 마침내 예물을 받은 뒤 사자들을 산중에서 하룻밤 묵게 했다. 다음날 상산사호는 행장을 꾸려 사자들과 함께 하산하여 태자를 만났다. 여후는 바로 연회를 마련하여 네 분을 융숭히 대접하라고 분부했다. 이때부터 상산사호는 아침부터 저녁까지 태자의 곁을 수행했다.

한편, 황제는 대전에 올라 신료들을 불러놓고 일렀다.

"짐이 앞서 경들에게 회의를 열어 태자 교체를 논의하라고 했는데, 연일 회답이 없소."

숙손통과 주창 등이 간언을 올렸다.

"옛날 진(晉) 헌공은 여희 때문에 태자 신생(申生)을 폐위하고 해제(奚齊)를 태자로 세웠다가 진나라를 수십 년 동안 혼란에 빠뜨렸습니다. 진(秦)나라는 부소를 일찍 태자로 세우지 않았다가 조고가 속임수로 호해를 태자로 세워 종묘제사까지 끊겼습니다. 이것은 폐하께서 친히 목격하신 일입니다. 지금 태자의 어질고 효성스러운 성품은 천하 사람들이 모두 알고 있습니다. 폐하께서 꼭 적자를 폐위하고 어린 아들을 태자로 세우신다면 신이 먼저 죽어 제 목에서 흘러나온 피로 땅을 더럽히겠습니다."

그러자 황제는 소매를 떨치며 안으로 들어갔고 신하들도 모두 흩어졌다. 이날 황제는 장신궁(長信宮)에 가려고 편전을 지나다가 마침 문덕

전(文德殿)에서 나오는 태자를 보았다. 노인 네 명이 태자 뒤를 수행하고 있었다. 황제는 이상하게 생각하고 물었다.

"이 네 분은 어디서 오신 분인가?"

네 노인이 앞으로 나와서 각각 이름을 말했다. 황제는 깜짝 놀라며 말했다.

"내가 오랫동안 몸을 낮추고 오시기를 간청했건만 네 분은 모두 나를 피하기만 하고 오지 않았소. 그런데 지금 어찌하여 내 아이를 따르고 있소?"

네 사람이 대답했다.

"폐하께서는 선비를 가볍게 여기고 걸핏하면 욕을 하십니다. 신들은 대의를 지키며 모욕을 받고 싶지 않았습니다. 이 때문에 폐하를 두려워하며 도망쳐 숨은 것입니다. 그런데 몰래 소문을 들으니 태자께서는 어질고 효성스러우며 공손하고 경건하게 어진 선비를 예로 대하고, 그래서 천하 사람 중 목을 길게 빼고 태자를 바라보며 목숨을 바치고 싶어하지 않는 사람이 없다고 합니다. 이 때문에 신들이 몸을 굽혀 태자를 섬기려는 것입니다."

"네 분께서 귀찮더라도 부디 끝까지 태자를 잘 보호해주시오!"

네 사람은 각각 황제를 위해 축수하고 땅에 엎드려 절을 했다. 의관이 매우 단정했으며 풍모도 기이하고 당당했다. 정말 당대의 신선이었다. 황제도 그들을 바라보며 자리를 떴다. 후세에 호증이 이 일을 시로 읊었다.

상산사호는 무심하게 푸른 소나무 이슬 마시며, 四皓忘機飮碧松,

상산사호가 태자를 보위하다

구름 속 바위 굴에 높은 자취 감추었네. 石巖雲電隱高蹤.
넷 모두 태자 위해 궁궐로 나온 뒤에, 不知俱出龍樓後,
상산이 몇 겹으로 깊어졌는지 모르겠네. 多在商山第幾重.

황제가 장신궁으로 가자 척희가 반갑게 맞았다. 황제는 숙손통, 주창 등이 태자를 바꾸어서는 안 된다고 극력 간언을 올린 일, 태자가 상산사호의 보좌를 받고 있는 일, 즉 태자의 우익이 이미 형성되어 흔들기가 어렵게 된 일을 자세히 이야기했다. 척희는 자기도 모르게 눈물을 흘렸다. 황제가 척희를 달랬다.

"내가 여의를 좋은 땅에 봉해주겠다. 근본이 튼튼하면 무사하게 지낼 수 있을 것이다."

척희는 감사의 배례를 드렸다. 황제가 여의를 어느 땅에 봉하는지는 다음 회를 보시라.

제98회

장량이 은퇴하다

황제가 여의를
조왕에 봉하다
漢帝封趙王如意

황제는 척희가 흐느끼자 마침내 어루만지며 타일렀다.

"내가 전에 진희를 정벌하러 가서 한단에 주둔한 적이 있다. 그곳을 살펴보니 풍속이 순후하고 백성들의 삶이 넉넉했다. 앞은 연대(燕臺)로 가로막혀 있고 뒤에는 장하가 험하게 흘러[1] 땅은 1000리이고 호걸이 많았다. 그곳에 도읍을 정하면 장안 못지않을 것이다. 내가 내일 조회에 나가서 여의를 조왕에 봉하고 한단에 도읍을 정하도록 하겠다. 그렇게 하면 종신토록 즐겁게 살 수 있을 것이다. 또 그곳은 관중에서도 거

1_ 한단에서 북쪽을 바라보았을 때 이런 묘사가 가능하다. 실제로 연대는 지금의 허베이성 이현 동남부 지역이므로 한단의 북쪽이고, 장하는 지금의 허베이성과 허난성의 경계지역을 흐르므로 한단의 남쪽이다.

리가 매우 멀기 때문에 중이(重耳)2가 여희의 음해를 멀리서 피한 방법이기도 하다."

척희가 대답했다.

"여의를 조왕에 봉하신다니 폐하의 크신 은혜에 깊이 감사드립니다. 하지만 여의는 아직 어려서 다른 사람의 보좌를 받아야 강역을 지킬 수 있을 것입니다."

"내일 백관 회의에서 지모가 뛰어난 사람을 선발하여 보좌하게 하겠다. 그럼 모든 일이 무사태평할 것이다."

척희는 감사의 절을 올리고 술상을 차려 황제와 즐겁게 마셨다.

다음날 황제는 대전에 올라 문무백관과 회의를 했다.

"태자는 바꿀 수 없지만 여의의 나이가 점점 많아지니 궁중에 오래 머물게 할 수 없소. 짐은 여의를 조왕에 봉하고 한단에 도읍을 정하도록 하고 싶은데, 경들은 어떻게 생각하오?"

신료들이 이구동성으로 대답했다.

"여의를 조왕으로 봉하시면 문무백관의 공론과도 합치됩니다."

"여의를 조왕에 봉하려면 원로대신 한 분이 보좌하며 아침저녁으로 가르쳐야 하오. 경들은 어느 분이 이 임무를 감당할 수 있다고 생각하시오?"

소하가 말했다.

"어사대부 주창만이 이 일을 맡을 수 있습니다. 그 사람은 공정하고

2_ 춘추시대 진(晉) 문공이다. 여희가 아들 해제를 세자로 세우기 위해 다른 공자를 음해하여 해치려 하자 중이는 그것을 피해 각 지역을 떠돌며 망명생활을 했고, 나중에 진(秦) 목공의 도움으로 귀국하여 보위에 올라 춘추시대 두번째 패자(霸者)가 되었다.

황제가 척희를 위로하다

분명하므로 넉넉히 여의를 보필할 수 있을 것입니다."

"내 생각과도 딱 들어맞소."

이에 주창을 불러 여의와 함께 조나라로 가서 도읍을 세우도록 했다. 주창이 대답했다.

"폐하께서 신에게 보좌를 명하셨으니 어찌 따르지 않을 수 있겠습니까? 다만 반드시 신이 제시하는 세 가지 조건에 따르셔야 합니다. 바라옵건대 폐하께서 친필 칙서를 내려 경계해주십시오. 이는 앞으로 여의의 무사함을 보장하는 일입니다."

"그 세 가지 조건이 무엇이오?"

"첫째, 여의에게 다시는 조정으로 들어오지 못하게 해주십시오. 봉토를 지킬 사람이 없을까 두렵고 또 다른 사람의 음해를 방지해야 합니다. 둘째, 물러나 봉토를 지키며 겸손하게 자신을 제어하면서 신의 간언을 듣게 해주십시오. 셋째, 평소에 모후 척희와 서찰을 주고받지 못하게 해주십시오. 다른 사람에게 발각되면 모자가 목숨을 보전하지 못할까 두렵습니다. 이 세 가지만 따라주시면 신이 보필하도록 하겠습니다."

"그 또한 매우 쉬운 일이오."

황제는 즉시 이 세 가지 일을 직접 써주고 조왕에게 증거로 삼게 했다. 그리고 마침내 수레에 여의를 태워 성을 나서게 했다. 여의는 출발에 앞서 어머니 척희와 작별 인사를 나누었다. 척희가 말했다.

"오늘 내가 너와 헤어지면 언제 다시 만날 수 있을지 모르겠다."

모자는 서로를 끌어안고 큰 소리로 울었다. 좌우에서도 눈물을 흘리지 않는 사람이 없었다. 이날 여의가 성을 나서자 황제도 교외에까지 배웅하러 나가서 눈물을 흘리며 작별했다. 주창도 조왕 여의와 함께

한단으로 부임했다.[3]

황제가 막 성문으로 들어서려 할 때 어떤 사람이 고소장을 들고 황제의 어가를 향해 소리쳤다.

"소 승상이 농민을 불러 상림원의 빈 땅을 경작하고 있습니다. 공공토지로 민심을 매수하고 있으니 진실로 불충한 생각을 품은 자입니다. 바라옵건대 폐하께서 자세히 살펴주십시오."

황제는 그 말을 듣고 크게 화를 냈다.

"소하가 장사꾼들의 재물을 받아먹고, 또 내 상림원의 빈 땅을 농민에게 경작하게 하다니, 이는 신하의 도리를 심하게 어긴 일이다."

그리고 서둘러 정위를 시켜 칼을 씌워 구금시켰다. 소하는 구금되어서도 변명하지 않고 옥에 갇혔다. 며칠 뒤 왕(王) 위위(衛尉)[4]가 대궐문을 두드리며 간언을 올렸다.

"소 승상이 무슨 죄를 지었다고 폐하께서 칼을 씌워 옥에 가두십니까?"

황제가 대답했다.

"장사꾼들의 재물을 받아먹고 황실 상림원 땅을 백성에게 주어 조세를 거두었다. 이 때문에 내가 그를 구금했다."

"백성들에게 편리한 점이 있어서 시행했으니 그건 진정 재상이 할 일입니다. 또 폐하께서는 근래 몇 년간 진희와 영포의 반란 때문에 소 승상에게 관중을 지키게 하셨습니다. 당시에 관중이 서쪽에서 조금이라도 흔들렸다면 지금 이 국가는 폐하의 소유가 아니었을 것입니다. 승상

3_ 처음에는 여의를 대왕(代王)에 봉했다가 나중에 조왕으로 옮김.
4_ 구경(九卿)의 하나로 궁궐을 호위하는 고위 관직이다.

은 당시에도 사사롭게 이익을 챙기지 않았는데, 지금 와서 장사꾼들의 돈을 받아 이익을 챙기겠습니까? 폐하! 작은 잘못을 미워하다 큰 덕을 잊으시면 안 됩니다. 이 때문에 신은 죽음을 피하지 않고 궁궐 문을 두드리며 말씀을 올립니다. 폐하! 부디 자세히 살펴주십시오!"

황제는 한참 동안 생각에 잠겼다가 대답했다.

"짐의 잘못이다!"

이날 내시에게 부절을 갖고 가서 승상 소하를 사면하고 옥에서 석방했다. 소하는 궁궐로 들어가서 황제에게 사은숙배했다. 황제가 말했다.

"승상께서 백성을 위해 상림원 땅을 경작하게 했으니 이는 진정 재상이 할 일이오. 내가 아무것도 모르고 죄를 덮어씌웠소. 나는 폭군 걸왕과 주왕 같은 임금일 뿐이오. 승상께서는 옥에 갇히면서도 변명을 하지 않았으니 현명한 재상이오. 짐도 공과 같이 행동하여 백성들에게 내 잘못을 모두 알게 하고 싶소!"

"폐하께서는 성스럽고 밝으시고 신의 죄는 옥에 갇혀야 마땅한데 무슨 변명을 하겠습니까?"

황제가 감탄하며 말했다.

"소 승상께서는 재상직을 참으로 현명하게 수행하시는구려!"

그리고 함부로 고소한 자를 잡아 참수했다.5

5_ 원본에는 이 구절 뒤에 다음과 같은 '역사 논평'이 달려 있다. "살펴보건대 경산(瓊山) 구씨(丘氏)는 이렇게 말했다. '옛날에는 형(刑)을 대부 위 품계로 시행하지 않았지만 진나라에서는 법으로 세상을 지탱했다. 이에 공경대부도 서사(庶士)나 서민과 다름이 없게 되었다. 그런데도 소하와 조참은 모두 진나라 관리 출신이라 옛 병폐에 습관이 되어 고칠 줄 몰랐고, 이후 두 사람은 모두 몸소 그런 일을 겪게 되었으며, 후세 사람들도 이를 본받아 일상사로 삼았다.' 슬프다! 선비도 불행하게 삼대 이후에 태어났기에 이런 고통을 겪는 것이리라."

장량은 소하가 하옥되었다는 말을 듣고 탄식했다.

"한신, 팽월, 영포가 모두 주살되었고 소하도 옥에 갇혔다. 나는 도인술을 익히며 곡식을 끊었지만 아직도 관중에 살고 있다. 게다가 태자를 정하는 계책도 내가 꾸민 것이다. 황제가 이 사실을 알면 나도 죄를 면치 못할 것이다!"

그는 상산사호를 찾아가서 함께 종남산으로 들어가 신선을 찾고 환난을 피하기로 각각 약속했다. 다음날 장량은 상산사호와 함께 황제를 알현했다.

"바야흐로 천하를 통일하고 사해가 안정을 찾았습니다. 태자도 어질고 효성스러우며 현명한 선비를 예우한다는 소문이 들리니 이제 넉넉히 만년의 전통을 이을 만합니다. 신과 상산사호는 각각 나이가 여든이라 이곳에서 기거할 수 없습니다. 신 장량은 나날이 몸이 더 쇠약해져서 임무를 감당할 수 없습니다. 신들은 폐하에게 작별 인사를 하고 종남산으로 들어가 참된 도를 닦을까 합니다. 모든 부귀와 공명은 전혀 관심을 두지 않겠습니다. 멀리 구름과 물을 바라보며 신명을 마칠까 합니다. 목숨을 몇 년간 연장하는 일은 모두 폐하께서 하사하신 은혜입니다."

"짐은 선생을 얻은 이래 누차 뛰어난 공적을 세웠으나 아직 보답도 하지 못했소. 앞서 유후에 봉할 때도 선생께서는 받지 않으려고 했소. 그런데 지금 짐을 버리고 떠나간다니 이후 또다시 만날 수 있을지 모르겠소?"

"감히 청하지는 못하나 꼭 다시 뵙기를 바랍니다."

또 황제는 상산사호에게도 이렇게 말했다.

"경들께서 태자를 잘 보필하고 가르치며 오래 보호해주기를 바랐소. 이제 만난 지 오래되지도 않았는데, 또 멀리 산림으로 은둔하여 이름을 숨기고 자취를 감추겠다니 이게 대체 무슨 마음이오?"

상산사호가 말했다.

"군자가 조정에 가득하고 선한 사람이 길에 넘칩니다. 신들은 노쇠하여 썩어가는 사람들인데, 국가에 무슨 보탬이 되겠습니까? 오직 바라옵건대 폐하께서 이 늙은이들을 전원으로 놓아주시어 여생을 편안히 쉬게 해주십시오. 신들은 평생토록 폐하의 은혜에 어떻게 감사해야 할지 모르겠습니다."

황제는 이들의 사퇴 의사가 간절한데다 떠날 마음이 이미 굳은 것을 보고 마침내 황금과 비단을 예물로 하사했다. 그리고 친히 궁궐 문밖까지 걸어나가 눈길로 그들의 뒤를 좇으며 전송했다. 황제는 상산사호와 장량이 표표히 사라져가는 모습을 보고 탄식을 금치 못했다. 후세에 사관이 이 일을 시로 읊었다.

지팡이 짚고 사립문에 기대어 서서,	扶杖倚柴關,
장안 길 황제 귀환 바라다보네.	長安見帝還.
빗속에서 하얀 물을 경작해보고,	雨中耕白水,
눈 밖에서 청산에 괭이질하네.	雪外斸青山.
약 있으니 신체가 건강해지고,	有藥身長健,
마음 놓으니 본성이 한가해지네.	無機性自閒.
몸에서 곧바로 날개가 돋아,	卽應生羽翼,
인간 세상 화표에 앉아보겠네.[6]	華表在人間.

창업의 기이한 꾀 천하제일 공이었고,	開創奇謀第一功,
한(韓)나라 원수 갚고 관동을 격파했네.	韓讐已報破關東.
기미 살펴 가장 먼저 한 고조를 알아보았고,	見機先識漢高祖,
도를 깨우쳐 황석공을 따를 수 있었다네.	悟道能從黃石公.
하늘 밖 구름 산을 마음대로 왕복했고,	天外雲山隨往復,
강물 속 부평처럼 자유롭게 종횡했네.	水中萍梗任縱橫.
고금의 통달한 자도 장량 같은 이 드무니,	古今達者如君少,
높은 자취 거듭 좇으며 덕망을 우러르네.	三復高蹤仰德風.

당나라 요합(姚合)[7]은 「산거지락(山居之樂)」이라는 제목으로 시를 지었다.

기쁘게도 산중생활 기회를 얻어,	喜得山中住,
한가하게 잠들어 꿈도 안 깨네.	閒眠夢不驚.
새벽 샘물 비와 함께 떨어지는데,[8]	曉泉和雨落,
가을 풀은 담장 위에 자라고 있네.	秋草上牆生.

6_ 『수신후기(搜神後記)』에 의하면 한나라 때 정령위(丁令威)라는 사람이 영허산(靈虛山)에서 도를 닦아 신선이 되었는데, 1000년 만에 학이 되어 고향 성문 화표(華表) 위에 앉았다고 한다. 신선이나 죽은 사람이 인간 세상으로 돌아옴을 비유한다. 화표는 중국 고대 건축물 앞에 세워놓은 거대한 기둥이다. 장식이나 표지를 위한 용도로 쓰였다. 이 시는 앞두 구절만 제외하면 당나라 시인 허혼(許渾)의 「왕거사(王居士)」와 똑같다. 다른 구절은 다음과 같다. "筇杖倚柴關, 都城賣卜還."

7_ 요합(姚合, 779?~855?). 중당 시기 유명한 시인이다. 감찰어사, 항주자사, 비서소감 등을 역임했다. 한적하고 정갈한 시를 많이 썼다.

8_ 암벽 사이의 샘물이 비와 함께 흩날려 떨어지는 모습이다.

손님 와서 처음으로 술 사러 가고, 因客始沽酒,
책 빌리러 바야흐로 성안에 가네. 借書方到城.
새롭게 시를 지어 마음 읊는데, 新詩聊自遣,
명성이 무에 그리 귀중하더냐? 豈是珍聲名.[9]

황제는 장량이 산으로 돌아가는 모습을 보고 건국 공신들을 추억하며 생각에 잠겼다.

'그간 포의의 신분으로 짐과 맨 먼저 봉기한 사람도 있었고, 초나라를 등지고 짐에게 귀의하여 큰 공을 세운 사람도 있었으며, 그뒤 짐을 따라 정벌에 나서 누차 기묘한 계책으로 위대한 업적을 세운 사람도 있었다. 비록 죄를 범하여 더러 주살되기도 했지만 우리 유씨를 흥성하게 하고 초나라를 멸망시킨 공은 함부로 뒤섞을 수 없다. 짐은 관각(館閣)을 한 채 건립하여 공신들의 이름과 모습을 그곳에 그려두고 후세 자손들에게 보여주어 나라의 시작을 잊지 않게 하고 우리 한나라 인재의 성대함을 보여주고 싶다.'

그리고 바로 목수에게 공신각을 지으라 명하고 화공을 시켜 공신들의 용모를 그리게 했다. 공신각이 완공되자 황제는 태자를 거느리고 구경하며 공신들의 출신지와 내력을 하나하나 설명했다. 기신의 영정을 보자 태자가 말했다.

"폐하께 이 사람이 없었다면 어찌 오늘이 있겠습니까?"

9_ 현재 통용본의 제목은 「산거(山居)」다. 통용본에는 첫째 구와 둘째 구가 "獨在山阿裏, 朝朝遂性情"으로 일곱째 구 신시(新詩)가 시정(詩情)으로, 여덟째 구 기(豈)가 불(不)로 되어 있다.

또 태자는 하후영의 영정을 보고 이렇게 말했다.

"만약 신에게 이 사람이 없었다면 어찌 오늘 폐하의 자식 노릇을 할 수 있겠습니까?"

황제가 덧붙였다.

"우리 아들이 뿌리를 잊지 않고 있다 할 만하다!"

이날 기신의 아들 기통과 하후영을 불러서 거듭 큰 상을 내렸다. 두 사람은 상을 받고 태자의 은혜에 감사하며 물러났다. 사람들은 감탄하며 태자의 인덕을 입이 닳도록 칭찬했다. 황제도 그 소식을 듣고 매우 기뻐했다.

그때 문득 어떤 사람이 고함을 질렀다.

"폐하와 태자 전하께서는 기신과 하후영의 공은 생각하시면서 어찌 유독 신의 아비가 세운 위대한 공은 생각하지 않으십니까? 생각하지 않으시는 건 폐하께서 잊으신 것입니다."

황제는 그를 바라보았다. 그가 누구인지는 다음 회를 보시라.

제99회

한 고조가 세상을 떠나다

장락궁에서 고조가
의원을 거부하다
長樂宮高帝拒醫

그 사람이 누구인가? 바로 항백의 아들 항동(項東)이었다. 항동이 아뢰었다.

"폐하께서 지난날 패상에 주둔하여 초나라와 싸우실 때 초왕이 군사를 일으켜 진채를 공격하자 신의 아비는 자방과 친구였기 때문에 초왕과 동성임도 잊고 친히 화살과 돌멩이를 무릅쓰고 곧바로 한나라 군영으로 달려가 상황을 폐하께 보고하고 우호를 맺었습니다. 이후 초나라로 돌아와서도 폐하의 처지를 해명하여 초왕의 공격을 그치게 했습니다. 다음날 홍문연에서도 신의 아비는 항장과 칼춤을 추면서 폐하를 극력 보호하여 폐하께서 무사하실 수 있었습니다. 그뒤 성고에서 패왕이 태공을 도마 위에 올려놓고 위협할 때도 신의 아비가 말로 힘껏 막아 태공께서 목숨을 보존할 수 있었습니다. 신의 아비가 세운 공은 기신과 하후영의 아래에 있지 않습니다. 폐하께서 신의 아비에 대해 한마디도 언급하지 않는지라 신이 뒤를 따르다 감히 죽음을 무릅쓰고 폐하께 말씀드리는 것입니다."

황제는 항동의 말을 듣고 경악하며 망연자실한 모습으로 말했다.

"짐이 오래전부터 옛날의 맹세를 다시 맺고 두 가문의 혼인을 이행하려 했으나 각처로 정벌을 다니느라 그럴 겨를이 없었네. 지금 자네의 말을 듣고 보니 나 자신이 부끄럽네."

황제는 이날 어명으로 소화공주(少華公主)와 항동의 혼인을 추진하게 했다.[1] 숙손통에게 의례를 맡기고 길일을 택해 두 사람의 혼례를 치른 뒤 영원한 우호의 맹약을 맺었다. 이로부터 항동은 공주와 한집안이 되어 융경부(隆慶府)에 거주하게 되었고 황제는 항동을 소신후(昭信侯)에 봉했다.

황제는 영포를 정벌하다 화살에 맞은 상처가 도져서 묵은 병이 재발했다. 척희를 총애하여 자주 관계하다보니 병이 더욱 엄중해졌다. 여후는 비빈들과 대책을 논의했다.

"지금 폐하의 환후가 엄중한데도 온종일 서궁에만 계시니, 만약 불측한 일이 일어나면 뒷일을 어떻게 했으면 좋겠느냐?"

비빈들이 대답했다.

"주발, 관영 등 신하들과 태자 전하를 부르시어 함께 서궁으로 가게 하십시오. 그리고 폐하에게 장락궁으로 환궁하여 환후를 돌보시도록

1_ 소화공주와 항동은 정사에 기록이 없다.

해야 합니다. 그렇게 하심이 옳은 일일 듯합니다. 황후마마께서 권하면 끝내 듣지 않으실까 두렵습니다."

여후가 말했다.

"그 견해가 매우 일리 있다."

즉시 심이기(審食其)와 여택을 부르고 다시 두 사람에게 주발, 관영 등 대신과 태자를 불러와 함께 서궁으로 가서 폐하의 환궁을 청하라고 명령을 내렸다. 대신들이 말했다.

"황후마마의 소견이 매우 훌륭합니다."

신료들은 태자와 함께 서궁으로 가서 복순문(福順門)에서 오래 기다리며 궁녀에게 소식을 전했고 궁녀가 다시 황제에게 알렸다. 황제가 말했다.

"이것은 필시 내가 아픈 걸 보고 여후가 태자와 신료들을 시켜 나의 환궁을 청하려는 계책이다."

척희가 울먹였다.

"폐하께서 환궁하시고 저만 여기에 버려지면 저는 결국 황후에게 해를 당할 테니 폐하의 용안을 다시 뵐 수 없을 것입니다!"

척희는 말을 마치고 눈물을 비 오듯 흘리며 탑전 앞에 꿇어 엎드렸다.

황제가 분부했다.

"신료들을 안으로 들여라. 할말이 있다."

마침내 어명을 전하고 태자와 신료들을 안으로 들어오게 했다.

태자와 신료들은 안으로 들어서며 황제를 보았다. 황제의 얼굴이 누렇게 야위었고 사지의 움직임도 무거워 보였다. 그들은 탑전 앞에 머리를 조아리며 호소했다.

"폐하께선 보령도 이미 높고 환후도 있습니다. 여기 오래 계시면 아침부터 저녁까지 즐겁기는 하겠지만 옥체를 요양하실 수 없습니다. 신들의 어리석은 견해로는 폐하의 조용한 요양을 위해 정궁으로 가서 장차 만년을 보전하셨으면 합니다. 그렇게 하시면 태자는 지극한 효성을 이룰 수 있고 신들은 지극한 소원을 이룰 수 있으니, 두 가지를 모두 겸하는 일입니다."

황제가 말했다.

"내 병은 오래 전쟁터를 전전하며 종일토록 우울한 마음을 품고 살다가 생긴 것이오. 지금 여기에 있으니 저절로 편안하고 쾌적한 느낌이 드오. 마음의 안정을 찾을 수도 있을 듯한데, 어찌 다른 곳으로 옮길 필요가 있겠소? 더 소란을 피우는 건 나를 위로하는 방법이 아니니 그리 아시오."

이어서 번쾌가 도착하여 바닥에 엎드린 채 언성을 높였다.

"폐하께서는 포의의 신분에서 군사를 일으켜 천하를 편력하며 진나라를 멸하고 항씨를 주살하셨습니다. 이 얼마나 장한 일입니까. 그런데 지금 척희에 연연하시며 초심을 잊고 계십니다. 생각건대 황후마마와 폐하께서는 환난을 함께하며 대업을 이루셨습니다. 그런데도 폐하와 정실에 함께 계시지 못하고 천지가 어울리는 대의를 잃었으니 신들은 폐하를 위해 이런 방법을 쓰지 못하겠습니다. 지금 태자와 신료들이 모두 죄를 무릅쓰고 애절하게 간청하고 있습니다. 폐하께서 또다시 하나만 고집하며 정궁으로 돌아가지 않고 부자간의 정과 군신 간의 의리를 끊으신다면 어떻게 만세토록 이어질 올바른 법을 시행하실 수 있겠습니까?"

황제는 신료들이 애절하게 요청하는 모습을 보고 어쩔 수 없이 병을 요양하기 위해 장락궁으로 되돌아왔다. 척희는 황제를 정궁으로 배웅하고 여후에게 절을 한 뒤 다시 서궁으로 돌아갔다.

여후는 신료들과 대책을 논의하고 나서 명의를 초청하여 진찰을 받아보려 했다. 진평이 아뢰었다.

"장안에서 200여 리 떨어진 역양(櫟陽, 산시성陝西省 시안시 옌량구 우툰진武屯鎭) 북산 아래 한 의원이 살고 있는데, 진맥을 아주 잘하고 여러 가지 병도 능숙하게 치료한다고 합니다. 황후마마께서 사람을 보내 예의를 갖추고 청해와 진찰하게 하면 혹시 고칠 수 있을지도 모릅니다."

황후는 예물을 갖추어 사람을 역양으로 보내 그 의원을 불렀다. 그 의원은 장안에 도착하여 궁궐로 들어와 먼저 여후를 만났다. 여후는 황제의 증상을 하나하나 자세히 이야기했다. 의원이 말했다.

"이 병은 위중하기는 하지만 폐하의 원기가 평소에 왕성했으므로 좋은 약을 쓰면 점점 차도를 보이고 건강을 보전하실 수 있습니다."

여후가 기뻐하며 말했다.

"자네가 폐하의 환후를 치료할 수 있으면 반드시 봉작과 상을 후하게 받고 부귀를 넉넉하게 누릴 것이네."

여후는 마침내 의원을 인도하여 황제를 진찰하게 했다. 의원이 아뢰었다.

"폐하의 환후는 치료하기 어렵지 않습니다. 좋은 약을 쓰면 열흘 만에 차도가 있을 것입니다."

그러자 황제가 의원을 깔보고 욕하며 소리를 질렀다.

"어디서 이런 산골 무지렁이를 끌고 와서 함부로 내 병의 가부를 운운하게 하는가? 나는 포의로 거병하여 삼척검을 들고 천하를 탈취했다. 이 어찌 천명이 아닌가? 내 목숨은 하늘에 달려 있어서 편작(扁鵲)[2] 같은 신의(神醫)가 온다 한들 무슨 도움이 되겠는가?"

황제는 단호하게 자신의 병을 치료하지 못하게 했다. 그러나 그 의원에게는 황금 50근을 하사하고 역양으로 되돌아가게 했다.

황제는 이때부터 음식을 적게 먹었고 병은 더욱 위중해졌다. 여후는 아침부터 저녁까지 황제의 좌우를 지켰다. 여후가 황제에게 물었다.

"폐하의 만세후[3]에 소 상국이 죽으면 누가 그 자리를 대신할 수 있겠습니까?"

"조참이 대신할 수 있소."

다시 그다음을 묻자 황제가 대답했다.

"왕릉이 대신할 수 있소. 왕릉은 좀 어리석지만 진평이 보좌할 수 있을 것이오. 진평은 지혜가 넉넉하지만 승상 자리를 그 사람 혼자에게 맡기기는 어렵소. 주발은 중후하고 꾸밈이 없소. 우리 유씨를 편안하게 해줄 사람은 틀림없이 주발일 것이오. 태위로 삼으시오."

여후가 또 그다음을 묻자 황제가 대답했다.

"그다음은 나도 모르겠소."[4]

2_ 중국 전설에 의하면 황제(黃帝)와 동시대 사람으로 의약에 정통했다고 한다. 이후 중국 역사에는 시대마다 편작이란 이름의 명의가 자주 등장한다.

3_ 『사기』 「고조본기」에는 "백세후(百歲後)"로 되어 있다.

4_ 『사기』 「고조본기」에는 "그다음은 당신이 알 바가 아니오(此後亦非而所知也)"라고 되어 있다.

한 고조가 세상을 떠나다

태자도 내전으로 들어와 문병했다. 황제가 말했다.

"나는 늙었다. 이번 병으로 일어나지 못할 것 같구나. 너는 인자하고 후덕하니 천하를 보전할 수 있을 것이다. 다만 조왕 여의와 그 어미의 목숨은 모두 네 보호에 달려 있다. 아비가 사랑한 사람은 아들도 아껴야 한다. 그런 뒤에야 효도를 했다고 할 수 있다. 잘 기억해두거라!"

태자가 대답했다.

"아바마마의 은혜와 형제의 정 두 가지를 모두 잃을 수 없습니다. 폐하께서는 옥체를 잘 보전하시고 다른 염려는 마시옵소서."

그렇게 부탁한 뒤 황제의 병세는 더욱 위중해져 다시는 말을 할 수 없었다. 한나라 12년 여름 4월 갑진일(甲辰日)에 황제는 장락궁에서 붕어(崩御)했다. 본래 고조는 진 소왕 51년에 태어나 이때 세상을 떠났다. 향년 63세였다. 뒷날 반고(班固)가 『한서』에서 「사찬(史贊)」을 지어 한 고조를 찬양했다.

한 고조의 본래 계통은,	漢帝本系,
당 땅의 요임금에서 유래했다네.	出自唐帝.
주나라 시대로 내려와서는,	降及於周,
진나라에서 유씨를 처음 칭했네.	在秦作劉.
위나라를 거친 후 동으로 가서,	涉魏而東,
마침내 풍공[5]이 터를 잡았네.	遂爲豊公.
이로부터 미루어 짐작해보면,	由是推之,

5_ 한 고조 유방의 조부 유인(劉仁)이다. 처음으로 풍읍(豊邑) 중양리(中陽里)에 자리잡았다.

한나라는 요임금을 계승했다네.	漢承堯運.
덕에 바탕한 천운이 이미 성했고,	德祚已盛,
뱀을 죽여 좋은 조짐 드러냈다네.	斷蛇著符.
깃발은 붉은색을 숭상하면서,	旗幟上赤,
화덕에 부합하게 장식을 했네.	協于火德.
저절로 모든 징조가 부응하면서,	自然之應,
천명의 정통을 이어받았네.	得天統矣.[6]

6_ 원본에는 이 「사찬」 뒤에 다음과 같은 '역사 논평'이 몇 편 달려 있다. 차례대로 번역해둔다. "『한서』 「서전(敘傳)」에서는 이렇게 읊었다. '위대하다 한 고조 황제여, 요임금의 전통을 계승했네. 진실로 하늘이 낸 덕을 받아서, 총명하고 신령한 자질 지녔네. 진나라 사람들은 기강이 없어, 초나라로 그 허점이 이어졌다네. 이때 고조께서 자취 드러내, 뱀을 베고 군사를 일으켰네. 신모가 상서로움 이야기하자, 붉은 깃발 곧바로 펼쳐 들었네. 진나라 교외로 진격해가자, 자영이 달려와 고개 숙였네. 천명 바꾸어 제도를 새로 만들어, 삼장약법 반포해 기강 잡았네. 하늘에 응하여 민의 따르니, 오성이 나란히 늘어섰다네. 항우는 마음대로 횡포를 부려, 고조를 한중에 추방했다네. 서쪽 사람 귀환할 마음먹었고, 전사들은 울분과 원망 품었네. 기회를 틈타서 군사 움직여, 삼진 땅 모두를 석권했다네. 험준한 산과 강에 의지하고, 백성을 보호하고 위로했다네. 소하와 조참은 고광지신으로, 사직의 날줄이 되어주었네. 한신과 영포는 날랜 장수요, 장량과 진평은 복심이었네. 하늘을 대신하여 천벌 행하니, 혁혁한 업적이 밝게 빛나네.'"

"반표(班彪)는 「왕명론(王命論)」에서 이렇게 논술했다. '대체로 한 고조가 흥성하게 된 이유는 다섯 가지다. 첫째, 요임금의 후예이고 둘째, 용모가 매우 특이했고 셋째, 신령한 위엄에 상서로운 조짐이 감응했고 넷째, 관대하고 현명한데다 어질고 너그러운 성품을 가졌고 다섯째, 사람을 잘 알아보고 인재를 잘 부렸다는 점이 그것이다. 여기에 더하여 진실한 자세로 훌륭한 계책을 좋아하면서 사람들의 충고를 받아들이는 데 뛰어났다. 선한 일을 보면 자신이 그 일을 하지 못할까 걱정했고, 또 사람을 쓸 때는 자신의 몸을 부리는 듯했고, 간언을 좇을 때는 물이 흐르는 듯 순조롭게 따랐고, 시대 변화를 따를 때는 메아리가 울리는 것처럼 때맞춰 처신했다. 주공이 입안의 밥을 뱉어내고 서둘러 현인을 맞은 것처럼 한 고조도 장량의 계책을 신속히 받아들였다. 발을 씻다가도 급히 발을 빼내 읍을 하고 역이기의 의견을 수용했다. 변방의 병졸 말에도 깨달음 얻어 고향 그리는 마음을 끊었고, 상산사호의 명성을 높게 여겨 피붙이(조여의)를 사랑하는 마음도 끊었다. 군대의 대오에서 한신을 천거했고, 망명객 중에서 진평을 받아들였다. 영웅호걸이 또 후세에 사관이 시를 지어 읊었다.

패군에서 신령한 분 탄생하더니,	沛郡生神異,
일의 규모 확연히 상이했다네.	規模逈不同.
조리 있는 장정으로 왕법 밝혔고,	條章明勑法,
군대의 규율로 장졸 경계했네.	師紀戒兵窮.
간언 수용 원활하게 이루어졌고,	納諫如圜轉,
인재 등용 거울처럼 공평했다네.	知人似鑑公.
은 탕왕과 주 무왕 뒤를 이어서,	殷湯周武後,
창업 이루어 기이한 공 우뚝 세웠네.	開創建奇功.

붉은 깃발 높이 걸려 태양에 빛나고,	赤幟高懸映日紅,
산동 땅 왕성한 기운 자욱하게 일어나네.	山東旺氣正蘢葱.
진시황은 순행하며 망상에 젖었고,	始皇徧歷空勞想,
항우는 나라 경영하다 궁지에 몰렸네.	項籍經營枉自窮.
천명에 부합하니 진명 천자 존재했고,	天命默符眞命在,

힘을 발휘하게 하면서 그들의 다양한 계책을 모두 채택했으니 이것이 고조의 위대한 방략이었고 제업 성공의 원인이었다.'"

"애초에 고조는 학문을 닦지 않았으나 성격이 밝고 활달한데다 훌륭한 계책을 좋아했고, 다른 사람의 의견을 잘 받아들였다. 문을 지키는 병졸들도 그를 보면 마치 친구처럼 대했다. 민심에 순응하여 약법삼장을 제정하자 천하의 공론이 이미 정해졌다. 소하에게는 율령을 정하게 하고, 한신에게는 군법을 시행하게 하고, 장창에게는 조정의 장정을 만들게 하고, 숙손통에게는 예의를 제정하게 했다. 또 공신에게 포상과 봉작을 수여하는 부절을 쪼개주며 부귀를 함께하겠다고 맹세했고, 그들의 공적과 이름을 단서철권(丹書鐵劵)에 새겨 쇠로 만든 상자와 돌로 만든 방에 보관해두었다. 국가 대사에 눈코 뜰 새 없었지만 나라의 규모는 원대하게 세웠다."

민심이 호응하니 평소 마음이 통했네. 人心響應素心通.
장안 땅 험준한 곳 산하가 장엄하니, 長安百二山河壯,
사백 년간 한나라의 대업이 융성했네. 四百年來漢業隆.

황제가 세상을 떠난 지 나흘이 지났지만 여후는 그 사실을 비밀에 부치고 발상(發喪)하지 않았다. 여후는 여택과 심이기를 불러 대책을 논의한 뒤 즉시 공신들을 해치려고 했다. 어떻게 될지는 다음 회를 보시라.

제100회

혜제가 즉위하다

여태후가 공신을 주살하려고 모의하다
呂太后謀誅功臣

황제가 세상을 떠나고 나흘이 지났지만 여후는 그 사실을 비밀에 부치고 발상하지 않았다. 여후는 여택과 심이기를 불러 대책을 논의했다.

"지금 조정에 있는 공신들은 강포하게 발호하며 각각 다른 마음을 품고 있소. 폐하께서 붕어한 사실을 알면 틀림없이 반란을 일으킬 것이오. 저들이 어찌 자신의 몸을 바쳐 어린 황제를 섬기려 하겠소? 나는 폐하의 환후가 위중하다는 거짓말을 전하고 대소 신료를 궁궐로 불러들여 황제의 유촉을 전한다고 하겠소. 도성 안팎을 불문하고 모두 궁궐 안으로 불러들인 뒤 매복한 무사를 동원하여 저들을 죽여 후환을 없애겠소. 이 계책이 어떠하오?"

심이기가 대답했다.

"황후마마께서 조서를 써서 도성 안팎으로 전하여 대소 신료들을 궁궐 안으로 들어오게 하실 때 심복 대장 한 사람에게 무사들을 이끌고 적절히 대처하며 손을 쓰게 하셔야 합니다. 만약 방비가 치밀하지 못한 상황에서 신료들이 변란을 일으키면 오히려 재앙을 야기하게 됩니다. 이는 소홀히 할 수 없는 일입니다."

"좌우 사람들 중에는 역상(酈商)[1]만이 마음속 이야기를 할 수 있으니 불러와서 대책을 논의하도록 하시오."

여택은 즉시 역상을 불러왔다. 역상은 황급히 달려와 여후를 만났다. 여후는 앞서 있었던 이야기를 비밀리에 역상에게 모두 알려주었다. 역상이 말했다.

"이것은 절대 장기 대책이 아닙니다. 황후마마께서 조서를 써서 도성 안팎으로 전할 때 만약 신료들이 각각 의문을 품고 다른 마음을 먹으면 천하가 위태로워집니다! 게다가 진평과 관영은 정예병 10만을 이끌고 형양을 지키고 있으며, 무양후 번쾌와 강후 주발은 정예병 20만을 이끌고 연나라 땅과 대나라 땅을 안정시키고 있습니다. 나머지 장수들도 각각 사방에 흩어져 정예병을 거느리고 저마다 튼튼한 세력을 형성하고 있습니다. 만약 이들이 황제 폐하께서 붕어한 사실을 알고, 또 황후마마께서 공신들을 속여 궁궐로 불러들인 뒤 상해를 가했단 소식을 들으면 각기 군사를 연합하여 방향을 바꾸어 관중을 공격할 것입니다. 또 도성 안에 있는 대소 신료들도 바깥에 군사 변란이 일어났다는 사실을 알고 그들에 협력하여 안에서 반란을 일으키면 황후마마께선

1_ 역이기의 아우다.

여후가 한 고조 사후 일을 논의하다

100만 군사가 있다 해도 지탱하기 어려우실 것입니다. 한 가지 변란이라도 가볍게 여겨서는 안 됩니다. 황후마마께선 잘 살피시고 경솔하게 행동해서는 안 됩니다!"

여후가 수긍했다.

"경의 말씀이 정말 일리가 있소. 그럼 지금은 또 어떤 계책을 써야 하오?"

역상이 대답했다.

"신의 어리석은 소견으로는 서둘러 도성 안팎에 조서를 반포하여 폐하의 붕어를 알리고 천하에 대사면령을 내리십시오. 그리고 번쾌, 주발, 왕릉 등을 불러 관중을 방어하고, 위로는 선대 제왕의 만년 대업을 잃지 않고 아래로는 어린 황제 폐하의 태평성대를 보우하십시오. 황후마마의 건국 공로는 기물과 솥에 새겨져 자자손손 칭송되며 썩지 않을 것입니다."

여후가 분부했다.

"말씀대로 숙손통에게 폐하의 유조(遺詔, 죽은 임금의 유언이 담긴 조서)를 쓰게 하여 도성 안팎에 두루 알리시오."

유조의 내용은 다음과 같았다.

짐은 포의의 신분으로 봉기하여 관중을 평정하고 30년 동안 고난을 겪으며 비로소 대업을 이루었다. 바야흐로 태평시대를 편안히 누리며 지극한 치세에 도달하려 했으나 생각지도 못하게 병에 걸려 일어나지 못하고 마침내 먼길을 떠나게 되었다. 다행히 대소 문무 신료들이 함께 교화를 도와준 덕분에 원대한 일을 이룰 수 있었다. 여전히 태자를 보좌하여 보위를 잇고 해내를 잘 지키기 바란다. 또 만세토록 업적을 이어 천하의 모든 백성이 한나라 땅에서 편안히 살기를 기원한다. 만약 함부로 병란을 일으키며 임금의 교화를 따르지 않는 자가 있으면 즉시 한두 대장으로 하여금 군사를 거느리고 정벌하여 깨끗이 없애는데 온 힘을 다 발휘하면서 짐의 명령을 어기지 말라. 발상의 의례를 행할 때는 지나치게 사치하지 말라. 혹시라도 백성의 재물을 침탈한다면 그건 짐의 초심이 아니다. 이 조서를 널리 반포하여 모든 백성에게 알린다.

유조가 도성 안팎에 반포되자 대소 신료들은 모두 슬픔에 젖었다. 정미일(丁未日)에 발상하여 병인일(丙寅日)에 장안 옛 성에 안장했고 기사일(己巳日)에 태자 영이 황제의 보위에 올라 천하에 조서를 반포했다.

짐은 황제의 맏아들로 태자에 책봉된 지 이미 오래다. 황제께서 붕어하자 신료들이 황제 폐하의 유조에 따라 짐을 황제 보위에 세웠다. 짐은 스스로 생각하기에도 덕이 모자라 천하의 무거운 임무를 이기지 못할까 두렵다. 다만 황제 폐하께서 명령하신지라 감히 사양하지 못한다. 한나라 12년 여름 4월 기사일에 보위에 올라 조서를 중외에 널리 반포한다. 다만 너희 대소 문무 신료와 제후 들이 짐의 모자라는 점을 바로잡아 대업을 보호해주기 바란다. 그 도움에 힘입어 이 대통을 만세토록 잇고 흔들림 없는 기반에서 자손들의 번영을 기약한다. 이 조서를 널리 반포하여 모든 백성에게 알린다.

혜제가 조서를 반포하자 숙손통이 신료들을 이끌고 들어와 표문(表文)을 올리며 하례했다. 또 한나라 황제[漢帝]라는 선제의 호칭을 높여 고제(高帝)로 하고 한나라의 조종임을 밝혀 창업의 군주로 삼았다. 혜제가 물었다.

"여러분께서 선제의 호칭을 높여 고제라 했는데, 이 또한 자손이 조상을 높이는 효도일 것이오. 다만 예법에 합치되는지 모르겠소?"

신료들이 대답했다.

"선제께선 한미한 자리에서 봉기하여 난리를 바로잡고 천하를 평정하셨으니 한나라 태조에 해당하십니다. 그 공이 가장 높으므로 존호를 고황제(高皇帝)로 높인 것입니다. 이는 삼왕의 예법에도 부합하고 천하의 인정에도 합치됩니다."

"여러 신료께서 이미 타당하게 논의했으니 서둘러 존호를 올리고 중외에 반포하도록 하시오."

이에 신료들은 한나라 황제라는 호칭을 고황제로 높인 뒤 각 군과 제후국에 각각 고묘(高廟)를 세워 해마다 제향을 올리게 했다. 또 고제가 일찍이 패현에서 슬픈 노래를 부르던 일을 생각하여 패현의 본래 봉기 지점에 고제묘(高帝廟)를 세우고 당시에 노래를 가르쳤던 아이 200명으로 하여금 제사 때마다 노래를 부르고 춤을 추게 하여 신령을 즐겁게 하는 의례로 삼았다. 만약 결원이 생기면 바로 유사에게 보충하도록 했다. 후세 사람이 이 일을 시로 읊었다.

한 고조가 풍택에서 즐겁게 노래한 후,	高帝歌風豐澤村,
성대한 사당 제사에 아직도 혼을 부르네.	洋洋廟祀尙招魂.

금빛 자줏빛 옷을 입은 수많은 관리는, 而今多少衣金紫,
고향이 뿌리임을 까맣게 잊고 있네. 忘却家山是本根.

혜제가 즉위하자 각 지역 제후들이 모두 축하하러 왔다. 다만 연왕 노관(盧綰)만이 군사를 이끌고 흉노와 연합하여 모반했다. 혜제는 고제의 유조에 따라 번쾌와 주발에게 정예병 20만을 거느리고 노관을 정벌하게 했다. 번쾌와 주발은 황제의 명령을 받고 정예병 20만을 선발하여 연나라와 대나라 땅으로 달려갔다. 어느 날 군사가 장하에 이르자 먼저 정탐병을 보내 노관의 소식을 탐문했다. 며칠 뒤 정탐병이 돌아와 보고했다.

"노관의 대군은 연북(燕北)에 주둔했고, 두 갈래 군사가 모두 50만인데 300리에 걸쳐 끝없이 이어져 있습니다."

번쾌가 보고를 듣고 주발과 대책을 논의하며 말했다.

"노관의 병마가 많으니 힘으로 대적하지 말고 지혜로 공격해야겠소. 공은 정예병 5만을 이끌고 장하 동북에서 태원으로 들어가 놈들의 배후를 어지럽히시오. 나는 연남(燕南)으로 전진하여 노관과 대적하겠소. 놈들은 앞에 신경쓰느라 뒤는 방비하지 못할 것이오. 공이 뒤를 급하게 공격하면 놈들은 양쪽에 모두 대응할 수 없을 것이고, 노관도 사로잡을 수 있을 것이오."

주발이 말했다.

"흉노는 지금 연북에 주둔해 있습니다. 내가 뒤를 공격할 때 혹시라도 구원하러 오면 내게도 이롭지 못할 뿐 아니라 장군에게도 이롭지 못할 듯하오."

번쾌가 반박했다.

"그렇지 않소! 내가 연남을 공격하여 노관과 대적하면 흉노는 반드시 앞을 향해 달려와 호응하며 노관과 군사를 합쳐 나와 맞설 것이오. 어떻게 뒤를 돌아볼 리가 있겠소? 공은 군사를 이끌고 놈들의 배후를 뒤흔드시오. 놈들은 틀림없이 놀라 도주하며 우리가 하늘에서 내려온 것으로 의심할 것이오. 단 한 번의 전투로 틀림없이 승리할 수 있소."

주발이 번쾌의 계책에 따라 정예병 5만을 거느리고 장하에서 동북쪽으로 전진했다. 번쾌도 삼군을 재촉하여 곧바로 연남대로를 따라 달려가 노관의 군영에서 50리 떨어진 지점에 진채를 세웠다.

노관은 번쾌가 군사를 이끌고 왔다는 소식을 듣고 황급히 흉노에 그 사실을 알리면서 서둘러 연남으로 와서 구원해달라고 요청했다. 번쾌는 군영을 세우고 나서 사흘 동안 아무런 전투도 벌이지 않았다. 노관과 흉노는 대책을 논의했다.

"번쾌는 한나라의 명장이지만 이제 연로하여 이곳에 온 지 사흘이 지났건만 감히 싸우러 나오지 않고 있소. 짐작건대 우리 군사의 수가 많아서 겁을 먹은 것 같소. 내가 내일 번쾌와 교전을 벌이면 장군도 거병하여 세차게 공격하시오. 놈들은 반드시 패주할 것이오. 그때 힘을 다해 추격하면 반드시 승리할 수 있을 것이오. 만약 번쾌가 패하면 한나라에는 더이상 용력을 발휘할 자가 없소. 관중이 혼란에 빠지면 나와 장군은 군사를 이끌고 서쪽으로 달려가 장안을 장악하면 되오."

노관은 그렇게 계책을 정했다.

번쾌는 기마병 장수 장영(張榮), 이정(李鼎), 마화(馬和), 당봉(黨奉)에게 군사 4만을 이끌고 길 좌우에 매복하라고 지시했다.

"내가 패배한 척 달아날 때 너희가 힘을 합쳐 적의 대열을 끊으면 놈들은 궤멸하여 혼란에 빠질 것이다."

네 장수는 명령을 받고 길 좌우에 매복했다. 그때 번쾌는 혼자서 말을 타고 진영 앞으로 나가 노관에게 싸움을 걸었다.

"우리 황제께서 네놈과 함께 군사를 일으킨 이래 30여 년 동안 네놈을 자식처럼 사랑했다. 네놈을 연왕에 봉했으니 네놈은 고귀한 지위가 극에 달했다 할 만하다. 그런데도 만족할 줄 모르고 흉노와 결탁하여 반란을 일으킨단 말이냐? 오늘 천병이 달려왔으니 일찌감치 네놈의 목숨을 내놓고, 삼군을 도탄에서 구하기 바란다."

노관이 대답했다.

"한나라 황제는 공신을 주살했고 지금 여후는 더욱 심하다. 이 때문에 군사를 일으켜 천하를 도모하려는 것이다. 네놈이 기회를 봐서 나와 군사를 합친다면 미앙궁에서 처형당하는 고통을 면할 수 있으리라."

번쾌는 대로하여 창을 들고 노관을 바로 찔렀다. 노관도 칼을 들고 응전했다. 두 사람은 한 곳에서 치열한 전투를 벌였다. 징소리와 북소리가 울렸고 피어오른 먼지가 사방 들판에 가득했다. 30합을 싸우고 나서 번쾌가 패배한 척 말 머리를 돌려 길을 버리고 달아났다. 흉노 군사들도 세차게 부딪쳐왔다. 노관도 힘을 합쳐 흉노와 추격전에 나섰다. 그렇게 진격하는 중에 대열 양쪽에서 한줄기 포성이 들리더니 오른쪽과 왼쪽에서 두 갈래 군사가 돌격해왔다. 선두에 선 네 장수는 연나라와 대나라 군사의 대열을 끊고 용감하게 돌격했다. 번쾌도 군사를 되돌려 협공했다. 노관은 대패하여 뒤쪽으로 도주했다. 번쾌는 삼군을 지휘하여 밤새도록 추격전을 벌였다. 그때 연북에서 급보가 전해졌다. 수가 얼마인지도 모를 한나라 군사가 태원 방향에서 휩쓸고 나와 이미 노관의 본영에 남겨놓았던 군수품과 장비를 모두 불태우고 거의 50여 리 밖까지 몰려왔다는 것이다. 노관은 깜짝 놀라 황급히 연성(燕城, 허베이성 싼허시三河市 근처)을 향해 치달렸지만 번쾌가 바짝 뒤쫓자 탈출할 수 없었다. 날이 밝을 때까지 추격전을 벌이자 한나라 장수 주발의 군사도 당도했다. 그들은 노관과 흉노의 군사를 포위하고 화살을 메뚜기떼처럼 퍼부었다. 흉노의 군사들은 다급하게 말에서 내려 투항했다. 노관도 더이상 지탱할 수 없게 되자 칼을 뽑아 자결했다. 군사들은 흉노 장졸들을 모두 포박하여 진영 앞으로 끌고 왔다.

번쾌는 징을 쳐서 군사를 거두고 주발과 함께 성으로 들어가 백성을 위무한 뒤 군사들에게 음식과 상을 주며 위로했다. 주발이 축하 인사를 했다.

"과연 장군의 예상을 벗어나지 않았소이다!"

번쾌가 말을 받았다.

"흉노 군사들은 사로잡았지만 선우가 이끄는 한 부대뿐이오. 모두 죽일 수는 없소. 장안으로 압송하여 폐하를 뵙고 신료들과 대책을 상의해봐야겠소. 마침 이 기회를 틈타 선우와 화친을 도모할 수도 있을 것이오. 게다가 새 황제 폐하께서 즉위한 초기에 먼저 흉노의 거물을 사로잡았으니 나라의 위엄을 크게 떨쳤다 할 만하오."

"장군의 견해가 지당하십니다!"

이에 본부 군사 20만과 항복한 군사 15만을 이끌고 개선가를 울리며 귀환했다. 이 일을 읊은 시가 있다.

사막 바람 차가워서 적을 막기 어려운데, 沙漠風寒禦敵難,
번 장군의 위엄은 더욱더 당당하네. 將軍威武更桓桓.
흉노가 속수무책 군영 앞에 엎드리니, 匈奴束手軍前伏,
오랑캐 쓸어내고 만국이 편안하네. 一掃胡塵萬國安.

번쾌와 주발은 장안에 도착하여 혜제를 뵙고 노관이 자살한 일, 흉노가 투항한 일, 연나라와 대나라 땅을 모두 평정한 일을 자세히 아뢰었다. 혜제는 매우 기뻐하며 두 장수에게 많은 상을 내렸다. 그리고 바로 흉노 군사들의 포박을 풀어주고 내일 정식으로 조현(朝見)2을 받겠다고 했다. 그 곁에 있던 숙손통이 아뢰었다.

"신이 한 가지 아뢸 말씀이 있습니다. 외국으로부터 내일 조현을 받으실 때 임금과 신하의 의례를 행하시기 바랍니다. 폐하께서는 대전에 오르시고 무사들에게 각종 무기와 의장(儀仗)을 벌여 세우게 하여 위엄을 드러내십시오."

황제가 말했다.

"경의 말씀이 짐의 뜻과 같소."

그리고 비밀리에 칙지를 전해 대소 문무백관으로 하여금 각각 수놓은 비단 조복을 입고 내일 아침 조회에 참석하라고 했다. 성대한 의식이 어떠할지는 다음 회를 보시라.

2_ 왕조시대에 신하가 조정으로 가서 임금을 뵙던 일. 조공국 군주나 사신이 종주국으로 가서 조공을 바치며 인사를 하는 행사도 조현이라 했다.

제101회

혜제의 시대

한나라 혜제가
태평시대를 누리다
漢惠帝坐享太平

숙손통은 흉노가 조현을 한다고 하자 혜제에게 조정의 의장 기물을 성대하게 늘여 세우고 무사들의 대열을 엄정하게 유지해야 함을 아뢰었다. 또 비밀리에 칙지를 전해 문무 신료들에게 각각 수놓은 비단 조복을 갖추어 입고 조정에 나오게 하여 외국 사람들이 중원의 위엄을 볼 수 있게 했다. 혜제는 숙손통의 요청을 윤허했다. 다음날 번쾌는 흉노 대소 추장 100여 명을 이끌고 혜제를 알현했다.[1]

1_ 원본에는 이 대목 뒤에 한나라 조정 문물을 과도하게 찬양하는 장편 문장이 실려 있다. 이 장편 문장이 지나치게 묘사가 장황하여 순조로운 독서 흐름을 방해하기 때문에 이미 세계서국(世界書局) 『족본서한연의(足本西漢演義)』(上海, 1935)와 화하출판사(華夏出版社) 『동서한연의』(北京, 1995)에서는 모두 삭제한 바 있다. 이 번역본에서는 삭제하지 않고 각주에 번역해둔다.

흉노의 추장들은 한나라 조정의 위엄을 보고 깊이 탄복하며 엎드려 아뢰었다.

"오늘에야 비로소 중원의 성대함을 보았습니다. 우리 외국 족속은 멀리 사막에 살고 있고 먼 변방에서 성장하여 여태껏 이런 의장을 본 적이 없습니다."

"아름다운 누각에는 서기가 덮였고, 황제가 다니는 길에는 향기가 피어난다. 곧추세운 창에는 빛살이 찬란하고, 펄럭이는 깃발에는 온갖 색깔 섞여 있다. 해와 달과 우레와 번개 모양도 있고, 용과 범과 바람과 구름 모양도 있다. 수레는 12가지가 있다. 지남거(指南車), 기리거(記里車), 백로거(白鷺車), 난유거(鸞游車), 벽악거(辟惡車), 피혁거(皮革車), 경운거(耕耘車), 안거(安車), 사망거(四望車), 양거(羊車), 황월거(黃鉞車), 표미거(豹尾車)가 그것이다. 지붕이 덮인 수레는 11가지가 있다. 창로(蒼輅), 주로(朱輅), 청로(青輅), 황로(黃輅), 백로(白輅), 현로(玄輅), 옥로(玉輅), 금로(金輅), 상로(象輅), 혁로(革輅), 목로(木輅)가 그것이다. 사람이 메는 큰 가마는 일곱 가지가 있다. 대연(大輦), 봉연(鳳輦), 대방연(大芳輦), 소경연(小輕輦), 방정연(芳亭輦), 소옥연(小玉輦), 대옥연(大玉輦)이 그것이다. 작은 가마는 세 가지가 있다. 오색여(五色輿), 상평여(常平輿), 운우여(雲羽輿)가 그것이다. 천자가 타는 수레는 세 가지가 있다. 대가(大駕) 82승, 법가(法駕) 36승, 소가(小駕) 12승이 그것이다. 대장기에는 황휘(黃麾), 청휘(青麾), 적휘(赤麾), 백휘(白麾), 조휘(皁麾)가 있다. 신호용 장대로는 용두간(龍頭竿), 현백간(懸帛竿), 신간(信竿), 장간(長竿)이 있다. 세로로 길게 늘어뜨린 깃발에는 항인번(降引旛), 고지번(告止旛), 연교번(演教旛), 통번(通旛), 신번(信旛)이 있다. 종처럼 매다는 의장용 깃발에는 주작당(朱雀幢), 현무당(玄武幢), 청룡당(青龍幢), 백호당(白虎幢), 우보당(羽葆幢), 벽유당(碧油幢)이 있다. 부절로는 금절(金節), 표미절(豹尾節), 용절(龍節), 호절(虎節), 향절(響節)이 있다. 일산에는 자라산(紫羅傘), 황라산(黃羅傘), 청라산(青羅傘)이 있다. 큰 부채에는 단룡선(單龍扇), 쌍룡선(雙龍扇), 치미선(雉尾扇), 수화선(繡花扇)이 있다. 음악에는 내교방(內教坊) 음악도 있고 외교방(外教坊) 음악도 있으며, 당상악(堂上樂)도 있고 당하악(堂下樂)도 있다. 생황과 피리를 연주하는데 음율과 가락이 조화를 이루었다. 왼쪽에는 25대 조천군(朝天軍)이 늘어섰고 오른쪽에는 25대 호가군(護駕軍)이 늘어섰다. 모두가 은색 투구를 쓰고, 은색 갑옷을 입고, 비단 전포(戰袍)를 두르고, 금색 띠를 맨 채 대장군 의장대 기물을 들었다. 붉은 계단 아래에는 삼공(三公), 즉 태사(太師), 태부(太傅), 태보(太保)도 자리잡았고 삼고(三孤), 즉 소사(少師), 소부(少傅), 소보(少保)도 자리잡았다. 또 육경, 즉 총재(冢宰), 사도(司徒), 종백(宗伯), 사마(司馬), 사구(司寇), 사공(司空)도 자리잡았으며 구시(九寺), 즉 태상(太常), 광록(光祿), 위위(衛尉), 태복(太僕), 정위(廷尉), 홍로(鴻臚), 종정(宗正), 사농(司農), 소부(少府)

혜제는 광록(光祿)2에게 연회를 열게 하여 흉노 사람들을 융숭히 접대한 뒤 조회를 파하고 내전으로 들어갔다.

이로부터 천하에는 변란이 없었고 만국이 모두 평화로웠다. 여후는 황태후가 되었고 여택 등은 황태후의 힘에 의지하여 권력을 전횡하며 궁궐을 출입했다. 여씨 일족은 모두 제후에 봉해졌지만 대신들 중에 감히 간언을 올리는 사람이 없었다.

승상 소하는 노환이 심해졌다. 혜제는 소하가 아프다는 사실을 알고 친히 문병을 갔다. 소하는 하인들에게 서둘러 대청을 깨끗이 청소하게 하고 향안(香案)을 설치하여 혜제를 침실로 맞아들였다. 소하는 조복과 관(冠)을 곁에 놓아두고 혜제에게 머리를 조아렸다. 혜제가 물었다.

"승상! 어디가 편찮으시오?"

"신은 노환이 날마다 심해져서 음식을 잘 먹지 못하니 죽을 날이 머지않았습니다. 그런데 이렇게 폐하께서 왕림해주시니 신이 뼈를 부수고

도 자리잡았다. 양성(兩省), 즉 중서성(中書省)과 문하성(門下省) 관리와 삼대(三臺), 즉 중대(中臺), 외대(外臺), 은대(銀臺)의 관리도 늘어섰다. 육군(六軍), 즉 좌우림(左羽林), 우우림(右羽林), 좌용무(左龍武), 우용무(右龍武), 좌신무(左神武), 우신무(右神武)도 도열했고 팔교(八校), 즉 중루교(中壘校), 둔기교(屯騎校), 월기교(越騎校), 장수교(長水校), 호기교(胡騎校), 사로교(射虜校), 호분교(虎賁校), 보병교(步兵校)도 도열했다. 삼군은 엄숙한 분위기를 유지했고, 만백성은 기쁨의 환호성을 질렀다. 이민족을 격파하려는 마음과 흉노를 복종시키려는 담력을 드러내고 있었다. 천하는 태평했고, 관리는 어명을 잘 받들었다. 대전 위에는 한나라 천자가 좌정했다. 머리에는 13줄 면류관을 썼고, 발에는 채색 쌍봉황무우리(無憂履) 신발을 신었고, 몸에는 일월곤룡포(日月袞龍袍)를 입었으며, 손에는 조천백옥벽(朝天白玉璧)을 들었다. 낙타 모양의 전고(戰鼓)가 일제히 울렸고, 규룡 모양의 장식을 한 종도 크게 울렸다. 정말 천상과 인간 사이에 실제로 존재한다는 봉래산 신선도(神仙島)와 같았다. 흉노 사람들은 처음으로 성스러운 지존이 있음을 알았고, 한나라 의례의 성대함을 보았다."

2_ 광록훈(光祿勳)이다. 진·한 시대 궁궐 문을 지키는 직책이었으나 나중에 궁궐 내 모든 잡사를 총괄하는 직무로 발전했다.

몸을 쪼갠다 해도 어떻게 이 은덕에 보답할 수 있겠습니까?"

"승상! 몸조리를 잘하셔야 하오. 의원에게 진찰을 받으면 별일 없을 게요."

"신은 선제 폐하를 따라 밤낮으로 방략을 마련하고 군수를 조달하느라 심력을 다 소진하고 오장이 모두 상해 이런 병에 걸렸습니다. 그런데 어찌 갑자기 낫겠습니까?"

혜제는 자기도 모르게 눈물을 흘렸고 소하도 흐느꼈다. 혜제가 물었다.

"승상께선 백세후(百歲後, 죽음을 이르는 말)에 누가 그 지위를 대신하여 짐을 보좌할 수 있다고 보시오?"

"신하를 잘 아는 사람은 임금만한 분이 없습니다."

"조참은 어떻소?"

"폐하께서 조참을 말씀하시니 정말 사람을 제대로 보셨습니다. 조참은 선제의 옛 신하이고 평소에도 충성을 다 바치므로 국가 대사를 맡길 만합니다. 신이 죽은 뒤에 서둘러 조참을 승상으로 삼으십시오. 이전에 선제께서도 조참을 언급하신 바 있으니 폐하께서 그를 임용하셔야 합니다."

"승상께서 내게 내려줄 또다른 가르침이 있소?"

"선제께서는 법을 참 잘 만드셨습니다. 왕릉과 주발 등 옛 신하에게 그것을 지키며 법도를 잃지 않게 하시면 천하가 저절로 편안해질 것입니다. 그 밖에는 신이 감히 여러 말을 할 수 없습니다."

혜제는 궁궐로 돌아왔다. 소하는 며칠 뒤 세상을 떠났다. 혜제는 부음을 듣고 매우 슬퍼하며 사자를 보내 제물을 올리고 장례를 관리하게 했다. 그리고 사람을 보내 조참을 입궁하게 하여 소하 대신 승상으로 삼았다.

한편, 조참은 소하가 세상을 떠났다는 소식을 듣고 하인에게 급히 행장을 준비하라고 하면서 이렇게 말했다.

"내가 장차 승상이 될 것이다!"

며칠 뒤 과연 조정의 사자가 조참을 불러 승상에 임명했다. 애초에 조참은 소하와 매우 친밀하게 지냈다. 나중에 소하가 승상이 되자 세력과 지위가 달라져서 사이가 멀어졌고 마침내 소하와 조참은 틈이 벌어졌다. 소하가 현명하고 유능한 사람을 추천할 때 가장 먼저 조참을 언급했는데, 조참도 소하가 사사로운 인간관계로 공무를 무시할 사람이 아니라는 것을 알고 하인에게 소하가 반드시 자신을 승상으로 추천할 것이라고 말했다. 조참은 조정으로 들어가 혜제를 알현했다. 혜제가 위로하며 말했다.

"소 승상이 자신을 대신할 사람으로 가장 먼저 경을 추천했소. 선제께서 붕어하실 때도 경을 언급하셨소. 경은 국사에 마음을 다해 짐의 임용을 저버리지 마시오."

"신이 어찌 감히 보잘것없는 힘이라도 다 바쳐 황은에 보답하지 않을 수 있겠습니까?"

조참은 승상이 되고 나서 모든 일을 바꾸지 않고 소하가 정한 절차에 따라 처리했다. 군(郡)의 관리를 선발할 때도 모두 문장과 언어에는 둔하더라도 노련하고 중후한 사람을 임용했고, 심하게 각박한 사람이나 오로지 명성에만 힘쓰는 사람은 모두 제외했다. 어떤 사람이 사소한 잘못을 저지르면 오로지 덮어주기에 힘썼다. 온종일 조용하고 아무 일

없이 지내서 승상부에는 시중을 드는 한두 명의 관리만 있을 뿐이었다. 사람을 전송하고 배웅하고 배알하는 일은 더이상 하지 않았다. 혜제가 사람을 보내 살펴보아도 승상부에서 아무 일도 하지 않는 듯했다. 이에 조참을 불러 물었다.

"경은 승상이 되어 천하의 대임을 맡았는데, 어찌하여 온종일 조용히 앉아만 있소? 다스리는 일이 무엇인지 모르겠소!"

"폐하 스스로 살펴보시면 폐하의 성스럽고 현명하고 신령하고 무용에 뛰어나신 모습이 고제와 비교하여 누가 더 낫다고 생각하십니까?"

"짐이 어찌 감히 선제와 같이 되기를 바랄 수 있겠소?"

"폐하께서 공신의 재능을 살펴보시면 누가 소하와 비견할 만하다고 생각하십니까?"

"경의 재능이 소하에 미치지 못하는 듯하오."

"폐하의 성스럽고 현명함은 고제만 못하시고 신의 재능도 소하에 미치지 못합니다. 고제께서 제정한 법령은 폐하께서도 준수해야 하고, 소하가 행한 선정도 신들이 마땅히 봉행해야 합니다. 군신이 한마음으로 옛 법도를 따르며 실수하지 않으니 해내가 평안하고 사방이 무사하고 백성이 생업에 안주해 천하가 태평합니다. 폐하께서는 맑고 화목한 모습으로 높은 곳에 앉아 계시고 신들은 각각 자신의 자리를 편안히 지키며 직무를 다하고 있습니다. 이 또한 좋은 일이 아니겠습니까? 어찌 혼란하게 앞일을 변경하며 일을 많이 만들 필요가 있겠습니까?"

"훌륭하오!"

이에 조참은 승상 직위에 3년간 재직하면서 한결같이 소하가 제정한 간략한 법률을 준수했다. 그러자 민속이 점차 순후해졌고 선비 중에도

혜제의 시대가 열리다

충성스럽고 후덕한 사람이 많아졌으며 백성도 거리에서 서로 편안한 모습을 보였다. 그러자 백성들이 서로 노래를 지어 불렀다.

소하가 법 만드니,	蕭何爲法,
일(一) 자를 그은 듯 분명하네.	覯若畫一.
조참이 이어받아,	曹參代之,
준수하며 바꾸지 않았네.	守而不失.
청정하게 시행하자,	載其清淨,
백성이 하나같이 편안하네.[3]	民以寧一.

조참은 정사를 돌본 지 오래되자 늘 자제들에게 이렇게 말했다.

"나는 고제 때부터 풍패에서 일어나 40여 년 동안 진나라, 초나라 군사들과 싸웠다. 200여 차례 전투를 치르며 온갖 위험을 겪으면서도 살아남았다. 오늘 이처럼 신하로서 가장 높은 지위에 올라 태평성대를 누리며 자손 대대로 봉작을 물려줄 줄 생각은 하지도 못했다. 내 분수에 넘치는 일이다. 이런 지위를 오래 탐해서는 안 된다. 응당 현명하고 유능한 사람에게 양보하여 내 말년을 길이 보장받아야 한다."

이에 혜제에게 이렇게 아뢰었다.

"신은 이제 나이가 들어 노환이 많아 임무를 감당할 수 없습니다. 부디 고향으로 돌아가 여생을 끝까지 누리게 해주시기 바라옵니다."

처음에 혜제는 그의 요청을 윤허하지 않았으나 거듭 간절하게 사의

3_ 이 노래는 『사기』 「조상국세가(曹相國世家)」에 실려 있다.

를 표하고 궁궐 아래에서 대기하며 물러나지 않자 조참의 굳은 뜻을 알고 결국 허락했다. 그리고 선평공(宣平公)에다 선평후(宣平侯)의 작위를 더해주고 식읍 10만 호를 하사했다.[4] 자손들은 모두 대대로 음직(蔭職)으로 벼슬을 받았으며 역관(驛館)의 말을 이용하여 고향으로 돌아갈 수 있게 했다.

혜제는 고제의 유언에 따라 왕릉을 우승상, 진평을 좌승상, 주발을 태위로 삼았다. 또 번쾌 등에게는 병마 훈련을 맡기고 주허후(朱虛侯) 유장(劉章)에게는 여후의 일족을 통제하게 했다. 재상은 내치에 힘쓰고 대장은 외치에 전념하자 사방의 오랑캐까지 귀순해왔다. 이로부터 천하가 무사태평하여 길거리에 노랫소리가 가득했으며 더이상 옛날처럼 상처 입고 근심에 젖어 울부짖는 소리가 들리지 않았다. 후세에 사관이 장편시 한 수를 지어 고제의 창업과 혜제의 수성이 훌륭했음을 읊었다.

태항산 동쪽에서 고제가 거병하자,	高帝發跡山之東,
회왕은 패공에 봉해 서쪽으로 보냈네.	懷王遣西封沛公.
풍택이 생명을 주니 호걸이 태어났고,	豊澤嘯命生豪傑,
공적 세워 황제 빛내는 용사들 많고 많네.	奮庸熙帝多羆熊.
붉은 구름 망탕산에 자욱하게 덮이자,	彤雲鬱鬱芒碭間,
백제(白帝) 넋이 관중에서 밤마다 슬퍼했네.	素靈夜夜悲關山.
동정에서 용이 승천, 오성이 한데 모였고,	東井龍變五星聚,
길을 막는 뱀을 베어 풀 덮인 길 열었네.	當道蛇分草徑間.

4_『사기』「조상국세가」에 따르면 조참의 작위는 평양후(平陽侯)이고 식읍은 1만 630호다. 사후의 시호는 의후(懿侯)다.

붉은 깃발로 서쪽 가리켜 천하를 안정시키니,	赤旗西指定寰宇,
곳곳마다 훈풍 불고 때맞춰 비 내렸네.	隨地和風降時雨.
관동의 부로들은 음식 장만해 환영했고,	關東父老壺漿迎,
진나라 임금 자영은 인수 물고 항복했네.	西秦子嬰銜綬組.
무기도 쓰지 않고 나라 벌써 평정하니,	不動干戈國已平,
장안의 시든 풀이 다시 또 살아났네.	長安衰草更回生.
약법삼장 시행하자 진나라 백성 기뻐하며,	三章約法嬴民喜,
현군이 명분 바르게 하기를 모두 함께 소원했네.	共願賢君早正名.
항우가 불화살 날려 천 리를 불태우자,	項氏火飛千里滅,
하북 땅 백성이 남김없이 피 흘렸네.	河北黔黎盡流血.
회왕과 약속 어기고 관중에서 패왕 되어,	背盟强欲霸關中,
분묘 도굴, 궁전 방화, 진나라 종족 씨 말렸네.	掘墓焚宮秦種絶.
한왕을 좌천시켜 남정에 도읍하게 하자,	左遷漢主都南鄭,
민심이 호응하여 천명이 귀의했네.	人心響應歸天命.
영웅들이 분노하여 포중을 탈출할 때,	群雄憤怒出褒中,
한신은 대장 되어 군령을 시행했네.	韓侯拜將施威令.
삼진에 격문 전하여 잠깐 만에 함락시켰고,	三秦傳檄一時收,
세찬 물살 콸콸콸 폐구로 흘려보냈네.	水勢滔滔灌廢邱.
다섯 나라 강군 모두 동쪽으로 향해가니,	五國强兵盡東向,
연·제·조·위 남김 없이 유씨에게 귀속되었네.	燕齊趙魏屬炎劉.
해하 땅 큰 싸움에 패왕이 패배했고,	會垓一戰重瞳敗,
오강 가에서 초나라 노래 듣고 군사들은 흩어졌네.	楚歌兵散烏江界.
힘과 세력 고갈된 후 우희와 이별할 때,	力窮勢竭別虞姬,

세상 덮은 저 영웅도 하릴없이 무너졌네.	蓋世英雄空自壞.
통일 이룬 산하에 한나라 대업 융성하여,	一統山河漢業隆,
범양에서 황위에 올라 중원 거주 시작했네.	氾陽王位始居中.
숙손통은 제도 정해 처음 예법 만들었고,	叔孫綿蕝初成禮,
소 승상은 함양에서 새로 궁전 설계했네.	蕭相咸陽新案宮.
동쪽으로 수레 몰아 패현으로 돌아가서,	東征車轍還沛里,
대풍가 한 곡조로 나그네를 슬프게 했네.	大風一歌悲遊子.
한신 주살, 팽월 육장, 은혜를 해치는 듯,	誅韓醢越似傷恩,
장량만이 일찌감치 멈출 줄을 알았네.	獨有留侯早知止.
병을 핑계로 종남산에서 적송자와 노닐고,	託病終南伴赤松,
사해를 유람하며 조용하게 살았다네.	遨遊四海任從容.
고금에 통달한 사람도 지음은 드무나니,	古今達者知音少,
어느 누가 선생처럼 벼슬길을 끊었던가?	誰似先生絶宦蹤.
고제 죽고 혜제가 한나라 대업 계승했고,	帝崩孝惠承漢業,
소하, 조참 정권 잡고 서로서로 협력했네.	蕭曹秉政志相協.
같은 법을 견지하자 백성 모두 칭송했고,	百姓咸歌守法同,
해내가 평안하자 음양이 조화로웠네.	海宇清寧陰陽燮.
사백 년간 대업 이어 국운향유 오래했고,	四百鴻基享國長,
근고(近古)의 한나라 치세 법도가 훌륭했네.	漢治近古持法良.
나라 규모 넉넉하여 길게 길게 이어지니,	規模自足垂弘遠,
천년토록 어진 유풍 영원히 잊지 못하네.	千載仁風永不忘.

〈끝〉

원본 초한지 3

1판 1쇄 2019년 2월 18일
1판 8쇄 2024년 7월 22일

지은이 견위 | 옮긴이 김영문

편집 박민영 이희연 이고호 | 디자인 윤종윤 이주영 | 마케팅 김선진 김다정
브랜딩 함유지 함근아 박민재 김희숙 박다솔 조다현 정승민 배진성
저작권 박지영 형소진 최은진 오서영 | 모니터링 황지연
제작 강신은 김동욱 이순호 | 제작처 한영문화사

펴낸곳 (주)교유당 | 펴낸이 신정민
출판등록 2019년 5월 24일 제406-2019-000052호

주소 10881 경기도 파주시 회동길 210
문의전화 031.955.8891(마케팅) | 031.955.2680(편집) | 031.955.8855(팩스)
전자우편 gyoyudang@munhak.com

인스타그램 @gyoyu_books | 트위터 @gyoyu_books | 페이스북 @gyoyubooks

ISBN 978-89-546-5494-4 04910
978-89-546-5491-3 (세트)